Ich und Gruppe

Beiträge zur Ichpsychologie, Sozialpsychologie, Pädagogischen Psychologie und Philosophischen Anthropologie

Gedenkschrift für Heinz Alfred Müller

herausgegeben von
Elisabeth Baumgartner
Friedrich Christian Sauter
Hans-Peter Trolldenier

Verlag für Psychologie · Dr. C.J. Hogrefe
Göttingen · Toronto · Zürich

© Verlag für Psychologie · Dr. C.J. Hogrefe, Göttingen 1990.

Das Werk einschließlich aller seiner Teile ist urheberrechtlich geschützt. Jedwede Verwertung außerhalb der engen Grenzen des Urheberrechtsgesetzes ist ohne Zustimmung des Verlages unzulässig und strafbar. Das gilt insbesondere für Vervielfältigungen, Übersetzungen, Mikroverfilmungen und die Einspeicherung in elektronischen Systemen.

Gesamtherstellung: Verlag Dr. J.H. Röll, Dettelbach.
(Satz: Röll; Film: Speed, Würzburg; Druck: Kralik, Karlstadt; Kohlezeichnung: Axel Weiss, Obernbreit). Auf 100% säurefreiem Papier gedruckt.
Printed in Germany.
ISBN 3-8017-0433-5

Inhaltsverzeichnis

Vorwort von *Erwin Roth* 7
Vorwort der Herausgeber 9

Ichpsychologie

Elisabeth Baumgartner: Denken als Ichfunktion 15
Günther Bittner: Über Spontanphänomene 23
Ludwig J. Pongratz: Ich und Kultur. Die polare Struktur der psychoanalytischen Theorie 39
Franz Tenigl: Das Ich und das Leben 47
Joachim Wittkowski: Konstanz und Veränderung der Zukunftsperspektive im mittleren Erwachsenenalter 61

Sozialpsychologie

Peter Braun: Zur Funktion und Auswirkung von Konfrontation als Interaktionsform im Gespräch 75
Walter Neubauer: Bedingungen des dyadischen Vertrauens bei der Zusammenarbeit in Industrie und Verwaltung 105

Pädagogische Psychologie

Albin Dannhäuser: Lehrer und Gesellschaft 119
Hans-Peter Langfeldt: Pädagogisch-psychologische Einzelfallstudien als Anwendungsmöglichkeit des "Forschungsprogramms Subjektive Theorien" 129
Wolf D. Oswald: Altern, Intervention und Kompetenz 139
Friedrich Ch. Sauter: Wie verletzbar sind Lehrer in Konfliktsituationen? Untersuchungen über Beeinträchtigungen des Selbstwertgefühls durch Unterrichtssituationen in Ungarn und Deutschland 149
Ernst Siegrist: Zwei neue Beiträge zur Lateralitätsforschung 163
Hans-Peter Trolldenier: Konstruktion und erste Erprobung des Fragebogens zur Sensibilität von Lehrern gegenüber Schülerangst 181

Philosophische Anthropologie

Rudolph Berlinger: Der Traum des Sokrates. Metaphysische Variationen der Tonkunst 199
Hans-Eduard Hengstenberg: Die menschlichen Verhaltensstrukturen und die Vorentscheidung 213
Wilfried Kuckartz: Zur Anthropologie der Bildung 233
Franz Wiedmann: Der Mensch als Leser 269
Dieter Wyss: Das Traumbewußtsein 281

Epilog

Hans Kasdorff: Haikus 293

Veröffentlichungen von Heinz Alfred Müller 295

Autorenverzeichnis 299

Vorwort von Erwin Roth

Heinz Alfred Müller
1930 - 1990

Dies sollte ein Vorwort für die geplante Festschrift zum 60. Geburtstag von Heinz A. Müller werden. Nun muß es ein Nachruf sein. Er, der Zurückhaltende, Bescheidene, der aber auch oft eine stille Fröhlichkeit ausstrahlte, erlag noch vor seinem 60. Geburtstag einem tückischen Leiden.

Sein Leben verlief nicht in vorgezeichneten Bahnen und es war sicher nicht immer leicht, ohne daß ich ihn je darüber klagen gehört hätte. 1930 im Erzgebirge geboren, verlor er schon früh den Vater und absolvierte seine Schulzeit im Krieg und in den Nachkriegswirren in seiner Heimat, die Teil der damaligen DDR war. Zwar begann er, nachdem er 1950 das Abitur abgelegt hatte, noch ein philologisches Studium in Leipzig, zu dem er als Arbeitersohn zugelassen war, verließ aber schon nach einem Semester die DDR, um nach einem kurzen Zwischenaufenthalt an der Universität Göttingen in Basel seinen endgültigen Weg, eben die Psychologie zu finden. Ob seine wissenschaftlichen Interessen damals schon feststanden und er Basel bewußt als Studienort für Psychologie, Philosophie und Ethnologie gewählt hat, oder ob die Grundhaltung, die fortan sein wissenschaftliches Leben dominierte, durch Basel — und dort vor allem durch Kunz — geprägt wurde, vermag ich nicht zu eruieren. Sicher ist, daß die damals in Basel vertretene Psychologie auf philosophisch-anthropologischer Grundlage seiner ebenso grüblerischen wie sensiblen Art sehr entgegen kam; und jedenfalls war Müllers *wissenschaftlicher Werdegang* damit festgelegt. Offen allem und tolerant jedem gegenüber, aber auch zweifelnd, ob die rein experimentelle Psychologie ihrem Gegenstand gerecht werden könne, ordnete er sich nie in den Hauptstrom psychologischer Forschung ein. "Ichhaftigkeit", "Selbstentfaltung" (lange bevor es Mode wurde), "Spontaneität" und damit zusammenhängende Begriffe bildeten Kristallisationskerne seines Denkens. Als Autor erlangte Klages, der sonst fast vergessen war, für ihn besondere Bedeutung.

Dabei wurde er aber nie praxisfern. Dafür sorgte schon die Notwendigkeit, neben dem Studium zu arbeiten, wobei er vor allem mit Buchhaltung und Kalkulation beschäftigt war.

Diese Mischung aus anthropologischer Psychologie und praktisch wirtschaftlicher Tätigkeit führte Müller schließlich zu Scharmann nach Nürnberg an das Institut für Wirtschafts- und Sozialpsychologie der damaligen Hochschule für Wirtschafts- und Sozialwissenschaften (wo nach deren Vereinigung mit der Universität Erlangen zur Universität Erlangen-Nürnberg auch ich die Gelegenheit hatte, mit ihm zusammen zu arbeiten und ihn schätzen zu lernen) und damit zur Wirtschafts-und Sozialpsychologie. Mit Scharmann verband ihn ein von wechselseitiger Achtung getragenes besonderes persönliches Verhältnis. Müllers pragmatische Seite half ihm, sich schnell einzuarbeiten und auch auf diesen Gebieten produktiv zu werden. So wurde er 1965 mit der Arbeit "Spontaneität und Gesetzlichkeit" in Nürnberg habilitiert.

1969 erhielt er einen Ruf an die Pädagogische Hochschule der *Universität Würzburg*, wo er sich mit dem ihm eigenen Ernst und Verantwortungsbewußtsein der neuen Aufgabe widmete, ohne seine grundlegende Haltung aufzugeben. Der Titel eines Aufsatzes, den er 1980 schrieb, ist dafür besonders kennzeichnend. Er lautet: "Das Verhältnis von Psychologie und Philosophischer Anthropologie und seine Bedeutung für die Pädagogische Psychologie."

Für Freunde, Schüler und für alle, die Heinz A. Müller respektierten, kam sein Tod überraschend und viel zu früh. Sie trauern um einen Professor (im ursprünglichen Sinne des Wortes), der unbekümmert um Zeitströmungen den Weg ging, den er für unsere Wissenschaft Psychologie für notwendig erachtete; sie trauern um einen freundlichen und hilfsbereiten Menschen, auf den sie sich stets verlassen konnten. Ihr Mitgefühl gilt aber vor allem seiner nun alleingebliebenen Frau.

Das Buch, das als Festschrift zu seinem 60. Geburtstag gedacht war, das nun als Gedenkschrift erscheint, blieb in seiner Grundstruktur unverändert. Es ist um jene Themen zentriert, die ihn zeit seines Lebens beschäftigten: Ich-, Sozial- und Pädagogische Psychologie sowie Philosophische Anthropologie. Die persönliche und wissenschaftliche Anerkennung, die er darin von namhaften Autoren einer großen Bandbreite erfährt, hätten ihn sicher gefreut.

Salzburg, im August 1990

Erwin Roth

Vorwort der Herausgeber

Dieses Buch war als Festschrift für Heinz Alfred Müller zu dessen 60. Geburtstag geplant, der am 16. September 1990 hätte begangen werden sollen. Die Herausgeber wollten damit einem Hochschullehrer, der ihnen Betreuer und Begleiter auf dem akademischen Weg war, danken und ihn ehren. Sie wollten aber auch dem von Krankheit Gezeichneten besondere Freude zuteil werden lassen.

Doch es kam anders. Am 7. Juli 1990 verstarb Heinz Alfred Müller in Waldbrunn bei Würzburg. Damit wurde ein oft schwieriger Lebensweg beendet, der durch ganz unterschiedliche Stationen gekennzeichnet ist. Er wurde von einem Menschen gestaltet, der durch Zielstrebigkeit und Beharrungsvermögen beeindruckte, der andere stets ernst nahm, unbestechlich und dennoch kooperativ in der Sache und humorvoll und anregend im menschlichen Umgang war. Als aufrechter Demokrat war er vielen jungen Menschen auch ein staatsbürgerliches Vorbild. Als Mitglied der Hochschule brachte er produktive und nicht immer bequeme Gedanken in Gremien und Institutionen ein, war aber seiner Umgebung gegenüber stets so loyal, daß er sich auch dann an gefaßte Beschlüsse hielt, wenn er ursprünglich nicht dafür gestimmt hatte. Tausenden von Haupt- und Nebenfachstudenten hat er in engagierter Lehre die Psychologie nahegebracht, auch hier einem consensus omnium des Faches verpflichtet, jedoch ohne seine von diesem manchmal abweichende Positionen zu leugnen.

Wie sieht dieser Lebensweg aus? H. A. Müller wurde am 16.9.1930 in Cranzahl im sächsischen Erzgebirge geboren. Nach dem Abitur 1950 in Annaberg studierte er deutsche und lateinische Philologie, zunächst in Leipzig (u.a. bei Ernst Bloch), ab 1951 in Göttingen. Mit dem Sommersemester 1952 immatrikulierte er sich an der Universität Basel und studierte dort Psychologie, Philosophie und Ethnologie. Sein wichtigster akademischer Lehrer neben Karl Jaspers war Hans Kunz, unter dessen Leitung er seine Doktorarbeit über "Die Psychologie des Lesens" fertigte und 1956 promoviert wurde.

Nach beruflicher Tätigkeit in der Industrie übernahm Müller 1960 die Stelle eines Wissenschaftlichen Assistenten bei Theodor Scharmann in Nürnberg, wo er insbesondere Pädagogische Psychologie, Sozialpsychologie und Arbeits- und Betriebspsychologie lehrte, experimentelle Forschungen über den Zusammenhang von Gruppenstruktur und Gruppenleistung betrieb, aber auch Studieneignungs- und Fahrtauglichkeitsdiagnostik durchführte. 1965 erfolgte die Habilitation; der Titel der Habilitationsschrift lautet "Spontaneität und Gesetzlichkeit".

Von 1965-1969 war er als Privatdozent an der Universität Erlangen-Nürnberg tätig. 1969 wurde er an die Pädagogische Hochschule Würzburg der Universität Würzburg berufen. – Einen späteren Ruf an die Hochschule für Sozial- und Wirtschaftswissenschaften in Linz nahm

Müller nicht an. – Er wirkte in Würzburg 1972 als Vorstand der Pädagogischen Hochschule, 1973 als Dekan der Erziehungswissenschaftlichen Fakultät und seit 1975 als Mitvorstand des Instituts für Psychologie der Universität Würzburg. Bis zu seiner krankheitsbedingten Pensionierung im Jahre 1987 lehrte er Psychologie im Hauptfach, und im Nebenfach für Studierende aller Lehrämter und für Studierende der Erziehungswissenschaften.

Müllers zahlreiche Veröffentlichungen spiegeln den weiten Rahmen seiner psychologischen Forschungen und Interessen. Waren es anfangs hauptsächlich sozialpsychologische und allgemeinpsychologische Fragestellungen, wie in der "Psychologie und Anthropologie des Denkens", so wandte er sich später der Pädagogischen Psychologie, besonders der Psychologie des Lehrers zu. Der Beschäftigung mit diesem Gebiet entsprang auch sein Werk "Das Selbstbewußtsein des Lehrers".

Stets jedoch galt Müllers Interesse dem Grenzgebiet von Psychologie und Philosophie und hier war Ludwig Klages für ihn der Angelpunkt. Insbesondere Klages' Ichbegriff sowie die Sprache von Klages wurden von Müller untersucht und in mehreren Aufsätzen behandelt.

Sein allzu früher Tod hinterläßt eine große Lücke. Aus der Festschrift mußte eine Gedenkschrift werden. Kollegen und Schüler haben Beiträge verfaßt, um den Wissenschaftler und Menschen Heinz Alfred Müller zu würdigen, jedoch auch, um viele seiner Gedanken aufzugreifen und fortzusetzen.

Aus dem skizzierten wissenschaftlichen Werdegang können die vier Abteilungen dieser Gedenkschrift verständlich gemacht werden. Es handelt sich zunächst um die drei Gebiete der Psychologie, in denen Müller am meisten gearbeitet hat, nämlich um die Ichpsychologie als sein zentrales psychologisches Interessensgebiet, um die Sozialpsychologie, zu der er sich stets hingezogen fühlte und um die Pädagogische Psychologie, die er zunächst nur in der Lehre, dann auch aktiv in der Forschung vertreten hat. Es gehört aber auch die Philosophie, spezieller die Philosophische Anthropologie dazu, die er seit dem Studium niemals aufgegeben hat.

Die Herausgeber danken allen Autoren, die, oft unter Hintanstellung anderer Aufgaben, einen Beitrag zur Verfügung gestellt haben. Keiner mußte überredet werden – es war vielmehr die Ausstrahlung des zu Ehrenden, welche die motivationale Basis zur Mitgestaltung geschaffen hat.

Besonderer Dank gebührt den Gremien und Institutionen, welche die Drucklegung des Buches finanziell erst ermöglicht haben, nämlich der Ständigen Kommission für Haushalts-, Raum- und Bauangelegenheiten der Universität Würzburg und derem Vorsitzenden, Kanzler Prof. h. c. R. Günther, dem Fachbereichsrat der Philosophischen Fakultät III der Universität Würzburg einschließlich dem damaligen Dekan Prof. Dr. P.-L. Weinacht, der Klages-Gesellschaft und derem Vorsitzenden Dr. F. Tenigl und dem Bayerischen Lehrer- und Lehrerinnenverband mit dessen Präsidenten Dipl.-Päd. A. Dannhäuser.

All denen, die an der Fertigstellung des Buches mitgearbeitet haben, sei herzlich gedankt, insbesondere der Lehrstuhlsekretärin Frau P. Paschal, Frau cand. psych. L. Koller und Frau cand. psych. W. Schuh für die Mithilfe bei der Korrespondenz sowie der Manuskriptbetreuung und -korrektur, auch dem Verlag Hogrefe und Herrn B. Otto für die Betreuung des Buches und Herrn Dr. J.H. Röll für die Überwindung aller Probleme bei der technischen Herstellung.

Würzburg, im September 1990

Elisabeth Baumgartner
Friedrich Christian Sauter
Hans-Peter Trolldenier

Ichpsychologie

ELISABETH BAUMGARTNER

Denken als Ichfunktion

Aus Anlaß eines Beitrages zu der Festschrift für Heinz A. Müller, den Verfasser von u.a. "Psychologie und Anthropologie des Denkens" (1971) und einen der besten zeitgenössischen Kenner der Ichpsychologie (u.a. 1969, 1972, 1979, 1983) sowie eines dem genius loci zu verdankenden besonderen Interesses für die Geschichte der Denkpsychologie (Würzburger Schule) habe ich das vorliegende Thema gewählt.
"Denken" scheint als Terminus der gegenwärtigen Psychologie nahezu verloren gegangen zu sein, "Kognition" oder "Problemlösen" sind die Begriffe, mit denen Denkvorgänge beschrieben und untersucht werden.
Als Graumann (1965) den Sammelband "Denken" herausgab, vermerkte er bereits im Vorwort, daß "Denken zwar den Titel abgebe ... für viele Kollegs, ... wohler scheint sich der Wissenschaftler erst zu fühlen, wenn er — unter dem Mantel dieses Titels — von Begriffsbildung und Problemlöseverhalten, von Einstellung und Informationsverarbeitung handelt." (S. 15). Im gleichen Jahr bedauerte Metzger im Vorwort zum Band "Allgemeine Psychologie" des "Handbuchs der Psychologie in 12 Bänden":

> "Die Beiträge dieses Bandes beschäftigen sich eingehend mit der Lehre vom Wahrgenommenen, dagegen nur sehr wenig mit der Lehre vom Wahrnehmen, d.h. von den *Tätigkeiten oder Akten, die die Subjektseite* des Wahrnehmens *ausmachen* — man könnte auch sagen, von den Arten und Weisens des Umgehens des Wahrnehmenden mit dem Wahrzunehmenden und Wahrgenommenen. Sie bringen nur bescheidene Ansätze zur Lehre vom Aufmerken, In-den-Blick-fassen, Festhalten, Sich-Vertiefen, Sich-Konzentrieren, von der Beachtung, von den verschiedenen Arten der Auffassung und ihres Wechsels, vom Schätzen, Vergleichen, Suchen, vom Zusammenfassen und Herausfassen, vom Abstrahieren und endlich vom Beurteilen, das ... aus einem Wahrnehmen erst ein Erkennen macht. Das mag befremdlich erscheinen, nachdem Franz Brentano [1874] diese Tätigkeiten in scharfsinnigen Überlegungen als den eigentlichen Gegenstand der Psychologie bezeichnet hatte." (Metzger 1966, Vorwort, Hervorhebung von mir, E.B.)

Zu Recht verweist Metzger auf Franz Brentano, der in seiner Würzburger Zeit eine "Klassifikation der psychischen Phänomene" (in Bd.1 der "Psychologie vom empirischen Standpunkte" 1874) in Vorstellungen, Urteile und Gemütsbewegungen vorlegte und als ihr gemeinsames Merkmal, als das, was sie von den physischen Phänomenen abhebe, die *Intentionalität* beschrieb (vgl. E. Baumgartner 1985). Die Beziehung auf einen Gegenstand; ich, der ich mich vorstellend, urteilend, liebend auf etwas beziehe, macht das Wesen des Psychischen aus. Die Intentionalität, die Gerichtetheit, wird seither in Definitionen über Denken explicite oder implicite beschrieben (vgl. Stern 1950, 373; Graumann 1965, 22; Müller 1971, 76; Kunz 1946, 25 f.).

Abgesehen von der Assoziationstheorie, der Denken als mechanische Verknüpfung von Vorstellungsinhalten galt, und gegen die gerichtet Brentano vor allem seine Konzeption der Intentionalität entwickelte, ist die "Gerichtetheit" des Denkens unbestritten. Die behavioristische Auffassung von Denken als "innerem Sprechen" leugnet beispielsweise nicht die Bezogenheit auf einen Gegenstand, also das, was Intentionalität ausmacht. Gerichtetheit liegt auch dem Modell eines hierarchischen Aufbaus von habit-Stärken zugrunde (vgl. Maltzmann 1966, 86 ff.).

Worin unterscheidet sich aber nun das Denken, diese "Funktion von höchster Leistungsfähigkeit" (Rohracher 1977, 350) von anderen psychischen Akten?

Es ist dies das "unanschauliche Bezogensein", ein Gegenstand ist 'gemeint', es wird auf ihn 'abgezielt', "ohne daß der Gegenstand oder etwas ihm Entsprechendes im Bewußtsein selbst auffindbar wäre; was erlebnismäßig präsent ist, das ist ausschließlich der intentionale Akt selbst." (Stegmüller 1960, 63) Mit Müller gesprochen: "*Unanschauliches Bezogensein* ist also ein Bezogensein auf Gegenstände, die im Vollzug dieser Beziehungsstiftung selbst nicht anschaulich gegenwärtig sind. Der Bezug muß sich deshalb ... erlebnismäßig im Medium von Zeichen verwirklichen." (Müller 1971, 77) Denken ist also, in Abgrenzung zu anderen psychischen Funktionen wie Wahrnehmung oder Vorstellung durch Unanschaulichkeit zu kennzeichnen. Intentionalität kommt hier seinem Vollzug wie seinen Erzeugnissen, den Begriffen, zu (vgl. Müller 1971, 78).

Diese Erkenntnisse vorbereitet hat die Forschergruppe der Würzburger Schule, die Pioniere der experimentellen Denkpsychologie.

> Die Würzburger werfen neue Fragen auf. Sie zweifeln an der Beschreibung und Erklärung des Denkens als Folge von assoziativen Vorstellungen. Sie zweifelten also vor allem an der sensualistischen Basis des Denkens und an den assoziativen Erklärungen für die Steuerung des Denkverlaufs. Sie rüttelten damit an den Fundamenten der Assoziationspsychologie. Die geschichtliche Bedeutung der Würzburger Schule besteht darin, früher als die anderen Richtungen wesentliche Axiome der Assoziationspsychologie widerlegt oder zumindest infrage gestellt zu haben." (Koch 1964, 53; vgl. auch Humphrey 1951, 30-131; Müller 1971, 6 ff.)

Der Versuch, Denken experimentell zu untersuchen, stieß zunächst auf Widerstand, vor allem bei Wilhelm Wundt. Als unter der Leitung von Oswald Külpe A. Mayer u. J. Orth, K. Marbe, N. Ach, A. Messer, K. Bühler in der Jahren 1902-1908 ihre Denkexperimente durchführten, wurden sie vor allem wegen ihrer Methode kritisiert.

Die Methode der Würzburger war die Introspektion. Die Kritik führte vor allem das Argument Comte's von der Unmöglichkeit der Zweiteilung des Individuums in eines, das beobachtet und eines, das beobachtet wird, ins Felde. Bühler wendet sich gegen dieses von Wundt vorgebrachte Argument einer angeblich nötigen "Ich-Verdopplung", indem er das Gedächtnis, das "unmittelbare Gedächtnis", anführt. Diesen Gedankengang hatte auch schon Brentano ausgeführt:

> "Man hat daran Anstoß genommen, daß ich sagte, die innere Wahrnehmung könne nicht zur inneren Beobachtung werden, wohl aber beobachteten wir oft früher innerlich Wahrgenommenes später gewissermaßen im Gedächtnis, und hat dagegen geltend gemacht, daß das Gedächtnis nur eine schwächere Wiederholung des psychischen Aktes sei, an den wir uns erinnern. Doch man erkennt leicht, daß dies nicht der Fall ist; müßte doch sonst einer, der sich eines früheren Irrtums erinnert, wieder irren und einer, der eines früheren sündigen Wollens reuig gedenkt, wieder sündigen. Die frühere eigene psychische Tätigkeit, deren ich gedenke, erscheint nicht als sekundäres Objekt en parergo, sondern als primäres, ähnlich wie wenn ich einen andern vorstellend oder sonstwie psychisch tätig glaube." (Brentano 1971, 142; vgl. auch Pauli 1930, 615)

Bühler verteidigt gegen Wundt die innere Wahrnehmung, die Introspektion, indem er die Arbeitsweise der experimentellen Denkforschung klar beschrieb, als Versuch, die psychischen Tatsachen des Denkens "unmittelbar selbst zu fassen." Die Methode

> "hält sich an das hic et nunc beim Denken Erlebte, sucht es zu bestimmen und dadurch zu einer Kenntnis der Realgesetze zu gelangen, unter denen es steht. Ihr Instrument ist die Selbstbeobachtung; aber sie unterscheidet sich wesentlich von den älteren Bemühungen der Selbstbeobachtung an zufällig gebotenen oder durch ein inneres Experiment hervorgerufenen Erlebnissen. Zufälligkeit und Willenseinfluß des Erlebenden, die beiden Mißstände aller älteren Beobachtungen, hat sie durch eine einfache Arbeitsteilung beseitigt. Es wird nämlich dem Beobachter ein Versuchsleiter beigegeben, der die Erlebnisse hervorruft und die Beobachtungen zu Protokoll nimmt, so daß die Versuchsperson nur mit ihrem Erlebnis und seiner Beschreibung beschäftigt ist. *Marbe* gebührt das Verdienst, diese Idee zuerst ausgesprochen und seiner Untersuchung über das Urteil zugrunde gelegt zu haben." (Bühler 1907, 299)

Die Frage für Bühler ist *"Was erleben wir, wenn wir denken?"* (Bühler 1907, 303) Die Methode wurde fürderhin "Ausfragemethode" benannt. Bühler ließ seine Versuchspersonen ihre Erlebnisse *während* des Denkens (dem Verstehen von Sprichwörtern, Sentenzen und Zitaten) so genau wie möglich beschreiben und protokollierte die Antworten. Aus den Ergebnissen gelangte er zu der Überzeugung: *"Es gibt Gedanken, ohne jede nachweisbare Spur irgendeiner Anschauungsgrundlage"*. (Bühler 1907, 318) "Gedanken", nicht Vorstellungen, sind Träger des Denkens, sind die "letzten Erlebniseinheiten unserer Denkerlebnisse" (1907, 329).

Müller (1971, 6 ff.) weist im besonderen auf Ergebnisse von Bühlers Forschungen hin, die das Vorhandensein einer gedanklichen Ordnung nahelegen, die die Orientierung des Denkens ermöglichen. Die "Gegenstände des Denkens seien also nicht primär durch zu veranschaulichende Eigenschaften bestimmt, sondern durch Beziehungen zu anderen Gegenständen, durch einen Ort oder Platz in der unanschaulich gegenwärtigen bewußten Ordnung. 'Wasbestimmtheiten' von Denkgegenständen seien 'Platzbestimmtheiten'." Das Bewußtwerden der Platzbestimmtheit, das der Problemlösung dient, wurde als "Aha-Erlebnis" beschrieben, ist also kein funktionaler, sondern ein ichnaher, erlebnishafter Vorgang.

Mit der Frage der Motivation, der Steuerung des Denkens hatte sich im Rahmen der Würzburger Schule vor allem Narziß Ach beschäftigt. Seine Beschreibung von "determinierenden Tendenzen", die heute eher unter dem Begriff der Einstellung behandelt werden, sollte - gegen die Assoziationstheorie gewandt − zeigen, daß die Steuerung des Denkens nicht mechanisch, sondern gezielt, willenshaft oder einstellungsmäßig geschieht. Dieser Aspekt der Denkforschung wurde vor allem in Rußland weiter verfolgt (v.a. Wygotsky, Rubinstein).

Von Külpe beeinflußt, wiewohl nicht in dessen Würzburger Zeit, war auch Otto Selz (1913, 1922). Seine Konzepte der *Komplexergänzung*, der *Operationen* und der *schematischen Antizipation* knüpften an die Arbeiten der Würzburger an. In seinen eigenen Forschungen, die sich als Methode Modifikationen der "Ausfragemethode" (mit genau definierten Aufgaben) bediente, konzentrierte er sich, in Abhebung von reproduktivem Denken, das er als mechanisch gesteuert, wiewohl als Vorläufer des produktiven Denkens ansah, auf "Produktives Denken". Eine Person, gedacht als "Vereinigung" aller Verhaltenstendenzen, versucht, mit einer Aufgabe konfrontiert, zunächst reproduktiv *Wissen* zu aktualisieren ("Gegenstände" im Sinne von Meinong). Produktives Denken kommt zum Tragen, wenn die Reproduktion nicht erfolgreich ist. Die Vorgänge beschreibt Selz als *Mittelaktualisierung*, *Mittelabstraktion* und *Mittelanwendung*. Produktives Denken ist nicht gleichzusetzen mit Wissen, sondern ist eine Operation, die Wissen benutzt und zusätzlich Mittel findet, mit dem Wissen in aufgabenadäquater Weise umzugehen, also eine Lösung zu finden. Denken ist daher eine Weise des Handelns, ein Aktualisieren von Verhaltenstendenzen einer Person.

Selz wirkte mit seinem Konzept der Komplexergänzung auf die Gestaltpsychologen ein (obwohl ihn Koffka, Duncker und Wertheimer nicht zitieren, was er selbst böse vermerkt); der Niederländer Adrian de Groot benutzte Selzs Hypothese, um das Denken geübter Schachspieler zu untersuchen und fand sie bestätigt (1946); den größten Widerhall aber fanden Selzens Forschungen in den Arbeiten der Artificial Intelligence, wo Newell & Simon sein Konzept des Problemlösens teilweise an Computersimulationen verifizierten (vgl. Simon 1981) und die Bestandstücke Aufgabe, generelle Verknüpfungen und Mittelabstraktion erfolgreich testeten. Der Bogen zur modernen Problemlöseforschung ist damit gespannt − so weit, daß sogar die Frage gestellt wurde "Haben Computer psychische Phänomene?" (Münch, 1989)

Daß hierzulande die Erträge und die Forschungen der frühen experimentellen Denkpsychologen so wenig bekannt sind oder beachtet werden, liegt sicher zum Teil in den Zeitläufen und in den persönlichen Schicksalen der Proponenten begründet (Karl Bühler emigrierte in die USA und wandte sich anderen Fragestellungen zu, Otto Selz wurde 1943 in Auschwitz ermordet). Zum anderen mag eine Rolle spielen, daß das Interesse der damaligen Forscher nicht nur auf experimentalpsychologischem, sondern auch auf philosophischem Gebiet lag. Daher rührt wohl Piagets Kritik, die Würzburger hätten das Denken zu sehr logisch und nicht psychologisch betrachtet, ein Vorwurf, den Herrmann auch der Grazer Schule, insbesondere Meinong macht (Herrmann 1982, 579).

Und wie stellt sich Denkpsychologie heute dar? Der Name taucht kaum mehr auf, Informationsverarbeitung, Problemlösen, scheinen die denkpsychologischen Fragen abzudecken. Dabei ist es einerseits zu einer Konvergenz der Fragestellungen, andererseits zu Theoriearmut gekommen. Matthäus argumentiert: "Was die Quantität angeht, so stimmt dies ... nicht. Es wurde in der Denkpsychologie noch nie soviel spekuliert wie heute; am undiszipliniertesten in der Metakognitionsforschung. ... Aber in qualitativer Hinsicht ... engagiert sich niemand allzu verbindlich mit seinen Theorien, sondern man spielt mit Modellen." (Matthäus 1988, 1) Die erfolgreiche Implementation im Computer entscheidet über das Weiterverfolgen oder Verwerfen der Hypothese. Aber kommt man damit dem "Denken" näher? Die "philosophischen" Fragen, die Frage nach dem Verhältnis von Ich und Denken bleibt ausgeklammert. Dies wirft Matthäus der gegenwärtigen Denkpsychologie recht polemisch vor. Fragen der Perspektivität, Gefühlsbindung, Konflikthaftigkeit und Kreativität blieben unberücksichtigt.

Demgegenüber beschreibt er in seinem Werk über "Sowjetische Denkpsychologie" die Arbeitsweise der Moskauer und Tifliser Schule, die sich noch um die Klärung von 'Wesensfragen' (Matthäus 1988, 2), um metaphysische Fragen bemühten, insbesondere:

"Worin besteht die Kognitivität kognitiver Prozesse? Wie können Ichlichkeit und überindividuelle Allgemeinheit im Denken zusammenkommen? ...
Wie können phänomendeskriptive Befunde des Typs 'Ich denke' mit solchen des Typs 'Es denkt in mir' vereinigt werden?
Wie weit kann das menschliche Denken durch formale Theorien – Idealtyp: Computerprogramm – abgebildet werden?"

Auf solche Fragen stoße man in der sowjetischen Denkpsychologie, denn "die namhaften sowjetischen Denkpsychologen sind nicht nur gleichzeitig Experimentatoren und Theoretiker, sondern zugleich auch Philosophen." (ebd.) Das "bewußt intentionale Subjekt" als Träger der Eigenschaften des Psychischen wird thematisiert. (Matthäus, 1988, 44) Hier kommen offenbar, so wie Müller (1971) für die Beschäftigung mit der Denkpsychologie postulierte, Einsichten der Phänomenologischen Psychologie zur Geltung, "stärker, als es im Rahmen zeitgenössischer Psychologie sonst meist geschieht." Wie bei Müllers eigener Zugangsweise sehe ich auch dort den "Bezug auf empirische Wissenschaftsorientierung und auf experimentelle Forschung im besonderen ... gewahrt, ohne daß die heute verbreitete Verabsolutierung operationalistisch-empiristischen Vorgehens nachvollzogen wurde." (Müller, 1971, Vorwort)

Denken als Ichfunktion, Denken als geistigen Akt zu sehen, darauf verzichtet die operationalistisch-empiristische mainstraem-Denkpsycholo-

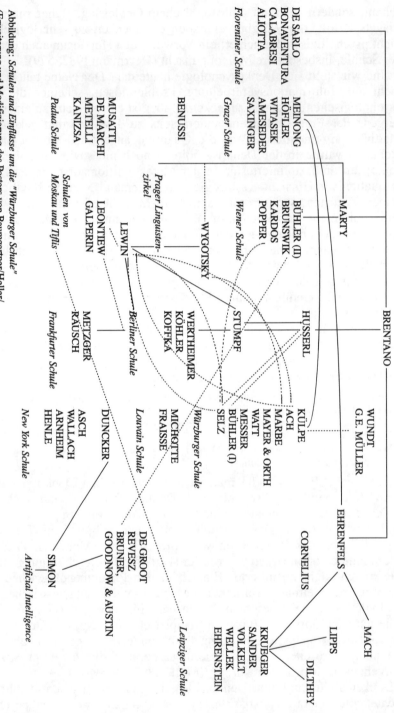

Abbildung: *Schulen und Einflüsse um die "Würzburger Schule"* (Erweiterung und Modifizierung des Posters von Baumgartner/Heller/Mack, präsentiert auf dem 5th International Congress of Psychophysics in Würzburg, August 1990; vgl. auch Smith, 1988, 229)

gie (vgl. Müller 1971, 73; Matthäus 1988, 2). Die Notwendigkeit der Annahme eines Aktzentrums, ("Ich") hat in der Philosophie seit Jahrhunderten zu Kontroversen geführt, denen Psychologen aus dem Wege zu gehen trachteten. Müller hat in mehreren Veröffentlichungen die Problematik des psychologischen Ich-Begriffs thematisiert (1969, 1972, 1983); ein überzeugendes Ich-Konzept sieht er nur bei Freud und bei Klages herausgearbeitet. Von "cogito" bis "ich denke" zu "das Ich denkt" verläuft in der abendländischen Geistesgeschichte der Weg zu einer Hypostasierung des "Ich", der durchaus kritisch zu reflektieren ist. (Müller 1971, 23). Doch auch ohne einen eigenen Ich-Begriff zu thematisieren sehen die in diesem Artikel referierten Autoren der Denkpsychologie das Ich als Steuerungs- und Kontrollinstanz (Bühler, Selz, Duncker, Newell & Simon), als Ursprung und Zentrum der geistigen Akte (Selz, Lewin, de Groot) und als Instanz, die die Identität der Person (Ach, Wygotski), ihre Kontinuität und Konstanz gewährleistet oder repräsentiert. Die Kontinuität sowie die Einflußlinien dieser europäischen Tradition, die Denken als Ichfunktion auffaßt und untersucht, ist auf der Abbildung veranschaulicht.

Literaturverzeichnis:

Baumgartner, E. (1985). *Intentionalität*. Würzburg: Königshausen & Neumann.
Baumgartner, E. (im Druck). Karl Bühler. In B. Smith & H. Burkhardt, *Handbook of Metaphysics and Ontology*. München: Philosophia.
Baumgartner, E. (im Druck). Otto Selz. In B. Smith & H. Burkhardt, *Handbook of Metaphysics and Ontology*. München: Philosophia.
Baumgartner, E. & Baumgartner, W. (im Druck). Würzburg School. In B. Smith & H. Burkhardt, *Handbook of Metaphysics and Ontology*. München: Philosophia.
Brentano, F. (1874). *Psychologie vom empirischen Standpunkte*. Leipzig: Duncker & Humblodt.
Brentano, F. (1971). *Psychologie vom empirischen Standpunkt, II. Von der Klassifikation der psychischen Phänomene*. Hamburg: Meiner (Unveränderter Nachdruck der Ausgabe von 1925).
Bühler, K. (1907). Tatsachen und Probleme zu einer Psychologie der Denkvorgänge. I. Über Gedanken. *Arch. ges. Psychol., 9*, 297-365.
De Groot, A. (1946). *Het Denken van den Schaker, een Experimenteel-psychologische Studie*. Amsterdam: Noord-Hollandsche Uitgevers Maatschappij.
Graumann, C.F. (Hrsg.). (1965). *Denken*. Köln: Kiepenheuer & Witsch.
Herrmann, Th. (1982). Ganzheitspsychologie und Gestalttheorie. In H. Balmer (Hrsg.), *Geschichte der Psychologie I* (S. 573-658). Weinheim: Beltz.
Humphrey, G. (1951). *Thinking*. London: Methuen.
Koch, M. (1964). Gedanken und Gedankenerinnerungen. In R. Bergius, *Allgemeine Psychologie*, I. Band, 2. Halbband des Handbuchs der Psychologie in 12 Bänden. Göttingen: Hogrefe.
Kunz, H. (1946). *Die anthropologische Bedeutung der Phantasie I/II*. Basel: Verlag für Recht und Gesellschaft.
Maltzmann, I. (1965). Denken in behavioristischer Sicht. In C.F. Graumann (Hrsg.), *Denken* (S. 86-100). Köln: Kiepenheuer & Witsch.

Matthäus, W. (1988). *Sowjetische Denkpsychologie*. Göttingen: Hogrefe.
Metzger, W. (1966). Vorwort. In W. Metzger, *Allgemeine Psychologie*,I. Band, 1. Halbband des Handbuchs der Psychologie in 12 Bänden. Göttingen: Hogrefe.
Müller, H.A. (1969). Problematik und Bedeutung des psychologischen Ich-Begriffs. *Jahrbuch für Psychologie, Psychotherapie und Medizinische Anthropologie, 17*, 117-129.
Müller, H.A. (1971). *Psychologie und Anthropologie des Denkens*. Bonn: Bouvier.
Müller, H.A. (1972). Die Beiträge zur Allgemeinen Psychologie im Werk von Ludwig Klages. *Zeitschrift für Menschenkunde, 36*, 415-425.
Müller, H.A. (1979). Ichhaftigkeit und Sachlichkeit als Organisationsbedingungen. *Zeitschrift für Individualpsychologie, 4*, 15-25.
Müller, H.A. (1983). Das Verhältnis von Ichpsychologie und Selbstkonzeptforschung. In G. Bittner (Hrsg.), *Personale Psychologie*. Festschrift für Ludwig J. Pongratz (S. 152-164). Göttingen Hogrefe.
Münch, D. (1989). Haben Computer psychische Phänomene? In W. Baumgartner, F.-P. Burkard, F. Wiedmann (Hrsg.), *Brentano Studien II* (S. 165-178). Dettelbach: Röll.
Newell, A. & Simon, H.A. (1972). *Human Problem Solving*. Englewood Cliffs. N.J.: Prentice-Hall, Inc.
Pauli, R. (1930). Über das Verhältnis von Selbstbeobachtung und Experiment. In F.J.v. Rintelen (Hrsg.), *Philosophia Perennis*, II, Regensburg: Habbel.
Rohracher, H. (1976). *Einführung in die Psychologie* (11. Auflage). München: Urban & Schwarzenberg.
Selz, O. (1913). *Über die Gesetze des geordneten Denkverlaufs*. Stuttgart: Spemann.
Selz, O. (1922). *Zur Psychologie des produktiven Denkens und des Irrtums*. Bonn: Cohen.
Simon, H.A. (1981). Otto Selz and Information-Processing Psychology. In N.H. Frijda & A. de Groot (eds.), *Otto Selz: His Contribution to Psychology*. The Hague: Mouton.
Smith, B. (1988). Gestalt Theory and its reception. In B. Smith (Ed.), *Foundations of Gestalt Theory* (S. 227-479). München: Philosophia.
Stern, W. (1950). *Allgemeine Psychologie auf personalistischer Grundlage* (2.Auflage). Den Haag: Nijhoff.

GÜNTHER BITTNER

Über Spontanphänomene

Der nachfolgende Beitrag zu Ehren H.A. Müllers bedarf einer Vorbemerkung zu seiner Entstehungsgeschichte. Im Sommer 1988 schrieb ich in Urlaubsstimmung "aus einem spontanen Einfall heraus" einen kurzen Text, eigentlich mehr ein Thesenpapier, über die von den Humanwissenschaften vernachlässigten "Spontanphänomene" (Bittner 1989a). Mit diesem Papier hatte ich zu einem Symposium auffordern wollen, doch blieb die Resonanz gering: lediglich Schäfer (1989) spann den Faden in einem eigenen Beitrag weiter, und Rombach antwortete mit einem (bisher unpublizierten) Statement.

Als ich mich im Hinblick auf die vorliegende Festgabe mit den Schriften H.A. Müllers beschäftigte, stellte ich nicht ohne Beschämung fest, daß ich Amerika sozusagen zum zweiten Mal entdeckt hatte: Müllers Habilitationsschrift (1967) handelt vom "Begriff der psychischen Spontaneität als regulativem Prinzip psychologischen Erkennens", also genau von meinem Thema — freilich um vieles umfassender und fundierter.

So beschloß ich, ihm das Diskussionspapier zu widmen, mit dem ich unwissentlich in seinen Spuren gewandelt war (I) — ergänzt durch eine Reflexion über die Aktualität seiner eigenen Abhandlung über "Spontaneität und Gesetzlichkeit" (II).

I. Spontanphänomene — oder: wie entsteht etwas Neues?

Ein Urlaubserlebnis auf einer Nordsee-Insel. Ich sehe auf der Wiese vor dem Haus, in dem ich mich eingemietet habe, einem Ehepaar mit einem kleinen etwa 5-jährigen Jungen beim Drachensteigen zu. Bei näherem Hinsehen kommt mir der Mann bekannt vor; ich schaue noch genauer, er auch — ein Fakultätskollege. Vor Schreck (?), mich zu sehen, läßt er den Drachen los. Der fliegt davon, der kleine Junge heult. Bin ich schuld, daß der kleine Junge sein Spielzeug verloren hat? Wir beide machen uns etwas bedrappelt an das Wiedereinfangen des Drachens — den wir schließlich auch unbeschädigt zurückbringen. Ich fühle mich durch das Ereignis amüsiert, angeregt und belebt.

Ich nehme dies als Modellbeispiel eines "Spontanphänomens". Genau genommen sind es zwei Phänomene: das zufällige Treffen und das Davonfliegen des Drachens. Spontanphänomene nenne ich sie, weil sie unvorhergesehen den eigentlich geplanten Gang der Dinge unterbrechen, durchkreuzen: ich wollte gerade spazierengehen und dachte nicht an Würzburg; nun war Würzburg plötzlich auf der Insel gegenwärtig. Der andere wollte drachensteigen, auch ihn holte Würzburg plötzlich ein.

Ich habe geschrieben: "Vor Schreck ließ er den Drachen davonfliegen" und habe mich gefragt: "Bin ich schuld daran, daß der kleine Junge sein Spielzeug verloren hat?" Damit ist die Frage des *Zusammenhangs der Ereignisse*, der Ursächlichkeit, der Zurechenbarkeit angesprochen. Besteht zwischen den beiden Ereignissen – zufälliges Treffen und Wegfliegen des Drachens – überhaupt ein Zusammenhang? Und wenn ja: ist es ein ursächlicher oder einer der bloßen Gleichzeitigkeit, oder der einer sinnvollen Gleichzeitigkeit (vgl. Jung GW 8), der den Effekt einer "phänomenalen Kausalität" (Michotte 1946) vortäuscht; oder handelt es sich um Ursächlichkeit im strengen Sinne von "weil" und "deshalb" und schließlich um "moralische Zurechenbarkeit"?

Dann ist ferner die Ebene der Gefühle, der Stimmungen, der emotionalen Spontanreaktionen aus dem Unbewußten angesprochen: "Vor Schreck" habe der andere den Drachen losgelassen, schrieb ich. Ich weiß natürlich nicht, ob er erschrocken ist. Für möglich halte ich es schon. Ich spürte ja auch Unsicherheit, Desorientiertheit im Moment, unrasiert im Gammellook mich zu präsentieren. Soll ich etwa schnell noch mein Professorengesicht aufsetzen und "bedeutsam" in die Welt schauen? Geht ja gar nicht so schnell. So entstand eine offene, sozialpsychologisch gesehen "undefinierte" Situation. Wie begegnen sich zwei Professoren auf einer Wiese, von denen der eine einen Drachen in der Hand hat? Meines Wissens gibt es dafür keine Präzedenzfälle. (Übrigens, nachdem ich bis hierher geschrieben habe, steht es mir wieder deutlich vor Augen, daß genau das der Auslöser des Malheurs war: er wollte auf mich zugehen, mir die Hand geben – und währenddessen machte sich der Drachen auf und davon.)

War *Unbewußtes* im Spiel? Sicher handelte es sich um eine Fehlleistung, doch war es eine mit unbewußter Tendenz, mit symbolischer Bedeutung? Man könnte da weit herumspekulieren (für mich hat das Steigenlassen des Drachens schon etwas mit Erektion zu tun, Drachensteigen als phallisches Vergnügen. Die unvermutete Begegnung unter Kollegen als "wechselseitige Kastration", als befürchtete Einschränkung der Ferien-, Spiel- und Vitalfreiheit?). Ich breche mein Gedankenspiel schnell ab und kehre auf den Boden "ungefährlicher" Wissenschaft zurück.

Spontanereignisse sind unvorhersehbare und unvorhersagbare Lebensereignisse. Sie haben im "normalen" humanwissenschaftlichen Forschungsbetrieb, der an Kausalität und Vorhersagbarkeit orientiert ist, keinen Platz. Im folgenden sollen, ohne Anspruch auf Systematik und Vollständigkeit, einige wissenschaftliche Zugänge zu den "unvorhersehbaren" Lebensereignissen eingesammelt werden.

1. Das Spontanereignis — Fehlanzeige in der empirischen Psychologie

Während in der Medizin die Kategorie "spontan" in Verbindungen wie "Spontanfraktur", "Spontanverformung" etc. (Pschyrembel 1986, S. 1129) immerhin existiert und auch noch homologe Begriffe wie "Idiopathie" (ebd., S. 763) vorkommen, ist der Begriff in der Psychologie ausgesprochen verpönt.

Ein wenig in die Richtung der Spontanereignisse, ohne sie ganz zu treffen, zielt das Konzept der "kritischen Lebensereignisse" (Filipp 1981). Im allgemeinen hält es die Entwicklungspsychologie jedoch eher mit den Kontinuitäten als mit den Diskontinuitäten der menschlichen Entwicklung:

"Es lassen sich allerdings auch Verhaltensweisen beobachten, die mehr oder weniger plötzlich neu auftreten. Solche Erscheinungen finden wir dann vor, wenn eine Funktionsreifung abgeschlossen ist und aufgrund dessen — oft vom einen auf den anderen Tag — neue Leistungen gelingen. Hier kann man als Beispiele das Laufen-'Lernen' und den Erwerb der ersten Wörter nennen. Der die Leistung bedingende Reifungsvorgang verlief zwar kontinuierlich, aber die Leistung selbst tritt erst am Ende dieses Prozesses auf. Nun muß hervorgehoben werden, daß solche abrupten Veränderungen aufgrund von Funktionsreifung vor allem in der frühen Kindheit zu finden sind. Je älter das Kind wird, desto mehr Funktionen sind schon ausgebildet, desto mehr Funktionen werden auch für das Zustandekommen einer Leistung gebraucht, da diese wesentlich komplexer ist als früher. Infolgedessen beobachten wir diskontinuierliche Übergänge schon im Schulalter nur noch selten. Wenn tatsächlich abrupte Veränderungen auftreten, so ist das meist ein Alarmzeichen für das Vorhandensein abnormer Bedingungen und nicht der Regelfall" (Oerter 1982[19], S. 60).

In allen von mir beigezogenen Standardwerken der Entwicklungspsychologie (etwa 10 an der Zahl) habe ich das Stichwort "spontan" nur ein einziges Mal in einem der Sachregister ausmachen können. Mussen, Conger und Kagan referieren Beobachtungen über ein "spontan fortschreitendes Sichablösen" bei Kleinkindern:

"Kinder zwischen dem ersten und vierten Lebensjahr wurden mit ihren Müttern in eine ihnen nicht vertraute Umgebung gebracht und durften diese sodann ungehindert erkunden. Je älter die Kinder waren, desto größer die Distanz, auf die sie sich von ihren Müttern entfernten" (Mussen/Conger/Kagan 1976, S. 392).

Das ist die ganze entwicklungspsychologische Ausbeute.

In der Motivationspsychologie ist die Ausbeute ähnlich mager. In der Lehre vom bedingten Reflex gibt es die "Spontanerholung", deren "Spontaneität" aber nur darin besteht, sich gegen Extinktion durchzusetzen (vgl. Atkinson 1975, S. 201f.), und, nicht von ungefähr, findet sich "eine gewisse Spontaneität der Bewegung" als Verhaltensmerkmal von Lebewesen bei McDougall angegeben:

"Durch ein momentanes Geräusch, zum Beispiel das Knistern eines Zweiges, rennt ein Hase in sein Loch, fliegt eine Vogelschar davon und nimmt das schüchterne Reh solche Haltung und Bewegung ein, daß es wachsam beobachten kann; das Abnehmen meines Hutes vom Haken oder ein einziges Wort können bei meinem Hund einen heftigen und anhaltenden Tätigkeitsausbruch hervorrufen, eine allgemeine Erregung, die lange andauern und abermals ausbrechen kann" (McDougall 1923, S. 44).

Zugleich mit der Lokalisierung der Kategorien des Spontanen bei McDougall wird klar, warum die Experimentalpsychologen sie nicht lieben: es ist eine durch und durch "vitalistische", "purpositivistische" Kategorie, sie steht im Widerspruch zum Kausaldenken der experimentellen Psychologen.

2. Das problematische Kausalitätsbedürfnis der Psychologen und das "Chaos"-Modell

Wahrscheinlich hat sich die experimentelle Psychologie für die unvorhersagbaren Ereignisse deshalb so wenig interessiert, weil sie systemsprengend sind. Denn dem Sachansatz der Psychologie inhärent ist das Bemühen um eine "generalisierende" Aussage (vgl. Flach 1983). Dabei lehnt sie sich an das enge Kausalitätsverständnis der klassischen Physik an (Heisenberg 1969, S. 163ff.).

Nun ist aber gerade in der Physik eine neue Diskussion über komplexe, über sog. "schwach wirksame" Kausalität in Gang gekommen. Popper gebrauchte das Gleichnis von den "Uhren" und den "Wolken":

> "Zur Analyse der Ideen des Indeterminismus und Determinismus habe ich 1965 das Bild von den Wolken und Uhren eingeführt (vgl. Popper 1974, S. 230ff.). Für den normalen Menschen ist eine Wolke etwas höchst Unvorhersagbares und Indeterminiertes: Die Unberechenbarkeit des Wetters ist sprichwörtlich. Im Gegensatz dazu ist eine Uhr etwas höchst Vorhersagbares, und eine zuverlässige Uhr ist geradezu das Paradebeispiel eines mechanischen und deterministischen materiellen Systems" (Popper/Eccles 1982, S. 58).

Der Neuansatz ist unter der Bezeichnung "Chaosforschung" bekannt geworden; die Jahrestagung 1988 der renommierten "Gesellschaft der Naturforscher und Ärzte" hat sich mit dieser Materie beschäftigt. Ich folge dem Bericht über die Tagung in der Wochenzeitung "Die Zeit":

> "... tatsächlich entsprechen ja die wenigsten realen Dinge den einfachen, linearen Kausalgesetzen der Physik. Im Alltag sehen wir uns meist vielfach miteinander verkoppelten Netzwerken gegenüber, vor deren Komplexität die Wissenschaft meist kapituliert. Börsenspekulanten oder die Mediziner, die sich mit dem hochkomplexen System 'Mensch" befassen, können ein Lied davon singen.
> ... Auch der aufsteigende Rauch einer Zigarette zeigt ein ähnliches Verhalten. Die anfänglich glatte Rauchfahne verwirbelt plötzlich und schlägt in unberechenbare Turbulenz um. Wären die Lage und die Geschwindigkeit jedes Rauchmoleküls zu einem Zeitpunkt *exakt* bekannt, müßte man den Verlauf ja theoretisch vorhersagen können. In der Praxis ist dies allerdings ein hoffnungsloses Unterfangen, da die kleinste Unsicherheit in den Anfangsbedingungen zu ganz unterschiedlichen Ergebnissen führen kann.
> Kleine Ursachen haben im deterministischen Chaos (manchmal) eben unvorhersehbare Auswirkungen. Deshalb läßt es sich über Meteorologen auch so trefflich scherzen, denn die versuchen jeden Tag, das deterministische Wetterchaos zu bändigen. Spötter sprechen vom 'Schmetterlingseffekt'. Der besagt, daß bereits der Flügelschlag eines Hamburger Schmetterlings ausreiche, das Wetter in München zu beeinflussen. Dies ist zwar übertrieben, aber wer statt des Schmetterlings eine kalte Meeresströmung nimmt, die sich nur wenig verlagert, der trifft die Sache. Die Chaosforschung nimmt

also die Meteorologen gewissermaßen in Schutz, indem sie lehrt, daß sichere Voraussagen über das Verhalten nichtlinearer Systeme prinzipiell unmöglich sein können" (Die Zeit Nr. 41, 7. Oktober 1988, S. 86).

Auf dieser Tagung drückten allerdings die anwesenden Humanwissenschaftler ihre Skepsis hinsichtlich der Anwendbarkeit der Chaos-Modelle im Humanbereich aus, weil hier die Bedingungen *noch* komplexer seien, weil vor allem soziale Systeme über einen "Willen" verfügten: "Menschen können gerade auf wirtschaftliche und politische Prognosen kreativ reagieren und damit jede Vorhersagbarkeit zunichte machen", so der Nationalökonom v. Weizsäcker (zit. in: Die Zeit, Nr. 41, 7. Oktober 1988, S. 86).

Schon eine Psychologie, die menschliches Verhalten als ein Komplexes im Sinne der Chaos-Modelle ansieht, müßte völlig anders aussehen als die heute gelehrte und praktizierte. Umso mehr gilt das, wenn sich erweisen sollte, daß auch die Chaos-Modelle für die Anwendung auf Menschen noch zu linear sind, d.h. daß sie grundlegende anthropologische Tatbestände wie die Willensbestimmtheit des Handelns übergehen.

Die Grenze der Chaos-Modelle ist bereits durch den Ausgangspunkt gegeben: als "Chaos" erscheint, was nicht-linear abläuft, was in Computer-Rechenmodellen nicht simulierbar ist. "Selbst der superschnellste Computer kann nicht leisten, was schon jedes Baby kann: in Sekundenschnelle ein Gesicht erkennen", heißt es in der "Zeit" in anderem Zusammenhang. Das menschliche Gesicht — ein "Chaos"?

3. Für eine neue Philosophie des Lebendigen als Orientierungsgrundlage

In der Philosophie ist für Gedankengänge wie die hier vorgetragenen, die das Menschliche als letzten Endes unberechenbar ansehen, eine zweifache Anknüpfungsmöglichkeit erkennbar: zum einen die Anknüpfung an ältere und neuere Ansätze einer *Philosophie des Lebendigen*: zum andern an die *handlungstheoretische* Diskussion.

Es gab eine "alte" Philosophie des Lebendigen: die von Dilthey und Bergson artikulierte *Lebensphilosophie*, auf mehr naturwissenschaftlicher Grundlage die vitalistischen und holistischen Philosophien von Driesch, v. Uexküll usw. Späte Zusammenfassungen dieser "alten" Lebensphilosophie finden sich bei Bollnow (1958) und in Guardinis Frühwerk "Der Gegensatz. Versuche zu einer Philosophie des Lebendig Konkreten" (1925). In der analytischen Wissenschaft vom Menschen, führt Guardini aus, "zergeht das Lebendig-Konkrete". Die rationalistische Perspektive ruft " intuitionistische Gegenbewegungen auf den Plan, die ebenso einseitig sind. Guardinis Lösung: "den Intuitionsakt in seinem Wesen unangetastet zu lassen, ihm aber durch eindeutige, wissenschaftlich geschärfte Begriffe den Weg vorzuschreiben" (Guardini 1925, S. 24).

Eine "neue" Lebensphilosophie formuliert Rombach: das menschliche Dasein und Handeln sei "mehr", gründe "tiefer" als die wissenschaftlichen Systeme aussagen können. Die Systeme "helfen im einzelnen und schaden im ganzen" (Rombach 1971, S. 80).Dem stellt er den Gedanken der "Selbstschöpfung", der Autogenese als "Grundform des Lebens" (ebd., S. 208) entgegen. In dieser Philosophie kommt auch die Kategorie des "Spontanen" zu ihrem vollen Recht (ebd., vgl. S. 371, 402).

Die *handlungstheoretische* Strömung in der Philosophie leitet sich letztlich von Kant her:

> "Dagegen verstehe ich unter Freiheit im kosmologischen Verstande das Vermögen, einen Zustand *von selbst* anzufangen, deren Kausalität also nicht nach dem Naturgesetze wiederum unter einer anderen Ursache steht ... so schafft sich die Vernunft die Idee von einer Spontaneität, die von selbst anheben könne zu handeln, ohne daß eine andere Ursache vorangeschickt werden dürfe, sie wiederum nach dem Gesetze der Kausalverknüpfung zur Handlung bestimmen" (Kant 1787 bzw. 1923, S. 374f.).

Dies ist der Ansatz der philosophischen Handlungstheorie bis heute: Handlungen unterliegen keiner kausalen Gesetzmäßigkeit und sind daher auch nicht prognostizierbar, sondern lediglich "ex post actu" zu erklären. Eine Handlung erklären, heißt zeigen, daß es unter den gegebenen Umständen angemessen und rational war, diese Handlung zu vollziehen (Dray nach Wright 1974, S. 35).

Einen spezielleren handlungstheoretischen Diskurs führt R. Bittner an. Philosophie solle dazu dienen, "von ihr und durch sie leben zu lernen" (R. Bittner 1983, S. 13). Was bei Rombach die Autogenese, ist in R. Bittners moralphilosophisch eingefärbter Erörterung die Autonomie des menschlichen Handelns, das frei ist gegenüber jeder Art von Gesetz — sei es Naturgesetz oder Sittengesetz. "Das Endliche hat keine Bestimmung. Es geht frei hinaus in seine mannigfaltige Beschaffenheit" (ebd., S. 236).

4. Autogene Phänomene im Leben des Kindes: das Spiel und das Montessori-Phänomen

Es ist eigentlich verwunderlich, daß Pädagogen sich traditionellerweise — wenigstens in der Theorie — ausgiebigerweise für das *Spiel* des Kindes interessieren, obwohl doch die Alltagsroutine von Erziehung eher darauf angelegt und dazu angetan scheint, Kindern das Spielen auszutreiben. Scheuerl (1979) macht darauf aufmerksam, daß die "neue Wertschätzung des kindlichen Spielens" mit dem reformpädagogischen "Ruf nach der Selbsttätigkeit des Kindes" zusammenhänge — eben mit jener Grundorientierung an Phänomenen der Autogenie oder Autonomie, die wir in diesen Überlegungen zu erneuern suchen.

Dieses fundierende anthropologische Interesse hat in späteren Veröffentlichungen zum Thema "Spiel" an Prägnanz verloren — in dem Maße nämlich, als sich die "empirischen" Wissenschaften mit ihren deterministischen Vorgaben seiner annahmen und die Pädagogik nur noch damit beschäftigt war, das Thema in seiner empirisch verfremdeten Form zurückzurezipieren (z.B. A. Flitner 1972[4]).

Das andere prägnant "autogene" Phänomen, das die Pädagogik beschäftigt hat, ist das sog. *Montessori-Phänomen*: Kinder wählen spontan eine Tätigkeit "in Übereinstimmung mit den Gesetzen der eigenen Natur" (Standing o.J., S. 97). Diese Art von Arbeit ist das forttreibende Moment der kindlichen Entwicklung, "die Pädagogik Montessoris gründet sich geradezu auf die spontane geistige Aktivität des Kindes" (ebd., S. 59). Im Unterschied zum Spiel ist das "Montessori-Phänomen" noch nicht durch eine Vielzahl empirischer Zugriffe "denaturiert" und unkenntlich gemacht worden. Vielleicht böte es sich deshalb als geeignetes Material zum Studium mit einer Empirie neuer Art an, wie die Montessori-Pädagogin Helene Helming schon vor Jahren in einem Goethe-Zitat forderte: "Es gibt eine zarte Empirie, die sich mit dem Gegenstand innigst identisch macht und dadurch zur eigentlichen Theorie wird" (Helming 1958, S. 5).

5. Psychoanalyse: die kausalistisch sich mißverstehende Wissenschaft von den Spontanphänomenen

Am Anfang des psychoanalytischen Forschungsinteresses stand eine Reihe ausgesprochener Spontanphänomene: die eindrücklich überraschende Symptomatik der Hysterie, der Traum, die Fehlleistungen als geradezu klassische Spontanhandlungen: eine Fehlleistung, die voraussagbar ist, ist eigentlich schon keine Fehlleistung mehr.

Allerdings zwängte sich diese Forschung von Anfang an in ein kausalistisch-deterministisches Korsett, wenn auch wiederum nur halbherzig: denn der von Freud geprägte Begriff der Überdeterminierung (vgl. Laplanche/Pontalis 1980, Bd. 2, S. 544ff.) fügt sich gerade nicht dem klassischen Determinationsmodell, sondern läßt die Dinge wieder auf eigentümliche Weise unvorhersagbar werden, je nachdem, welcher Determinationsstrang gerade die Oberhand gewinnt – die psychoanalytische "Überdeterminierung", ein Vorläufer der Chaos-Modelle?

Die Beachtung von aus der Tiefe aufspringenden Spontanphänomenen findet in der gegenwärtigen Psychoanalyse eine dreifache Anknüpfung:

5.1. In der Psychologie *D.W. Winnicotts*, der die Unterdrückung der spontanen Geste des Säuglings in einem bedingungslosen Sich-Fügen für den Punkt hält, an dem sich das "falsche Selbst" konstituiert. Das wahre Selbst wird dabei "so gut versteckt, daß Spontaneität in den Lebenserfahrungen des Säuglings nicht vorkommt" (Winnicott 1965, S. 191). Erwünscht hingegen ist in Winnicotts Augen "jene begrenzte Ungezogenheit, die wir gesund nennen und in der viel von der Spontaneität des Kindes enthalten ist" (ebd., S. 35).

5.2. In der Psychologie *J. Lacans*, in der das Überraschende, das Hervortreten des (unbewußten) Subjekts eine zentrale Rolle spielt, ist für unser Problem der Ausgangspunkt bedeutsam, daß das Unbewußte, das "Subjekt", sozusagen klüger und umfassender ist als das Bewußtsein und deswegen die beschränkten Vorhaben des Ich immer wieder auf überraschende Art durchkreuzt. "Der 'Traum lehrt uns also dies — was im Spiel ist in der Funktion des Traums, ist jenseits des Ego, was im Subjekt vom Subjekt ist, ist nicht vom Subjekt, es ist das Unbewußte' ". Ein unbewußtes Phänomen läßt stets eine andere, noch unbekannte Persönlichkeit hervortreten, es "spielt sich immer zwischen zwei Subjekten ab". "Der Träumer kann also in seinem Verhältnis zu seinen Traumwünschen nur einer Summation von zwei Personen gleichgestellt werden ..." (Lacan zit. nach Teichmann 1983, S. 126; auf meine analoge Konzeption eines "doppelten Menschen" sei an dieser Stelle hingewiesen, vgl. G. Bittner 1988).

5.3. In den modernen *Theorien des psychoanalytischen Prozesses*: Die "alte" psychoanalytische Behandlungslehre (verräterischerweise "Technik" genannt) ließ dem Lebendigen und Spontanen der zwischenmenschlichen Interaktion wenig Raum. Es galt Freuds Anweisung: "Der Arzt soll undurchsichtig für den Analysierten sein und wie eine Spiegelplatte nichts anderes zeigen, als was ihm gezeigt wird" (Freud VIII, S. 384).

Das hat sich grundlegend geändert, als der analytische Prozeß zunehmend als Zweipersonenbeziehung, die Gegenübertragung des Analytikers nicht mehr als Störfaktor, sondern als konstituierender Bestandteil der psychoanalytischen Situation begriffen wurde — so, daß das Pendel nun vielleicht allzu weit nach der anderen Seite ausschlug (vgl. Thomä/Kächele 1985, S. 83ff.). Jedenfalls kam das Unvorhersehbare, technisch nicht abschließend zu Regelnde, Spontane, Improvisierte im analytischen Prozeß nun zu Recht und Beachtung. Man kann fast behaupten, daß die Technik-Diskussion der Psychoanalyse heute der einzige Ort ist, wo über spontane zwischenmenschliche Prozesse mit wissenschaftlichem Anspruch reflektiert wird (einen Spontaneitätskult gibt es auch anderswo, in den neuen humanistischen Therapien vor allem, aber keine Reflexion mit wissenschaftlichem Anspruch).

6. Scientia non est individuorum — oder: das methodische Dilemma

Spontanereignisse entstehen per definitionem spontan, d.h. sie sind unter Laborbedingungen nicht reproduzierbar (man denke nur an die verzweifelten Versuche der Parapsychologie, wissenschaftlichen Ansprüchen zu genügen!). So scheidet jede experimentelle Methode zur Untersuchung von Spontanphänomenen von vornherein aus. Spontanereignisse sind stets singulär, entstehen aus je einmaligen, unwiederholbaren Konstellationen. Es gibt im Grunde nur zwei (bzw. eine) Methode(n), um sie zu dokumentieren: die direkte Beobachtung im Lebenszusammenhang und den darauf aufbauenden Bericht, das Protokoll.

So kämen die lange vernachlässigten Methoden der teilnehmenden Beobachtung bzw. beobachtenden Teilnahme (das letztere z.b. der Fall des Pädagogen und des Psychoanalytikers) aufs Neue zu ihrem Recht, ebenso die "narrativen" Vergegenwärtigungen (Baacke/Schulze 1979). Die narrative Methode ist in den Humanwissenschaften in ihrer Bedeutung noch keineswegs ausgeschöpft; sie ist bloß deshalb ein wenig in Mißkredit geraten, weil sie mißbraucht wurde; wenn ich aus Bequemlichkeit zu einem Problem nur ein paar Geschichten auftische, wo ich eigentlich systematisch forschen sollte, mißbrauche ich die narrative Methode, die, wenn sie Ertrag bringen soll, nur zur Untersuchung ausgewählter, theoretisch genau vordiskutierter Phänomene eingesetzt werden sollte.

7. Zum Schluß: das pädagogische Interesse an den unvorhersagbaren Ereignissen

Die Geschichte vom davongeflogenen Drachen mag ausgefallen und weit hergeholt klingen. "Das war eben ein seltsamer Zufall – na und?", wird man fragen. Doch der konkrete Lebenslauf von Menschen (auch von Kindern) wird fortwährend tangiert, geführt und auch durchkreuzt von solch Unvorhersagbarem: man plant eine Reise, und ausgerechnet jetzt wird ein Kind krank. Oder: Wenn der Junge nicht diesen Freund gehabt hätte, der ihn in die Jugendsekte, in die Drogenszene usw. hineingezogen hätte, wäre alles anders gekommen ...

Umgekehrt eröffnet diese Unvorhersehbarkeit der Verknüpfung von Ereignissen auch manche pädagogische Gestaltungsmöglichkeit. Zufällig sich konstellierende Situationen bieten Gelegenheit zu erzieherischer Anknüpfung, werden zu "Lerngelegenheiten" (vgl. Bittner 1982b, S. 122f.).

Die pädagogische Theorie hat – im Gefolge ihrer Orientierung an kausalistisch-deterministischen Disziplinen wie der Psychologie und der Soziologie – den Blick für die Frei-Räume, für die Undeterminiertheiten menschlicher Entwicklung, für das Schöpferisch-Gestaltende darin fast gänzlich verloren. Damit ist Pädagogik zu einer borniertem angewandten Sozialwissenschaft geworden.

In der Geschichte des pädagogischen Denkens war das nicht immer so. Noch bei Langeveld lesen wir über die pädagogisch angemessene Art der Beschäftigung mit entwicklungspsychologischen Daten, daß wir uns durch das Sammeln von Tatsachen über ein Kind "in einen Prozeß begeben, der selber kreativ ist, d.h. ein Prozeß, an dem das Subjekt – das Kind – auch selber aktiv teilnimmt. Einen derartigen Prozeß kann man nur adäquat beschreiben, verstehen, beeinflussen und leiten, wenn man ihn als kreativen Prozeß versteht ... " (Langeveld 1965, S. 23).

An diese Denktradition in der Pädagogik wollen die vorliegenden Überlegungen anknüpfen.

II. Spontaneitätsorientierte versus deterministische Interpretationstendenzen in der Psychologie

Müllers Untersuchung "fragt nach den Grenzen der Determination des Psychischen". Als Gegenbegriff setzt er nicht Indetermination oder Willensfreiheit, sondern die Kategorie des "Spontanen": Als spontan bezeichnet er, was "nicht als eine Reaktion auf einen äußeren Reiz zu begreifen ist" (Müller 1967, S. 1).

Der größte Teil der umfangreichen Arbeit ist dem Aufweis von Kategorien der Spontaneität in verschiedenen Gebieten der Psychologie gewidmet (vor allem der Persönlichkeits- und Sozialpsychologie, es fehlen hingegen die Entwicklungspsychologie und weitgehend die klinische Psychologie/Psychotherapie/Psychoanalyse), sowie in den Nachbar- und Bezugswissenschaften der Psychologie (Physik, Biologie, Geschichtswissenschaft, Philosophie). Dabei werden die Kategorien der gesetzlichen Determiniertheit und der Spontaneität als unterschiedliche regulative Prinzipien (vgl. ebd., S. 3), als Denkformen (vgl. ebd., S. 20), als "Interpretationstendenzen" (ebd., S. 2) bestimmt und verschiedenartigen Zugriffsweisen auf die psychische Wirklichkeit zugeordnet. Wo der funktionale Aspekt des Psychischen zur Rede steht, ist die Kategorie der Gesetzlichkeit am Platze; "Gesetzlichkeit kann es nur unter funktionalem Aspekt geben; dieser bedeutet aber eine Reduktion und Simplifikation der phänomenalen psychischen Wirklichkeit" (ebd., S. 4). Spontaneität hingegen ist der phänomenalen Seite des Psychischen zugeordnet, "Spontaneität ist die dynamische Seite der Individualität, der Einmaligkeit individueller Erscheinung" (ebd., S. 4). Müller will den Gegensatz von Spontaneität versus Determiniertheit also auflösen, indem er die Kategorien als "Interpretationstendenzen" unterschiedlichen Aspekten des seelischen Seins zuordnet; er will nicht – wie es der "Indeterminismus" der modernen Physik tut – auf eine partielle Aufhebung der Gesetzlichkeit hinaus. Denn was sollte dabei schon herauskommen? Hat doch die Physik die strenge Kausalität nur durch das "Wahrscheinlichkeitskalkül" ersetzt, was aus der deterministischen Interpretationstendenz nicht herausführt.

Drei Punkte scheinen mir an Müllers Überlegungen der Erörterung bedürftig, wenn ich sie zu den eigenen, oben aufgeworfenen Fragen in Beziehung setze.

1. Die Zuordnung der Interpretationskategorie "Spontaneität" zum *phänomenalen* Aspekt des Psychischen unter Überlassung der funktionalen Sphäre an den Determinismus wirkt bestechend, läßt aber auch Fragen offen. Wichtig ist vor allem Müllers Aufweis, daß das Psychische sich nicht in dem erschöpft, was auf handfeste experimentell erhärtete Formeln kausalen und funktionalen Zusammenhangs gebracht werden kann. Der "feste Boden", auf dem sich der experimentelle Forscher wähnt, wird nicht selten gewonnen, "um den Preis der Ausklammerung des Psychischen" (ebd., S. 390). Psychologische Erkenntnis hat auch dann ihren Wert,

wenn sie "bloß" Phänomene aufweist, ohne etwas kausal ableiten zu können und an die Ableitungen Prognosen anzuknüpfen. "Der Psychologe sollte mehr sehen, lauschen, vernehmen — als unvermittelt umdenken, transformieren und in funktionalistische Bezugsschemata einordnen" (ebd., S. 393). Wie wahr — und wie aussichtslos diese Forderung, wenn man den gegenwärtigen psychologischen Wissenschaftsbetrieb betrachtet!

Anderseits ist aber doch zu fragen, ob Müller die phänomenale und die funktionale Sphäre nicht allzu bereitwillig auseinanderdividiert hat, um den psychologischen Kausalfetischisten ihre Spielwiese zu lassen (und vielleicht auch die seine gegen eine Gegenkritik aus dem Deterministenlager zu immunisieren?).

Wenn ich die Überlegungen aus Teil I mit Müllers Überlegungen vergleiche: vermutlich war es verfehlt, die physikalischen Chaos-Modelle unter die Bezugsperspektiven des Spontaneitäts-Ansatzes einzuordnen — denn was beim Chaos-Modell herauskommt, ähnlich wie in der "indeterministischen" Quantenphysik, ist doch immer wieder ein deterministisches Modell, nur eben mit einem trickreicheren, flexibleren Kalkül. Aber um Vorausberechenbarkeit geht es allemal.

Auf der andern Seite aber: nehme ich das Beispiel vom Zusammentreffen mit dem Kollegen und dem weggeflogenen Drachen, befriedigt auch die Aussage nicht recht, es habe sich eben um ein "erlebtes" Spontanphänomen gehandelt, *eigentlich* und in *Wirklichkeit* aber bestehe natürlich doch ein kausaler Zusammenhang zwischen der unvermuteten Begegnung, der daraus resultierenden "Schrecksekunde" und dem Wegfliegenlassen des Drachens. Die Ereignisfolge war auch auf einer funktionalen Ebene nicht vorhersagbar, sondern höchstens mehr oder weniger wahrscheinlich; und ein kausaler Zusammenhang läßt sich, wenn überhaupt, erst ex post facto konstruieren. Wie viele andere Abläufe einer solchen überraschenden Begegnung wären prognostisch ebenso denkbar gewesen als ausgerechnet dieser!

Womit gesagt sein soll: die Kategorie des Spontanereignisses beansprucht Gültigkeit auch in der Sphäre funktionaler Zusammenhänge, selbst wenn noch gänzlich ungeklärt ist, wie sie dort praktisch angewandt werden kann. Jedenfalls scheint mir, daß Müllers "Interpretationstendenz" auf Spontanereignisse hin es wert ist, härter und streitlustiger auch auf Realzusammenhänge hin vertreten zu werden, als er selbst es tut.

2. Die Interpretationstendenz auf Spontaneität hin steht im Kontext von Auffassungen, die auf die Individualität, die "Einmaligkeit individueller Erscheinung" (ebd., S. 4), auf "Selbstentfaltung", "Selbstverwirklichung" oder "Selbstwerdung" (ebd., S. 21), auf *Personalität* (vgl. ebd., S. 212 ff.) abheben.

"Individuum est ineffabile" — oder: "Individualität ist etwas Irrationales" (ebd., S. 201) — vielleicht würden moderne Personalisten solchen Sätzen widersprechen, doch würden sie der Grundrichtung der Müller'schen Argumentation gewiß zustimmen, daß eine nomothetische Wissenschaft von Personen und ihren Handlungen unmöglich ist. "Die Unerschöpflichkeit des Singulären", schreibt Müllers akademischer Lehrer Kunz, "läßt das Erkennen unvermeidlich überall auf Grenzen stoßen ..." (ebd., S. 225).

Damit ist die aktuell bedeutsame Frage n*ach den Bedingungen der Möglichkeit* einer *personalistischen*, einer *subjektorientierten Psychologie* aufgeworfen. Die Auffassungen der Vertreter personalistischer Positionen gehen in dieser Frage weit auseinander: philosophisch orientierte Personalisten (Böhm 1985, S. 122f.) neigen wohl dazu, "Person" auf einer Ebene anzusiedeln, die der psychologischen Reflexion überhaupt unzugänglich bleibt; wer eine personalistische Psychologie für möglich hält, wie etwa Ricoeur (1974) oder der Verfasser dieses Beitrages (1981, 1982a), sieht sich auf die von der geisteswissenschaftlichen Psychologie und der Psychoanalyse entwickelte Kategorie des Verstehens verwiesen und damit wieder in der Spur der Müller'schen Überlegungen (Müller 1967, S. 240ff.).

Eine Psychologie, deren "Interpretationstendenz" am Einmaligen und Individuellen, auf Selbstwerden und Selbstverwirklichung hin orientiert ist, wäre zugleich die einzig wahre Pädagogische Psychologie. Freilich sind wir von den methodischen Konkretisierungen einer solchen Psychologie noch weltenweit entfernt — und auch Müller läßt uns, was die Konkretisierungen betrifft, weitgehend im Stich. So bleibt nur der Rekurs auf das Plädoyer im Teil I für narrative Vergegenwärtigung, Beobachtung im Lebenszusammenhang und dokumentierendes Protokoll.

Mit diesem bescheidenen Programm werden wir freilich kaum den nötigen Sand in die gut geölte Maschine psychologischer Gesetzesforschung werfen. So bleibt nur Müllers ein wenig resignierende Feststellung: "Alles, was wir aufwiesen, läßt sich natürlich leugnen. Die Gesetzeswissenschaft kann ihre Reduktionen immer weiter ausdehnen. ... Jeder Rückgriff auf Spontaneität kann wieder relativiert werden". Freilich können wir uns auch trösten: "Jede rationale Reduktion findet sich aber auch wieder vor einer Grenze, die einen nicht weiter zurückführbaren Rest vermuten läßt" (ebd., S. 303).

3. Besonders berühren mich Müllers Ausführungen zur *Psychoanalyse*, die ich zuvor als eine "kausalistisch sich mißverstehende Wissenschaft von den Spontanphänomenen" apostrophiert hatte. Müllers Überlegungen machen deutlicher, worin das Dilemma der psychoanalytischen Theoriebildung liegt.

Er vermag schlüssig zu belegen, daß der Psychoanalyse schon von Freud her eine deterministische Interpretationstendenz inhärent war (z.B. ebd., S. 12, 118, 338), auch wenn ihr finale Deutungsmuster gelegentlich unterkommen (ebd., S. 12). Aus heutiger Sicht wird man jedoch feststellen müssen, daß sie ihr nomothetisches Programm nicht hat einlösen können. Popper und Grünbaum (1988, S. 182) haben recht, wenn sie sagen, Freud habe sich ausdrücklich als Naturwissenschafler verstanden und müsse sich deshalb an naturwissenschaftlichen Standards messen lassen, wobei allerdings diese Standards in Anbetracht des komplexen Forschungsgegenstandes nicht allzu oberlehrerhaft (vgl. Tress 1989) bemessen werden sollten.

Einen anderen Ausweg aus dem Verifikationsdilemma der Psychoanalyse habe ich mehrfach vorgeschlagen, der sich mit Müllers Intentionen zu begegnen scheint: zu verzichten auf den Anspruch einer Kausalerklärung des Psychischen und die psychoanalytischen Lehrstücke zu verstehen als den Versuch Freuds, eigene Lebenserfahrung auf den Punkt zu bringen, d.h. die Psychoanalyse in eine "verstehende" Psychologie umzuschreiben. Die "Wahrheit" der Psychoanalyse bestünde dann in ihrer Zustimmungsfähigkeit: daß einer, der Freuds Theorien an seiner eigenen Lebenserfahrung überprüft, urteilen mag: was Freud behauptet, habe ich an meinem eigenen Leben bestätigt (oder eben: nicht bestätigt) gefunden (vgl. Bittner 1989b, S. 23).

Bei einer konsequenten Umschreibung der Psychoanalyse in eine verstehende Psychologie würden die Spontanphänomene zu ihrem Recht kommen. Etwa die Fehlleistungen (wieder unter Rückgriff auf das Beispiel vom weggeflogenen Drachen): "Vor Schreck läßt er den Drachen los". Dieser Schreck wird nie im strengen wissenschaftlichen Sinne objektivierbar sein. Und dennoch: als ich besagtem Kollegen meine Rekonstruktion des Ereignisses vorlegte, stimmte er mir zu: so mag es gewesen sein.

Aufgabe der Psychoanalyse als einer verstehenden Psychologie — der einzig wirklich ausgearbeiteten verstehenden Psychologie übrigens, alle anderen verstehenden Psychologien sind nicht viel über Programme und Postulate hinausgekommen! — muß es demnach sein, dem Lebendigen seine Individualität und Spontaneität zu lassen und sich damit zu begnügen, ex post facto zustimmungsfähige — d.h. vor allem für die betroffenen Subjekte zustimmungsfähige — Sätze über den stattgehabten Zusammenhang von Lebensereignissen zu formulieren.

Literaturverzeichnis:

Atkinson, J.W. (1975). *Einführung in die Motivationsforschung*. Stuttgart: Klett.
Baacke, D. & Schulze, J. (Hrsg.). (1979). *Aus Geschichten lernen. Zur Einübung pädagogischen Verstehens*. München: Juventa.
Bittner, G. (1981). *Selbstwerden des Kindes*. Fellbach: Bonz.
Bittner, G. (1982a). Der Wille des Kindes. *Zeitschrift für Pädagogik, 28*, 261-318.
Bittner, G. (1982b). Die Bedeutung unbewußter Motive im sozialen Lernen — Psychoanalytisch-pädagogische Überlegungen zu einer ... Schulepisode Hans Zulligers. In M. Fromm & W. Keim (Hrsg.), *Diskussion soziales Lernen* (S. 120-133). Baltmannsweiler: Pädagogik-Verlag. Burgbücherei Schneider GmbH.
Bittner, G. (1988). *Das Unbewußte — ein Mensch im Menschen?* Würzburg: Königshausen u. Neumann.
Bittner, G. (1989a). Spontanphänomene. Oder: Wie entsteht etwas Neues? *Neue Sammlung, 29* (1), 27-35.

Bittner, G. (1989b). *Vater Freuds unordentliche Kinder. Die Chancen post-orthodoxer Psychoanalyse*. Würzburg: Königshausen u. Neumann.
Bittner, R. (1983). *Moralisches Gebot oder Autonomie*. Freiburg, München: Alber.
Böhm, W. (1985). *Theorie und Praxis. Eine Erörterung des pädagogischen Grundproblems*. Reihe: Internationale Pädagogik, Bd.8. Würzburg: Königshausen & Neumann.
Bollnow, O.F. (1958). *Die Lebensphilosophie*. Berlin: Springer.
Die Zeit, Nr. 41, 7.Oktober 1988
Filipp, S.H. (Hrsg.). (1981). *Kritische Lebensereignisse*. München: Urban & Schwarzenberg.
Flach, W. (1983). Methodenkritische Überlegungen zum Sachansatz der Psychologie. In G. Bittner (Hrsg.), *Personale Psychologie, Festschrift für Ludwig, J. Pongratz* (S. 176-190). Göttingen: Hogrefe.
Flitner, A. (1974). *Spielen-lernen. Praxis und Deutung des Kinderspiels* (2. Aufl.). München: Piper.
Freud, S. (1973). *Ratschläge für den Arzt bei der psychoanalytischen Behandlung*. GW VIII. Frankfurt/M.
Grünbaum, A. (1988). *Die Grundlagen der Psychoanalyse. Eine philosophische Kritik*. Stuttgart: Reclam.
Guardini, R. (1925). *Der Gegensatz. Versuche zu einer Philosophie des Lebendig-Konkreten*. Mainz: Mathias-Grünewald-Verlag.
Heisenberg, W. (1969). *Der Teil und das Ganze. Gespräche im Umkreis der Atomphysik*. München: Piper.
Helming, H. (1958). *(Maria) Montessori-Pädagogik. Ein moderner Bildungsweg in konkreter Darstellung*. Freiburg: Herder.
Jung, C.G. (1976). *Synchronizität als ein Prinzip akausaler Zusammenhänge*. GW 8. Freiburg: Olten.
Kant, J. (1923). *Kritik der reinen Vernunft*. Bd. III (1787), herausgegeben von Dr. A. Görland. Berlin: Reuther & Reichard.
Langeveld, M.J. (1965). *Einführung in die theoretische Pädagogik*. Stuttgart: Klett-Cotta.
Laplanche, J. & Pontalis, J.-B. (1980). *Das Vokabular der Psychoanalyse*. Bd.2. Frankfurt/M.: Suhrkamp.
McDougall, W. (1923). *Outline of Psychology*. New York: Scribner's.
Michotte, A. (1946). *La perception de la causalité*. Paris: Louvain.
Müller, H.A. (1967). *Spontaneität und Gesetzlichkeit. Der Begriff der psychischen Spontaneität als regulatives Prinzip psychologischen Erkennens*. Bonn: Bouvier.
Mussen, P.H., Conger, J.J. & Kagan, J. (1976). *Lehrbuch der Kinderpsychologie*. Stuttgart: Klett.
Oerter, R. (1982). *Moderne Entwicklungspsychologie* (19. Aufl.). Donauwörth: Auer.
Popper, K.R. & Eccles, J.C. (1982). *Das Ich und sein Gehirn*. München: Zürich.
Popper, K.R. (1974). *Objektive Erkenntnis: Ein evolutionärer Entwurf*. Hamburg: Hoffmann & Campe.
Pschyrembel (1986). *Klinisches Wörterbuch*. Berlin, New York: Walter de Gruyter.
Ricoeur, P. (1974). *Die Interpretation. Ein Versuch über Freud*. Frankfurt/M.: Suhrkamp.
Rombach, H. (1971). *Strukturanthropologie. Eine Phänomenologie der Freiheit*. München: Alber.
Schäfer, G.E. (1989). Der überraschte Pädagoge. *Neue Sammlung*, 29 (1), 36-48.
Scheuerl, H. (1979). *Das Spiel. Untersuchung über sein Wesen, seine pädagogischen Möglichkeiten und Grenzen*. Weinheim, Basel: Beltz.
Standing, E.M. (1959). *Maria Montessori. Leben und Werk*. Stuttgart: Klett.

Teichmann, G. (1983). *Psychoanalyse und Sprache. Von Saussure zu Lacan.* Würzburg: Königshausen u. Neumann.
Thomä, H. & Kächele, H. (1985). *Lehrbuch der psychoanalytischen Therapie.* Bd. 1. Heidelberg, Berlin: Springer.
Tress, W. (1989). *Adolf Grünbaum und die psychoanalytische Wahrheit oder: Die Obsessionen eines Oberlehrers.* Stuttgart: Enke.
Winnicott, D.W. (1965). *Reifungsprozesse und fördernde Umwelt.* München: Kindler.
Wright, G.H. von (1974). *Erklären und Verstehen.* Frankfurt/M.: Athenäum.

LUDWIG J. PONGRATZ

Ich und Kultur – die polare Struktur der psychoanalytischen Theorie

Die tiefenpsychologischen Therapien, die Psychoanalyse im besonderen, werden gern mit dem Merkmal "psychogen" versehen. Die angloamerikanische Rubrizierung "insight-therapies" unterstreicht diese Kennzeichnung. Damit soll ausgedrückt werden, diese Therapieformen seien hauptsächlich – um nicht zu sagen ausschließlich – auf die Analyse innerseelischer Prozesse gerichtet und würden sich davon die Heilung erwarten. Eine solche Auffassung besagt zugleich: Es bestehe noch die Subjekt-Objekt-Schranke, es werde die soziokulturelle Welt des Menschen vernachlässigt.

Diese etwas pointiert beschriebene Meinung über die Psychoanalyse und ihre Tochterschulen wird gelegentlich in praxi verwirklicht. Die psychoanalytische Theorie erlaubt eine solche Einseitigkeit nicht. Verstand Freud doch von Anfang an die neurotische Störung als Kontrapunkt zu soziokulturellen Gegebenheiten, insbesondere deren Triebfeindlichkeit. D.h. was immer in der Anwendung der Psychoanalyse vorgehen mag, die psychoanalytische Theorie ist polar strukturiert: Ich und Kultur.

I. Ich und Selbst

Die Lehre von der Persönlichkeit ist eine Grundlagendisziplin aller Wissenschaften, die es mit der Bildung und Heilung des Menschen zu tun haben.

In der Psychoanalyse tritt die Persönlichkeitsforschung unter den Begriffen des Ich und des Selbst auf.

Spätestens in "Jenseits des Lustprinzips" (1920) und ganz dezidiert in "Das Ich und das Es" (1923) bewegte das Ich das Denken Freuds. Daran hat Alfred Adler keinen geringen Anteil, was Freud im Vorwort zur letztgenannten Schrift auch indirekt zugibt.

Ich werde zunächst das von Freud konzipierte Ich in wenigen Strichen nachzeichnen, um von da aus dann die Fortschritte in der Entwicklung der psychoanalytischen Ichpsychologie zu verfolgen.

Das Ich ist neben dem Es und dem Überich eine der drei Instanzen des dynamischen Persönlichkeitssystems. Aber es ist ein "armes Ding", das unter dreierlei Dienstbarkeiten steht: der Außenwelt mit ihren Anpassungsforderungen, des Es mit seinen Triebansprüchen und des Überich mit seinen Geboten und Verboten. Vor allem ist es dem Realitätsprinzip verpflichtet und dem Gesetz der Selbsterhaltung. Aus dem Selbsterhaltungstrieb bezieht es auch sein Energiepotential. Das leuchtet unmittelbar ein, denn im Notfall ist der Selbsterhaltungstrieb stärker als der Sexualtrieb.

Dieses Ich ist vorwiegend ein Anpassungsapparat. Ist noch kein integrierendes Regulationssystem, kein die psychophysischen Dynamismen strukturierendes Prinzip.

Mehr Aktivität wird dem Ich von Anna Freud zugestanden: "Das Ich und die Abwehrmechanismen" (1936). Sie kann sich auf Vater Freud beziehen, der das Ich als Abwehrort bezeichnet hat. Zehn Abwehrmethoden stehen dem Ich zu Gebote: Verdrängung, Regression, Reaktionsbildung, Isolierung, Ungeschehenmachen, Projektion, Introjektion, Wendung gegen die eigene Person, Verkehrung ins Gegenteil und Sublimierung. Ein reiches Waffenarsenal gegen die Macht der Triebe. Aber das Ich, das über sie verfügt, ist eben doch nur eine defensive Potenz. Sie verhindert, daß jeder Trieb befriedigt wird. Trieb und Kultur sind die Konfliktfronten. Die Kultur hat Priorität. Gegen ihre Forderungen kann (soll) das Ich sich wehren.

Vom dienstbaren Ich und defensiven Ich führt die Entwicklung zum autonomen Ich. Diesen entscheidenden Schritt hat Heinz Hartmann getan (1939), der von einer "primären Autonomie des Ich" spricht. Ihm schlossen sich von der New Yorker Gruppe E. Kris und R. Loewenstein, und von der Britischen Gruppe E. Glover und D. Rapaport an.

All diesen Forschern ging es auch um die Bewältigung der Realität, des Weltbezuges. Aber sie fragten nicht in erster Linie nach den Abwehrkräften des Ich. Sie interessierten sich vielmehr für dessen angeborene, primäre Fähigkeiten; es werden genannt: Verzögerung der Reizabfuhr, Wahrnehmung und Vorstellung, Denken, Intelligenz und Talent, Realitätsprüfung, Erfahrung und Lernen, Frustrationstoleranz u.a.m. Je stabiler diese Ich-Funktionen sind, desto mehr können wir von Ich-Stärke sprechen. Desto mehr ist das Ich in der Lage, regulierende, synthetische, steuernde Tätigkeiten zu übernehmen. Diese beziehen sich auf die Sach- und Mitwelt, auf das Erleben und Handeln, auf das Verhältnis der Instanzen zueinander.

G. und R. Blanck arbeiteten vor allem die Fähigkeit des Ich heraus, psychische Vorgänge zu organisieren; sie definieren das Ich als Organisationsprozeß. Aufgabe der Therapie ist es ihnen zufolge, Mängel der Ich-Entwicklung durch ichbildende Maßnahmen zu beheben (1974; 1979).

M. Mahler hat auf die Bedeutung der Entwicklungsphase "Loslösung — Wiederannäherung — Individuation" für den Aufbau des Ich als Organisationsprinzip hingewiesen (1968).

An dieser Stelle sei bemerkt, daß die Fähigkeiten bzw. Defizite des Ich auch in der Praxis zu beachten sind; dazu ein Beispiel:

Ein 40-jähriger Mann in leitender Stellung kommt wegen beruflicher Schwierigkeiten in die Analyse. Wiederholte Fehlentscheidungen in der Personalpolitik stellten seine Position in Frage. Im Laufe der Analyse kam heraus, daß er sich bei seinen Entscheidungen auf die Informationen seiner Mitarbeiter verließ. Er selbst hatte die Bewerber um Stellungen oder die Betriebsangehörigen mit Problemen persönlich nicht gesehen.

Wo liegt bei diesem Mann das Ich-Defizit? Er hat die Realitätswahrnehmung und -prüfung vernachlässigt. Eine allgemeine Angst, genau hinzusehen, beherrschte ihn. Daß dieser Mangel an notwendiger Kontrolle durch verdrängte frühkindliche Erfahrungen mitbedingt war, durfte nicht übersehen werden. Aber zuerst galt es, den ichpsychologischen Anteil an seiner Störung aufzuhellen.

Wesentliche Fortschritte in der psychoanalytischen Ichlehre sind den sog. Objektbeziehungstheoretikern zu verdanken: Edith Jacobson, Heinz Kohut, Otto Kernberg, Margret Mahler.

Zwei Begriffe sind für die Entwicklung des hier angeschlagenen Themas bedeutsam: Selbst und Narzißmus.

Die Hauptwerke von Kohut handeln vom Selbst: "Die Analyse des Selbst" (1971) und "Die Heilung des Selbst" (1977). Kohut spricht vom "totalen körperlich-seelischen Selbst" oder nennt es eine "körperliche und geistige Einheit". In diesen kurzen Definitionen ist die ganzheitliche personale Auffassung des Selbst unverkennbar, aber auch die ausdrückliche Einbeziehung des Körpers. Solche Ganzheit und Einheit entwickelt sich in seiner Sicht, wenn die Mutter das Kind als ganzes annimmt, empathisch mit ihm umgeht.

Ähnlich versteht Kernberg den Wesenszug des Selbst. Er geht von einem kohärenten Selbst als Entwicklungsziel aus. Zu einem fragmentierten Selbst kann es kommen, wenn schmerzliche Erfahrungen in der Mutter-Kind-Beziehung auf dem präödipalen Entwicklungsniveau als negativer (böser) Selbstanteil abgespalten und dann projiziert werden. Durch Spaltung dieser Art ist Kernberg zufolge die Borderline-Struktur gekennzeichnet (1975).

Einen weiteren Beitrag zur psychoanalytischen Ich-Psychologie gewinnen wir aus der neueren Narzißmustheorie. Narzißmus besagt: Libidinöse Besetzung des Ich, kurz Selbstbezogenheit. Bei dieser Diskussion geht es m.E. vor allem um das Selbstwertgefühl.

Narzißmus zeigt nach Freud einen undifferenzierten Entwicklungsstand an, auf den, wie er meint, Psychotiker regredieren und der beim Kind primär vorhanden sei (GW X, 135-170).

Demgegenüber verweist Kohut auf den normalen, gesunden Narzißmus: Wir stellen uns selbst gern ins Licht und verehren, bewundern andere, die im Licht stehen. Je nach Gestimmtheit und Situation fühlen wir uns bald groß, bald klein. Das sei ganz natürlich, schadet weder der eigenen Person noch anderen. Pathologisch sei erst das Übermaß an Selbstbezogenheit, sofern das Selbstbild der Realität entfremdet, verzerrt werde. Ineins damit verformen sich auch die Fremdbilder — bis zu Feindbildern. Der pathologische Narzißt ist letztlich unfähig, zu lieben. Er "liebt" nur jene, die ihn bestätigen, in deren Spiegel er sich zulächeln kann (1971). Der andere Pol, das Nicht-Ich ist bei ihm schwach geladen.

Der Gegenpol zur Selbstbezogenheit ist die Objektbeziehung. Freud glaubte, daß am Anfang der Entwicklung die narzißtische Selbstbezogenheit stehe. Er nahm wie erwähnt einen primären Narzißmus des Kindes an. Auch diese These wird, wie die rein negative Sicht des Narzißmus, heute bestritten.

Michael Balint ist hier zu nennen. Er behauptet den Primat der Liebe: Das Kind sei primär nicht auf sich, sondern auf die Mutter bezogen. (Dafür sprechen auch alle Untersuchungen über "maternal deprivation".) Narzißtisch werde das Kind sekundär: Wenn das primäre Bezugsobjekt sich ihm verweigert, es ängstigt, sich nicht lieben läßt. Dann tritt das ein, was oben beschrieben wurde: Das Selbst übersteigert sich zur Grandiosität, indem es die libidinöse Energie auf sich zieht (1965).

Auch die Objektbezogenheit kann sich ins Negative verkehren. Darauf hat D.W. Winnicott aufmerksam gemacht. Er spricht von einem "falschen Selbst", wenn es zu sehr außengeleitet, zu sehr von Rücksichten auf andere gegängelt wird. Das wahre Selbst entscheidet von innen her, aus der persönlichen Eigenheit (1965).

Vom Narzißmus ausgehend hat sich eine wichtige Dimension der Persönlichkeit (des Ich, des Selbst) abgezeichnet: Selbstbezogenheit vs. Objektbezogenheit mit ihren jeweiligen Positiv- und Negativvarianten.

Die ideale Konstellation ist die Ausgewogenheit zwischen diesen Extremen. Man könnte sie als das Merkmal der reifen Persönlichkeit bezeichnen: Ihr entwickeltes Selbst verfügt über die Kompetenz, Eigenbelange und Außenforderungen, Ich und Kultur, ins rechte Gleichgewicht zu bringen.

Fassen wir die bisherigen Ausführungen in Stichworten zusammen: Die Ich-Psychologie der Psychoanalyse hat sich von einem armen, bedrängten, geängstigten zu einem abwehrstarken Ich entfaltet. Und von da zu einem Ich als autonomem Organisationsprinzip und weiter zu einem die Instanzen (Es, Ich, Überich) übergreifenden Selbst, das den Ausgleich zwischen Selbst- und Objektbezogenheit zu leisten hat.

Es wäre verlockend, an dieser Stelle auf die Frage einzugehen, wie die akademische Psychologie es mit der Lehre vom Ich hält. Da die Erörterung darüber zu weit vom Thema wegführen würde, verweise ich hier nur auf die einschlägigen Ausführungen in meiner "Problemgeschichte" (1984, 130-146). Welche Lehrmeinung aber die Schulpsychologie über das Ich auch vertreten mag, die Psychoanalyse kann auf eine differenzierte Psychologie des Ich nicht verzichten; denn die therapeutischen Interventionen sind an das Ich adressiert als an das organisierende, steuernde Regulationssystem der Persönlichkeit.

II. Kultur und Gesellschaft

Vom Pol "Ich — Selbst" wendet sich der Blick nun zum Pol "Kultur — Gesellschaft".

Freud hat den einzelnen stets als eingebunden in den soziokulturellen Kontext gesehen. Schon in seiner Schrift "Bruchstück einer Hysterie-Analyse" (1901) fordert er, "daß wir in unseren Krankengeschichten den rein menschlichen und sozialen Verhältnissen der Kranken ebensoviel Aufmerksamkeit schuldig sind wie den somatischen Daten und den Krankheitssymptomen. Vor allem wird sich unser Interesse den Familienverhältnissen der Kranken zuwenden ...".

In seinen Arbeiten "Die Sexualmoral und die moderne Nervosität" (1908), "Totem und Tabu" (1913), "Die Zukunft einer Illusion" (1927), "Das Unbehagen in der Kultur" (1929), "Der Mann Moses und die monotheistische Religion" (1939) werden kulturelle Themen kritisch behandelt. Aber Freud hat im Blick auf die seelischen Leiden ein pessimistisches Bild von Kultur und Gesellschaft. Sie stehen der Triebbefriedigung im Wege, leben sozusagen auf Kosten der Triebe, indem sie sublimierte Triebenergien für sich verbrauchen. Ja die Kultur verhindert das Glück des Menschen: "Man fand", schreibt er, "daß der Mensch neurotisch wird, weil er das Maß von Versagung nicht ertragen kann, das ihm die Gesellschaft im Dienste ihrer kulturellen Ideale auferlegt, und man schloß daraus, daß es eine Rückkehr zu Glücksmöglichkeiten bedeutete, wenn diese Anforderungen aufgehoben oder sehr herabgesetzt würden" (GW XIV, 421-506): Das Ich unter dem Druck der Kultur.

In ein neues positives Licht wurden Gesellschaft und Kultur durch Alfred Adler gerückt. Schon seine Terminologie drückt dies aus. Er spricht von Gemeinschaft und meint damit in einem weiten Sinn die Gesellschaft, die Menschheit überhaupt. Der Begriff Gemeinschaft umfängt auch die Kleingruppe, die Familie, die Schulklasse, den einzelnen sofern sie alle Gemeinschaftsgefühl verwirklichen sollen: zwischen Ich und Gemeinschaft oszilliert eine kompensatorische Dynamik.

Adlers Kulturoptimismus war durchaus realistisch: die große Gemeinschaft der Völker, der Menschheit sei gewiß noch nicht verwirklicht, aber sie sei das große Ziel der Menschheitsentwicklung, der Evolution.

Das Thema Kultur und Gesellschaft wurde dann von der kulturalistischen, neofreudianischen Schule gegen den Biologismus Freuds in den Vordergrund gerückt: Karen Horney, Harry Stack Sullivan und Erich Fromm formieren diese sog. Schule, in der jeder für sich seine eigenen Ideen vertrat.

Karen Horney schloß sich eng an Adler an und lehrte, die Umwelt sei für die Entwicklung des einzelnen wichtiger als die Anlage. Ödipuskonflikt und Penisneid seien nicht biologisch vorgegeben, seien vielmehr Reaktionen auf die patriarchalische Gesellschaftsstruktur (1951).

Erich Fromm stellte – dieser Linie folgend – der Triebpsychologie Freuds eine Analytische Sozialpsychologie gegenüber, der zufolge die Triebstruktur und der persönliche Charakter nicht genetisch vorprogrammiert, sondern durch kulturelle und sozioökonomische Faktoren bedingt sind (1980).

Die Wende von der biologischen zur soziologischen Auslegung des Menschen hat die psycholanalytische Kulturtheorie mächtig gefördert. Im Blick auf das Ich muß man freilich fragen, wie weit die Autonomie des Ich durch die formende Kraft der gesellschaftlichen Normen beschnitten wird. So stark diese Einschränkung auch sein mag – im kulturpsychologischen Denken der Psychoanalytiker bleibt das Ich der unverrückbare Bezugspol.

Ich möchte dies am Kulturbereich Erziehung exemplarisch aufweisen – ein Bereich, der vom psychoanalytischen Denken stark beeinflußt worden ist.

Von Freud, Adler, Anna Freud, Melanie Klein u.a. wurden wir belehrt, daß unsere Kinder durch die Erziehung in Elternhaus und Schule und durch das öffentliche Erziehungsreglement nicht nur gefördert, sondern auch geschädigt, neurotisiert werden. Alice Miller, die Schweizer Psychoanalytikerin, wird nicht müde, ergreifende Kindheitsschicksale zu beschreiben, um an ihnen zu zeigen, daß noch so schreckliche Früherfahrungen der Verdrängung anheimfallen und dann an die eigenen Kinder oder ein ganzes Volk weitergegeben werden.

Die psychoanalytische These von der frühkindlichen Traumatisierung als Ursache neurotischer Fehlentwicklungen hat auch die Bewegung "Antiautoritäre Erziehung" zur Folge gehabt. A.S. Neill, von Wilhelm Reich beeinflußt, war ihr geistiger Führer. Man muß dieser extremen Richtung (von der heute nicht mehr so viel die Rede ist, weil eine völlig repressionsfreie Erziehung am Ende doch nicht praktikabel ist) zugute halten, daß sie das Ich des Kindes vor dem Zugriff autoritärer Erziehungsgewalt schützen wollte (1971).

1987 ist ein Buch erschienen, das Schlagzeilen gemacht hat. Es trägt den Titel: "Stellt die frühe Kindheit die Weichen?" Die Züricher Autoren Cecile Ernst und Nikolaus von Luckner kommen, gestützt auf statistische Untersuchungen und die Analyse der einschlägigen Fachliteratur, zu dem Ergebnis, daß negative Früherlebnisse (in Heimen) erst dann zu späteren dauerhaften Störungen führen, wenn die schädigenden Milieueinflüsse auch in der folgenden Entwicklungszeit weiter bestehen, daß sie aber ihre Wirkung verlieren, wenn solche Kinder in eine günstige Erziehungsumwelt kommen.

Diese Untersuchung hat an ein psychoanalytisches Tabu gerührt. Ist u.a. deshalb auch viel kritisiert worden. Was sie aber Richtiges erbracht hat, ist für unser Thema bedeutsam: Das Ich des Kindes muß auch schwersten Frustrationen nicht endgültig erliegen. Es kann sich vielmehr, wenn der kulturbedingte Erziehungsdruck nachläßt, kraft der ihm mitgegebenen Autonomie aufrichten und seinen eigenen Weg finden.

Der Philosoph und Soziologe Max Scheler (1874-1928) hat Freud einmal einen großen Wohltäter der Menschheit genannt. Ich interpretiere diese Ovation an den Gründer der Psychoanalyse als Bestätigung der hier aufgeworfenen These von der polaren Struktur der psychoanalytischen Theorie:

Wo, wie in der psychoanalytischen Therapie, Menschen geholfen wird, sich selbst zu finden, da wird auch das kulturelle Antlitz der Menschheit mit verändert. Solche Veränderung aber wirkt wieder zurück auf das Ichbewußtsein, die Ichstruktur der Persönlichkeit. Persönlichkeit schafft Kultur, Kultur prägt Persönlichkeit.

Literaturverzeichnis:

Adler, A. (1976). *Über den nervösen Charakter*. Frankfurt a.M.: Fischer Taschenbuch Verlag (erstmals erschienen 1912).

Adler, A. (1973). *Der Sinn des Lebens*. Frankfurt a.M.: Fischer Taschenbuch Verlag (erstmals erschienen 1933).

Balint, M. (1966). *Die Urformen der Liebe und die Technik der Psychoanalyse*. Stuttgart: Klett.

Blanck, G. und R. (1978, 1980). *Ich-Psychologie I und II*. Stuttgart: Klett-Cotta.

Ernst, C. & v. Luckner, N. (1987). *Stellt die frühe Kindheit die Weichen?* Stuttgart: Enke Verlag.

Freud, A. (1980). *Das Ich und die Abwehrmechanismen*. In: Die Schriften, Band I, 193-355. München: Kindler (erstmals erschienen 1936).

Freud, S. (1942). *Bruchstück einer Hysterie-Analyse*. In: GW V, 162-286. London: Imago Publ. Co.

Freud, S. (1941). *Die "kulturelle" Sexualmoral und die moderne Nervosität*. In: GW VII, 143-167. London: Imago Publ. Co.

Freud, S. (1948). *Totem und Tabu*. In: GW IX. London: Imago Publ. Co.

Freud, S. (1946). *Zur Einführung des Narzißmus*. In: GW X, 137-170. London: Imago Publ. Co.

Freud, S. (1947). *Massenpsychologie und Ichanalyse*. In: GW XIII, 71-161. London: Imago Publ. Co.

Freud, S. (1947). *Das Ich und das Es*. In: GW XIII, 235-289. London: Imago Publ. Co.

Freud, S. (1948). *Die Zukunft einer Illusion*. In: GW XIV, 323-380. London: Imago Publ. Co.

Freud, S. (1948). *Das Unbehagen in der Kultur*. In: GW XIV, 419-506. London: Imago Publ. Co.

Freud, S. (1950). *Der Mann Moses und die monotheistische Religion*. In: GW XVI, 101-246. London: Imago Publ. Co.

Fromm, E. (1980). *Analytische Sozialpsychologie.* In: Gesamtausgabe 1. Stuttgart: Deutsche Verlags-Anstalt.
Glover, E. (1956). *On the Early Development of the Mind.* New York: Univ. Press
Hartmann, H. (1960). *Ich-Psychologie und Anpassungsproblem.* Stuttgart: Klett.
Horney, K. (1951). *Neue Wege in der Psychoanalyse.* Stuttgart: Klipper Verlag.
Jacobson, E. (1974). *Das Selbst und die Welt der Objekte.* Frankfurt a.M.: Suhrkamp.
Kernberg, O.F. (1978). *Borderline-Störungen und pathologischer Narzißmus.* Frankfurt a.M.: Suhrkamp.
Klein, M. (1962). *Das Seelenleben des Kleinkindes.* Stuttgart: Klett.
Kohut, H. (1973). *Narzißmus.* Frankfurt a.M.: Suhrkamp.
Kohut, H. (1978). *Die Heilung des Selbst.* Frankfurt a.M.: Suhrkamp.
Kornbichler, Th. (1989). *Die Entdeckung des siebten Kontinents.* Frankfurt a.M.: Fischer Taschenbuch Verlag.
Kris, E. Ego Psychology and Interpretation in Psychoanalytic Therapy. In: *Psychoanal. Quart.* 20, 15-30.
Loewenstein, R.M. The Problem of Interpretation. In: *Psychoanal. Quart.* 20, 1-14.
Mahler, M.S. (1972). *Symbiose und Individuation.* Stuttgart: Klett.
Miller, A. (1988). *Das verbannte Wissen.* Frankfurt a.M.: Suhrkamp.
Neill, A.S. (1971). *Theorie und Praxis der antiautoritären Erziehung – Das Beispiel Summerhill.* Reinbek: Rowohlt (erstmals erschienen 1960).
Pongratz, L.J. (1984). *Problemgeschichte der Psychologie, 2. durchges. u. überarbeit. Auflage.* München: Francke-Verlag (UTB): München.
Rapaport, D. (1959). A historical survey of psychoanalytic ego psychology. In: E.H. Erikson: *Identity and the Life Cycle.* New York: Int. Univ. Press, 5-17.
Winnicott, D.W. (1974). *Reifungsprozesse und fördernde Umwelt.* München: Kindler.

FRANZ TENIGL

Das Ich und das Leben

Zu Beginn unseres Jahrhunderts begründete Edmund Husserl eine neue wissenschaftliche Forschungsmethode, die er Phänomenologie nannte. Ziel dieser Methode war eine Neubegründung sowohl der Philosophie als auch der Einzelwissenschaften. Unabhängig von jeder theoretischen Vorannahme und vor aller empirischen Forschung sollte durch sog. Wesensschau das im Bewußtsein Gegebene geschaut werden. Im Vollzug dieser Wesensschau erfassen wir nach Ansicht Husserls allgemeine Wesenheiten, die durch Zeitlosigkeit und Identität ausgezeichnet sind. Sehen wir etwa die Farbe Rot, so schauen wir mit jedem singulären Rot das immer idente, zeitlose Wesen des Roten. Allgemeine Aussagen beruhen daher auf der Schau allgemeiner idealer Gegenstände. Nicht unwesentlich abgewandelt wurde diese Methode dann von zahlreichen Philosophen verwendet und hat alles in allem zu einer Renaissance ontologisch-idealistischer Philosophie geführt.

Neben Melchior Palágyi war es vor allem Ludwig Klages, der gezeigt hat, daß die identen allgemeinen Gegenstände oder zeitlosen Ideen Gedankendinge sind, die in der phänomenalen Wirklichkeit durchaus nicht auffindbar sind. Soweit in jedem Einzelnen, Konkreten ein Allgemeines miterlebt wird, beruht das nicht auf einer identen Idee, sondern auf der alle Wirklichkeit durchziehenden elementaren Ähnlichkeit, in der sich ein rhythmisches Phänomen darstellt. Klages war es auch, der eine durchaus andere Phänomenologie entwickelt hat, die er Erscheinungswissenschaft nannte. Grundeinsicht dieser ist es, die phänomenale Wirklichkeit, die Erscheinung, von jeder Gegenständlichkeit abzusetzen. Begriffe und die von ihnen bezeichneten Denkgegenstände haben die Eigenschaft der Identität und Einheit bzw. Abgegrenztheit. In der phänomenalen Wirklichkeit gibt es aber beides nicht. Wir müssen daher zwischen Begriff und Urteil einerseits und erlebbarer Wirklichkeit anderseits streng unterscheiden. Insofern alle Begriffe und Urteile Erscheinungen lediglich unterscheiden und identifizieren, können sie auf Erlebnisinhalte bloß *hinweisen*, die mithin als erlebt vorausgesetzt werden und selbst unbegreiflich sind. Das gilt sogar von hoch abstrakten Begriffen wie etwa Wirtschaft, Politik, Garantie, Quotient, Logarithmus, Elektron usw., die durch fortgesetzte Abstraktion von einem dennoch aufweisbaren Anschauungsinhalt gebildet wurden. Man kann also an jedem Begriff seine Funktion des Begreifens von seiner Funktion des Hinweisens unterscheiden. Im ersten Fall betreiben wir Sachwissenschaft, im zweiten Fall Erscheinungswissenschaft. Auch die Erscheinungswissenschaft benutzt Begriffe und folgt selbstverständlich den Gesetzen der Logik, aber sie verwendet sie zur Ermittlung der Erscheinung und der darin erscheinenden Bedeutungen. Jede Erscheinung hat eine Bedeutung und Erscheinungswissenschaft ist daher Bedeutungswissenschaft oder Sinnwissenschaft. Die Sachwissenschaften hingegen müssen zwar auch immer von Bedeutungen ausgehen, interpretieren sie aber von vornherein als bedeutungsneutrale Dinge und verwenden sie vorwiegend zur kausalen Erklärung des Geschehens.

Die phänomenale Wirklichkeit wird erlebt, Begriffe und Urteile aufgrund des Erlebten gedacht. Der Irrtum beginnt jeweils damit, daß wir meinen, das Begriffene am Begriff komme auch in der Wirklichkeit vor. Dadurch verdinglichen wir in unzulässiger Weise die Wirklichkeit. Nur weil wir ständig meinen, unsere Denkgegenstände in der Wirklichkeit aufzufinden, bedarf es einer Erscheinungswissenschaft, die zwar auch mit Begriffen und Urteilen arbeitet, jede Vermengung des solcherart Gedachten mit der Wirklichkeit aber vermeidet. Oder anders gesagt: wir können überhaupt nur dann von Phänomena sprechen, wenn wir sie von den Noumena freihalten.

Einige wenige Wissenschaftler und vor allem Psychologen haben sich allerdings von den Irrtümern und Verstiegenheiten der "Phänomenologie" distanziert und phänomenologische Forschungsergebnisse vorgelegt, die im wesentlichen auf einem erscheinungswissenschaftlichen Vorgehen beruhen. Unter ihnen ist in erster Linie Heinz Alfred Müller zu nennen. Auf seinen Spezialgebieten, insbesondere Denkpsychologie, Sozialpsychologie und Pädagogische Psychologie, handhabt Müller eine richtig verstandene Phänomenologie und hat sich dabei vor allem von den zeitbedingten psychometrischen Richtungen ferngehalten. Zudem ist Müller ein hervorragender Kenner der Psychologiegeschichte und der philosophischen Anthropologie und seine einschlägigen Arbeiten und klug abwägenden Urteile sind für jeden Studierenden ein einmaliger Gewinn. Müller hat sich auch eingehend mit den Schriften von Klages beschäftigt. Ohne dessen Ansichten unkritisch zu übernehmen, würdigt er dennoch an zahlreichen Stellen seiner Arbeiten in verständnisvoller Weise Klages' Befunde.

Die phänomenale Wirklichkeit ist ein unterlagsloses (undingliches) Geschehen, in dem es weder Identität noch Isoliertheit gibt, worauf hier nicht mehr weiter begründend eingegangen werden kann. Zur phänomenalen Wirklichkeit gehört aber auch der Mensch. Wir haben einen lebenden Körper, von dem wir wissen, daß er sich in der Zeit verändert. Wir haben ein Innenleben, für das u.a. auf Gefühle, Empfindungen und Stimmungen hingewiesen werden kann, die alle erst recht nichts Verharrendes darstellen. Wir leben ununterbrochen und jeder Lebensaugenblick wird mitbestimmt von sämtlichen Voraugenblicken. Und schließlich hängen wir auf mannigfaltige Weise mit unserer Umwelt zusammen, weshalb wir beispielsweise auch in physiologischer Hinsicht nicht leben könnten ohne Luft und Nahrung. Als lebende Organismen (Eigenwesen) gehören wir zur phänomenalen Wirklichkeit und sind ebenso ein Geschehen wie die nichtorganische Wirklichkeit. Wie kommen dann aber die Noumena zustande? Oder anders gefragt: was muß zum lebenden Eigenwesen hinzukommen, damit es ein urteilsfähiges, Noumena erzeugendes Wesen wird? Wir müssen in unserer zeitlich fließenden Vitalität eine Instanz annehmen, die das Vermögen besitzt, Urteile und Begriffe zu bilden. Diese Instanz ist das jedem von uns bekannte Ich.

Blickt jemand auf einen größeren Zeitraum seines Lebens zurück, so wird er Änderungen seines Körpers wie auch seines Wesens feststellen; aber indem er von *seinem* Körper und *seinem* Wesen spricht, hat er beide an ein unwandelbar mit sich identisches Ich geknüpft. "Ich" war es, der mit sechs Jahren erstmals die Schule besuchte, und "ich" bin es, also derselbe, der sich in höherem Alter daran erinnert. Damit habe ich unbeschadet der stillstandslos veränderlichen Vitalität einen identen Beziehungspunkt angesetzt, der durch alle Wandlungen hindurch einer und immer derselbe bleibt und an dem die Zeit wortwörtlich *vorbeiläuft*. Jedes Erinnern ist ein *Sich*-Erinnern und enthält das Wissen der *Identität des Ichs* in verschiedenen Augenblicken der Zeit. Etwas an uns befindet sich also außerhalb der Zeit, die ja durch ständigen Wandel zur Erscheinung kommt. Das Selbstbewußtsein, das uns von diesem zeitlosen Ich Kunde gibt, der Vorgang der Rückbesinnung, verläuft freilich in der Zeit, aber er trifft immer wieder auf ein von der Zeit unabhängiges Selbiges, ohne das auch diese Selbstfindung nicht möglich wäre. Ist die Wirklichkeit einschließlich des menschlichen Organismus ein Geschehen, so ist das Ich das einzige Außerzeitliche von dem wir wissen. Ein Außerzeitliches muß aber auch außerräumlich sein, denn es gibt keinen Raum ohne Zeitdauer seines Vorhandenseins.

Wer sich auf seine Ichheit besinnt, muß absehen von den wechselnden Eigenschaften und Zuständen seiner Person, denn das Ich ist keine Eigenschaft und kein Zustand, sondern ein zeitüberdauerndes beharrendes Etwas. Eine solche abstrakte Selbstbesinnung ist aber dasselbe mit dem Gedanken: ich bin, ich existiere. Und mit diesem Daseinsgedanken ist unvermeidlich ein Daseinsgefühl verbunden. Es gibt ein von allen anderen Gefühlen sich unterscheidendes Daseins- oder Ichgefühl und dieses ist in Verbindung mit dem Selbstbewußtsein das Indiz für das selbst außerraumzeitliche Ich. Ist danach im persönlichen Eigenwesen eine sich wandelnde Vitalität an ein unveränderliches Ich gebunden, so erlebt im Verhältnis zum unablässigen Vergehen die Person ihr Ich als etwas dem Untergangsstrom sich Widersetzendes. Das Daseinsgefühl ist unausweichlich behaftet mit dem Antrieb zur Selbst- oder Daseinsbehauptung. Daraus geht allein schon hervor, daß die Wollung oder der Wille seinen Ursprung im Ich hat und Willensgefühle Ichgefühle sind.

An allen menschlichen Gefühlen ist sowohl die Vitalität als auch das Ich beteiligt; oder: alle Gefühle haben eine Ichseite und eine Esseite. Doch kann jeweils die eine oder die andere Seite überwiegen. Gemäß seiner Behauptungstendenz erlebt das Ich als erfreulich jede Erweiterung, als unerfreulich jede Minderung seines Machtbereiches und dementsprechend sind alle Ichgefühle aufgereiht zwischen Erfolgslust und Mißerfolgsunlust. Dahingegen zeigt die Lebensseite der Gefühle eine qualitative Artung, eine individuelle Stimmungsfarbe. Solche Gefühlsfarben werden durch Worte wie Heiterkeit, Freude, Trauer, Begeisterung, Mitleid, Heimweh, Zufriedenheit, Ekel, Abscheu, Schreck, Zorn, Angst usw. ausgesagt. Weiß man aber, daß jedem Gefühl ein Bild entspricht, so tut sich ein unübersehbarer Reichtum vitaler Gefühle auf, der bestenfalls durch die Sprache der Dichtung annäherungsweise ausgedrückt werden kann. Daß sich die Ichgefühle von den Lebens- oder Esgefühlen unterscheiden, kann durch jene Fälle deutlich gemacht werden, in denen beide ersichtlich auseinandertreten. Klages bringt dafür folgendes Beispiel. "Körperliche Schmerzempfindungen (z.B. infolge eines Nadelstiches) pflegen von *vitalen* Schmerz*gefühlen* begleitet zu sein. Wir setzen den Fall, jemand leide infolge einer schweren Krankheit an Unempfindlichkeit (Anästhesie) ausgedehnter Hautpartien, befinde sich deswegen in ärztlicher Behandlung und werde wiederholt durch Nadelstiche auf seine Schmerzempfindlichkeit geprüft. Da kann es geschehen und wird es sicher geschehen, daß der erste Nadelstich, der eine kräftige Schmerzempfindung veranlaßt, auf der Ichseite der Gefühle sofortige Freude erregt, als Zeichen nämlich der beginnenden Genesung." (Klages 1976, S. 470). Der Boxer, der seinen Gegner siegreich niederschlägt, empfindet ein heftiges Triumphgefühl, das durch die gleichzeitig vorhandenen Schmerzen von erlittenen Verletzungen nicht beeinträchtigt wird. Einem religiösen Asketen kann schon der Gedanke an körperliche Wollust Unlust verursachen. Ein moderner Wohlstandsbürger, der sein Bäuchlein mittels einer Diät vermindern will, kann von unlustbegleiteten Gewissensbissen geplagt werden, wenn er sich verleiten läßt, eine Süßigkeit zu essen. – Die Ichgefühle unterscheiden sich aber noch in einer anderen Hinsicht von den Lebensgefühlen. Letztere lassen sich nämlich willkürlich nicht hervorrufen. Wir können dem Gefühl des Hungers, der Freude, der Trauer, der Liebe, der Eifersucht nicht befehlen dazusein. Hingegen erleben wir im Zustand des Wollens immer das begleitende Willensgefühl, das sich je nachdem der Erfolgslust oder Mißerfolgsunlust nähert.

Das Ich kann sich an den Lebensgefühlen beteiligen, indem es aus dem Gefühlsgeflecht des beseelten Organismus gleichsam einen Faden herauszieht und ihn gegen äußere und innere Widerstände zu behaupten sucht. Das Ich spaltet den vor allem mit den heftigen Gefühlen (Affekten) verbundenen Bewegungsantrieb, verwandelt das Triebziel zum gedachten, vorgesetzten Zweck und verwendet den abgespaltenen Bewegungsantrieb zur Regelung bzw. Hemmung des restlichen Gefühlslebens im Dienste des vorausgedachten Zwecks. Soweit dies geschieht, spricht man nicht mehr von Trieben, sondern von Triebfedern oder Interessen. Die Leistung des Willens besteht demnach darin, Zwecke zu setzen und ein ihm verfügbares Bewegungsleben in der Zweckrichtung festzuhalten. Daraus ersieht man, weshalb das Ich bzw. der Wille keine Lebensgefühle hervorrufen, sondern lediglich hemmen kann.

Aber nicht nur das wollende Ich hat Auswirkungen auf die Vitalität. Auch das Urteilen ist eine Funktion des Ichs und stellt eine Behauptung dar. Alle Urteile, sowohl die eigenen als auch die von anderen übernommenen, bewirken mehr oder weniger eine Veränderung unseres grundsätzlich unbewußten Gefühlslebens. Die Urteile werden, wie man sagt, vitalisiert, einverseelt und beeinflussen damit unser Erleben und Verhalten. Die Gesamtheit der so entstandenen Dispositionen, Verhaltens—wie auch Erlebnisgrundlagen machen den Charakter des Menschen bzw. seine Persönlichkeit aus und das Ich, das sich mit all dem der Möglichkeit nach identifizieren kann, ist das persönliche Ich. Das persönliche Ich darf aber mit dem abstrakten Ich, dem Ichprinzip nicht verwechselt werden. Dieses wird, wie gesagt, erschlossen aus seinen unablässigen Wirkungen auf die Vitalität. Und dieses Wirken besteht in der Abspaltung des Ichgefühls von den vitalen Gefühlen, hinzugenommen alle daraus entspringenden Folgen.

Wir können daher das Ich metaphorisch mit einem Keil vergleichen, der, selbst außerraumzeitlich, die raumzeitlichen Lebensvorgänge spaltet. Aus diesem Grund schließt Klages auf einen metaphysischen Dualismus, wonach dem raumzeitlichen Kosmos der außerraumzeitliche Geist gegenüber steht, von dem wir allerdings nur deshalb ein Wissen haben, weil er in das menschliche Leben eingebrochen ist. Es kommt nun nicht unbedingt auf den Namen Geist an, doch muß immerhin festgestellt werden, daß das religiöse und philosophische Denken der Menschheit zahlreiche ähnliche Vorstellungen entwickelt hat, die, meist allerdings positiv bewertet, inhaltliche Ähnlichkeit mit Klages' Geistbegriff aufweisen. Klages nennt den Geist auch das positive Nichts, da er, selbst außerraumzeitlich, dennoch Wirkungen im menschlichen Organismus veranlaßt und das Ich wäre dann die Knüpfungsstelle von Leben und Geist oder lebensgekoppelter Geist. Das Gleichnis des Keils kann durch den Begriff des geistigen Aktes ersetzt werden. Danach bekundet sich der Geist durch Akte, die sich im Verhältnis zum Lebensvorgang immer ident wiederholen. Infolge seiner Tatfähigkeit spaltet der Akt die Lebensvorgänge, infolge seiner Außerraumzeitlichkeit ermöglicht er die punktuelle Grenzung der Erscheinungswelt.

Außer der erscheinungswissenschaftlichen Untersuchung, wie sie hier kurz skizziert wurde, erbringt Klages für den Tatbestand des Ichs auch einen logischen Beweis. "Äußert jemand 'ich urteile, daß', so hat er zum Gegenstand seines im Hauptsatz 'ich urteile' oder auch 'ich behaupte' verlautbarten Urteils den Inhalt eines vorherigen Urteils gemacht, von dem der mit 'daß' beginnende Nebensatz Kunde gibt. Wäre nun das Ich des urteilbeziehenden Aktes nicht eines und dasselbe Etwas mit dem Ich des vorherigen Auffassungsaktes, so hätte das auf ihn sich beziehende Urteil überhaupt nicht stattzufinden vermocht. Ich könnte unmöglich das Geurteilte, Aufgefaßte, Gemeinte auf mich, den Meinenden, beziehen, wofern es ein anderer wäre, der die Beziehung gestiftet, und wieder ein anderer, der geurteilt, gemeint, aufgefaßt hätte. Es gibt also einen, aber allerdings nur einen einzigen Sachverhalt, dessen bloßer Begriff (nach Art des ontologischen Gottesbeweises) allerdings seine Existenz einschließt, nämlich das (auffassungsfähige) Ich; und das kartesische cogito ergo sum hätte insoweit recht, als es kundzugeben gedächte: das Urteilen, damit es wirklich stattfinden könne, erheische das *Dasein* jenes dazu befähigten Etwas, welches Ich oder Selbst heißt." (Klages, Sämtl. Werke, Bd. 5, S. 337)

Hier muß nun hervorgehoben werden, daß Heinz A. Müller in seinem ausgezeichneten Artikel "Problematik und Bedeutung des psychologischen Ich-Begriffs" (Müller, 1969) einen Standpunkt vertritt, der dem von Klages vergleichbar ist. Müller lehnt zwar jede metaphysische Weiterung ab, hält aber die Einführung des Ich-Begriffs als "regulatives Prinzip" für notwendig. Dieses "regulative Prinzip" entspricht durchaus dem "abstrakten Ich" bzw. "Ichprinzip", wie es hier beschrieben wurde. Müllers Ich-Begriff weist zwei Aspekte auf: 1. Den Gegensatz von Ichhaftigkeit und Eshaftigkeit; 2. Invarianz, Stabilität und Kontinuität. Die weitgehende Übereinstimmung mit der hier entwickelten Ichtheorie braucht nicht weiter hervorgehoben zu werden.

Die Annahme eines metaphysischen Dualismus und eines akosmischen Geistes ist für die Psychologie sicher überflüssig. Keineswegs überflüssig ist aber die Einführung eines Ichprinzips und die phänomenologische Erhellung seines Wesens und seiner psychischen Auswirkungen.

Es gab und gibt nun auch nicht wenige Denker, die die Existenz eines Ichs leugnen. Im Rahmen dieser Arbeit ist es nicht möglich, zu den zahlreichen Versuchen, den Ich-Begriff zu eliminieren, Stellung zu nehmen. Zudem hat Heinz A. Müller in dem zitierten Artikel eine Reihe derartiger Lehren durchbesprochen. Hier sollen nur einige Argumente gegen die Kritik des Ich-Begriffs angeführt werden.

Unter den Bezweiflern des Ichs gibt es gemäßigte, die den Vorgang der Rückbesinnung anerkennen, die Möglichkeit einer Ichfindung jedoch bezweifeln, und radikale, die sowohl das Ich als auch das Selbstbewußtsein bestreiten. Nach ihrer Auffassung ist es eine sprachlich bedingte Täuschung, gewisse psychische Vorgänge einem selbstbewußten Ich zuzuschreiben. Sowohl das Selbstbewußtsein als auch das Vorhandensein eines Ichs sei eine Illusion.

Wenn jemand sagt: "ich friere", "ich sitze auf einer Bank", "ich denke an meine Mutter", "ich habe braune Schuhe", so erhebt sich also die Frage, was berechtigt ihn, diese Vorgänge oder dieses Besitzverhältnis auf ein Ich zu beziehen. Der Kritiker des Ich-Begriffs sagt nun: Diese Beziehung auf ein vermeintliches Ich ist unberechtigt, ist eine Täuschung. Alle Erlebnisse oder Erfahrungen oder Beziehungen sind solche des Körpers und es ist unzulässig, diese einem Ich zuzuschreiben. Dagegen ist zu sagen, daß der Leugner des Ichs, indem er seine Meinung zum Ausdruck bringt, sich auf etwas bezieht, was man nicht als Erlebnis oder Erfahrung des Körpers bezeichnen kann. Behauptet etwa G.C. Lichtenberg: "Es denkt, sollte man sagen, so wie man sagt: es blitzt. Zu sagen cogito ist schon zuviel, sobald man es durch Ich denke übersetzt", so muß ihm entgegengehalten werden, daß mit dem "sollte man sagen" bereits ein Hinweis auf das Ich gegeben ist; denn es kann ersetzt werden durch: "sollte jeder Ichträger sagen". Behauptet der Leugner des selbstbewußten Ichs, es sei eine Täuschung, Erlebnisse, Erfahrungen, Besitzverhältnisse eines Körpers auf ein denkendes Ich zu beziehen, so vollzieht er etwas, was er gleichzeitig bestreitet. Denn Behauptungen sind keine Erlebnisse, Erfahrungen oder körperbezogene Verhältnisse, sondern gedankliche Festsetzungen. Mit seiner negierenden Behauptung widerspricht sich der Leugner des cogito selbst. Sein Urteil entspricht der Aussage: "Es gibt kein Urteil." Auch er kann nicht meinen, es denkt der Raum oder die Zeit oder ein sich ständig wandelndes Erleben. Das cogito des Descartes ist freilich nicht eindeutig und hat manche berechtigte Kritik verursacht. Es muß daher durch das logisch präzisere Urteilen ersetzt werden.

Das Urteilen, Begreifen, Erfassen ist eine Funktion des Ichs. Beweis: jeder Begriff und der von ihm begriffene Denkgegenstand weist die selben Kriterien auf wie das Ich. Kriterien des Begriffs im logischen Sinn sind Identität und Einheit. Eben das sind die Merkmale des Ichs. Gleiches gilt natürlich auch vom Urteil, das ja ein Begriffsgefüge darstellt. Ebenso wie ich urteilen kann: *ich* tat vor zwanzig Jahren das und das, ungeachtet mein Erleben und mein erlebender Körper sich inzwischen gewandelt hat, ebenso nenne ich das Haus, in dem ich wohne, nach Ablauf einer gleichen Frist *dasselbe* Haus, unerachtet die Erscheinungen des Hauses zu jeder beliebigen Frist unauszählbar sind und vollends im Fortgang der Zeit. Ohne Ich gäbe es keine Begriffe und Urteile und ebensowenig Begriffs- und Urteilsbildung. Jedes gefällte Urteil bezeugt daher die Existenz des Ichs. Kann ich aber urteilen "hier steht ein Baum", so kann ich auch urteilen "ich (sehe, meine, denke) urteile, daß hier ein Baum steht", und habe mich damit vom Denkgegenstand Baum auf das zurückgewandt, was im geurteilten Denkgegenstand schon *darin lag*, nämlich das Ich, nur aber nicht auch schon "zum Bewußtsein kam". Der Einwand, da jedes Urteilen in der Zeit verläuft, könne das rückbezügliche Urteil nicht auf dasselbe Ich treffen wie das sachbezügliche, verkennt das Wesen der Identität. Nur weil mit dem Ich ein Außerzeitliches auf die Zeit trifft, gibt es überhaupt Identität. Der Satz der Identität fordert Unveränderlichkeit, also Zeitlosigkeit des Denkgegenstandes. Zeitlosigkeit kann aber nur in bezug auf die Zeit gedacht werden. Ohne das unaufhaltsame Sichwandeln der Wirklichkeit gäbe es keine Identität. Während aber jeder Denkgegenstand eine

Projektion des Ichs in die Erscheinungswelt darstellt, wird mit dem Ich die Identität selbst Ereignis. Das Ich ist das einzige Noumenon, das zugleich auch Phänomenon ist!

Wenn jeder Denkgegenstand eine Projektion des Ichs ist, so erhebt sich die naheliegende Frage, wie das Ich es anfängt, dies zu bewirken. Es wurde nun schon ausgeführt, daß das Wollen und Urteilen eine Funktion des Ichs ist und beide sich durch eine Spaltung von Lebensvorgängen bekunden. Die spaltende Aktivität des Ichs zeigt sich aber erst, wenn sie mit den Lebensvorgängen verglichen wird. Diese haben nämlich den Charakter pathischer Eshaftigkeit. Mit den Esgefühlen werden wir von etwas ergriffen, mit den Trieben werden wir von etwas getrieben oder gezogen. Die Sprache bringt das zum Ausdruck, wenn es heißt, die Begierde "zwingt", die Bewunderung "ergreift", der Haß "verblendet", die Wut "packt". Der Affekt bewegt *mich* der ich meinerseits der Beweger meines Willens bin. Das wollende Ich kann dem Gefühl folgen oder widerstehen, es kann das Gefühl aber nicht von sich aus hervorrufen. In jedem Erleben ist das Ich somit erleidendes Objekt, Angriffspunkt eines Geschehens, auf das es aktiv oder passiv reagieren kann. Und seine Aktivität besteht in der Abspaltung des Willensgefühls und der damit ermöglichten Steuerung bzw. Regelung der Lebensvorgänge. Neben den äußeren Willenshandlungen gibt es auch innere. Eine solche ist das Denken. Auch hier zeigt sich, daß das Ich außerstande ist, den Stoff des Denkens herbeizurufen. Äußere Eindrücke vermitteln die Sinne, aber ich habe die Möglichkeit den Eindruck zu beachten oder auch nicht. Ich habe die Gabe der absichtlichen Lenkung der Aufmerksamkeit. Die innere Willensanstrengung wird dabei besonders dann deutlich, wenn wir uns auf etwas zu "konzentrieren" versuchen. Ebenso drängen sich mir Einfälle und Phantasien auf, sind ungerufen da, aber ich entscheide über ihre Verwertung; ich habe die Möglichkeit der logischen Steuerung meiner Besinnungsakte im Dienste eines gedachten Zieles. Jede Denktätigkeit besteht somit aus einer Kette von Willensleistungen. Im Verhältnis zur Bewegung der Lebensvorgänge ist das Denken keine Bewegung, sondern ein sprunghafter Haltungswechsel, der, wie noch betont werden muß, ohne Sprache oder Zeichen als Haltepunkte nicht möglich wäre. Eindrücke, Einfälle, Phantasien regen das Denken an, sind Denkimpulse, aber erst mit Hilfe bedeutungshaltiger Sprachzeichen, die dem Denken als Stütze dienen, kommt das Denken in Form eines ständigen Richtungswechsels vom Fleck. Schließlich ist auch das innere oder geäußerte Urteil eine Willenshandlung, eine Festsetzung oder Behauptung, die der Sprache nicht entraten kann.

Liegt somit jeder inneren oder äußeren Willenshandlung ein Lebensvorgänge spaltender Willensakt des Ichs zugrunde, so dürfen dennoch beide nicht verwechselt werden. Der Willensakt ist nämlich zeitlos, da er andernfalls seine abspaltende Wirkung nicht erzielen könnte, nur seine Folge verläuft in der Zeit. Nur das Willensgefühl und die äußere oder innere

Willenshandlung geschieht in der Zeit. Im Augenblick der Tat liegt der Akt immer schon in der Vergangenheit.

Der Tatcharakter des Ichs, seine Aktivität, kann verhältnismäßig leicht durch Selbstbesinnung auf das Willensgefühl bzw. auf das Erlebnis der Anstrengung und Selbsttätigkeit gefunden werden. Nun gibt es aber Leistungen des Ichs, die mit Willenshandlungen unmittelbar nichts zu tun haben. Jedem Denken und Wollen, ebenso jeder Begriffs- und Urteilsbildung geht nämlich ein Auffassungsakt voraus, ohne den jene Aktivitäten nicht möglich wären. Es gibt nur einen artlich identen geistigen Akt, aber in bezug auf den Lebensvorgang muß man vom Willensakt den Auffassungsakt unterscheiden. Während der Willensakt Lebensvorgänge durch Zwecksetzung und Steuerung veranlaßt, folgt der Auffassungsakt gewissen Lebensvorgängen nach, indem er sie auffaßt. Anders gesagt: der Auffassungsakt spaltet den Eindruck, der Willensakt die mit dem Eindruck verbundene oder von innen triebhaft kommende Regung. Die Tatnatur auch des Auffassungsaktes wird daher leichter aus seinem Leistungsergebnis, dem Denkgegenstand, erschlossen.

Ohne auf Einzelheiten der bewußtseinswissenschaftlichen (erkenntnistheoretischen) Ableitung und Begründung des Denkens und der Begriffs- und Urteilsentstehung eingehen zu können, sei hier in Kürze auf folgende Einsichten aufmerksam gemacht. Es bedarf wohl keiner besonderen Begründung, daß die Kriterien des Begriffs, Identität und Einheit, in der phänomenalen Wirklichkeit nicht vorhanden sind. Die Länge eines Zimmers besteht nicht aus Zentimeter oder Meter, sein Rauminhalt nicht aus Kubikzentimeter, die beliebige Zeitfrist eines Vorganges nicht aus Sekunden, Minuten, Stunden, obwohl wir die genannten Maßeinheiten durchaus zu Recht ständig verwenden. Ebensowenig besteht eine scharfe Grenze zwischen Baum und Strauch, Fluß und Bach, Haus und Hütte usw. Betrachte ich einen bestimmten Baum, so wandelt sich sein Eindruck aus verschiedensten Gründen ständig, und ist erst recht verschieden für einen zweiten Betrachter. Der Begriff des gemeinten Baumes aber ist ein und derselbe. Denken zwei Personen an einen bestimmten Gegenstand, oder an ein bestimmtes Ereignis, z.B. an eine historische Tatsache, so haben beide individuell verschiedene Vorstellungen von dem gemeinten Gegenstand oder Ereignis. Dennoch können sie sich mühelos darüber verständigen, weil jeder *neben* den individuellen inneren Bildern über entsprechende idente Begriffe verfügt. Jeder Begriff bezeichnet einen Denkgegenstand, der sowohl abstrakt – wie etwa die genannten Maßeinheiten – wie auch konkret sein kann. Die Kriterien des Begriffs gelten somit auch für den von ihm bezeichneten Denkgegenstand. Anschaulich– konkrete Denkgegenstände werden gewöhnlich Dinge genannt. – Jedes Identifizieren beruht auf Unterscheiden. Identifiziere ich etwas, so habe ich es notwendig schon von irgendetwas unterschieden. Wir hätten nicht den Begriff der Röte ohne den der Bläue; und wem die Welt einheitlich rot erschiene, der wüßte nichts vom Rot. Darin zeigt sich die Abhängigkeit des Denkens vom Erleben. Wir begreifen immer nur den Unterschied, die Grenze zwischen den Sachverhalten; die Erscheinung selbst kann nur erlebt werden. Und sie muß uns *un*abhängig von ihrer Meßbarkeit oder dem Ordnungsschema, das wir an sie anlegen, schon widerfahren sein.

Mit jedem Begriff wird ein Denkgegenstand aus der Wirklichkeit herausgegriffen, der dadurch die Eigenschaft der zeitlosen Identität und der Geschiedenheit von jedem anderen Wirklichkeitsausschnitt erhält. Da es aber in der phänomenalen Wirklichkeit weder Identitäten noch Grenzen und somit auch keine Denkgegenstände gibt, so muß ein Etwas in uns den Denkgegenstand zur Erscheinung hinzugebracht haben und mithin tätig gewesen sein. Ist daher die Existenz einer Auffassungstätigkeit kaum zu bestreiten, so darf aber nicht übersehen werden, daß die Kriterien des Denkgegenstandes auch in unserem Innenleben nicht aufzufinden sind. Gefühle, Affekte, Vorstellungen, Phantasien, Träume, Willensanstrengungen, Denken, Begriffs- und Urteilsbildung, sie alle verlaufen in der Zeit und sind überdies als psychische Vorgänge keineswegs gegeneinander streng abgrenzbar. Wir sind somit zu dem Schluß gezwungen, dem Auffassungsakt Außerraumzeitlichkeit zuzuerkennen. Mittels außerraumzeitlicher Akte projiziert der Geist oder das Ich als lebensgebundener Geist Denkgegenstände in die Wirklichkeit. Mit der Identität der Denkgegenstände spiegelt sich gleichsam im Strom des Geschehens die Daseinsbehauptung des Ichs.

Nur noch angedeutet werden kann die Rolle der Sprache bei der Begriffsentstehung. Der ursprüngliche Wahrnehmungsakt greift aus der Erscheinung das wahrzunehmende Ding heraus. Um aber das Aufgefaßte festzuhalten, muß die Auffassungstätigkeit auf die Sprache oder zumindest ein Zeichensystem zurückgreifen. Auch die Sprache ist eine Erscheinung, u. zw. ist es eine menschliche Ausdruckserscheinung. Durch Spaltung des bedeutungshaltigen Wortes entsteht das Begriffswort, das, wie schon gesagt, den Denkgegenstand bedeutet. Der Begriff muß selbstverständlich nicht geäußert werden, sondern wird vielfach in der inneren Vorstellung festgehalten. Er ist Voraussetzung jeder weiteren Denktätigkeit.

Zumindest die Außerzeitlichkeit des Denkgegenstandes ist keineswegs eine neue Einsicht, sondern stellt ein seit Jahrhunderten umstrittenes Problem in der Philosophie dar, das nicht selten zu einer Substantialisierung abstrakter Begriffsinhalte geführt hat, wofür als Beispiel der Platonismus genannt sei. Hier soll nur noch folgendes gesagt werden. Die Spaltung, die der Auffassungsakt an der Wirklichkeit vollzieht, wodurch der Denkgegenstand entsteht, setzt er am Denkgegenstand selbst fort. Durch fortgesetztes Zerlegen von Denkgegenständen entstehen schließlich jene hochabstrakten Begriffe und formalwissenschaftlichen Systeme, die scheinbar von der Wirklichkeit unabhängig sind. Die beiden bekanntesten Formalwissenschaften sind die Logik und die Mathematik. Auch sie sind aber von der Wirklichkeit *mit*abhängig; darin liegt die Möglichkeit ihrer Anwendung auf die Wirklichkeit. Aber sie können empirisch nicht begründet werden. Vielmehr wird meist darauf hingewiesen, daß jede empirische Forschung Logik und Mathematik schon voraussetzen. Die Formalwissenschaften können aber deshalb empirisch nicht begründet werden, weil der Empiriker in logozentrischer Weise die Denkgegenstände als ursprünglich gegeben betrachtet und eine ungegenständliche Erscheinung nicht kennt. Einzig die Erscheinungswissenschaft kann hier zu Ergebnissen führen. Nur sie könnte daher auch erfolgreich Grundlagenforschung treiben. Tatsache ist aber, daß die Sätze der Formalwissenschaften (genauer der Inhalt ihrer Sätze) in der Wirklichkeit schlechterdings nicht vorhanden sind. Und das kann nur mit der Annahme eines außerraumzeitlichen Auffassungsaktes erklärt werden.

Abschließend muß noch auf die Bewußtseinsfrage eingegangen werden. Bewußtsein bedeutet: von etwas Kenntnis nehmen, um etwas wissen. Wir nehmen nun von etwas Kenntnis durch den Auffassungsakt, der aus dem Erscheinungsall ein Etwas herausgreift, das als Ding oder allgemeiner als Denkgegenstand bezeichnet wird. Damit geht Hand in Hand die Unterscheidung des Aktträgers als Subjekt von dem vom Akt erfaßten Objekt. Im Erleben und nur im Erleben hängen wir mit der Erscheinung zusammen. Der Erlebnisvorgang stellt sich als polarer Zusammenhang eines wirkenden Bildes mit einer empfangenden Seele dar. Erst der geistige Akt greift aus dem Insgesamt der fließenden Wirklichkeit das Ding heraus und hebt damit gleichzeitig den Zusammenhang mit der erlebenden Seele auf. Mit dem "Objekt" ist auch das "Subjekt" entstanden und erst dadurch ist die Rückbesinnung und damit die Kenntnisnahme vom eigenen Ich möglich geworden. Das Bewußtsein kann daher auch als Besinnungsvermögen bezeichnet werden. – Weil der ursprüngliche Anlaß des Erlebens ein äußerer oder innerer Eindruck ist, wird der Auffassungsakt auch Wahrnehmungsakt genannt. Entscheidend ist aber nun, daß das Erleben mit dem Bewußtsein nicht verwechselt werden darf. Jedes Erleben ist grundsätzlich unbewußt, nur die Kenntnisnahme vom Erlebten ist bewußt. Dem Irrtum der Verwechslung beider oder auch ihrer unzulässigen Vermengung wird dadurch Vorschub geleistet, daß der Erlebnisvorgang vielfach mit dem Bewußtsein davon scheinbar zusammenfällt. In dem Zusammenhang sei gleich gesagt, daß es kein menschliches Wahrnehmen gibt, an dem nicht Auffassungsakte beteiligt sind. Menschliches Wahrnehmen ist immer bewußtes Wahrnehmen. Daß aber Bewußtsein und Erleben dennoch zwei grundverschiedene Sachverhalte sind, läßt sich durch zahlreiche Vorkommnisse leicht beweisen. Wenn der in eine spannende Lektüre vertiefte Leser sich erst nach Sekunden oder Minuten auf das Schlagen der Uhr besinnt, so hat sich die bewußte Auffassung des Gehörten vom Eindruckserlebnis des Hörens unverkennbar geschieden. Erst mit dem Auffassungsakt wird der gehörte Glockenschlag verselbigt und damit zum Ich in Beziehung gesetzt. Zahlreiche Handlungen werden von uns unbewußt vollzogen, um entweder überhaupt nicht oder erst nach einer gewissen Zeit bewußt zu werden. Wer nach einem Regenwetter in Gedanken versunken spazieren geht, muß deshalb nicht in die Pfützen treten, sondern umgeht sie, ohne sie beachtet zu haben. Aber nicht nur äußere Eindrücke, sondern auch Wünsche, Strebungen, Gefühle bleiben oft unbewußt, das heißt, werden vom Ich nicht zur Kenntnis genommen, üben aber dennoch Wirkungen auf unsere Einstellungen oder unser Verhalten aus. Hierher gehören auch die Phänomene des Hypnotismus, des Somnambulismus, des Schlafwandelns u.ä. Tatsächlich verhält es sich so, daß aus dem Erscheinungsall durch den Auffassungsakt gleichsam immer nur ein Punkt, der das Ding repräsentiert, herausgehoben wird, während das übrige Wahrnehmungsfeld bloß unbewußt erlebt wird, dennoch aber seine Wirkung ausübt. Das Allermeiste in unseren Wahrnehmungen, Verhaltungen, Bewegungen bleibt unbewußt. Beschließe ich etwa, aus dem Nebenzimmer ein bestimmtes Buch zu holen, so erfolgen die notwendigen Bewegungen vollkommen unbewußt: das Öffnen der Verbindungstür, das Umgehen von Hindernissen, das Gewahren des Bücherschranks u.dgl.m. Ich bin ja in Gedanken beim gewünschten Buch. D.h. die aufeinanderfolgenden Auffassungsakte betreffen ausschließlich die Vorstellung des Buches. Erst wenn ich vor dem Bücherschrank stehe und das gewünschte Buch nicht gleich finde, treten Auffassungsakte auf, die dem Suchen ein neues Ziel setzen. Aus den geschilderten Beispielen, die sich übrigens unbeschränkt vervielfältigen ließen, zieht Klages den radikalen Schluß: "Kein Erleben ist bewußt und kein Bewußtsein kann etwas erleben." Diese Formulierung wurde meist nicht verstanden und abgelehnt. Man meinte, wenn ich einen bestimmten Baum bewußt ansehe, so erlebe ich doch auch etwas. Die Sache verhält sich aber ein wenig anders. Dem Erleben ist nämlich ein ständiges Fließen eigentümlich. Außerdem ist es ein Widerfahrnis, hat pathischen Charakter, weshalb mich jedes Erleben überkommt, ergreift; und das gilt sogar für banalste Eindrücke. Das aufgefaßte Baumding hingegen ist festgestellt und als Denkgegenstand von mir erzeugt. Ferner ist das Sehding Baum durch den Auffassungsakt aus dem bildhaften Umgebungszusammenhang herausgerissen. Für Klages stellt sich der Wirklichkeitseingriff des Geistes folgendermaßen dar: "Für den Nimbus seelenblind geworden, wahrnimmt der 'Pneumatiker' zwar immer noch den bestimmten Baum, eingerechnet die atmosphärischen Begleitumstände des Augenblicks, aber als aus dem Pantheon des Lebens *herausgeschnitten* durch räumlich und zeitlich, eigenschaftlich und artlich abgesteckte *Grenzen*! Dadurch hat sich das 'Urbild' des Baumes bis in den Kern verändert. Trat doch an die Stelle eines dämonisch lebendigen, mit Sternen und Stürmen Zwiesprache haltenden Wesens die weltentrissene Eins des gattungsbestimmten Dinges, dessen vermeintes Eigenleben vor dem zudringlichen bohrenden Blick des Verstandes in das maschinenartige Spiel auszumessender 'Energien' zerfällt. Dennoch ist diese Maske auch wieder das Urbild zum andernmal: jedoch *beraubt seines Nimbus*, herausgeschält aus seinem 'Schleier der Maja', entkleidet der schützenden, weil ins Ganze verwebenden Hülle, nackt geworden, entzaubert und fortan ermangelnd der Fähigkeit, sich vernehmlich zu machen einer menschlichen Seele!" (Klages 1974, S. 294).

Literaturverzeichnis:
Husserl, E. (1922). *Logische Untersuchungen*. Halle: Niemeyer.
Klages, L. (1966, 1969). Der Geist als Widersacher der Seele. In E. Frauchiger (Hrsg.), *Sämtliche Werke*, Bde 1 und 2. Bonn: Bouvier.
Klages, L. (1974). Vom Wesen des Bewußtseins. In E. Frauchiger (Hrsg.), *Sämtliche Werke, Bd.3: Ludwig Klages philosophische Schriften* (S. 239-352). Bonn: Bouvier.
Klages, L. (1976). Vorschule der Charakterkunde. In E. Frauchiger (Hrsg.), *Sämtliche Werke, Bd.4: Charakterkunde I* (S. 429–495). Bonn: Bouvier.
Klages, L. (1979). Die Sprache als Quell der Seelenkunde. In E. Frauchiger (Hrsg.), *Sämtliche Werke, Bd.5: Charakterkunde II* (S. 261-689). Bonn: Bouvier.
Müller, H.A. (1969). Problematik und Bedeutung des psychologischen Ich–Begriffs. *Jahrbuch für Psychologie, Psychotherapie und Medizinische Anthropologie, 17*, 117-129.
Palagyi, M. (1902). *Der Streit der Psychologisten und Formalisten in der modernen Logik*. Leipzig: Engelmann.

JOACHIM WITTKOWSKI

Konstanz und Veränderung der Zukunftsperspektive im mittleren Erwachsenenalter[1]

1. Einleitung
1.1. Konstanz und Veränderung im mittleren Lebensalter

Die lange vorherrschende Auffassung, es gäbe keine nennenswerten Veränderungen im Erleben und Verhalten während des Erwachsenenalters wird seit geraumer Zeit in Frage gestellt (z.B. Kagan, 1980, 1983). Psychoanalytische Theorien postulieren zwar traditionell, daß nachhaltige Veränderungen in Persönlichkeitsmerkmalen primär während Kindheit und Jugend stattfinden. Die Entwicklung von Dispositionen des Erlebens und Verhaltens gelangt danach im frühen Erwachsenenalter zum Abschluß, so daß Persönlichkeitsmerkmale nahezu keine Veränderung während der Erwachsenenjahre aufweisen – zumindest bis zum Beginn eines deutlichen Alterungsprozesses. Diese Position wird aber immer mehr durch eine probabilistisch-epigenetische Sicht von Entwicklung ersetzt, die Plastizität und Flexibilität des Menschen über die gesamte Lebensspanne hinweg unterstreicht (Brim & Kagan, 1980; Lerner, 1984, 1987). Im Sinne einer modernen Konzeption von Entwicklung während der gesamten Lebensspanne (z.B. Baltes, Reese & Lipsitt, 1980) besteht die Möglichkeit von Veränderungen in jedem Altersabschnitt als Folge der unzähligen wechselseitigen Transaktionen von aktiven Individuen mit einer sich ständig verändernden Umwelt.

Dies bedeutet freilich nicht, daß es an jeder Stelle der Lebensspanne und in jedem psychischen Merkmal zwangsläufig Veränderungen gibt. Das Selbstkonzept gehört beispielsweise zu jenen Merkmalen, die während des Lebenslaufes in hohem Maße Konstanz und Stabilität aufweisen. Ganz in diesem Sinne versteht Müller (1969, S. 128) "das Ich als Prinzip der Invarianz und der (bewußtseinsmäßigen) Kontinuität der Person ...." Entwicklung beinhaltet sowohl Konstanz als auch Veränderung. Diskontinuität in einem Lebensabschnitt kann in Kontinuität während eines anderen Abschnitts übergehen und vice versa. In Einklang mit einem interaktionistischen Modell des Entwicklungsprozesses kann ein Mensch sowohl

---

[1] Die Untersuchung wurde durch eine Sachbeihilfe der Deutschen Forschungsgemeinschaft gefördert (Wi 608/1, Wi 608/2-2).

Konstanz als auch Veränderung zeigen, je nachdem, in welchem Maße beispielsweise Umwelteinflüsse oder psychodynamische Faktoren auf einzelne psychische Merkmale einwirken.

Das Potential an Plastizität nimmt während des Lebens ab (Lerner, 1984). Daraus ergibt sich die Frage, ob es während des Erwachsenenalters bestimmte Abschnitte der Kontinuität und andere Perioden der Veränderung gibt und falls ja, wo diese lokalisiert sind. In der Tat haben einige Untersuchungen erhebliche Stabilität und Konstanz der Persönlichkeit während der Erwachsenenjahre aufgezeigt (Costa & McCrae, 1977-78; Costa, McCrae & Arenberg, 1980, 1983; Douglas & Arenberg, 1978; Leon, Gillum, Gillum & Gouze, 1979; Schaie & Parham, 1976; Siegler, George & Okun, 1979; Stevens & Truss, 1985; Woodruff & Birren, 1972). Demgegenüber gibt es allerdings auch empirische Hinweise, die Veränderung von Persönlichkeitsmerkmalen im Erwachsenenalter belegen (Campbell, 1966; Dyer, Monson & Van Drimmelen, 1971; Wagner, 1960).

Besonders mit Blick auf das mittlere Erwachsenenalter (die Zeitspanne von etwa 40 bis 60 Jahren; vgl. Perlmutter & Hall, 1985, S. 13) unterstützen klinische Beobachtungen und mehr oder weniger strukturierte Analysen von Interviews und Biographien die Auffassung, daß Persönlichkeitsmerkmale mit speziellem Bezug zu diesem Altersabschnitt deutlichen Veränderungen unterliegen (z.B. Bühler, 1933, 1935; Erikson, 1950; Havighurst, 1953, 1963; Jung, 1950; Neugarten, 1968). Diesen Forschungen zufolge muß sich das Individuum während der mittleren Lebensspanne an sich verändernde oder bereits veränderte interne und externe Bedingungen wie nachlassende physische Leistungsfähigkeit, Klimakterium, Fortgang der erwachsenen Kinder, Tod der eigenen Eltern und/oder Schwiegereltern anpassen. Dieser Anpassungsprozeß soll u. a. mit einer Veränderung der Zeitperspektive einhergehen. Man kann daher die Erwartung aussprechen, daß es u.a. die Zeitperspektive ist, die im mittleren Lebensalter eine deutliche intraindividuelle Diskontinuität aufweist.

Die Theorien der emotionalen Entwicklung von Gould (1978) und Levinson (1978) unterstreichen zusätzlich die Bedeutung der Zeitperspektive für das mittlere Erwachsenenalter. Diesen empirisch fundierten Theorien zufolge ist die mittlere Lebensspanne u.a. durch ein verschärftes Bewußtsein für das Verstreichen der Zeit und für die eigene Endlichkeit gekennzeichnet. Beide Autoren stimmen darin überein, daß die Jahre von etwa 45 bis 50 eher von Kontinuität in Gefühlen und Strebungen bestimmt sind, wogegen die Spanne von etwa 50 bis 55 ("age 50 transition") eher ein Abschnitt der Diskontinuität ist. Während Levinson (1978) nur Männer im Auge hat, bezieht sich Gould's Theorie auf Männer und Frauen.

Folgt man den verfügbaren empirischen Erkenntnissen und Theorien, so sind gerade für die Zukunftsperspektive deutliche Unterschiede in den Mittelwerten zwischen Personen in der zweiten Hälfte der 40er einerseits und Personen in der ersten Hälfte der 50er andererseits zu erwarten. Die vorliegende Untersuchung ist ein Beitrag zur Frage der Konstanz oder

Veränderung der Zukunftsperspektive bei Personen im mittleren Lebensalter.

1.2. Das Konzept der Zukunftsperspektive

Zukunftsperspektive läßt sich bestimmen als das Insgesamt aller kognitiven und affektiven Bewußtseinsinhalte, die auf Zukünftiges bezogen sind. In der frühen wissenschaftlichen Beschäftigung mit "Zukunftsbewußtsein", "Zukunftserleben", "Zukunftsbezogenheit" sind Elemente zu finden, die das gegenwärtige Konzept der Zukunftsperspektive konstituieren. Stern (1935) versteht zukunftsbezogenes Erleben wesentlich auch als emotionales Erleben. Durch die Unterscheidung zwischen einem Zukunftsbewußtsein auf nähere Sicht und einem solchen auf weitere Sicht beinhaltet Keller's (1932) "Psychologie des Zukunftsbewußtseins" den Aspekt der zeitlichen Ausdehnung und durch den Hinweis auf den hemmenden Einfluß, den Hoffnungslosigkeit und Depressivität auf das langfristige Zukunftsbewußtsein haben können, auch den Aspekt der Emotionalität. Auch Bergius (1957) hebt die emotionale Tönung des Zukunftserlebens als relativ eigenständiges Merkmal hervor.

Die bisher referierte Auswahl von Arbeiten zur Zukunftsperspektive, aus der sich Ausdehnung und Tönung als Merkmale zukunftsbezogenen Erlebens herausschälen, ist als Grundlage des gegenwärtig in der empirischen Forschung vorherrschenden mehrdimensionalen Konzepts der Zukunftsperspektive zu verstehen. Die explizit erstmals von Wallace (1956) genannten Aspekte "Ausdehnung" und "Kohärenz" wurden von Kastenbaum (1961) durch "Dichte" und "Direktionalität" ergänzt. Das wichtige Merkmal der "qualitativen Tönung" geht auf Heckhausen (1963) zurück.

So stellt sich die Zukunftsperspektive heute als Konstrukt dar, das durch fünf Dimensionen markiert ist (vgl. Breesch-Grommen, 1975; Feuchter, 1976, S. 9 ff.; Hoornaert, 1973; Schreiner, 1969, S. 63 ff.; Winnubst, 1974): (1) *Ausdehnung* (auch: Erstreckung, Spannweite, Protension) als der am häufigsten untersuchte Aspekt der Zukunftsperspektive bezeichnet die Länge der gedanklich verfügbaren vorausliegenden Zeitspanne; sie kann zwischen einem wenige Tage umfassenden Zeitraum und einer über des eigene Lebensende hinausreichenden Spanne schwanken. − (2) Mit *Dichte* der Zukunftsperspektive ist der Grad der inhaltlichen Füllung gemeint; in der Antizipation der Zukunft können wenige oder zahlreiche geplante und/oder erwartete Ereignisse wahrgenommen werden. − (3) *Kohärenz* − von Wallace (1956, S. 240) als "the degree of organization of the events in the future time span" definiert − trägt unterschiedlichem Organisations- bzw. Strukturiertheitsgrad der Zukunftsperspektive Rechnung; gemeint ist das Ausmaß, in dem antizipierte Ereignisse von ihrer zeitlichen Abfolge oder von Sachzusammenhängen her als geordnet wahrgenommen werden. − (4) *Gerichtetheit* bzw. *Direktionalität* bezieht sich auf die Intensität einer imaginierten Bewegung vom gegenwärtigen auf einen späteren Zeitpunkt hin; sie sucht den dynamischen Aspekt der Zukunftsperspektive zu erfassen, wie er z.B. in den Experimenten von Bergius (1957) aufgewiesen werden konnte. — (5) *Tönung* der Zukunftsperspektive hebt auf positive bzw. optimistische (z.B. Vorfreude) wie auf negative bzw. pessimistische Erwartungsemotionen (z.B. Angst) ab; es scheint sich um einen Aspekt zu handeln, der den anderen Dimensionen im Sinne eines grundlegenden Faktors untergordnet ist.

Über die bisherige Konzeptbildung hinaus gewinnt die Bedeutung der Zukunftsperspektive für das Verhalten des Menschen deutlichere Kontur, wenn die Interdependenz von zukunftsbezogenem Verhalten und aktuellem Befinden aufgezeigt wird. Eine derartige Betrachtungsweise verspricht Einblick in die emotionale und motivationale Wirkungsweise von Protension, Dichte, Kohärenz und Tönung der Zukunftsperspektive.

Zukunftsperspektive kann unmittelbaren Einfluß auf das jeweilige aktuelle bzw. gegenwärtige Verhalten haben. Den Aufweis eines derartigen Wirkungsgefüges beinhaltet die Feldtheorie Lewin's (1963). In ihr steht "Lebensraum" bzw. "Feld" für die zu einem gegebenen Zeitpunkt bestehende Konstellation interdependenter Faktoren der Person und ihrer Umwelt. Vergangenheits- und zukunftsbezogene Erlebensmodalitäten gehen in das psychologische Feld ein und beeinflussen insofern das jeweilige aktuelle Verhalten.

In der bisherigen Erörterung fehlen explizite Aussagen zu jenem kognitiven Prozeß, der zur Ausgestaltung der Zukunftsperspektive beiträgt und ihr damit motivationspsychologische Bedeutung verleiht. Kunz (1946, S. 154 ff.) sieht in der Phantasie das Medium, welches Vergangenes und Zukünftiges zur Determinante aktuellen Verhaltens macht. "Wir werden zugestehen müssen, daß zwischen dem Phantasieren und der — gelebten, erlebten und bewußten — Gegenwart eine ausgezeichnete Beziehung existiert, die sich vielleicht auch darin dokumentiert, daß vergangene Geschehen und zukünftige Begebenheiten gerade mittels der Imagination — obzwar nicht mit ihr allein — vergegenwärtigt, d.h. in den präsenten 'Augenblick' gebannt werden können" (Kunz, 1946, S. 154 f.).

2. Fragestellung

Ziel der vorliegenden Untersuchung ist, altersabhängige Konstanz und Veränderung der Merkmale "Ausdehnung der Zukunftsperspektive" und "Emotionale Tönung der Zukunftsperspektive" bei Frauen und Männern im mittleren Lebensalter anhand eines querschnittlichen Untersuchungsansatzes aufzuzeigen.

3. Methode

3.1. Stichprobe

Die untersuchte Stichprobe bestand aus 186 Personen (93 Frauen und 93 Männer) im Alter von 45 bis 54 Jahren ($\bar{x} = 49.9$; $s = 2.9$); es handelte sich um Angehörige der Geburtsjahrgänge 1926 bis 1935 (einschließlich). Die Stichprobe stellte eine Auswahl der überwiegend katholischen Stadtbevölkerung Frankens mit gehobenem sozio-ökonomischem Status dar. Der größte Teil der Versuchspersonen rekrutierte sich aus einer hinsichtlich Alter und Geschlecht geschichteten Zufallsstichprobe.

3.2. Durchführung der Untersuchung und Untersuchungsmethode

Die Datenerhebung fand von Anfang Februar bis Anfang Juli 1980 statt. Die anonym bleibenden Versuchspersonen nahmen in Einzelsitzungen an 1- bis 1 1/2 stündigen halbstandardisierten Interviews teil, in denen u.a. der Themenkreis "Zukunftsperspektive" mit folgenden obligatorischen Fragen angesprochen wurde: "Haben Sie Pläne für die Zeit, die vor Ihnen liegt? − Nun gibt es ja auch Dinge, auf die man als einzelner keinen Einfluß hat. Was erwarten Sie ganz allgemein von Ihrer eigenen Zukunft? − Auf wieviele Jahre erstrecken sich Ihre Gedanken in die Zukunft? − Versuchen Sie (noch) einmal, in sich hineinzuhorchen. Wenn Sie an all das denken, was die Zukunft Ihnen ganz persönlich bringen kann − was empfinden Sie dann?" Als Interviewer fungierten 11 trainierte Studenten der Psychologie im zweiten Studienabschnitt (6 Frauen, 5 Männer) sowie in Notfällen der Verfasser.

Die Interviews wurden auf Tonband aufgezeichnet und wortgetreu transkribiert. Die Merkmale "Ausdehnung der Zukunftsperspektive" (ZuP-A) und "Emotionale Tönung der Zukunftsperspektive" (ZuP-T) wurden anhand einer elaborierten Vier- (ZuP-A) bzw. Dreipunkt- Skala (ZuP-T) codiert, die aus dem Interviewmaterial konstruiert worden waren (vgl. Wittkowski, 1987). Jede Skala enthielt detaillierte Codierungsanweisungen und Defintionen der einzelnen Kategorien. Darüber hinaus wurde jede Kategorie durch Beispiele erläutert, die als Anker dienten. Bei der inhaltsanalytischen Auswertung wurde die qualitative Strukturierung des Interviewmaterials von der Quantifizierung der einzelnen Variablen getrennt. Die Übereinstimmung der Analyse-Einheiten mit den jeweiligen Skalen wurde zweifach überprüft, und in Zweifelsfällen wurde die betreffende Einheit von der Codierung ausgeschlossen. Die Codierung des Interviewmaterials erfolgte durch zwei eigens dafür trainierte Auswerter, die unabhängig voneinander arbeiteten. Für jede Versuchsperson wurde innerhalb einer jeden Skala der Mittelwert über die einzelnen Codes bestimmt. Dies geschah für jeden Auswerter getrennt. Sodann wurden die "vertikalen" Mittelwerte der beiden Auswerter für jede Versuchsperson "horizontal" gemittelt. Dies ergab den Skalenwert der Versuchsperson.

Die Auswerter-Übereinstimmungen für die Codierung der Inhaltsanalyse-Skalen (Quotient aus allen übereinstimmend codierten und allen überhaupt codierten Analyse-Einheiten) betrugen für Skala ZuP-A 0.73 jeweils für Frauen und Männer und für Skala ZuP-T 0.71 für Männer und 0.74 für Frauen. Weitere Einzelheiten der inhaltsanalytischen Auswertungsmethode finden sich bei Wittkowski (1987).

Es wurden fünf Altersgruppen gebildet, die für Frauen und Männer in gleicher Weise galten: 45 und 46jährige, 47 und 48jährige, 49 und 50jährige, 51 und 52jährige, 53 und 54jährige. Die Bildung dieser Altersgruppen erfolgte sowohl aus konzeptionellen als auch aus pragmatischen Erwägungen. Damit der Vergleich der Mittelwerte unabhängiger Stichproben als Schätzung für intraindividuelle Konstanz oder Veränderung aussagekräftig ist, muß innerhalb der erfaßten Altersspanne das Auflösungsvermögen so hoch wie möglich sein. Denn nur durch eine hinreichend differenzierte Gruppenbildung können bei einem querschnittlichen Untersuchungsansatz Entwicklungsverläufe abgebildet werden, wie sie entweder durch ein monotones Ansteigen oder Fallen oder durch U-förmige Funktionen gekennzeichnet sind. Die Gruppenbildung war darüberhinaus auch theoretisch geboten, weil Unterschiede im Entwicklungsverlauf zwischen der zweiten Hälfte der Vierziger und der ersten Hälfte der Fünfziger untersucht werden sollten.

Unterschiede in der Merkmalsausprägung der beiden Aspekte der Zukunftsperspektive zwischen jeweils zwei Altersgruppen wurden mit dem Mann-Whitney U-Test jeweils für Frauen und Männer geprüft.

4. Ergebnisse

Abbildung 1 zeigt die Mittelwerte der Variablen "Ausdehnung der Zukunftsperspektive" (ZuP-A) und "Emotionale Tönung der Zukunftsperspektive" (ZuP-T) für die Frauen und Männer der fünf Altersgruppen.

Abbildung 1a läßt eine stetige Verkürzung der Zukunftsperspektive der Frauen von Altersgruppe 45+46 nach Altersgruppe 51+52 erkennen. Die untersuchten Frauen im Alter von 51 und 52 Jahren äußerten eine signifikant kürzere Zukunftsperspektive ($\bar{x} = 1.28$) als die Frauen im Alter von 45 und 46 Jahren ($\bar{x} = 1.87$; $U = 111,0$; $P < .05$).

In ähnlicher Weise findet sich bei den untersuchten Frauen über die gesamte erfaßte Altersspanne hinweg eine Abnahme von Optimismus bzw. eine Zunahme von Pessimismus mit Blick auf die eigene Zukunft (vgl. Abbildung 1b). Der Unterschied in der emotionalen Tönung der Zukunftsperspektive zwischen Altersgruppe 45+46 und Altersgruppe 53+54 ist allerdings statistisch nicht gesichert.

Bei den Männern liegen weder für die Ausdehnung der Zukunftsperspektive noch für die emotionale Tönung der Zukunftsperspektive überzufällige Unterschiede zwischen je zwei Altersgruppen vor. Diese beiden

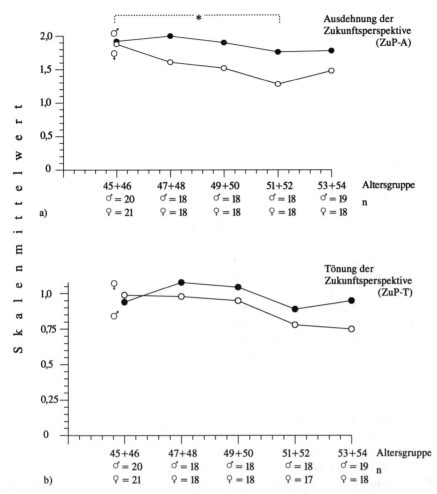

Abbildung 1: Skalenmittelwerte der Variablen "Ausdehnung der Zukunftsperspektive" und "emotionale Tönung der Zukunftsperspektive" für Frauen und Männer in fünf Altersgruppen (* $p < .05$)

Komponenten der Zukunftsperspektive besitzen bei den untersuchten Männern im Alter zwischen 45 und 55 Jahren ein relativ hohes Maß an Konstanz. Der Niveauunterschied zwischen Männern und Frauen in der Ausdehnung der Zukunftsperspektive ist statistisch nicht bedeutsam.

5. Diskussion

Die obigen Befunde zur Konstanz bzw. Veränderung von zwei Aspekten der Zukunftsperspektive beruhen auf einem querschnittlichen Untersuchungsansatz. Dadurch ist die Gefahr der Reaktivität, die bei der Untersuchung eines Merkmals wie der Zukunftsperspektive anhand einer Längsschnittstudie prinzipiell besteht, von vornherein ausgeklammert. Allerdings dürfen die festgestellten Veränderungen nur als Schätzung für intraindividuelle Diskontinuität betrachtet werden. Sie haben so lange als vorläufig zu gelten, bis sie durch ähnliche Befunde aus Querschnittstudien, vor allem aber aus sequenziellen Untersuchungsanordnungen bestätigt worden sind.

Mit dieser Einschränkung läßt sich für die untersuchten Frauen des Altersbereichs 45 bis 52 Jahre eine stetig sich verkürzende Zukunftsperspektive feststellen: die Gedanken der Frauen, insbesondere aber ihre Pläne und Vorhaben erstrecken sich über einen immer kürzer werdenden Zeitraum. Bei der Gruppe der 53+54jährigen setzt dann eine Erweiterung der Zukunftsperspektive ein. Ob dies ein aussagekräftiger Aufwärtstrend ist, der sich mit zunehmendem Alter fortsetzt, oder lediglich eine zufallsbedingte Merkmalsfluktuation, kann anhand der vorliegenden Daten nicht entschieden werden. Da Unterschiede, die in Querschnittstudien beobachtet werden, häufig größer sind als die in Längsschnittstudien ermittelten Veränderungen, wird das tatsächliche Ausmaß der im Altersbereich 45 bis 52 Jahre stattfindenden Verkürzung der Zukunftsperspektive eher geringer sein als es in Abbildung 1a zum Ausdruck kommt. Von daher, aber auch mit Blick auf den Verlauf der gesamten Kurve in Abbildung 1a kann das Ergebnis einer sich verkürzenden Zukunftsperspektive bei den Frauen kaum als Bestätigung der Theorien von Gould (1978) und Levinson (1978) gewertet werden.

Für die untersuchten Männer zeigt sich Kontinuität sowohl für die Länge der gedanklich verfügbaren vorausliegenden Zeitspanne als auch für die Qualität der Erwartungsemotionen. Mindestens für die hier untersuchten Männer, tendenziell aber auch für die Frauen gilt, daß sich die Dimensionen "Ausdehnung" und "Emotionale Tönung" der Zukunftsperspektive im Altersbereich von 45 bis 55 Jahren quantitativ nicht bedeutsam verändern. Dieses für das mittlere Erwachsenenalter vergleichsweise spezifische Merkmal fügt sich damit in eine Befundlage ein, die für zahlreiche allgemeine, "klassische" Persönlichkeitsmerkmale Konstanz im mittleren Erwachsenenalter ausweist (Costa & McCrae, 1977-78; Costa et al., 1980, 1983; Douglas & Arenberg, 1978; Leon et al., 1979; Schaie & Parham, 1976; Siegler et al., 1979; Stevens & Truss, 1985; Woodruff & Birren, 1972).

Die Diskussion der Ergebnisse könnte durch Einbeziehung philosophisch-anthropologischen Gedankenguts erweitert und in ihrem Gehalt abgerundet werden. Dies in angemessener Weise zu leisten, sieht sich der Verfasser außerstande, wenngleich er es grundsätzlich für angebracht hält. "Der Psychologe, der meint, es gebe in der empirischen Psychologie unserer Tage Einseitigkeit, Unvollständigkeit und Unverbundenheit, richtet seinen Blick also zwar auf die Philosophische Anthropologie, um

Vielseitigkeit, Vollständigkeit und Zusammenhang zu finden; aber er tut es mit Vorsicht und sieht keinen Anlaß, sich von den Ergebnissen empirischer Psychologie abzuwenden. Er weiß, daß viele Fragen offenbleiben" (Müller, 1980, S. 341).

Literaturverzeichnis:

Baltes, P.B., Reese, H.W. & Lipsitt, L.P. (1980). Life-span developmental psychology. *Annual Review of Psychology, 31*, 65-110.

Bergius, R. (1957). *Formen des Zukunftserlebens*. München: Barth.

Breesch-Grommen, R. (1975). Het tijdperspectief in volwassenheid en onderdom: theoretische en empirische bijdragen. *Nederlands Tijdschrift voor Gerontologie, 6*, 90-105.

Brim, O.G. & Kagan, J. (1980). Constancy and change: A view of the issues. In O.G. Brim & J. Kagan (Eds.). *Constancy and change in human development* (pp. 1-25). Cambridge, Mass.: Harvard University Press.

Bühler, C. (1933). *Der menschliche Lebenslauf als psychologisches Problem*. Leipzig: Hirzel.

Bühler, C. (1935). The curve of life as studied in biographies. *Journal of Applied Psychology, 19*, 405-409.

Campbell, D.P. (1966). Stability of interests within an occupation over thirty years. *Journal of Applied Psychology, 50*, 51-56.

Costa, P.T. & McCrae, R.R. (1977-78). Age differences in personality structure revisited: Studies in validity, stability, and change. *International Journal of Aging and Human Development, 8*, 261-275.

Costa, P.T., McCrae, R.R. & Arenberg, D. (1980). Enduring dispositions in adult males. *Journal of Personality and Social Psychology, 38*, 793-800.

Costa, P.T., McCrae, R.R. & Arenberg, D. (1983). Recent longitudinal research on personality and aging. In K.W. Schaie (Ed.). *Longitudinal studies of adult psychological development* (pp. 222-265). New York: The Guilford Press.

Douglas, K. & Arenberg, D. (1978). Age changes, cohort differences, and cultural change on the Guilford-Zimmerman Temperament Survey. *Journal of Gerontology, 33*, 737-747.

Dyer, E.D., Monson, M.A. & Van Drimmelen, J.B. (1971). Are administrative level, age, and education reflected in California Psychological Inventory Scores? *Psychological Reports, 29*, 1111-1120.

Erikson, E.H. (1950). *Childhood and society*. New York: Norton.

Feuchter, Eva M. (1976). *Dimensionen der Zukunftsperspektive. Eine experimentelle Untersuchung zum Problem der Beziehung zwischen verschiedenen Variablen der Zukunftsperspektive*. Unveröff. Diss., Eberhard-Karls-Universität Tübingen.

Gould, R.L. (1978). Transformations: *Growth and change in adult life*. New York: Simon & Schuster.

Havighurst, R.J. (1953). *Human development and education*. New York: McKay.

Havighurst, R.J. (1963). Dominant concerns in the life cycle. In L. Schenk-Danzinger & H. Thomae (Eds.). *Gegenwartsprobleme der Entwicklungspsychologie* (S. 27-37). Göttingen: Hogrefe.

Heckhausen, H. (1963). *Hoffnung und Furcht in der Leistungsmotivation*. Meisenheim/Glan: Hain.

Hoornaert, J. (1973). Time perspective — theoretical and methodological considerations. *Psychologica Belgica, 13*, 265-294.
Jung, C.G. (1950). *Seelenprobleme der Gegenwart*. Zürich: Rascher.
Kagan, J. (1980). Perspectives on continuity. In O.G. Brim & J. Kagan (Eds.). *Constancy and change in human development* (pp. 26-74). Cambridge, Mass.: Harvard University Press.
Kagan, J. (1983). Developmental categories and the premise of connectivity. In R.M. Lerner (Ed.). *Developmental Psychology: Historical and philosophical perspectives* (pp. 29-54). Hillsdale, N.J.: Erlbaum.
Kastenbaum, R. (1961). The dimensions of future time perspective: An experimental analysis. *Journal of General Psychology, 65*, 203-218.
Keller, H. (1932). Psychologie des Zukunftsbewußtseins. *Zeitschrift für Psychologie, 124*, 211-290.
Kunz, H. (1946). *Die anthropologische Bedeutung der Phantasie. 1. Teil: Die psychologische Analyse und Theorie der Phantasie*. Basel: Verlag für Recht und Gesellschaft.
Leon, G.R., Gillum, B., Gillum, R. & Gouze, M. (1979). Personality stability and change over a 30-year period — middle age to old age. *Journal of Consulting and Clinical Psychology, 47*, 517-524.
Lerner, R.M. (1984). *On the nature of human plasticity*. Cambridge, Mass.: Cambridge University Press.
Lerner, R.M. (1987). The concept of plasticity in development. In J.J. Gallagher & C.T. Ramey (Eds.). *The malleability of children* (pp. 3-14). Baltimore: Brookes.
Levinson, D.J. (1978). *The seasons of a man's life*. New York: Knopf.
Lewin, K. (1963). *Feldtheorie in den Sozialwissenschaften*. Bern: Huber.
Müller, H.A. (1969). Problematik und Bedeutung des psychologischen Ich-Begriffs. *Jahrbuch für Psychologie, Psychotherapie und Medizinische Anthropologie, 17*, 117-129.
Müller, H.A. (1980). Das Verhältnis von Psychologie und Philosophischer Anthropologie und seine Bedeutung für die Pädagogische Psychologie. *Pädagogische Welt, 34*, 339-341.
Neugarten, Bernice L. (1968). Adult personality: Toward a psychology of the life cycle. In B.L. Neugarten (Ed.). *Middle age and aging* (pp. 137-147). Chicago: University of Chicago Press.
Perlmutter, M. & Hall, E. (1985). *Adult development and aging*. New York: Wiley & Sons.
Schaie, K.W. & Parham, I.A. (1976). Stability of personality traits: Fact or fable? *Journal of Personality and Social Psychology, 34*, 146-158.
Schreiner, M. (1969). *Zur zukunftsbezogenen Zeitperspektive älterer Menschen*. Unveröff. Diss., Rheinische Friedrich-Wilhelms-Universität Bonn.
Siegler, I.C., George, L.K. & Okun, M.A. (1979). Cross-sequential analysis of adult personality. *Developmental Psychology, 15*, 350-351.
Stern, W. (1935). *Allgemeine Psychologie*. Haag: Nijhoff.
Stevens, D. P. & Truss, C.V. (1985). Stability and change in adult personality over 12 and 20 years. *Developmental Psychology, 21*, 568-584.
Wagner, E.E. (1960). Differences between old and young executives on objective psychological test variables. *Journal of Gerontology, 15*, 296-299.
Wallace, M. (1956). Future time perspective in schizophrenia. *Journal of Abnormal and Social Psychology, 52*, 240-245.
Winnubst, J. (1974). Tijdperspektief: Oberzicht-Kritiek-Bibliografie. *Nederlands Tijdschrift voor de Psychologie en haar Grensgebieden, 28*, 581-617.

Wittkowski, J. (1987). Zur Erfassung emotional-motivationaler Merkmale anhand von Interviewmaterial: Darstellung und vorläufige Evaluation einer inhaltsanalytischen Methode. *Zeitschrift für Differentielle und Diagnostische Psychologie, 8,* 57-67.

Woodruff, D.S. & Birren, J.E. (1972). Age changes and cohort differences in personality. *Developmental Psychology, 6,* 252-259.

Sozialpsychologie

PETER BRAUN

Zur Funktion und Auswirkung von Konfrontation als Interaktionsform im Gespräch

Einleitung

Psychologische Ausführungen zum Thema "Konfrontation" gibt es praktisch nur in der Literatur zur Gesprächsführung und Psychotherapie und sie wird dort sehr unterschiedlich verstanden und bewertet. Während der klassische Ansatz der Gesprächspsychotherapie gezielte Interventionen und speziell konfrontative Interventionen strikt ablehnt (vgl. z.B. Rogers, 1983), gibt es in neueren, differentiell orientierten Ansätzen (vgl. Martin, 1975; Tscheulin, 1983, 1990) die Auffassung, Konfrontation unter bestimmten Indikationsvoraussetzungen zur Intensivierung und Beschleunigung von Prozessen bzw. zur Herstellung bestimmter Prozesse beim Klienten, wie z.B. Selbstexploration, einzusetzen. In der Psychoanalyse wird die Konfrontation, z.B. als Instrument beschrieben, "um damit die unbewußt gelebten Muster des Verhaltens zu sich selbst und anderen (die Beziehungsstruktur) der bewußten Wahrnehmung und ausdrücklichen Verarbeitung zuzuführen."(vgl. Fürstenau, 1977, S. 852). Auch in der Transaktionsanalyse wird die Funktion der Konfrontation ausdrücklich thematisiert (vgl. Reinhardt, 1989) und im Bezugsrahmen ihrer Theorie vielseitig diskutiert. In der Verhaltenstherapie, die sich bisher über die Rolle von Kommunikationsprozessen im Bezugsrahmen ihres Ansatzes so gut wie keine Gedanken gemacht hat, wird der Begriff nicht als Kommunikationsform verstanden, sondern als Reizkonfrontation, wie z.B. in den sogenannten "Konfrontationsmethoden" (Reizüberflutung, Implosion, Flooding) (vgl. z.B. Butollo, 1979; Bartling, u.a., 1979).

In anderen Bereichen sozialer Interaktion, z.B. in der Familie, in der Pädagogik, in der Teaminteraktion am Arbeitsplatz, in der Beziehung zwischen Vorgesetzten und Untergebenen oder im politischen Bereich, ist die Konfrontation zwar an der Tagesordnung, wird aber in der zugehörigen Forschung als Kommunikationsform speziell nicht thematisiert.

I. Frühere Untersuchungen

Auf der Grundlage von theoretischen und empirischen Vorarbeiten des Autors (vgl. Braun, 1984; 1986; 1987,a,b; 1990) wurden am Psychologischen Institut der Universität Würzburg, Lehrstuhl II, eine Reihe von Diplomarbeiten zur Fragestellung einer differentiellen Gesprächsführung durchgeführt.

In den früheren Arbeiten (Hüppe, 1982; Vidal, 1984; Günther, 1985) wurde die Wirkung von Gesprächsformen auf die *Psychische Anspannung* und auf die *Herzrate* erfaßt (vgl. auch: Braun, 1984, 1986). In späteren Arbeiten wurden Wirkungen dieser Gesprächsformen mit *handlungstheoretisch fundierten Meßinstrumenten* erfaßt. Es wurde außerdem überprüft, ob sich in Abhängigkeit von der Ausgangslage des jeweiligen Gp unterschiedliche Wirkungen belegen lassen (vgl. Braun, 1984; 1986; Bohn, 1984). Die letzten Arbeiten befaßten sich mit der Frage der Klassifikation von Konfrontationen und damit, *ob unterschiedliche Arten von Konfrontationen unterschiedliche Wirkungen haben* bzw. ob *unterschiedliche Voraussetzungen der Gp* dazu führen, *daß sie auf Konfrontation unterschiedlich reagieren* (vgl. Küffner, 1987; Maslabei, 1988). Die empirischen Befunde dieser beiden letzten Arbeiten sind Gegenstand der Überlegungen dieser Arbeit.

II. Das Phänomen der Konfrontation als Kommunikationsform

Das Wirkungsspektrum konfrontativer Interaktionen reicht vom hilfreichen Appell zum Innehalten und/oder Nachdenken bis zu massiven psychophysiologischen und emotionalen Reaktionen und im Extremfall zu schweren Verletzungen der Würde der Person. Es ist deshalb nicht überraschend, daß die Konfrontation in der Psychologie ein "heißes Eisen" ist. Aber die Meinungen sind kontrovers und mehr von Glaubensbekenntnissen bestimmt als von der genaueren Kenntnis der psychologischen Zusammenhänge. Neben den offensichtlich negativen Wirkungsmöglichkeiten gibt es theoretisch (vgl. Kap. III) eine Reihe von positiven Wirkungsmöglichkeiten und eine Vielzahl von Anwendungsbereichen des Gesprächs, in welchen man sich nur schwer vorstellen kann, daß ein Verzicht auf Konfrontation möglich ist.

Es wäre wünschenswert, die negativen Auswirkungen von Konfrontation zu vermeiden und die möglicherweise konstruktiven Auswirkungen differentiell nutzen zu können. Dazu muß man jedoch sehr viel mehr über die Zusammenhänge und Auswirkungen von Konfrontation wissen.

III. Hypothesen über konstruktive Aspekte der Konfrontation

Reid (1986) befaßte sich mit der Konfrontation im Rahmen von Gruppentherapie und kam zu einem ambivalenten Ergebnis (attack or challenge?). Martin (1975) formulierte in einer Fußnote: "Es gibt einige Anzeichen dafür, daß "erlebte" (im Gegensatz zu "didaktischen") Konfrontationen, soweit sie durch (...) "hoch funktionierende" Therapeuten eingesetzt werden, gewinnbringend sein können" (Martin, 1975, S. 140). Carkhuff &

Berenson (1967) empfehlen bei "defensiven Klienten" den Einsatz von Konfrontation. Aber man erwartet nur dann günstige Wirkungen, wenn sich der Therapeut "auf einem hohen Niveau von Einfühlung, Kongruenz und positiver Wertschätzung bewegt" (Martin, 1975, S. 155). Tscheulin (1983, 1990) empfiehlt den Einsatz von Konfrontation in der Gesprächspsychotherapie bei eher handlungsorientierten Klienten, im Unterschied zu eher selbstreflexiven.

Bezüglich der Wirkungen von Konfrontation wurde in der bisherigen Forschung auf mehrere, unterschiedliche Variablen Bezug genommen, z.B. Selbstexploration (Anderson, 1969; Pierce & Drasgow, 1969; Hertel, 1979), Gefühle (vgl. Cotton, 1974; Nagy, 1972) oder die Richtungen der Aufmerksamkeit (vgl. z.B. Anderson, 1969; Pierce & Drasgow, 1969; Hertel, 1979; Nagy, 1972) (vgl. im Überblick: Küffner, 1987, S. 9 ff).

Hypothetisch sind als Wirkungen von Konfrontation die folgenden Aspekte zu berücksichtigen:

1) Die Konfrontation hat eine zentrale Bedeutung für den Prozeß der *interaktionellen Steuerung*, denn sie
   - forciert den Gp zu reagieren (Lenkung)
   - sie legt fest, über welches Thema die Kommunikation handelt (Akzentuierung)
   - und sie definiert, auf welchen speziellen Aspekt sich die Auseinandersetzung richtet (Focusierung).

2) Weiterhin ist sie ein wesentliches Instrument im Prozeß der *inhaltlichen Strukturierung*, weil sie
   - thematisch akzentuiert
   - die Aufmerksamkeit focusiert
   - Inhalte differenziert
   - Inhalte erweitert, ergänzt, abrundet
   - Bezüge zwischen unverbunden nebeneinanderstehenden Inhalten herstellt,

   also *inhaltlich relativiert*.

3) Schließlich wird durch Konfrontation eine zentrale Funktion bei der Herstellung von *kognitiver Desorganisation*, wie z.B.
   - Ambivalenz
   - und Desorientierung.

Diese Effekte können sich je nach Art und Intensität der Konfrontation auf sachliche Inhalte, die eigene Person, die Art der Beziehung oder auf die Art der Interaktion beziehen.

4) Mit diesen kognitiven Wirkungen sind dann mehr oder weniger starke psychophysiologische, emotionale und motivationale Prozesse verbunden. Solche Prozesse sind vor allem dann zu erwarten, wenn sich die Anforderung zur Relativierung oder die Desorganisation auf die

Wahrnehmung und Bewertung solcher psychophysiologischer, emotionaler oder motivationaler Begleitprozesse selbst oder auf

- Verhalten
- Bedürfnisse
- Gewohnheiten
- Ziele
- Überzeugungen
- Werte
- das Selbstbild
- oder das Selbstwerterleben

der konfrontierten Person beziehen.

5) Im Zusammenhang mit den psychophysiologischen Auswirkungen der Konfrontation steht ein Phänomen, welches in der Forschung vielfach belegt wurde (vgl. im Überblick: Frey, Wicklund und Scheier, 1984), daß stärkere Aktiviertheit *Selbstaufmerksamkeit* (SA) auslöst (vgl. z.B. Kanfer u. Phillips, 1975). Die SA ist eine Aufmerksamkeitshaltung, welche neben einem *verstärkenden Effekt auf Empfindungen und Gefühle* auch eine *Aktualisierung sog. salienter Standards* auslöst, was dazu führt, daß sich Personen unter dem Einfluß dieses Faktors selbst kritischer betrachten und bewerten.

Die SA hat zwei Qualitäten. Als "*private Selbstaufmerksamkeit*" ist sie — wie der Name sagt — ein privates Ereignis und entspringt dem Interesse an Selbstexploration, ohne daß dabei aversive Zuständlichkeiten auftreten müssen. Als "*objektive Selbstaufmerksamkeit*" ist sie eine von außen induzierte Haltung (z.B. durch Konfrontation, Kritik; experimentell: durch Spiegel, Tonband, Videoband), die "nur dann nicht aversiv" ist, wenn die Person ihre Aufmerksamkeit (z.B. aufgrund des vorhergehenden Erfolges) auf positive Aspekte des Selbst lenken kann."(Frey, Wicklund & Scheier, 1984, S. 194). Als solche verdient sie auch den Namen "öffentliche Selbstaufmerksamkeit" und ist mit dem Gefühl einer kritischen Bewertung durch andere, mit Scham und dem Schuldgefühl verwandt. Sie löst Rechtfertigungs-, Verschleierungs- und Vermeidungsmotive aus. Von einigen Autoren werden solche Zustände der SA auch als dispositionell bestimmt betrachtet (vgl. z.B. Fenigstein, Scheier & Buss, 1975).

6) Untersuchungen im Bereich der Gesprächspsychotherapie konnten belegen, daß Konfrontation auch die *Selbstexploration* fördern kann, wobei die empirischen Befunde bisher die Komplexität der Zusammenhänge noch nicht aufklären konnten (vgl. Anderson, 1969; Pierce & Drasgow, 1969; Hertel, 1979). Selbstexploration ist eine kognitive Aktivität, bei welcher die nach innen gerichtete Aufmerksamkeit und die vom anderen Gp realisierten Verbalisierungen die sprachliche Kodierung von Empfindungen, Gefühlen und Kognitionen unterstützt, was einen Prozeß der kognitiven Strukturierung dieser Inhalte fördert.

IV. Empirische Befunde
1. Die Wirkungen von Konfrontation auf Psychische Anspannung und die Veränderung von Gefühlen

Hüppe (1982) und Vidal (1984) konnten empirisch belegen, daß unter den vom Autor in einer Taxonomie unterschiedenen Gesprächsformen (einfühlende Gespräche, kognitiv strukturierende Gespräche, Metakommunikation und konfrontative Gespräche) Konfrontative Gespräche den stärksten Anstieg der Psychischen Anspannung bewirken.

Küffner (1987) untersuchte u.a. die Wirkung von Konfrontation auf Häufigkeit und Richtung der Veränderung von Gefühlen. Diese Fragestellung orientiert sich an unmittelbaren, situativen Effekten von Konfrontationen. Die Autorin konnte zeigen, daß Konfrontationen *emotional stark dynamisierende Effekte* haben. Obwohl rein deskriptiv, stützen die Daten die Annahme, daß Konfrontationen

– sehr oft positive Gefühle verstärken
– oft von unangenehm erlebten Gefühlen entlasten
– oft keine emotionalisierende Wirkung haben
– und oft aversiv erlebte Gefühle verstärken.

Die folgende Tabelle zeigt die Befunde bezüglich der Wirkung von Konfrontation auf die Veränderung von Gefühlen:

Tab. 1: Die Wirkung von Konfrontation auf Gefühle (zit. nach Küffner, 1987, S. 100).

	reduziert	unbeeinflußt	verstärkt
Erstaunen	2%	42%	56%
Unzulänglichkeit	10%	54%	36%
Verlegenheit	4%	56%	31%
Ärger	9%	64%	27%
Entmutigung	16%	61%	23%
Enttäuschung	9%	70%	21%
Angst	9%	76%	15%
Verletztsein	8%	78%	14%

2. Zur Klassifikation von Konfrontationen

Versuche, Arten und Intensitäten von Konfrontation zu unterscheiden gibt es in der Literatur mehrfach (vgl. Berenson et al., 1969; Anderson, 1969; Mitchell & Berenson, 1970; Tscheulin, 1983; Frank et al., 1984). Maslabei (1988) kommt in einer Literaturübersicht zu der Auffassung, daß diese Versuche theoretisch wenig fundiert und eher unsystematisch seien. Empirisch belegt ist bisher, daß Nicht-Konfrontation und Konfrontationen unterschiedliche Wirkungen haben, nicht aber, daß unterschiedliche Arten von Konfrontationen verschiedene Wirkungen haben (vgl. Mitchell & Namenek, 1972; Hertel, 1979; Lang, 1984; Frank et al., 1984; Maslabei, 1988).

Eine für die folgenden Ausführungen wichtige Unterscheidung ist die zwischen *indirekten und direkten* Konfrontationen. Bei der indirekten

Form der Konfrontation wird sich der Empfänger des Sachverhaltes der Konfrontation nicht bewußt, weil diese nur die Aufmerksamkeit lenkt und *das Thema akzentuiert*. Sie hat keine direkte Wirkung im Sinne der sachlichen Relativierung oder Veränderung von Gefühlen. Die "Verbalisierung emotionaler Erlebnisinhalte" in der Gesprächspsychotherapie ist eine solche Form der Konfrontation. Es bleibt hier dem Gp überlassen, ob er den rückgemeldeten Sachverhalt z.B. inhaltlich vertiefen, selbstkonfrontativ überarbeiten oder vielleicht auch ignorieren will. In der Tendenz bewirken solche Konfrontationen im Kontext bestimmter Rahmenbedingungen (Arrangement des Gesprächs, Therapeutenverhalten, Beziehung) *Selbstaufmerksamkeit* und *Selbstexploration* (vgl. Anderson, 1969; Pierce & Drasgow, 1969; Hertel, 1979).

Eine weitere, ebenfalls noch grobe Unterscheidung, ist die zwischen solchen Konfrontationen, die ausschließlich auf *die kognitive Repräsentation von Sachverhalten im Bewußtsein* wirken (z.B. logische Konfrontationen) und solchen, welche *persönliche Betroffenheit* auslösen (z.B. eine direkte Konfrontation mit Bedürfnissen, Gefühlen, Verhalten, Einstellungen oder dem Selbstbild des Gp).

Vom Autor wurde im Rahmen einer Untersuchung mit Studenten im SS 1983 Konfrontationen nach dem Grad, in welchem sie persönliche Betroffenheit auslösen, unterschieden und klassifiziert. Maslabei (1988) benutzte diese Klassifikation nach einer empirischen Voruntersuchung im WS 1987/88. Die folgenden (in der Anzahl reduzierten) Kategorien wurden der Nicht-Konfrontation gegenübergestellt:

– Verhaltenskonfrontation
– Bedürfniskonfrontation
– und Einstellungskonfrontation.

Auf Selbstbild- und Selbstwertkonfrontationen wurde im Interesse der Pbn verzichtet.

Maslabei (1988) untersuchte bezüglich dieser Frage, ob sich Konfrontationen so operationalisieren lassen, daß sie für praktische Zwecke handhabbar werden und ob sich unterschiedliche Wirkungen solcher Konfrontationsklassen bezüglich einer Mehrzahl von Meßdimensionen belegen lassen.

Bei Maslabei wurden die Pb aufgefordert, im Gespräch über eine für sie sehr peinliche soziale Erfahrung zu berichten. Vom Gesprächsleiter wurden in diesen Gesprächen 6 konfrontierende Fragen entsprechend den obigen Kategorien (2 Fragen pro Kategorie) an passender Stelle eingefügt. Der Rest des Gesprächs verlief im Stil der partnerzentrierten Gesprächsführung. Sowohl durch die Thematik, wie auch durch die partnerzentrierte Kommunikationsform ist wohl in dieser Untersuchung die Wirkung der Konfrontationen eher kontrastiert erfaßt worden, weil Konfrontationen bei solchen Themen besonders starke persönliche Betroffenheit auslösen und weil die partnerzentrierte Gesprächsführung eher anspannungsreduzierende und beziehungs-fördernde Wirkungen hat (vgl. Hüppe, 1982; Bohn, 1984). Die Probanden werden nach dem Gespräch – per Videofeedback – zu jeder Konfrontation aufgefordert, ihre Ratings zu den verschiedenen Meßdimensionen abzugeben.

Die folgenden Skalen, die wesentlich mit denen von Küffner (1987) identisch sind, wurden zur Messung der Auswirkungen von Konfrontation eingesetzt:

1) Psychische Anspannung (Ps.A.)
2) Beurteilung von Gesprächsleiterverhalten (B.Gl.V.)
3) Negative Gefühle (N.G.)
4) Kognitive Effekte (negativ) (K.E.n.)
5) Kognitive Effekte (positiv) (K.E.p.)

Tabelle 2 zeigt die signifikanten Ergebnisse in Abhängigkeit von den Klassen der Konfrontation.

Konfrontation (alle Arten zusammengefaßt: K-Verhalten; K-Bedürfnisse, K-Einstellungen) führte im Vergleich zur Nicht-Konfrontation (N-K) zu schlechterer Bewertung des Gl-Verhaltens und zu mehr negativen Gefühlen. Bei der Auswahlstichprobe führte sie zu stärkerem Anstieg der Psychischen Anspannung (Ps.A.) und stärkerem kognitiven Vermeidungsverhalten (K.E.n.)

Tab. 2: Vergleich Nicht-Konfrontation und Konfrontation (alle und einzelne Klassen)

		N-K/K (alle)	N-K/K-V	N-K/K-B	N-K/K-E
Ps.A.	n=11	p = 0.005**		p = 0.005**	p = 0.006**
	n=31				p = 0.005**
B.Gl.V.	n=11	p = 0.004**		p = 0.005**	p = 0.005**
	n=31	p = 0.004**	p = 0.098		p = 0.003**
N.G.	n=11	p = 0.028*			
	n=31	p = 0.015*	p = 0.066	p = 0.013*	p = 0.063
K.E.n.	n=11	p = 0.013*		p = 0.023*	p = 0.005**
	n=31	p = 0.063			p = 0.002**

Tab. 3: Vergleich der verschiedenen Konfrontationsarten untereinander

		K-V/K-B	K-V/K-E	K-B/K-E
Ps.A.	n = 11		p = 0.024*	
	n = 31	p = 0.033*	p = 0.001***	p = 0.085
B.Gl.V.	n = 11	p = 0.029**	p = 0.033*	p = 0.087
	n = 31			
N.G.	n = 11		p = 0.024**	
	n = 31	p = 0.098		
K.E.n.	n = 11	p = 0.041*	p = 0.013*	p = 0.035*
	n = 31		p = 0.007**	p = 0.006**

Die *Psychische Anspannung* (Ps.A.) nimmt (n = 31) über die Klassen hinweg zu und ist von der K-B zur K-E nur noch tendentiell signifikant.

Die *Beurteilung des Gesprächsleiterverhaltens* (B.Gl.V.) wird über die Klassen hinweg immer schlechter (n = 11).

Die *negativen Gefühle* (N.G.) wachsen zwischen K-V und K-B (n = 31) und zwischen K-V und K-E und nicht mehr zwischen K-B und K-E. Die *negativen kognitiven Effekte* (K.E.n) differenzieren in allen Vergleichen (n=11) und zwischen K-V und K-E, sowie K-B und K-E (n = 31), scheinen also das sensibelste Kriterium der erfaßten Wirkungen zu sein.

Auch die Konfrontations-Klassen zeigen also hinreichend deutliche Unterschiede, um für praktische Zwecke genutzt werden zu können:

1) Der schärfste Unterschied liegt nicht, wie angenommen, zwischen Verhaltens-Konfrontation und Nicht-Konfrontation, sondern zwischen V-K und den restlichen Konfrontationsklassen.
2) Bedürfnis- und Einstellungs-Konfrontation haben in etwa gleich starke negative emotionale Effekte. Sie unterscheiden sich untereinander nicht.
3) Negative kognitive Effekte (kognitive Vermeidungsreaktionen) unterscheiden deutlich sensibler als emotionale Effekte.
4) Ps. A. und die Bewertung der GL-Aussagen verändern sich nur von der Verhaltenskonfrontation zur Bedürfnis-Konfrontation und nicht mehr von der Bedürfnis-Konfrontation zur Einstellungs-Konfrontation.

3. Der Begriff der Konfrontation bei Küffner (1987) und Instrumente der Messung von Auswirkungen

Küffner (1987) untersuchte die Auswirkungen von Konfrontation auf eine Reihe von Meßdimensionen, welche z.T. mit den Dimensionen in früheren Untersuchungen identisch waren und z.T. auf ein vom Autor nach handlungstheoretischen Gesichtspunkten konstruiertes Instrument zurückgehen. Dieses Instrument wurde von Bohn (1984) erstmalig faktorenanalysiert. Küffner (1987) unterzog dieses Instrument erneut einer Faktorenanalyse.

Küffner überprüfte die Wirkungen von Konfrontationen in spontan verlaufenden Gesprächen über Probleme der Pbn, welche diese z.T. seit längerer Zeit beschäftigten und sie überprüfte die unmittelbaren Effekte von Konfrontation auf eine Mehrzahl von Meßdimensionen im Videofeedback einzelner Interaktionen.

Sie definiert Konfrontation durch die folgenden Bestimmungselemente:

1. "Der GL (Gesprächsleiter) stellt eine Aussage des Gp oder sein Verhalten im Gespräch direkt in Frage.
2. Der GL äußert eine alternative Sichtweise zu einer vom Gp vorher dargelegten.
3: Kombination aus 1. und 2." (zit. nach Küffner, 1987, S. 63).

Diese Gespräche wurden nachträglich durch ratings aller Interaktionen pro Gespräch in solche mit viel und solche mit wenig Konfrontation eingeteilt. Die Gespräche enthielten im minimalen Fall *eine* und im maximalen Fall 20 Konfrontationen. 3,57% im minimalen Fall und 42,86% im maximalen Fall aller Interaktionen in den Gesprächen waren Konfrontationen.

Die im folgenden referierten Daten resultieren aus Skalen, Selbstratings und Einzelitems, die jeweils vor und nach einem Gespräch eingesetzt wurden.

Zwischen den Gruppen, die nach der absoluten Zahl der Konfrontationen (fkon) eingeteilt wurden, bestanden bezüglich der Werte der Vorher-Nachher-Testungen in der Gesamtgruppe nur bezüglich einzelner Items signifikante Unterschiede. In den Extremgruppen (N = 11) gab es keine Unterschiede. In der Gruppe, die nach der relativen Anzahl der Konfrontationen (rfkon) eingeteilt wurden, gab es vor den Gesprächen nur Unterschiede in Einzelitems, außerdem bestand auf der Skala "Mangelnde kognitive Strukturiertheit" ein signifikanter Unterschied zwischen den Gruppen. Die Gruppe, die wenig konfrontiert wurde, war vor dem Gespräch weniger strukturiert. Die folgenden Instrumente zur Prüfung der Auswirkungen von Konfrontation wurden eingesetzt:

1) *Psychische Anspannung* (Selbstrating in 7 Stufen, nach: Hüppe, 1982)
2) *Wichtigkeit des Problems* (durch zwei Fragen von 1-5 von der Gl geratet)
3) *Fragebogen: Problembewältigung* (Braun, 1983; Bohn, 1984) Faktoren: F1: "Belastung"; F2: "Fehlende kognitive Strukturiertheit", F3: "Kognitive Verfügbarkeit von Handlungsstrategien"
4) Fragebogen zur Beziehung: Faktoren: F1: "Persönliche Beziehung (Intimität der ausgesprochenen Erfahrungen, Vertrauen in der Beziehung, Akzeptanz durch den Gl und Nähe des Gl zum Gp) F2: Bewertung des Gesprächs (Entspanntheit des Gesprächs, Angenehme Atmosphäre, Zufriedenheit mit dem Gespräch und Kontinuität.
5) *Gesprächsleiterbogen* (Selbstbeurteilung des Gl) Faktoren: F1: "Nähe"; F2: "Kompetenz".
6) *Bewertung des Gesprächs durch den Gp*:"Hilfreich":
7) *Ratingbogen zur Beurteilung einzelner Gl-Aussagen* durch den Gp im Videofeedback:
   Die folgenden Skalen wurden eingesetzt:
   A) *Veränderung der Anspannung* (1 Item)
   B) *Einfluß auf Gefühle*: "Gefühle"
   C) *Wirkungen im kognitiven Bereich*:
      a) *Erwünschte kognitive Effekte*: Zunahme an Problembewußtsein versus Kognitive Desorganisation (6 Items) (neue Aspekte des Themas; Klärung von Zusammenhängen; Steigerung der Intensität der Beschäftigung mit dem Thema

b) Unerwünschte kognitive Effekte: Annäherungs-versus Vermeidungsverhalten (Verwirrung, Unangenehme Gefühle beim Sprechen über das Thema und Konzentrationsschwierigkeiten bezüglich des Themas).

4. Differentielle Wirkungen von Konfrontation im Bezugsrahmen handlungstheoretischer Variablen

Die *Reliabilitäten der Skalen* (Spearman-Brown; Kuder-Richardson; Cronbach-Alpha) liegen in einem Fall zwischen 0.601 und 0.695 und bei den übrigen Skalen zwischen 0.701 und 0.919, mit Schwerpunkt zwischen 0.800 und 0.900. Die *Varianzaufklärungen* bewegen sich zwischen 49.10% und 59,14%.

In Tab. 4 ist zu erkennen, daß Nicht-Konfrontationen (NKo) verletzender sind (Gef. 2) als extrapersonale Konfrontationen(Extr.p.Ko). Das Gefühl "Erstaunen" steigt bei den NKo stärker an als bei den Konfrontationen (Ko-alle). NKo erzeugt mehr Erstaunen als Verhaltenskonfrontation (VKo). In der Tendenz bewirkt EBS.Ko mehr Verlegenheit als NKo. Ebenso bewirkt in der Tendenz VKo mehr Angst als NKo. NKo bewirkt auf der Skala "Gefühle" höhere Werte als Extr.p.Ko. Extr.p.Ko bewirkt eine stärkere Bewertung "aufschlußreich" als NKo.

Tab. 4: Die unmittelbaren Auswirkungen von Konfrontationsklassen auf Gefühle und Bewertung des Gesprächs

Variablen n	NKo/Ko-alle 36/90	NKo/Extr.p.Ko 36/16	NKo/V.Ko 36/64	NKo/EBS.Ko 36/16
Gef. 2		0,5%		
Gef. 3	4,7%		1,5%	
Gef. 4				6,0%
Gef. 6			6,5%	
Skal.Gef.		3,3%		
Bew. 9		3,0%		

Gef. 2: Verletztsein; Gef. 3: Erstaunen; Gef. 4: Verlegenheit; Gef. 6: Angst; Skal.Gef.: Skala Gefühle; Bew. 9: aufschlußreich;

Tab. 5: Die unmittelbare Wirkung von Konfrontationsklassen auf positive kognitive Effekte

Variablen n	NKo/Ko-alle 36/90	NKo/Extr.p.Ko 36/16	NKo/V.Ko 36/64	NKo/EBS.Ko 36/16
Kog. 2				6,8%
Kog. 3	1,2%	0,08%		2,1%
Kog. 4	2,2,%	1,3%		
Skal.Kog.p	4,0%	2,2%		9,2%

Kog. 2: Mir war es unangenehm weiter über das Thema zu sprechen; Kog. 3: Durch die Aussage des Gesprächsleiters wurde ich auf Dinge aufmerksam gemacht, mit denen ich

mich bisher kaum beschäftigt hatte; Kog. 4: Mir ist klar geworden, wo meine Schwierigkeiten liegen; Skal.Kog.p: Skala Kognitive Effekte, positiv.

Alle positiven kognitiven Effekte sind bei Konfrontation stärker ausgeprägt als bei Nicht-Konfrontation.

Diese Daten zeigen ganz klar, daß im emotionalen Bereich die Konfrontationen deutlich aversivere Effekte erzeugen (Erstaunen, Verlegenheit, Angst) als Nicht-Konfrontation, obwohl Nicht-Konfrontation als verletzender empfunden wird als die extrapersonale Konfrontation. Auf der Ebene der Bewertung des Gespräches als "aufschlußreich" ist die extrapersonale Konfrontation günstiger als die Nichtkonfrontation. Bei den positiven kognitiven Effekten kehren sich die Verhältnisse endgültig zugunsten der Wirkungen der Konfrontation um. Die kognitiven Effekte sind sehr sensibel in der Unterscheidung zwischen Nicht-Konfrontation und den Konfrontationsklassen.

Im *Vergleich der Konfrontationsklassen untereinander* ergeben sich die folgenden Befunde bei Küffner:

Die Verhaltenskonfrontation erzeugt signifikant mehr Entmutigung ($p < 5\%$), Verlegenheit ($p < 0,1\%$) und Angst ($p < 0,1\%$) als die extrapersonale Ko. Aber extrapersonale Ko hatte mehr Informationswert (Kog. 3) als Verhaltenskonfrontation.

Nach EBS-Konfrontation bestand eine signifikant geringere Bereitschaft über das Thema zu sprechen (Kog. 2) als nach extrapersonaler Ko. Tendentiell war nach EBS-Konfrontation die Bereitschaft, "sein eigenes Verhalten stärker zu beobachten" stärker ausgeprägt, als nach extrapersonaler Konfrontation.

Verhaltenskonfrontation verschärft das Gefühl der Entmutigung im Vergleich zur EBS-Konfrontation.

5. Differentielle Wirkungen in Abhängigkeit von der Menge der Konfrontationen

In Zusammenfassung ihrer *t-Tests* formuliert Küffner (vgl. 1987, S. 82): "Die UV "Häufigkeit von Konfrontation" hat signifikanten Einfluß auf die folgenden abhängigen Variablen:

– das Anspannungsniveau des Gp nach dem Gespräch und die Anspannungsveränderung von Gp und Gl (während des Gesprächs)
– die Einschätzung der Anspannung und Belastung bei der Auseinandersetzung mit dem Problem
– die Veränderung der kognitiven Strukturiertheit."

Viel Konfrontation fördert Anspannung, die Anspannungsveränderung und die Erwartung von Anspannung und Belastung bei der Einschätzung des Problems. Wenig Konfrontation führt zu einem Anstieg der kognitiven Strukturiertheit während des Gesprächs, während viel Konfrontation zu einer signifikanten Reduktion der Strukturiertheit während des Gesprächs führt (n = 13; p ‹ 5%).

6. Indikationsbedingungen für differentielle Wirkungen der Konfrontation

Den Berechnungen der zweifaktoriellen Varianzanalysen von Küffner (1987) lag ein geringfügiger Programmfehler zugrunde, der zu einer Neuberechnung und weiteren Folgetests veranlaßte. Die hier aufgeführten Berechnungen und Werte entsprechen also nicht vollständig denen der Originalarbeit.

Fragestellung 1:
UV: rfkon   X   ANGP/V
AV: ANGP/N

Tab. 6:   Stichprobenbeschreibung und Übersichtstafel zur Varianzanalyse

Stichprobenkennwerte:

	wenige Konfrontationen	viele Konfrontationen
ANGP/V niedrig	2.750 +/- 0.754	4.840 +/- 1.361
ANGP/V hoch	3.833 +/- 0.763	3.775 +/- 1.410

Normalverteilung, Varianzhomogenität: gegeben Bartlett-Test: P = .32

Tab. 7:   Übersichtstafel zur VA

Varianzquelle	QS	DF	MQS	F	P(F)%
rfkon (A)	5.443	1	5.443	4.33	4.9%+
ANGP/V (B)	0.000	1	0.000	0.00	98.5%
A x B	6.086	1	6.086	4.84	3.9%+
Fehler	27.639	22	1.256		
Total	39.168	25	1.567		

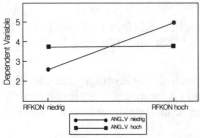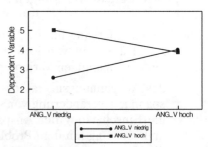

Abb. 1:   Graphische Darstellung der Ergebnisse der Varianzanalyse

Tab. 8:   Folgetests nach Tukey

			A	B	C	D
A.	rfkon ni	ANG/V ni	x	–	–	s
B.	rfkon ho	ANG/V ho	–	x	–	–
C.	rfkon ni	ANG/V ho	–	–	x	–
D.	rfkon ho	ANG/V ni	–	–	–	x

Bei niedriger Angespanntheit des Gp vor dem Gespräch (nied. ANGP/V) hat das Ausmaß der Konfrontation einen signifikanten Effekt (p = 0.05) auf die Angespanntheit des Gesprächspartners nach dem Gespräch (ANGP/N). Bei wenig Konfrontation ist die Angespanntheit niedriger.
Bei hoher Angespanntheit des Gp vor dem Gespräch (hoh. ANGP/V) nimmt die Menge der Konfrontation keinen Einfluß auf die ANGP/N. Die resultierenden Effekte sind annähernd gleich ausgeprägt (vgl. Küffner, 1987, Tab. 17, S. 88).

Fragestellung 2:
UV: fkon X BEL/V
AV: ANGP/N

Tab. 9: Stichprobenbeschreibung und Übersichtstafel zur Varianzanalyse

Stichprobenkennwerte:

	wenige Konfrontationen	viele Konfrontationen
BEL/V niedrig	2.528 +/- 0.711	4.642 +/- 1.107
BEL/V hoch	3.700 +/- 0.908	3.528 +/- 1.501

Normalverteilung: in einem Fall nicht gegeben, Signifikanzniveau auf 4% erhöht. Varianzhomogenität: gegeben (Bartlett-Test: P = 36.2%)

Tab. 10: Übersichtstafel zur VA

Varianzquelle	QS	DF	MQS	F	P(F)%
fkon (A)	8.312	1	8.312	6.72	1.7%+
BEL/V (B)	0.005	1	0.005	0.00	94.9%
A x B	6.005	1	6.005	4.85	3.8%+
Fehler	27.226	22	1.238		
Total	41.548	25	1.718		

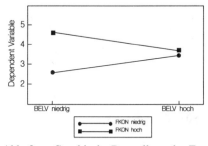 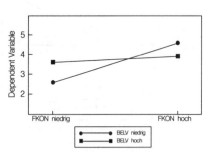

Abb. 2: Graphische Darstellung der Ergebnisse der Varianzanalyse

Tab. 11: Folgetests nach Tukey

			A	B	C	D
A.	fkon ni	BELV ni	x	–	–	s
B.	fkon ni	BELV ho	–	x	–	–
C.	fkon ni	BELV ho	–	–	x	–
D.	fkon ho	BELV ni	–	–	–	x

Bei niedriger Belastetheit des Gp vor dem Gespräch (nied. BEL/V) hat der Grad der Konfrontation einen signifikanten Einfluß (p = 0.05) auf die Angespanntheit des Gp nach dem Gespräch (ANGP/N). Bei wenig Konfrontation ist die ANGP/N niedriger.

Bei hoher Belastetheit des Gp vor dem Gespräch (hoh.Bel.Gp/v) bewirkt der Grad der Konfrontation keine Unterschiede. Die resultierenden Werte sind für beide Konfrontations-Häufigkeiten annähernd identisch (Vgl. Küffner, 1987; Tab. 19, S. 90).

Fragestellung 3:
UV: rfkon   X   BEL/V
AV: STR/N

Tab. 12:   Stichprobenbeschreibung und Übersichtstafel zur Varianzanalyse

Stichprobenkennwerte:

	wenige Konfrontationen	viele Konfrontationen
BEL/V niedrig	10.571+/- 4.276	13.000 +/- 1.915
BEL/V hoch	17.333 +/-3.502	12.833 +/- 4.916

Normalverteilung: in einem Fall nicht erfüllt, Signifikanzniveau auf 4% erhöht.
Varianzhomogenität: gegeben (Bartlett-Test: P = 21.7%)

Tab. 13:   Übersichtstafel zu VA

Varianzquelle	QS	DF	MQS	F	P(F)%
rfkon (A)	6.931	1	6.931	0.49	49.3%
BEL/V (B)	70.265	1	70.265	4.93	3.7%+
A x B	77.547	1	77.547	5.44	2.9%+
Fehler	313.881	22	14.267		
Total	468.624	25	18.745		

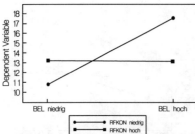 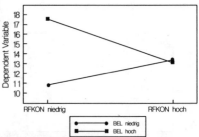

Abb. 3:   Graphische Darstellung der Ergebnisse der Varianzanalyse

Tab. 14:   Folgetests nach Tukey

			A	B	C	D
A.	rfkon ni	BEL ni	x	–	–	s
B.	rfkon ho	BEL ho	–	x	–	–
C.	rfkon ho	BEL ni	–	–	x	–
D.	rfkon ni	BEL ho	–	–	–	x

Die Skala mißt "Mangel an kognitiver Strukturiertheit". Hohe Werte entsprechen also niedriger Strukturiertheit und niedrige hoher Strukturiertheit.

Wenig Konfrontation bewirkt bei niedriger Belastung des Gp vor dem Gespräch (nied. BEL/V) einen hohen Wert an kognitiver Strukturiertheit des Gp nach dem Gespräch (STR/N). Bei hoher Belastetheit des Gp vor dem Gespräch bewirkt wenig Konfrontation einen niedrigen Wert an STR/N. Der Unterschied ist signifikant (p = 0.05).

Bei einem hohen Maß an Konfrontation ist der Unterschied der BEL/V für das resultierende Maß an kog.STR/N unerheblich (vgl. Küffner, 1987; Tab. 21, S. 92).

Fragestellung 4:
UV: fkon   X   BEL/V
AV: BEWG/N

Tab. 15: Stichprobenbeschreibung und Übersichtstafel zur Varianzanalyse

Stichprobenkennwerte:

	wenige Konfrontationen	viele Konfrontationen
BEL/V gering	21.714 +/- 2.563	17.142 +/- 3.484
BEL/V hoch	17.000 +/- 4.041	20.000 +/- 2.828

Normalverteilung: gegeben; Varianzhomogenität: gegeben (Bartlett-Test: P = 72.3 %)

Tab. 16: Übersichtstafel zur VA

Varianzquelle	QS	DF	MQS	F	P(F)%
fkon (A)	3.929	1	3.929	0.36	55.6%
BEL/V(B)	5.487	1	5.487	0.5	48.8%
A x B	91.201	1	91.201	8.28	0.9%++
Fehler	242.286	22	11.013		
Total	342.903	25	13.716		

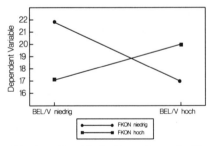
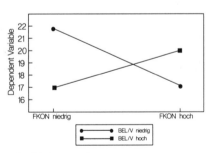

Abb. 4: Graphische Darstellung der Ergebnisse der Varianzanalyse

Tab. 17: Folgetests nach Tukey

			A	B	C	D
A.	fkon ni	BEL V ni	x	–	–	s
B.	fkon ho	BEL V ho	–	x	–	s
C.	fkon ni	BEL V ho	–	–	x	–
D.	fkon ho	BEL V ni	–	–	–	x

Bei niedriger Belastetheit des Gp vor dem Gespräch (BEL/V) moderiert die Menge der Konfrontation signifikant (P 0.05) die nachträgliche Bewertung (hilfreich) des Gesprächs durch den Gp (BEWG/N). Bei weniger Konfrontation ist die Bewertung besser.

Bei niedriger BEL/V führt viel Konfrontation zu einer signifikant schlechteren Bewertung als bei hoher BEL/V.

Interessant ist hier, daß bei hoher Anfangsbelastung die Gespräche am positivsten bewertet wurden, in welchen viel konfrontiert wurde (die Differenz zu wenig Konfrontation ist nicht signifikant) (Vgl. Küffner, 1987; Tab. 20, S. 91).

Fragestellung 5:
UV: fkon X STR/V
AV: STR/N

Tab. 18: Stichprobenbeschreibung und Übersichtstafel zur Varianzanalyse

Stichprobenkennwerte:

	wenige Konfrontationen	viele Konfrontationen
Fehl. Str. gering	8.750 +/- 2.915	13.333 +/- 2.658
Fehl. Str. hoch	17.166 +/- 3.656	15.500 +/- 1.974

Normalverteilung: gegeben; Varianzhomogenität: gegeben (Bartlett-Test: P = 63.1%)

Tab. 19: Übersichtstafel zur Varianzanalyse

Varianzquelle	QS	DF	MQS	F	P(F)%
fkon (A)	13.611	1	13.611	1.65	21.2%
STR/V (B)	179.211	1	179.211	21.76	0.01%+++
A x B	62.500	1	62.500	7.59	1.16%+
Fehler	181.167	22	8.235		
Total	436.489	25	17.46		

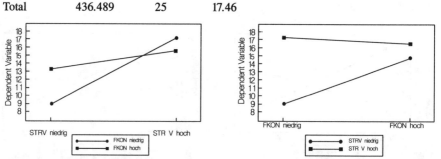

Abb. 5: Graphische Darstellung der Ergebnisse der Varianzanalyse

Tab.20: Folgetests nach Tukey

			A	B	C	D
A.	rfkon ni	STRV ni	x	s	s	s
B.	rfkon ho	STRV ni	–	x	–	–
C.	rfkon ni	STRV ho	s	–	x	–
D.	rfkon ho	STRV ho	s	–	–	x

Signifikante Unterschiede in der Auswirkung auf den Grad der kognitiven Strukturiertheit des Gp nach dem Gespräch (STR/N) ergeben sich für den Vergleich der folgenden Konfigurationen:

A/B: fkon wenig/hohe Strukturiertheit/v (niedrige Werte): fkon viel/hohe Strukturiertheit (niedrige Werte) (p ‹ 0.05)
A/C: fkon wenig/hohe Strukturiertheit/v (niedrige Werte): fkon wenig/niedrige Strukturiertheit (hohe Werte) (p ‹ 0.01)
A/D: fkon wenig/hohe Strukturiertheit/v (niedrige Werte): fkon viel/niedrige Strukturiertheit (hohe Werte) (p ‹ 0.01).

Bei hoher Strukturiertheit des Gp vor dem Gespräch (hohe STR/V) bewirkt wenig Konfrontation die höchsten Werte an Strukturiertheit des Gesprächspartners nach dem Gespräch (STR/N). Viel Konfrontation bei hoher STR/V bewirkt die zweithöchsten Werte bei STR/N.

Wenig Konfrontation bewirkt bei hoher STR/V einen höheren Wert an STR/N als bei niedriger STR/V.

Wenig Konfrontation bewirkt bei hoher STR/V einen höheren Wert an STR/N als viel Konfrontation bei hoher STR/V.

Fragestellung 6:
UV: fkon X HA/V
AV: BEWG

Tab. 21: Stichprobenbeschreibung und Übersichtstafel zur Varianzanalyse

Stichprobenkennwerte:

	wenige Konfrontationen	viele Konfrontationen
wenige H.str.	16.857 +/- 4.059	19.666 +/- 2.658
viele H.str.	21.857 +/- 2.193	17.000 +/- 3.794

Normalverteilung: gegeben
Varianzhomogenität: gegeben (Bartlett-Test: P = 46.3%)

Tab. 22: Übersichtstafel zur Varianzanalyse:

Varianzquelle	QS	DF	MQS	F	P(F)%
fkon (A)	6.773	1	6.773	0.634	43.4%
HA/V (B)	8.795	1	8.795	0.823	37.4%
A x B	94.949	1	94.949	8.887	0.7%++
Fehler	235.048	22	10.684		
Total	345.565	25	13.823		

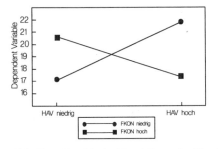
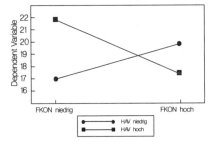

Abb. 6: Graphische Darstellung der Ergebnisse der Varianzanalyse

Tab. 23: Folgetests nach Tukey

			A	B	C	D
A.	fkon ni	HAV ni	x	–	–	–
B.	fkon ho	HAV ho	–	x	–	–
C.	fkon ho	HAV ni	–	–	x	–
D.	fkon ni	HAV ho	–	–	–	x

Bei dieser Fragestellung ist nur die Wechselwirkung der Faktoren signifikant. Bei mehr Versuchspersonen wären auch signifikante Haupteffekte zu erwarten.

Der Trend geht in die Richtung, daß bei vielen Handlungsstrategien des Gp vor dem Gespräch (HA/V) und wenig Konfrontation die besten Werte für die Bewertung des Gesprächs durch den Gp (BEWG) resultieren. Weniger günstige BEWG resultiert bei wenig HA/V und viel Konfrontation. Die niedrigsten Werte der BEWG ergeben sich bei wenig HA/V und wenig Konfrontation.

Fragestellung 7:
UV: rfkon   X   WICHT
AV: NÄHE

Tab. 24: Stichprobenbeschreibung und Übersichtstafel zur Varianzanalyse

Stichprobenkennwerte:

	wenige Konfrontationen	viele Konfrontationen
Pr. eher unwichtig	13.428 +/- 1.902	16.250 +/- 0.957
Pr. eher wichtig	16.166 +/- 2.137	14.333 +/- 3.354

Normalverteilung: gegeben; Varianzhomogenität: gegeben (Bartlett-Test: P = 14.45%)

Tab. 25: Übersichtstafel zur VA:

Varianzquelle	QS	DF	MQS	F	P(F)%
fkon (A)	1.456	1	1.456	0.23	63.4%
WI (B)	1.006	1	1.006	0.16	69.2%
A x B	32.308	1	32.308	5.17	3.3%+
Fehler	137.298	22	6.241		
Total	172.068	25	6.883		

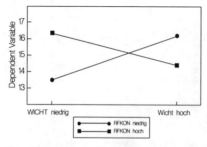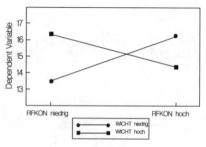

Abb. 7: Graphische Darstellung der Ergebnisse der Varianzanalyse

Tab. 26: Folgetests nach Tukey

			A	B	C	D
A.	rfkon ni	Wicht ni	x	–	–	–
B.	rfkon ho	Wicht ho	–	x	–	–
C.	rfkon ni	Wicht ho	–	–	x	–
D.	rfkon ho	Wicht ni	–	–	–	x

Auch hier ist nur die Wechselwirkung signifikant. Im Trend bewirkt wenig Konfrontation bei einem für den Gp eher unwichtigen Thema (WICHT) eher weniger Nähe im Erleben des Gesprächsleiters (NÄHE) und bei eher wichtigen Themen viel Konfrontation mehr Nähe beim Gl. Die Unterschiede der Werte sind aber insgesamt gering.

7. Persönlichkeitstraits als Moderatoren der Wirkung von Konfrontationen

Maslabei (1988) untersuchte neben der Möglichkeit, Konfrontationsarten zu klassifizieren, auch die Frage, ob Reaktionen von Gp auf solche Konfrontationsklassen in Abhängigkeit von Persönlichkeitstraits wie "allgemeine Ängstlichkeit", "soziale Ängstlichkeit" und "Selbstaufmerksamkeit" differieren. In den t-Tests und Varianzanalysen von Maslabei zeigten sich keinerlei wesentliche Unterschiede und Wechselwirkungen. Die deutlichsten Werte bezüglich der Rolle von Persönlichkeitstraits lassen sich aus den von Maslabei gerechneten Korrelationen ableiten.

Interessant erscheint, daß der *Zusammenhang zwischen Ps.A. und kognitiven Effekten* (beide Richtungen) *durch hohe allgemeine Ängstlichkeit verwischt* wird, während er bei niedriger allg. Ängstlichkeit und soz. Ängstlichkeit deutlich erkennbar ist. Zwar sind hiervon sowohl die Ausprägungen der positiven und der negativen kogn. Effekte betroffen, die *negativen sind aber wesentlich stärker betroffen*. Letztere Beziehung ist bei den negativen kogn. Effekten über alle Konfrontations-Klassen sehr ausgeprägt.

Um so stärker die Konfrontation desto stärker wirkt sich der Grad der Ängstlichkeit auf die negativen kogn. Effekte aus. Bei den positiven Effekten sind diese Unterschiede nur gering und scheinen durch zusätzliche Variablen moderiert zu werden.

Diese Befunde überraschen nicht, wenn man die Theorien zur Ängstlichkeitsforschung, speziell die kognitiven Merkmale dieses Traits betrachtet (vgl. Sarason, 1980; Schwarzer, 1981; Wine, 1971). Sie verdienen in weiteren Untersuchungen näher aufgeklärt zu werden.

IV. Die Interpretation der Befunde und praktische Schlußfolgerungen

Man kann die Wirkungen von Konfrontation *unmittelbar nach dem Erleben der Konfrontation* (Hüppe, 1982: schriftliche Form; Vidal, 1984: gestellte Videoaufzeichnungen; Küffner, 1987 und Maslabei, 1988: reale Gespräche der Pbn im Videofeedback) oder über den Verlauf eines ganzen Gespräches (Küffner, 1987) erfassen und man sollte – was in dieser Arbeit nicht berücksichtigt wurde, auch längere Zeiträume nicht außer acht lassen.

Es erscheint durch die verfügbaren Daten hinreichend belegt (vgl. Hüppe, 1982; Vidal, 1984; Bohn, 1984; Maslabei, 1988), daß konfrontative Kommunikationsformen mehr als andere zu einem Anstieg der Psychischen Anspannung von Gpn beitragen.

Die Befunde von Küffner (1987) bezüglich der Veränderung von Gefühlen stützen die grundlegende Annahme, daß die Wirkungen von Konfrontationen – entsprechend bisher nicht ausreichend aufgeklärter Gesetzmäßigkeiten – auf dieser Ebene sowohl positiv wie auch aversiv erlebt werden können, wobei weniger bewußtseinszentrale und aversive Gefühle wesentlich stärker und die aversiveren eher wenig beeinflußt werden. Interessant ist hier auch, daß es wohl keine summativen Effekte gibt, was bedeutet, daß man mit Konfrontationen dieser Stärken emotionale Prozesse in der Kommunikation differenziert steuern kann.

Wo in der gesprächstherapeutischen Literatur die Möglichkeit von Konfrontation diskutiert wird (vgl. z.B. Martin, 1975; Tscheulin, 1983, 1990; Reid, 1986), wird durchgängig und einleuchtend postuliert, daß nur im Bezugsrahmen einer durch optimales Therapeutenverhalten positiv entwickelten Beziehung konstruktive Wirkungen zu erwarten sind.

Allerdings wird ein Einfluß der Beziehungsqualität auf die Wirkung von Konfrontation trotz relativ aufwendiger Messungen bei Küffner durch keinen signifikanten Befund gestützt. Dies mag u.a. daran liegen, daß in so kurzen Gesprächen eine Entwicklung der Beziehungsqualität nicht sehr nachhaltig beobachtet werden kann oder daß die Konfrontationen insgesamt so moderat waren, daß eine Streuung der Beziehungsmaße nicht erzeugt wurde.

Maslabei (1988) ließ seine Pbn Gespräche über einen für sie besonders peinlichen faut pas in der Öffentlichkeit führen. Dadurch und durch die Tatsache, daß die Gespräche, abgesehen von den konfrontativen Fragen, partnerzentriert geführt wurden, differenzieren seine Daten wohl relativ scharf und es werden wohl die negativen Effekte von Konfrontationen verschärft. Er stützt mit seinen Befunden die Annahme, daß sich Nicht-Konfrontation und Konfrontation (alle Klassen) in den Auswirkungen unterscheiden und daß bei Konfrontation die negativ erlebten Auswirkungen insgesamt dominieren.

Weiterhin gelingt ihm erstmals ein überzeugender Beleg für die empirische Unterscheidbarkeit von Konfrontations-Klassen, welche persönliche Betroffenheit auslösen, auf der Grundlage der differentiellen Wirkungen dieser Klassen.

Interessant erscheint hier zunächst, daß *Verhaltens-Konfrontation* (Relativierung eines singulären Verhaltens bezüglich einer definierten Situation) sich nur tendentiell signifikant von Nicht-Konfrontation unterscheidet (vgl. Tab. 2, Spalte 2) und der Übergang zu klar aversiven Effekten und negativen kognitiven Wirkungen erst zwischen V-Konfrontation und B-Konfrontation liegt.

Weiterhin ist von großem Interesse, daß *negative kognitive Effekte* fortlaufend über die Konfrontations-Klassen anwachsen, während die *negativen emotionalen Effekte* zwischen B-Konfrontation und E-Konfrontation nicht mehr unterscheiden, bei beiden also in etwa gleich stark sind. Dasselbe gilt für die Bewertung des Gl-Verhaltens und für die Psychische Anspannung, die demnach mehr mit den Gefühlen als mit den kognitiven Effekten interagieren. Dieser Befund ist möglicherweise für praktische Konsequenzen in der Gesprächsführung von erheblicher Bedeutung.

Auch bei Küffner gelingt ein klarer Nachweis, daß unterschiedliche Klassen der Konfrontation unterschiedliche Wirkungen haben. Interessant ist hier vor allem die zusätzliche Kategorie der "extrapersonalen Konfrontation", die hier — aufgrund unterschiedlicher Definitionen (vgl. unten) — in etwa dieselbe Wirkung hat, wie bei Maslabei die Verhaltenskonfrontation. Küffners Daten zeigen, daß von negativen emotionalen Effekten nicht auf negative kognitive Effekte geschlossen werden darf und daß selbst negative kognitive Effekte auf einer Konfrontationsebene (nicht mehr über das Thema sprechen, bei EBS-Konfrontation) nicht darauf schließen läßt, daß die anderen kognitiven Effekte auch negativ sind (eigenes Verhalten stärker beobachten: EBS-Konfrontation).

Im Vergleich der unterschiedlichen Wirkungen von Konfrontations-Klassen bei Maslabei und Küffner fällt auf, daß bei Maslabei die Verhaltenskonfrontation weniger gravierende Wirkungen hat als bei Küffner. Dies hängt wohl damit zusammen, daß bei Küffner die Verhaltenskonfrontation nicht auf ein einzelnes, situatives Verhalten bezogen ist, sondern mehr auf der Ebene von *Verhaltensgewohnheiten* konfrontiert. Dies löst deutlich stärkere persönliche Betroffenheit aus. Außerdem stellen die Verhaltenskonfrontationen bei Küffner einen sehr hohen Anteil aller Konfrontationen (n = 64). Weiterhin fällt auf, daß bei Maslabei die negativen Wirkungen der übrigen Konfrontations-Klassen deutlich überwiegen, während wenigstens die kognitiven Effekte bei Küffner positiver sind. Gründe dafür mögen darin liegen, daß bei Küffner die extrapersonalen Konfrontationen, z.B. logische, miterfaßt und von den Nichtkonfrontationen abgegrenzt wurden und daß bei Küffner die Konfrontationen einen wesentlich höheren Anteil aller Interaktionen stellten (max. 20) als bei Maslabei (6 in jedem Gespräch). Auch gibt es bei Maslabei einen negativen Kontrast zwischen der sonst partnerzentrierten Interaktion und den Konfrontationen.

Es wird hier für praktische Konsequenzen nahegelegt, im Gebrauch von Konfrontationen die Klasse jeweils sorgfältig zu beachten und davon auszugehen, daß nur extrapersonale und situativ-singuläre Verhaltenskonfrontationen relativ problemlos eingesetzt werden können, während Bedürfnis-, Einstellungs- und Selbstbildkonfrontationen nur unter optimalen Voraussetzungen und sehr dosiert zu gebrauchen sind.

Berücksichtigt man, daß schon minimale Grade an Konfrontation zu einer Steigerung der Psychischen Anspannung und der erlebten und antizipierten Belastung (vgl. Küffner, 1987) führen, *dann ist zunächst einmal zu erwarten, daß sich die Aufmerksamkeitsrichtung nach innen wendet bzw. fixiert.* Aus der Ängstlichkeitsforschung (vgl. Wine, 1971; Schwarzer, 1986) weiß man, daß dies auch der Grund für schlechtere Leistungen Hoch-Ängstlicher ist, weil die Aufmerksamkeitskapazität von worry und emotionality (Wine, 1971) in Anspruch genommen ist und daß für die von außen ankommenden Reize und Anforderungen nur noch eingeschränkte Kapazität zur Verfügung steht. Auch *kognitive Desorganisation* ist eine typische Folge dieses Mechanismus.

In einem Modell, welches als Heuristik für die Ableitung von Strategien zur differentiellen Gesprächsführung in Führungsfunktionen vom Autor entwickelt wurde (vgl. Braun, 1990), wurde deshalb die *Kontrolle der Aufmerksamkeitsrichtung* als die erste zu kontrollierende Variable und als der sensibelste Indikator für unerwünschte Auswirkungen von Konfrontation im Gesprächsverlauf definiert. Nach innen gerichtete Aufmerksamkeit ist gleichzeitig ein Merkmal interaktionell schwieriger Indikationsbedingungen zu Beginn eines Gespräches.

Die Psychische Anspannung bleibt wohl zunächst, trotz Zunahme relativ erlebnisneutral. Eine höhere Angespanntheit ist für komplexere Gesprächsverläufe wohl auch notwendig. Sie wird erst ab einer gewissen Intensität aversiv. Der *Grenzwert* ist wohl individuell sehr unterschiedlich und hängt außerdem sicher vom Kontext des Gesprächs (Interaktionen vorher, subjektive Bedeutung des Themas) und von dessen Rahmenbedingungen (Arrangement, Beziehung, Funktion, Zielsetzung) ab.

Tritt eine solche Veränderung der Aufmerksamkeitsrichtung auf, dann ist ein weiterer Fortschritt des Prozesses, der durch das Gespräch geleistet werden soll, nur noch zu erwarten, wenn zunächst dieser Zustand (Anspannung, Belastung, Aufmerksamkeitsrichtung) durch den Einsatz entsprechender Interaktionsformen beseitigt wird und dann erst der Akzent wieder auf inhaltlichen Strategien liegt. Ein solcher Wechsel der Ebenen der Steuerung eines Gesprächs bzw. der Kriterien der Steuerung der Strategie von der inhaltlichen zur Zustandsebene wurde vom Autor als "*interaktionelle Strategie*" der "*inhaltlichen Strategie*" (z.B. Argumentationsstrategie) gegenübergestellt (vgl. Braun, 1990).

Dieser offensichtlich relativ sensibel reagierende Mechanismus der Aufmerksamkeitssteuerung ist ein wirklich kritischer Punkt, an welchem ein falscher Umgang mit Konfrontation den Erfolg eines Gespräches substantiell bestimmt.

Die Daten bei Küffner erlauben einige recht wertvolle Schlußfolgerungen über die Indikationsbedingungen für den Einsatz von Konfrontation.

Niedrige Angespanntheit bzw. Belastetheit des Gp vor dem Gespräch sind sensitive Indikationsvoraussetzungen für die Anwendung von Konfrontation. Wenig Konfrontation führt in beiden Fällen zu weniger ANGP/N und viel Konfrontation zu höherer ANGP/N. Die Reduktion der Angespanntheit kann hier allerdings auch ein Adaptationsphänomen sein. *Bei hoher ANGP/V bzw. BEL/V* wirkt sich das Ausmaß von Konfrontation nicht mehr auf die ANGP/N aus, was wohl nicht an einem Deckeneffekt (z.b. der Anspannbarkeit von Gpn) oder an einem Mangel der Konfrontationsintensitäten liegt, sondern — wie aus den obigen Ausführungen abgeleitet werden kann — an einer *reduzierten Empfänglichkeit für Konfrontation*: hohe Angespanntheit bzw. Belastung sind genau diejenigen Faktoren, die für sich bereits Selbstaufmerksamkeit auslösen und die Aufmerksamkeit nach innen lenken und fixieren.

Für diese Erklärung spricht auch der Sachverhalt, daß die Werte für ANG/N und BEL/N bei hoher ANGP/V und viel Konfrontation weit unter denen liegen, die bei niedriger ANGP/V und BEL/V auftreten. Hohe Angespanntheit zu Beginn eines Gesprächs ist demnach eine erschwerende Indikationsvoraussetzung. Wenig Konfrontationen oder gar keine, oder andere Kommunikationsformen (vgl. unten) sind also günstiger, wenn durch vorausgehende Interaktionen die Belastung sehr hoch ist. *Es geht dann darum, die Aufmerksamkeitskapazität von den inneren Reizen wieder zu entlasten und ihre Beweglichkeit für Richtungswechsel wieder zu erhöhen.*

Diese Überlegungen können mit Bezug auf den *Parameter STR/N* als AV weiter differenziert werden. Offensichtlich bewirkt wenig Konfrontation bei niedriger BEL/V höhere STR/N. Bei hoher ANGP/V bzw. BEL/V bewirkt der Grad der Konfrontation weder signifikante Unterschiede der ANGP/N noch der STR/N. Aber in der Tendenz ist der Wert für ANGP/N sowohl bei hoher ANGP/V, als auch bei hoher BEL/V im Gefolge von viel Konfrontation günstiger (niedriger) und könnte bei mehr Vpn noch signifikant werden.

Es tritt also bei ungünstigeren Voraussetzungen des Gesprächs (ANGP/V; BEL/V) auch bezüglich STR/N eine reduzierte Wirkung auf, was die obigen Annahmen bestätigt. *Verminderte Kapazität in der Informationsaufnahme bedingt natürlich auch reduzierte Kapazität der Informationsverarbeitung.* Man kann Pbn im Videofeedback ihrer Gespräche zeigen, daß solche Effekte der verminderten Informationsaufnahme geradezu dramatische Ausmaße annehmen können.

Wenig Konfrontation bei wenig BEL/V bewirkt eine signifikant ($p < 0.05$) bessere *Bewertung des Gesprächs* als "hilfreich" (BEWG/N) als hohe Konfrontation. Wenig Konfrontation differenziert außerdem signifikant ($p < 0.05$) zwischen hoher BEL/V und niedriger BEL/V. Diese Unterschiede sind in dem konservativeren Tukey-Test nicht (vgl. Tukey, 1949, zit. nach May et al., 1989; S. 409 f), wohl aber im t-Test signifikant.

Wenig Konfrontation bewirkt bei niedriger BEL/V einen geringeren Wert für BEWG/N als bei hoher BEL/V.

Gpn, die wenig belastet sind, möchten offensichtlich selbst an ihrem Thema arbeiten und brauchen keine Konfrontation. Solche, die hoch belastet sind, reagieren auf wenig Konfrontation mit schlechterer Bewertung als die niedrig Belasteten – ob sie auf mehr Konfrontation besser reagieren würden, bleibt hier offen.

Bisher ist folgendes deutlich geworden:
Wenig ANGP/V bzw. BEL/V sind offensichtlich sensibel für die Menge an Konfrontation, sowohl in der Auswirkung auf ANGP/N als auch auf STR/N. Viel ANGP/V und BEL/V schafft schwierige Anforderungen an eine interaktionelle Strategie, weil die Konfrontation nicht mehr differenziert. Solche Bedingungen sind allerdings in der Praxis sehr häufig, in der Familie, in der Pädagogik oder im Betrieb, z.B. im Gefolge von Rahmenbedingungen, von Funktionen und Zielen des Gesprächs oder infolge der Beziehung zwischen den Gpn. Sie sind natürlich auch im klinischen Bereich häufig, durch akute psychische Belastungen oder bestimmte Themen im Gespräch.

Sie treten schließlich auch im Gefolge zu starker Konfrontationen auf und müssen dann ebenso aufgearbeitet werden, wie wenn sie als Ausgangsbedingung vorliegen.

Der für Indikationsstellung und Effekte von Gesprächen wohl sensibelste Faktor ist offensichtlich die kognitive Strukturiertheit. Bei hoher Strukturiertheit des Gp vor dem Gespräch (STR/V) bewirkt wenig Konfrontation signifikant ($p < 0.05$) mehr Strukturiertheit des Gp nach dem Gespräch (STR/N) als viel Konfrontation.

Wenig Konfrontation bewirkt bei hoher STR/V mehr STR/N als viel Konfrontation bei niedriger STR/V ($p < 0.01$). Bei hoher STR/V ist also die Wirkung von wenig Konfrontation auf die STR/N besser als die von viel Konfrontation ($p < 0.05$). Der Effekt von wenig Konfrontation bei hoher STR/V ist auch besser als der von wenig Konfrontation bei niedriger STR/V. Schließlich ist der Effekt von wenig Konfrontation bei hoher STR/V auch besser als der von viel Konfrontation bei niedriger STR/V. Wenig Konfrontation bei niedriger STR/V bewirkt demnach den weitaus schlechtesten Wert bei der STR/N.

Hohe Strukturiertheit des Gp ist also, gleich ob viel Konfrontation oder wenig, immer die günstigere Indikation für einen Zuwachs an Strukturiertheit.

Daß wenig Konfrontation bei hoher STR/V die leistungsfähigere Interaktionsform ist, liegt wohl daran, daß ein solcher Gp das Gespräch mehr als Anreiz zu eigener Strukturierungsarbeit betrachtet, denn als Hilfe von außen. Der Effekt von wenig Konfrontationen bei hoher STR/V überragt auch den von viel Konfrontationen bei niedriger STR/V und natürlich den von wenig Konfrontationen bei niedriger STR/V.

Durch diesen Befund ist nun eine weitere, sehr wesentliche Variable für die Indikationsstellung hinzugekommen.
Führt man neben der Interaktionsform der Konfrontation noch andere ein, wie z.B. die inhaltlichen Akzente, die inhaltliche Strukturiertheit von Aussagen und den Grad der interaktionellen Lenkung, dann stellt sich hier eine interessante Querverbindung zu den Befunden von Bohn (1984) ein, der nachweisen konnte, daß solche höher strukturierten Gp zwar offensichtlich keine weitreichende Konfrontation bzw. nur logische Konfrontation benötigen, wohl aber auf mehr sachbezogene anstatt emotionsbezogene Inhalte, auf höhere inhaltliche Strukturiertheit sowie auf stärkere interaktionelle Lenkung besser reagieren als auf eher partnerbezogene, emotionszentrierte Gespräche.

Geht man davon aus, daß die bisher eingeführten Indikationsbedingungen in relativ beliebigen Ausprägungen auch kombiniert vorkommen, dann ergibt sich ein interessantes Raster für die Klassifikation von Indikationsbedingungen bzw. Anforderungen an Gespräche. Die folgenden Kombinationen sind denkbar und interessant:

Typ 1: Hohe ANGP/V und BEL/V: hohe STR/V: Dieser Typ ist optimal für ein Gespräch, problematisiert und hat eine günstige Indikation. Er bedarf keiner ausgeprägten Konfrontation.

Typ 2: Niedrige ANGP/V und BEL/V: niedrige STR/V: Dieser Typ ist unzureichend problematisiert und ist wohl der einzige, der hoch konfrontiert werden kann.

Typ 3: Niedrige ANGP/V und BEL/V: hohe STR/V: Dieser Typ ist ein kompetenter Gesprächspartner, der nicht konfrontiert werden muß, aber Konfrontation verträgt und eine strukturierte und gesteuerte Interaktion akzeptiert.

Typ 4: ANGP/V und BEL/V hoch: niedrige STR/V: Dieser Typ ist emotional überfordert und kognitiv desorientiert und darf gar nicht oder nur minimal konfrontiert werden, oder braucht andere Interaktionsformen.

Die naheliegende Hypothese, *daß bei niedriger STR/V viel Konfrontation bessere Werte an STR/N bewirkt als wenig Konfrontation* wird nicht durch signifikante Ergebnisse gestützt. Diese Hypothese ist interessant, weil man niedrige STR/V in etwa *mit geringem Problembewußtsein* für ein Thema gleichsetzen kann und man spontan annehmen möchte, daß solche Gpn zunächst stärker konfrontiert werden müssen, um sie emotional hinreichend betroffen und kognitiv hinreichend desorganisiert zu machen. Diese Strategie findet in den referierten Daten eine indirekte Stützung durch Urteile der Gesprächsleiter: Gesprächsleiter schätzen ihre eigene Kompetenz (Komp.Gl) höher ein, wenn sie Gpn mit niedriger ANGP/V viel konfrontieren und solche mit hoher ANGP/V wenig konfrontieren. Bei diesem Befund ist aber nur die Wechselwirkung und nicht die Haupteffekte signifikant ($p < 0.05$). Außerdem erleben Gl im Gespräch mehr "Nähe" zum Gp, wenn dieser sein Problem als eher unwichtig erlebte und

sie diesen viel konfrontierten bzw. wenn dieser sein Problem als eher wichtig erlebte, und sie diesen eher wenig konfrontierten.
Ob hier eine Diskrepanz in der Wahrnehmung der Gl zu den Gpn vorliegt oder bei mehr Pbn auch die direkte Erfassung bei den Gpn signifikant werden würde, kann hier nicht entschieden werden.
Weiterhin findet die obige Hypothese dadurch eine Unterstützung, daß in den von Küffner gerechneten t-Tests, die sonst keine weiterführenden Erkenntnisse gegenüber den Varianzanalysen bringen, die Pbn in der Selbstbeurteilung nach Gesprächen mit vielen Konfrontationen signifikant stärker der Auffassung waren, "Schwierigkeiten und persönliche Gedanken offen ansprechen" zu können (Einzelitem aus der Skala: "Persönliche Beziehung", V66).
Dieses Thema steht wieder im Zusammenhang mit der Frage, ob bei hoher ANGP/V bzw. BEL/V viel Konfrontation besser ist als wenig, was oben nicht geklärt werden konnte. Geht man davon aus, daß bei hoher ANGP/BEL die kognitive Strukturiertheit niedriger ist, was vielfach belegt und durch den oben beschriebenen Mechanismus weiter gestützt wird, dann ist niedrige Strukturiertheit vielleicht oft auch eine Situation hoher ANGP oder BEL. In allen drei Fällen liegen die Werte für viel Konfrontation deskriptiv über denen für wenig Konfrontation.
Die Lösung liegt wahrscheinlich nicht einfach bei viel Konfrontationen, sondern bei einer differenzierten Steuerung unterschiedlicher Interaktionsformen.
Wahrscheinlich gibt es nur den Typ 2 als den Typ, der hoch konfrontiert werden *muß*, um einen konstruktiven Prozeß in Gang zu bringen. Was aber dient dem Typ 4?
Im Kapitel über die Klassifikation von Konfrontationen wurde dargestellt, daß auch die Verbalisierung von Erlebnisinhalten, speziell emotionalen, eine Art der Konfrontation sei, weil sie die Aufmerksamkeit focusiert, und zwar die nach innen gerichtete, aber dem Gp überläßt, wie er mit den dadurch akzentuierten Inhalten umgehen will.
Die Gesprächspsychotherapie hat in vielen Untersuchungen nachgewiesen, daß durch günstiges Verhalten des Gl mit Hilfe dieser Interaktionsform Selbstexploration gefördert wird, was ein Prozeß der kognitiven Strukturierung ist, der sich auf wahrgenommene Zustände, Gefühle und kognitive Inhalte des Bewußtseins bezieht. Dies ist der entscheidende Prozeß, durch welchen die situative Belastung/Angespanntheit wieder abgebaut werden kann und die kognitive Strukturiertheit bezüglich der Erfahrungen, welche Desorganisation und Hilflosigkeit ausgelöst haben, wieder herstellt.
Diese VEE eignet sich also als diejenige Interaktionsform, welche dann, wo direkte Konfrontation, vielleicht schon logische Konfrontation, entweder aufgrund der ANGP/V oder BEL/V oder aufgrund der Aufmerksamkeitsrichtung oder Aufmerksamkeitskapazität für sachbezogene, hand-

lungsbezogene oder allgemein, zusätzlich fordernde Inhalte, nicht mehr zugänglich sind.
Mit Rückbezug auf die oben unterschiedenen Typen könnte sich dann das folgende Muster für die Abfolge von inhaltlichen und interaktionellen Strategien ergeben:

Typ 1: Hohe ANGP/V und BEL/V: hohe STR/V: --› wenig extrapersonale und logische Konfrontation und Verhaltenskonfrontation. Keine Konfrontationen, die persönliche Betroffenheit auslösen.

Typ 2: Niedrige ANGP/V und BEL/V: niedrige STR/V:--› Konfrontationen mit persönlicher Betroffenheit bis zu ausgeprägter ANGP/N, dann VEE mit strukturierender Wirkung, dann wenige extrapersonale und logische Konfrontationen und Verhaltenskonfrontation.

Typ 3: Niedrige ANGP/V und BEL/V: hohe STR/V:--› Kommunikation mit wenig oder viel (je nach Rahmenbedingungen) extrapersonaler und Verhaltenskonfrontation.

Typ 4: Hohe ANGP/V und BEL/V: niedrige STR/V: s--› VEE mit entlastender und strukturierender Wirkung, dann Kommunikation mit hoher logischer und Verhaltenskonfrontation.

Resumée

In dieser Arbeit konnte gezeigt werden, daß die Konfrontation als spezifische Kommunikationsform aufgrund ihrer vielseitigen und komplexen Wirkungen besonderes Interesse für eine Psychologie der differentiellen Gesprächsführung beanspruchen kann.

Obwohl eindeutig eine Reihe negativer Effekte, vor allem auf der emotionalen Ebene im Gefolge von Konfrontationen belegbar sind, scheinen diese eher kurzfristig, während in Abhängigkeit von der Stärke der Konfrontation, speziell der persönlichen Betroffenheit, die dadurch ausgelöst wird, positive Bewertungen des Gesprächs als Ganzes und positive kognitive Effekte – also als längerfristige Wirkungen – trotzdem belegbar sind. Diese bleiben offensichtlich bis zu einer bestimmten Stärke von Konfrontationen (vgl. Einzelitems bei Küffner) positiv und werden dann ab einem bestimmten Grenzwert, der wohl auch vom interaktionellen Kontext (vgl. Maslabei, 1988) mitbestimmt wird, ebenfalls negativ (Vermeidungsverhalten, Verwirrung, Blockierung der Kommunikationsbereitschaft).

Es konnte von beiden Autoren nachgewiesen werden, daß es anhand ihrer differentiellen Auswirkungen möglich ist, unterschiedliche Klassen von Konfrontationen voneinander zu unterscheiden. Die sinnvollste Unterscheidung auf der Basis der referierten Daten scheint in der Reihenfolge ihrer Stärke: Verbalisierung emotionaler Erlebnisinhalte; extrapersonale Konfrontation; Nicht-Konfrontation; Verhaltenskonfrontation; Beniskonfrontation; Einstellungskonfrontation; Selbsteinschätzungs- oder Selbstbildkonfrontation.

Weiterhin konnte gezeigt werden, daß die Wirkungen von Konfrontationen sensibel von bestimmten Ausgangslagen abhängen, die als Indikationskriterien betrachtet werden können. Zu diesen gehören die Psychische Anspannung, die Belastetheit und die kognitive Strukturiertheit zu Beginn des Gesprächs.

Es ist schließlich deutlich geworden, daß kognitive, emotionale und psychophysiologische Variablen im Gefolge von Konfrontationen sehr sensibel und komplex interagieren und daß man aus den Wirkungen auf der einen Ebene die Wirkungen auf der anderen Ebene nicht direkt vorhersagen kann.

Insgesamt ist die Schlußfolgerung erlaubt, daß der Umgang mit Konfrontationen im Gespräch eine reflektierte und kontrollierte Grundhaltung verlangt und daß zu scharfe Konfrontationen Gefahr laufen, negative emotionale und kognitive Effekte zu verursachen, die die Interaktion belasten und über unmittelbare Wirkungen hinaus den Erfolg eines Gespräches beeinträchtigen, die Kommunikationsbereitschaft reduzieren und die Beziehung zwischen den Gpn belasten.

Es bleibt neben vielen Details, z.B. über die spezielleren Gesetzmäßigkeiten der Interaktion auf den verschiedenen Wirkungsebenen, auch offen, wie Konfrontation längerfristig wirkt, z.B. in Folgegesprächen. Die sich daraus ergebenden Fragen müssen weiteren Untersuchungen vorbehalten bleiben.

Literaturverzeichnis:

Anderson, S.C. (1969). Effects of Confrontation by High- and Low-Functioning Therapists on High- and Low-Functioning Clients. *Journal of Consulting Psychology, 16*, 299-302.

Bartling, G., Fiegenbaum, W. & Krause, R. (1979). *Reizüberflutung: Theorie und Praxis*. Stuttgart: Kohlhammer.

Berenson, B.G., Mitchell, K.M. & Laney, R.C. (1969). Level of therapist functioning types of confrontation and type of patient. *Journal of Clinical Psychology, 25*, 111-113.

Bohn, M. (1984). *Die differentielle Wirksamkeit von verschiedenen Gesprächsstrategien auf Prozeßvariablen eines verhaltenstheoretischen Problemlösemodells*. Würzburg: Unveröffentlichte Diplomarbeit, Julius-Maximilians-Universität.

Braun, P. (1983). *Manuskript zur Lehrveranstaltung des Sommersemesters 1983*. Würzburg: Unveröffentlichtes Manuskript.

Braun, P. (1984). *Prozeßmodell Funktional-Struktureller Veränderungen von Persönlichkeitsbereichen*. Würzburg: Unveröffentlichte Habilitationsarbeit, Julius-Maximilians-Universität.

Braun, P. (1986). *Differentielle Effekte unterschiedlicher Gesprächsstrategien*. Berlin: Vortrag zum Kongress der DGVT am 20.2.1986.

Braun, P. (1987 a). Präventives Handeln: Teil I. *Zeitschrift für klinische Psychologie, Psychopathologie und Psychotherapie*. Freiburg/München: Karl Alber, *1 (35)*, 26-37.

Braun, P. (1987 b). Präventives Handeln: Teil II. *Zeitschrift für klinische Psychologie, Psychopathologie und Psychotherapie.* Freiburg/München: Karl Alber, 2 *(35)*, 124-133.

Braun, P. (1990). *Differentielle Gesprächsführung.* Würzburg: Arusin (in Vorbereitung).

Butollo, W. (1979). *Chronische Angst.* München: Urban & Schwarzenberg.

Carkhuff, R.R. & Berenson, B.G. (1967). *Beyond counselling and therapy.* New York: Holt, Rinehart and Winston.

Cotton, T.J. (1974). *The Development of a Methodology to Examine the Experience of Embarrassment During Experiental Confrontation in the Psychotherapeutic Session.* Los Angeles: Unveröffentlichte Dissertation, Los Angeles University.

D'Zurilla, T.J. & Goldfried, M.R. (1971). Problem solving and behavior modification. *Journal of abnormal Psychology, 78,* 107-126.

Dörner, D., Reither, F. & Ständel, T. (1983). Emotion und problemlösendes Denken. In H. Mandl & G.L. Huber (Ed.), *Emotion und Kognition* (pp. 61-85). München, Wien, Baltimore: Urban & Schwarzenberg.

Duval, S. & Wicklund, R.A. (1972). *A Theory of Objective Self-Awareness.* New York: Academic Press.

Fenigstein, A., Scheier, M.F. & Buss, A.H. (1975). Public and private self-consciousness: Assessment and theory. *Journal of Consulting and Clinical Psychology, 43,* 522-527.

Frank, R., Schweitzer, J. & Strote, J. (1984). Ein neuer Ansatz klientenzentrierter Beratung. Differentielle Wirksamkeit verbaler Konfrontation. *GWG-Info, 55,* 59-70.

Frey, D., Wicklund, R.A. & Scheier, M.F. (1984). Die Theorie der objektiven Selbstaufmerksamkeit. In D. Frey & M. Irle (Eds.), *Theorien der Sozialpsychologie* (Vol. 2. Aufl.). Bern: Huber.

Fürstenau, P. (1977). Praxeologische Grundlagen der Psychoanalyse. In Pongratz, L.J. (Ed.), *Klinische Psychologie* (Vol. 8. Band, 1. Halbband, pp. 847-888). Göttingen: Hogrefe.

Günther, S. (1985). *Differentielle Effekte von Gesprächsführung.* Würzburg: Unveröffentlichte Diplomarbeit, Julius-Maximilians-Universität.

Hertel, R. (1979). *Die Konfrontation in der Gesprächspsychotherapie. Eine Studie zur Häufigkeit der Konfrontation und ihrer Auswirkung auf die Selbstexploration des Klienten.* Würzburg: Unveröffentlichte Diplomarbeit, Julius-Maximilians-Universität.

Hüppe, M. (1982). *Über den Zusamenhang verschiedener Gesprächsstrategien und psychischer Anspannung. Experiment zur Gesprächsindikation in der Verhaltenstherapie.* Würzburg: Unveröffentlichte Diplomarbeit, Julius-Maximilians-Universität.

Kanfer, F.H. & Phillips, J.S. (1975). *Lerntheoretische Grundlagen der Verhaltenstherapie.* München: Kindler.

Küffner, M. (1987). *Interaktionsprozesse und Selbstbetroffenheit.* Würzburg: Unveröffentlichte Diplomarbeit, Julius-Maximilians-Universität.

Lang, B. (1984). *Einfühlendes Verstehen und konstruktives Konfrontieren.* Würzburg: Unveröffentlichte Diplomarbeit, Julius-Maximilians-Universität.

Martin, D.G. (1975). *Gesprächs-Psychotherapie als Lernprozeß.* Salzburg: Müller.

Maslabei, G. (1988). *Die Verarbeitung von Konfrontationen in Gesprächssituationen.* Würzburg: Unveröffentlichte Diplomarbeit, Julius-Maximilians-Universität.

May, R.B., Masson, M.E.J. & Hunter, M.A. (1989). *Application of Statistics in Behavioral Research.* New York: Harper & Row.

Mitchell, K.M. & Berenson, B.G. (1970). Differential Use of Confrontation by High and Low Facilitative Therapists. *The Journal of Nervous and Mental Disease, 151,* 303-309.

Mitchell, K.M. & Namenek, T.M. (1972). Frequency and Type of Confrontation on Subsequent Client and Therapist Behavior during the First Therapy Interview. *Journal of Counselling Psychology, 19,* 196-201.

Nagy, T.F. (1972). *Therapist Level of Functioning and Change in Clients' Quantifiable Anxiety Level and Verbal Behavior.* Illinois: Dissertation (Microfilm), University of Illinois.

Pierce, R.M. & Drasgow, J. (1969). Nondirective reflection vs conflict attention: An empirical evaluation. *Journal of Clinical Psychology, 25,* 341-342.

Reid, K.E. (1986). The use of confrontation in grouptreatment: Attack or challenge? *Clinical Social Work Journal, 14 (3),* 224-237.

Reinhardt, K. (1989). *Konfrontieren, eine therapeutische Intervention im Umgang mit schwergestörten Patienten im Maßregelvollzug – oder auch: "Wer konfrontiert hier wen?".* Bedburg-Hau: Unveröffentliches Manuskript.

Rogers, C.R. (1983). *Entwicklung der Persönlichkeit* (Vol. *4. Aufl.*). Stuttgart: Klett-Cotta.

Sarason, I.G. (1980). *Test anxiety: Theory, research and applications.* Hillsdale, New Jersey: Lawrence Erlbaum.

Schulz von Thun, F. (1981). *Miteinander reden: Störungen und Klärungen.* Reinbek bei Hamburg: Rowohlt.

Schwarzer, R. (1986). *Self-related cognitions in anxiety and motivation.* Hillsdale, New Jersey: Lawrence Erlbaum.

Tausch, R. & Tausch, A.M. (1979). *Gesprächspsychotherapie.* (Vol. *7. Aufl.*). Göttingen, Toronto, Zürich: Hogrefe.

Truax, C.B. & Mitchell, K.M. (1977). Forschungsergebnisse über den Zusammenhang zwischen Therapeuteneigenschaften ("interpersonal skills") und Therapieverlauf beziehungsweise Therapieerfolg. In F. Petermann, & C. Schmook (Eds.), *Grundlagentexte der Klinischen Psychologie* (Vol. Band 2: Ergebnisse der Klinischen Psychologie, pp. 271-338). Bern: Huber.

Tscheulin, D. (1983). Über differentielles therapeutisches Vorgehen in der klientenzentrierten Therapie. Ein empirischer Beitrag zu einer differentiellen Gesprächspsychotherapie. In D. Tscheulin (Ed.), *Beziehung und Technik in der klientenzentrierten Therapie. Zur Diskussion um eine differentielle Gesprächspsychotherapie.* (pp. 53-63). Weinheim: Beltz.

Tscheulin, D. (1990). Confrontation and non-confrontation as differential techniques and differential client-centered therapy. In G. Lietaer, J. Rombants, & R. Van Balen (Eds.) , *Clientcentered and experiental psychotherapy in the 90's.* Leuven: University Press.

Vidal, J. (1984). *Die Auswirkungen verschiedener Gesprächsstrategien.* Würzburg: Unveröffentlichte Diplomarbeit, Julius-Maximilians-Universität.

Wicklund, R.A. & Frey, D. (1980). Self-awareness theory: When the self makes a difference. In D.M. Wagner & R.R. Vallacher (Eds.), *The self in social psychology* (pp. 31-54). New York: Oxford University Press.

Wine, J. (1971). Test anxiety and direction of attention. *Psychological Bulletin, 76,* 92-104.

WALTER NEUBAUER

Bedingungen des dyadischen Vertrauens bei der Zusammenarbeit in Industrie und Verwaltung

Empirische Untersuchungen und Beobachtungen in der Praxis liefern vielfache Belege dafür, daß auch eine noch so differenzierte Planung und Festlegung der Betriebsabläufe nicht ausreichen, um ein optimales Ergebnis zu erzielen, da nur dann eine effektive Zusammenarbeit erfolgen kann, wenn die Aktivitäten der Interaktionspartner möglichst kontinuierlich aufeinander abgestimmt werden. Dies ist nicht nur eine Frage des wechselseitigen Informationsflusses, sondern auch der Bereitschaft, die anstehenden Probleme gemeinsam zu bewältigen. Von zentraler Bedeutung ist hierfür das interpersonale Vertrauen (vgl. Petermann 1985; Neubauer 1988). Personen mit einem generalisierten interpersonalen Vertrauen begegnen anderen grundsätzlich mit Offenheit und sind eher bereit, deren Anliegen zu berücksichtigen und ihnen eine zweite Chance einzuräumen (Rotter 1971, 1980). Wichtiger als das generalisierte Vertrauen gegenüber anderen Personen ist allerdings das spezifische interpersonale Vertrauen gegenüber konkreten Interaktionspartnern. Informationen werden von Personen, denen man vertraut, ohne weitere Vorbehalte übernommen und man läßt sich von diesen Personen auch eher beeinflussen (Heimovics 1984), ferner verläuft das Entscheidungs- und Problemlöseverhalten in Gruppen unter der Bedingung gegenseitigen Vertrauens reibungsloser und effektiver (Zand 1977). Untersuchungen in Vorgesetzten-Mitarbeiter-Dyaden zeigen darüber hinaus, daß bei einem bestehenden Vertrauensverhältnis der Informationsfluß breiter ist (Graen & Schiemann 1978; Scandura, Graen & Novak 1986) und daß auch vertrauliche Informationen weitergegeben werden (Neubauer 1990 b). Im Gegensatz dazu werden bei gegenseitigem Mißtrauen die Informationen nur lückenhaft oder zeitlich verzögert weitergegeben, es kommt zu Störungen der Zusammenarbeit und zu entsprechenden Reibungsverlusten bei Entscheidungs-und Problemlösesituationen.

Einer anderen Person vertrauen heißt aber auch, daß man auf den Einsatz von Macht freiwillig verzichtet (vgl. Golombiewski & McConkle 1975). Für den Vertrauenden ist daher immer ein Risiko verbunden, wenn er sich auf die andere Person verläßt und in einer zukünftigen Situation abwarten muß, ob die andere Person das in sie gesetzte Vertrauen tatsächlich rechtfertigt. Andererseits fällt es aber leichter, jemandem zu vertrauen, wenn man selbst Macht besitzt (Solomon 1960), da das Risiko geringer wird und man gegebenenfalls wirksam reagieren kann. Schill, Toves und

Ramanaiah (1980) fanden, daß Personen, die sich keine Einflußmöglichkeiten zuschreiben, anderen weniger vertrauen als Personen, die von sich annehmen, kritische Situationen kontrollieren zu können. Selbstvertrauen und Selbstwirksamkeit erleichtern daher offensichtlich eine vertrauensvolle Einstellung gegenüber anderen Personen.

Es gibt bisher keine Untersuchungen über den Aufbau eines Vertrauensverhältnisses zwischen Vorgesetzten und Mitarbeitern oder über die Auswirkungen eines vertrauensschädigenden Verhaltens. Die Befunde einer Untersuchung von Vorgesetzten im industriellen Bereich sprechen dafür, daß sich das dyadische Vertrauen des Vorgesetzten gegenüber einem konkreten Mitarbeiter (oder einer Mitarbeiterin) vor allem auf zwei Bedingungen stützt (vgl. Neubauer 1988, 1990 b). Eine der beiden wichtigen Voraussetzungen ist das Arbeitsverhalten. Der Vorgesetzte kann sich nur dann auf seinen Mitarbeiter verlassen, wenn dieser in der Lage ist, die anfallenden Arbeitsaufgaben inhaltlich zu meistern. Hierbei handelt es sich um eine notwendige, aber nicht um eine hinreichende Bedingung. Wesentlich ist nämlich ferner, daß der Mitarbeiter diese Kompetenz auch in loyaler Weise einsetzt, d.h. daß er dann zur Verfügung steht, wenn der Vorgesetzte darauf angewiesen ist. Aus den vorliegenden Befunden ist aber nicht abzuleiten, welchen relativen Stellenwert diese beiden Bedingungen in den Augen der Vorgesetzten einnehmen.

Andere Befunde weisen darauf hin, daß das dyadische Vertrauen nicht als bloßes Ergebnis eines nüchternen rationalen Kalküls entsteht, sondern daß insbesondere die persönliche Situation sowie persönliche Erwartungshaltungen und Einstellungen, aber auch Emotionen dabei eine bedeutsame Rolle spielen (vgl. Neubauer 1990 a). So ist davon auszugehen, daß die persönliche Empfindlichkeit oder die Verletzlichkeit gegenüber einem vertrauensschädigenden Verhalten von Mitarbeitern sehr unterschiedlich ausgeprägt sein kann.

Zur Erfassung der Bedeutung einzelner Verhaltensweisen von Mitarbeitern für das bestehende dyadische Vertrauen bei Vorgesetzten wurde daher eine weiterführende empirische Studie geplant, die von folgender *Fragestellung* ausging:

(1) Welchen Stellenwert haben einzelne vertrauensschädigende Verhaltensweisen von Mitarbeitern aus der Sicht von Vorgesetzten?
(2) Bestehen Zusammenhänge zwischen der persönlichen Verletzlichkeit gegenüber vertrauensschädigendem Verhalten der Mitarbeiter mit anderen Variablen?

Stichprobe und Methode

Die Datenerhebung erfolgte im Zusammenhang mit Fortbildungsveranstaltungen der Akademie für Führungskräfte der Deutschen Bundespost. Befragt wurden insgesamt 85 Vorgesetzte aus großen Verwaltungen. Da nur eine begrenzte Zeit zur Verfügung stand, konnten lediglich relativ kurze Verfahren angewandt werden.

Die Teilnehmer erhielten zunächst einen Fragebogen zur Bedeutung einzelner Verhaltensweisen von Mitarbeitern für das dyadische Vertrauen des Vorgesetzten (*Fragebogen V*) mit folgender Instruktion:

"Für das Betriebsklima und für die Bewältigung der Aufgaben ist es wichtig, daß zwischen Vorgesetzten und Mitarbeitern ein Vertrauensverhältnis besteht. − Wählen Sie bitte in Gedanken einen Mitarbeiter (eine Mitarbeiterin) aus, zu dem (zu der) Sie in besonderer Weise Vertrauen haben. Kreuzen Sie dann bei den unten aufgeführten Verhaltensweisen des Mitarbeiters (der Mitarbeiterin) an, wieweit diese Verhaltensweise jeweils das bestehende Vertrauensverhältnis nicht beeinträchtigen, beeinträchtigen oder sogar zerstören würde."

Vorgegeben wurden 15 Verhaltensweisen von Mitarbeitern (vgl. Tab. 1), die auf 6-stufigen Skalen mit den Polen "beeinträchtigt nicht" (1) bis "zerstört" (6) zu beurteilen waren.

Am nächsten Tag war ein weiterer Fragebogen zur Reaktion des Vorgesetzten (*Fragebogen VR*) auszufüllen, bei dem zwei Szenarien unterschiedlicher Relevanz vorgegeben waren. Die Instruktion lautete hier:

"Denken Sie wieder an den Mitarbeiter (die Mitarbeiterin), zu dem (zu der) Sie in besonderer Weise Vertrauen haben. Stellen Sie sich nun bitte folgende Situation vor:"
Es folgte zunächst Szenario 1, dann Szenario 2.

Szenario 1:
"Bei einer schwierigen Besprechung, zu der Sie den Mitarbeiter (die Mitarbeiterin) mit hinzugezogen haben, vertritt Ihr Mitarbeiter (Ihre Mitarbeiterin) im wesentlichen die Position der Gegenpartei, so daß Sie das angestrebte Verhandlungsziel nicht erreichen."

Szenario 2:
"Sie werden zu Ihrem eigenen Vorgesetzten gerufen und erfahren dort, daß Ihr Mitarbeiter (Ihre Mitarbeiterin) über angebliche schwerwiegende Fehler aus Ihrem Verantwortungsbereich berichtet hat, ohne Sie vorher zu informieren."

Die Vorgesetzten wurden gebeten, jeweils auf sechs Skalen (vgl. Tab. 2) anzukreuzen, wie sie in einem solchen Fall reagieren. Hierzu standen nur die Daten von 66 Vorgesetzten zur Verfügung.

Außerdem wurden noch Kurz-Skalen für den "Leadership-Opinion-Questionaire" (LOQ) nach Fleishman (vgl. Rosemann 1972) zur Erfassung der Einstellungsdimensionen "Aufgaben-Orientierung" und "Mitarbeiter-Orientierung" verwendet.

Allen Teilnehmern sei an dieser Stelle für die Erlaubnis zur Auswertung der Daten gedankt. Die Berechnungen wurden von Frau Dipl.-Psych. B. Dücker am RHRZ der Universität Bonn durchgeführt.

Ergebnisse

Die Beurteilung der *Wichtigkeit vertrauensschädigenden Verhaltens von Mitarbeitern* (Fragebogen V) zeigt, daß die Vorgesetzten recht deutlich unterscheiden, wieweit das Vertrauensverhältnis dadurch tangiert wird (vgl. Tab. 1).

Tabelle 1:
Ausmaß der vom Vorgesetzten erlebten Beeinträchtigung des bestehenden Vertrauensverhältnisses durch Verhaltensweisen des Mitarbeiters, geordnet nach der Größe der Beeinträchtigung (N = 85).
Die Skalen gehen von 1 = "beeinträchtigt nicht" bis 6 = "zerstört".

Nr.	Verhalten	M	SD
8	macht die Person des Vorgesetzten vor anderen lächerlich	5.51	0.61
3	spricht schlecht hinter dem Rücken des Vorgesetzten	5.37	0.80
5	gibt vertrauliche Informationen weiter	5.24	0.77
6	brüllt den Vorgesetzten bei einer Besprechung an	4.61	1.25
10	hält ein gegebenes Wort nicht ein	4.59	1.07
13	gibt interne Informationen an die übergeordnete Stelle weiter	4.54	1.14
2	hält wichtige Termine nicht ein	4.40	1.22
7	gibt die Ideen des Vorgesetzten als eigene aus	4.20	1.18
12	spricht mit anderen über private Sorgen des Vorgesetzten	4.12	1.30
9	läßt eine wichtige Arbeit liegen	4.04	1.07
4	kommt unpünktlich zu einer Besprechung	3.38	1.26
11	macht Fehler bei der Erledigung der Arbeitsaufgaben	2.63	1.04
14	nimmt keinen Kontakt auf, wenn der Vorgesetzte aus Krankheitsgründen zu Hause bleiben muß	2.52	1.17
5	bewirbt sich um einen anderen Dienstposten	1.45	0.73
1	vertritt andere Meinung als der Vorgesetzte	1.41	0.81

M = Mittelwert, SD = Standardabweichung

Ein bestehendes enges Vertrauensverhältnis wird aus der Sicht von Vorgesetzten zerstört oder zumindest schwerstens beeinträchtigt, wenn der Mitarbeiter den Vorgesetzten vor anderen lächerlich macht (M = 5.51), schlecht hinter dem Rücken des Vorgesetzten spricht (M = 5.37) oder vertrauliche Informationen weitergibt (M = 5.24). Hierbei handelt es sich nicht nur um einen Bruch der Loyalität, sondern es wird das Ansehen des Vorgesetzten unmittelbar berührt, ein zentraler Bereich für die individuelle Selbstwertschätzung.

Mit größerem Abstand hinsichtlich der Bedeutung für das Vertrauensverhältnis folgt dann eine Reihe von Verhaltensweisen der Mitarbeiter, die sich mit Ausnahme von Item 12 (spricht mit anderen über private Sorgen des Vorgesetzten) auf die konkrete Zusammenarbeit beziehen: brüllt den Vorgesetzten bei einer Besprechung an, hält ein gegebenes Wort nicht ein, gibt interne Informationen an die übergeordnete Stelle weiter, hält wichtige Termine nicht ein, gibt die Ideen des Vorgesetzten als eigene aus, läßt eine wichtige Arbeit liegen und kommt unpünktlich zu einer Besprechung. Auch hier wird die Person des Vorgesetzten berührt, zumal anzunehmen ist, daß die Störungen der Zusammenarbeit und die unerwartete Verzögerung der Aufgabenerledigung zu entsprechenden negativen emotionalen Reaktionen beim Vorgesetzten führen werden. Interessant ist in diesem Zusammenhang, daß diese Störungen der Zusammenarbeit einen ähnlichen Stellenwert für die Beeinträchtigung der Vertrauensbeziehung zu haben scheinen wie das Sprechen über private Sorgen des Vorgesetzten gegenüber anderen Personen (Item 12).

Relativ geringe Bedeutung haben Fehler bei der Erledigung von Arbeitsaufgaben (M = 2.63) und die Vernachlässigung des Kontakts mit dem Vorgesetzten, wenn dieser aus Krankheitsgründen zu Hause bleiben muß (M = 2.52). Nicht betroffen wird in den Augen der Vorgesetzten das Vertrauensverhältnis, wenn sich der Mitarbeiter um einen anderen Dienstposten bewirbt (Item 15) oder wenn er eine andere Meinung als der Vorgesetzte vertritt (Item 1).

Die teilweise beachtliche Streuung bei der Einschätzung der Beeinträchtigungswirkung der einzelnen Verhaltensweisen und die auftretenden positiven Korrelationen zwischen den Items sprechen dafür, daß bei den Vorgesetzten ein *unterschiedlicher Grad an Verletzlichkeit* hinsichtlich des Vertrauensverhältnisses zu Mitarbeitern besteht. Daher wurde in einem weiteren Schritt der Auswertung überprüft, ob sich eine oder mehrere Skalen entwickeln lassen. Auf Grund der faktorenanalytischen Befunde und entsprechender Itemanalysen ergaben sich zwei Skalen, von denen allerdings nur die erste eine gute Reliabilität aufweist (vgl. Tab. 3).

Die erste Skala betrifft die persönliche Verletzlichkeit des Vorgesetzten bei der vertrauensvollen Zusammenarbeit mit Mitarbeitern (Kurzbezeichnung *"Verletzlichkeit des dyadischen Vertrauens"*). Sie enthält folgende 9 Items:

— hält wichtige Termine nicht ein
— spricht schlecht hinter dem Rücken des Vorgesetzten
— kommt unpünktlich zu einer Besprechung
— gibt vertrauliche Informationen weiter
— brüllt den Vorgesetzten bei einer Besprechung an
— gibt die Ideen des Vorgesetzten als eigene aus
— macht die Person des Vorgesetzten vor anderen lächerlich
— läßt eine wichtige Arbeit liegen
— hält ein gegebenes Wort nicht ein

Interessant ist dabei, daß sowohl Items zu einer unzuverlässigen Arbeitserledigung als auch zur fehlenden Loyalität bei der Zusammenarbeit gemeinsam auftreten, ein Befund der auch in einer anderen Untersuchung (vgl. Neubauer 1990 b) beobachtet werden konnte. Dies bedeutet, daß sich der Vorgesetzte entweder direkt oder indirekt durch das Verhalten des Mitarbeiters im Stich gelassen fühlt. Der Vorgesetzte ist in jedem Fall betroffen.

Die zweite Skala enthält lediglich 3 Items und kann wegen der geringen Reliabilität nur als vorläufig angesehen werden. Die Skala bezieht sich inhaltlich auf einen Teilbereich des Vertrauensverhältnisses, nämlich den relativ engen Kontakt des Mitarbeiters zu anderen Personen auf Kosten des Vorgesetzten (Kurzbezeichnung *"Verletzlichkeit gegen Kontakt-Illoyalität"*). Es handelt sich um folgende Items:

- spricht mit anderen über private Sorgen des Vorgesetzten
- gibt interne Informationen an die übergeordnete Stelle weiter
- nimmt keinen Kontakt auf, wenn der Vorgesetzte aus Krankheitsgründen zu Hause bleiben muß

Während sich für die Skala "Verletzlichkeit des dyadischen Vertrauens" kein Zusammenhang mit den LOQ-Skalen "Mitarbeiter-Orientierung" und "Aufgaben-Orientierung" fand, ergab sich eine schwache, aber signifikante Korrelation von 0.19 ($p = 0.044$) mit der Skala "Verletzlichkeit wegen Kontakt-Illoyalität". Dies bedeutet, daß hinsichtlich der Verletzlichkeit des dyadischen Vertrauens die Ausprägung der Mitarbeiter- und der Aufgaben-Orientierung des Vorgesetzten offensichtlich keine Rolle spielt. Allerdings scheinen Vorgesetzte umso empfindlicher auf Illoyalität im Bereich des persönlichen Kontakts zu reagieren, je stärker die Vorgesetzten bereit sind, ihrerseits auf die Persönlichkeit des Mitarbeiters einzugehen. Sie sind dann vermutlich darüber enttäuscht, daß trotz ihrer besonderen Bemühungen um den Mitarbeiter dieser nicht von sich aus mit ihnen einen engeren Kontakt sucht.

Die Auswertung der *Reaktionen des Vorgesetzten auf illoyales Verhalten* (Fragebogen VR) zeigt zunächst auf Item-Ebene durchgängig (vgl. Tab. 2), daß die Vorgesetzten auf das illoyale Verhalten der Mitarbeiter in den beiden Szenarien unterschiedlich reagieren, wobei allerdings die Unterschiede hinsichtlich der Bereitschaft, nach einer Entschuldigung die Angelegenheit zu vergessen (Item 3), sowie der anderen Person nochmal eine Chance zu geben (Item 5), nicht das Signifikanzniveau erreichen.

Bei Szenario 1 sind die Vorgesetzten der Ansicht, daß nach einer offenen Auseinandersetzung das Verhältnis fast wieder in Ordnung ist (Item 1). Der Mitarbeiter ist als Mensch dadurch nicht ein für alle Mal erledigt (Item 6), das alte Vertrauensverhältnis kann wieder hergestellt werden (Item 4), und man braucht sich nicht vorzunehmen, in Zukunft von dieser Person nicht mehr abhängig zu sein (Item 2). Im Gegensatz dazu wird das Vertrauensverhältnis als Folge von Szenario 2 wesentlich intensiver und auf längere Sicht beeinträchtigt. Auch nach einer offenen Auseinandersetzung ist längst noch nicht alles wieder in Ordnung und der Vorgesetzte nimmt sich vor, in Zukunft nicht mehr von diesem Mitarbeiter abhängig zu sein. Das alte Vertrauensverhältnis kann wahrscheinlich nicht mehr hergestellt werden und der Mitarbeiter ist – vermutlich für längere Zeit – in den Augen des Vorgesetzten als Mensch erledigt.

Tabelle 2:
Reaktion des Vorgesetzten auf das Verhalten des Mitarbeiters bei zwei verschiedenen Situationen (N = 66).
Szenario 1: schwierige Besprechung
Szenario 2: Anschuldigung beim Vorgesetzten
Die Skalen gehen von 1 = "trifft nicht zu" bis 6 = "trifft zu".

Nr.	Verhalten	Situation 1 M	SD	Situation 2 M	SD	Sign.
1	Nach einer offenen Auseinandersetzung ist für Sie wieder alles in Ordnung	4.77	1.19	3.52	1.59	***
2	Sie nehmen sich vor, sich in Zukunft nicht mehr von dieser Person abhängig zu machen	3.51	1.47	4.36	1.45	**
3	Wenn sich die andere Person entschuldigt, ist für Sie die Angelegenheit nach einiger Zeit vergessen	4.16	1.54	3.82	1.48	
4	Das alte Vertrauensverhältnis kann nie wieder hergestellt werden	2.06	1.20	2.99	1.58	***
5	Sie geben der anderen Person eine Chance, ihre Loyalität erneut zu beweisen	4.66	1.33	4.29	1.31	
6	Ein Mensch, der sich so verhält, ist für Sie ein für alle Mal erledigt	1.41	0.82	2.30	1.34	***

***: p <0.001; **: p <0.01; M = Mittelwert; SD = Standardabweichung

Itemanalysen, getrennt nach den beiden Szenarien und über beide Szenarien gemeinsam, erbrachten darüberhinaus, daß für das individuelle Verhalten der Vorgesetzten, und zwar unabhängig von der Relevanz der Situation, zwei Tendenzen wichtig zu sein scheinen, nämlich

(1) die Bereitschaft, Entschuldigungen zu akzeptieren und der anderen Person eine weitere Chance einzuräumen, ihre Loyalität zu beweisen und

(2) die Tendenz, das Vertrauensverhältnis abzubrechen.

Aus diesem Grunde wurden zwei Skalen gebildet. Skala 1 (Kurzbezeichnung *"Entschuldigungstendenz"*) faßt jeweils die Items 3 und 5 für die beiden Szenarien zusammen. Skala 2 (Kurzbezeichnung *"Abbruchtendenz"*) enthält jeweils die Items 2 und 4 für beide Szenarien. Die Reliabilität beider Skalen ist für Gruppenvergleiche noch befriedigend (vgl. Tab. 3). Beide Skalen korrelieren nicht signifikant miteinander, d.h. die Verhaltenstendenzen scheinen relativ unabhängig voneinander zu sein.

Tabelle 3:
Kennwerte der Skalen zur Beeinträchtigung des dyadischen Vertrauens

Skala	Anzahl der Items	M	SD	Reliabilität alpha
Verletzlichkeit des dyadischen Vertrauens	9	4.59	0.69	0.83
Verletzlichkeit wegen Kontakt-Illoyalität	3	3.73	1.07	0.60
Entschuldigungs-Akzeptanz	4	4.22	0.33	0.75
Abbruchtendenz	4	3.25	0.97	0.67

M = Mittelwert; SD = Standardabweichung

Für beide Verhaltenstendenzen fanden sich statistisch bedeutsame Beziehungen mit anderen Persönlichkeitsvariablen.

Die Überprüfung der Zusammenhänge mit den Skalen des "Leadership-Opinion-Questionaire" erbrachte klare Beziehungen mit der Aufgaben-Orientierung, interessanterweise allerdings keine mit der Ausprägung der Mitarbeiter-Orientierung. Je stärker die Aufgaben-Orientierung der Vorgesetzten ist, umso weniger bereit sind sie, eine Entschuldigung des Mitarbeiters zu akzeptieren (r = - 0.22; p = 0.041) und umso größer ist die Tendenz, die Vertrauensbeziehung zu diesem Mitarbeiter abzubrechen (r = 0.25; p = 0.023). Umgekehrt heißt dies auch, daß ein Vorgesetzter umso eher ein Fehlverhalten des Mitarbeiters zu tolerieren vermag, je weniger der Vorgesetzte die Arbeitsabläufe plant und steuert, auf die Einhaltung von Terminen achtet und Leistung verlangt. Dabei ist bemerkenswert, daß der Grad der Mitarbeiter-Orientierung in dieser Hinsicht keine Rolle spielt.

Signifikante Beziehungen fanden sich auch mit dem individuellen Ausmaß der Verletzlichkeit des dyadischen Vertrauens. Je stärker sich ein Vorgesetzter durch das Verhalten des Mitarbeiters betroffen und verletzt fühlt, umso weniger ist er bereit, eine Entschuldigung zu akzeptieren (r = - 0.34; p = 0.003), und umso größer ist die Tendenz, das Vertrauensverhältnis zu diesem Mitarbeiter aufzukündigen (r = 0.26; p = 0.020). Mit der Skala zur Verletzlichkeit wegen Kontakt-Illoyalität bestehen keine Zusammenhänge.

Diskussion der Ergebnisse

Die vorliegenden Befunde belegen, daß das dyadische Vertrauen der Vorgesetzten gegenüber ihren Mitarbeitern auf einer Verknüpfung von persönlicher Loyalität und zuverlässiger Arbeitsleistung auf Seiten der Mitarbeiter beruht. Die faktorenanalytischen Berechnungen zeigten übereinstimmend, daß auf dem ersten Faktor Items aus beiden Bereichen liegen (vgl. Skala zur Verletzlichkeit des dyadischen Vertrauens). Dieser Befund stimmt mit den Ergebnissen der Untersuchung von Vorgesetzten-Mitarbeiter-Dyaden (Neubauer 1990 b) in mittelständischen Unternehmen und im Fertigungsbereich eines Konzernbetriebs gut überein. Der Vorgesetzte muß sich also darauf verlassen können, daß er in seiner schwierigen Funktion vom einzelnen Mitarbeiter wirksam unterstützt wird. Dazu gehört einerseits, daß sich der Mitarbeiter mit den Problemen identifiziert, selbständig mitdenkt und die anstehenden Aufgaben sachgerecht erledigt. Andererseits gehört aber auch dazu, daß zwischen dem Mitarbeiter und dem Vorgesetzten ein intensiver Informationsaustausch besteht und daß der Mitarbeiter bei auftretenden Schwierigkeiten loyal zu seinem Vorgesetzten hält. In diesem Sinne wird der Vorgesetzte weder durch einen eifrigen, aber inkompetenten Mitarbeiter entlastet, noch durch einen an sich fähigen Mitarbeiter, auf den man sich im entscheidenden Augenblick nicht verlassen kann. Das dyadische Vertrauen des Vorgesetzten wird sofort untergraben, wenn er den Eindruck gewinnt, daß er letztlich doch alles alleine machen muß oder das Verhalten der Mitarbeiter ihm noch zusätzliche Probleme schafft. Die Befunde der vorliegenden Untersuchung zur Einschätzung der Bedeutung einzelner Verhaltensweisen von Mitarbeitern für die Beeinträchtigung eines bestehenden Vertrauensverhältnisses zeigen aber darüber hinaus, daß die persönliche Loyalität der Mitarbeiter einen höheren Stellenwert einnimmt als die zuverlässige Arbeitsleistung. Besonders gravierend ist in diesem Zusammenhang die Herabwürdigung des Vorgesetzten vor anderen Personen. Hier ist die persönliche Betroffenheit des Vorgesetzten am größten.

Ferner zeigen die Befunde der vorliegenden Studie, daß die persönliche Verletzlichkeit gegenüber illoyalem Verhalten der Mitarbeiter sehr unterschiedlich ausgeprägt sein kann. Die verfügbaren Daten lassen es aber leider nicht zu, das Ausmaß dieser individuellen Verletzlichkeit näher aufzuklären. Es zeigt sich lediglich ein schwacher Zusammenhang mit der Mitarbeiter-Orientierung, jedoch bestehen deutliche Zusammenhänge zwischen der persönlichen Verletzlichkeit und der Reaktion des Vorgesetzten auf illoyales Verhalten der Mitarbeiter. Je stärker die Vorgesetzten auf die Erfüllung der Aufgaben achten, umso weniger bereit sind sie, das Fehlverhalten eines Mitarbeiters zu verzeihen, und umso eher ziehen sie für sich die Konsequenz, die bisher vertrauensvolle Beziehung abzubrechen. Aufgrund der Ergebnisse der Untersuchungen von Schill et al. (1980), Müller und Sauter (1978) sowie Müller, Sauter und Trolldenier (1983) ist zu vermuten, daß das Ausmaß der persönlichen Verantwortung, die wahrgenommene Selbstwirksamkeit sowie die Dauer der Erfahrung einen Einfluß auf die individuelle Verletzlichkeit von Vorgesetzten ausüben. Müller und Sauter (1978) konnten beispielsweise bei einer Untersuchung von Lehrern und Lehrerstudenten nachweisen, daß die persönliche Empfindlichkeit gegenüber illoyalem Schülerverhalten einen klaren Zusammenhang mit dem Ausmaß der Verantwortung zeigte. Außerdem fanden Müller et al. (1983), daß ältere Lehrer in selbstwertbeeinträchtigenden Unterrichtssituationen weniger tolerant sind und offensichtlich härter einschreiten als jüngere Lehrer, ein Befund, der möglicherweise durch die stärkere Aufgaben-Orientierung der Lehrer aufgrund ihrer längeren Berufserfahrung erklärt werden kann. Wenn auch diese Befunde nicht ohne weiteres auf das Verhältnis zwischen Vorgesetzten und Mitarbeitern übertragen werden können, so ist doch anzunehmen, daß dort ebenfalls Veränderungen durch die berufliche Sozialisation auftreten.

Angesichts der Bedeutung des dyadischen Vertrauens für die effektive Zusammenarbeit zwischen Vorgesetzten und Mitarbeitern ist es dringend erforderlich, in weiteren Felduntersuchungen die Entwicklung des Vertrauens und die Bedingungen für den Abbau oder den Abbruch einer Vertrauensbeziehung näher zu erforschen. Die mittlerweile vorliegenden Befunde zum Zusammenhang zwischen Streß im Berufsleben und Gesundheit (vgl. Greif 1983; Frese 1985; Udris 1987) sprechen ferner dafür, daß die Qualität einer vertrauensvollen Beziehung zu Kollegen, Mitarbeitern und eigenen Vorgesetzten von hoher Wichtigkeit ist. Dabei sollten nicht zuletzt auch die möglichen Zusammenhänge mit den individuellen Erfahrungen in anderen Lebensbereichen wie Partnerbeziehung, Verhältnis zu den eigenen Kindern, Einbindung in Freundschaftsgruppen u.ä. berücksichtigt werden.

Literaturverzeichnis:

Frese, M. (1985). Stress at work and psychosomatic complaints: A causal interpretation. *Journal of Applied Psychology, 70*, 314-328.

Golombiewski, B. & McConkle, M. (1975). The centrality of interpersonal trust in group processes. In C.L. Cooper (Ed.), *Theories of group process*. New York: John Wiley.

Graen, G. & Schiemann, W. (1978). Leader-member-agreement: A vertical dyad linkage approach. *Journal of Applied Psychology, 63*, 206-212.

Greif, S. (1983). Streß und Gesundheit. Ein Bericht über Forschungen zur Belastung am Arbeitsplatz. *Zeitschrift für Sozialisationsforschung und Erziehungssoziologie, 3*, 41-58.

Heimovics, R.D. (1984). Trust and influence in an ambiguous group setting. *Small Group Behavior, 15*, 545-552.

Müller, H.A. & Sauter F.Chr. (1978). Untersuchungen über Beeinträchtigungen des Selbstwertgefühls durch Unterrichtssituationen bei Lehrern und Lehrerstudenten. *Zeitschrift für Individualpsychologie, 3*, 100-107.

Müller, H.A., Sauter, F.Chr. & Trolldenier, H.-P. (1983). Beschreibungen des eigenen

Verhaltens in selbstwertbeeinträchtigenden Unterrichtssituationen durch Lehrer und Lehrerstudenten und der Zusammenhang dieser Beschreibungen mit der Empfindlichkeit des Selbstwertgefühls. Arbeiten aus dem Institut für Psychologie der Universität Würzburg, Lehrstuhl IV.

Neubauer, W. (1988). Prozesse der sozialen Kategorisierung in der Beziehung zwischen Vorgesetzten und Mitarbeitern. In B. Schäfer & F. Petermann (Hrsg.). *Vorurteile und Einstellungen.* (S. 281-308). Köln: Deutscher Instituts- Verlag.

Neubauer, W. (1990 a). Die Bedeutung des gegenseitigen Vertrauens für die Erziehung. In U. Schmidt-Denter & W. Manz (Hrsg.). *Entwicklung und Erziehung im öko-psycho-logischen Kontext.* München: Reinhardt.

Neubauer, W. (1990 b). Vertrauen zwischen Vorgesetzten und Mitarbeitern — eine Illusion? (in Vorbereitung).

Petermann, F. (1985). *Psychologie des Vertrauens.* Salzburg: Otto Müller.

Rosemann, B. (1972). *Vorgesetzte und Mitarbeiter. Rollenerwartungen und interpersonales Verhalten.* Unveröffentl. Diss. Johannes-Gutenberg-Universität. Mainz.

Rotter, J.B. (1971). General expectances for interpersonal trust. *American Psychologist, 26*, 443-452.

Rotter, J.B. (1980). Interpersonal trust, trustworthiness and gullibility. *American Psychologist, 35*, 1-7.

Scandura, T.A., Graen, G.B. & Novak, M.A. (1986). When managers decide not to decide autocratically: An investigation of leader-member exchange and decision influence. *Journal of Applied Psychology, 71*, 579-584.

Schill, T., Toves, C. & Ramanaiah, N. (1980). Interpersonal trust and coping with stress. *Psychological Reports, 47*, 1192.

Solomon, L. (1960). The influence of some types of power relationships and game strategies upon the development of interpersonal trust. *Journal of Abnormal and Social Psychology, 61*, 223-230.

Udris, I. (1987). Soziale Unterstützung, Streß in der Arbeit und Gesundheit. In H. Keupp & B. Röhrle (Hrsg.). *Soziale Netzwerke* (S. 123-138). Frankfurt: Campus.

Zand, D.E. (1977). Vertrauen und Problemlöseverhalten von Managern. In H.E. Lück (Hrsg.). *Mitleid — Vertrauen — Verantwortung.* Stuttgart: Enke.

Pädagogische Psychologie

ALBIN DANNHÄUSER

Lehrer und Gesellschaft

Heinz A. Müller ist einer meiner Lehrer. Er hat mich in verschiedene Psychologien eingeführt, die der Lehrer für seine tägliche Unterrichts- und Erziehungsarbeit braucht. Heinz A. Müller hat aber nicht nur Lehrerinnen und Lehrer ausgebildet. Er hat sich auch in einem seiner Bücher mit dem "Selbstbewußtsein des Lehrers" auseinandergesetzt. Dieser "Literaturbericht" ist nicht nur grundlegend für das professionelle Selbstverständnis des Lehrers, sondern auch für eine Lehrerpolitik, die sich nicht als rein materiell-gewerkschaftliche Interessenvertretung versteht, sondern dort ansetzt, wo dieses Selbstverständnis des Lehrers einerseits pädagogisch wirksam wird und andererseits einen angemessenen gesellschaftlichen Status legitimiert.

Die Reflexion über die Beziehung zwischen "Lehrer" und "Gesellschaft" ist traditionell ambivalent. Während die "Gesellschaft" den Lehrer mit einer ihrer wichtigsten Aufgaben betraut — der Bildung und Erziehung der nachwachsenden Generationen — empfindet der Lehrer sich in seiner Bedeutung nicht adäquat anerkannt. Während er in seiner täglichen Unterrichts- und Erziehungspraxis professionell überzeugen muß, neigt er, wie Heinz A. Müller plastisch herausarbeitet, außerhalb der Schule dazu, seine Profession zu verleugnen: "Es besteht ein merkwürdiges Mißverhältnis zwischen einem bedeutsam-idealen Lehrerbild und einer beruflichen Selbstverleugnung von Lehrern, die bei Lehrerinnen noch häufiger aufzutreten scheint." (Müller, 1981, S. 250)

Gefahr der berufspolitischen Deformation

Die Zerrissenheit des Lehrers zwischen Selbstbild und Selbstverleugnung faßt Heinz A. Müller (1981, S. 129/130) in der Erklärung zusammen: Die "Arbeitsleistung (des Lehrers) ist nicht unmittelbar greifbar und meßbar. Seine Tätigkeit ist nicht der übliche Ernstfall der Erwachsenenwelt; er wendet Fertigkeiten nicht unmittelbar für Produktion oder Dienstleistung an; er vermittelt sie nur, damit andere sie anwenden. Er hat mit Kindern zu tun, die scheinbar geringere Anforderungen stellen als Erwachsene. Seine Arbeitsleistung wird unterschätzt. Er hat eine ganze Tradition von Vorurteilen gegen sich."

Diese Erklärung für den Widerspruch zwischen Selbstbild und Selbstverleugnung ist, wie bei Heinz A. Müller zu erwarten, eine "psychologische". Daneben dürfte aber auch eine "berufspolitische" Erklärung von Interesse sein. Während die berufspsychologische Beschreibung dem einzelnen Lehrer Hilfen anbieten kann, seine Verunsicherung in der täglichen Praxis zu verarbeiten, so vermag eine berufspolitische Sensibilisierung dazu beitragen, daß die Lehrerschaft als Solidargemeinschaft ihre Dilemmasituation politisch abzubauen sucht. Dieser Aspekt scheint mir deshalb wichtig, weil letztendlich die berufspolitischen Tatsachen die gesellschaftliche Anerkennung einer Profession dokumentieren. Konkret: Die subjektiv-individuelle Verarbeitung und beruflich-situative Umsetzung mag den einzelnen Lehrer "entlasten" und zu seinem Standort finden lassen. Immer aber ist die berufliche Befindlichkeit des einzelnen Lehrers eingebettet in den Stellenwert, den Politik und Gesellschaft der pädagogischen Profession zuweisen.

Gewiß mag es so sein, daß vor allem junge Lehrer das berufliche Selbstbewußtsein aus ihrer schulischen "Aufgabe" und aus der unmittelbaren Begegnung mit "ihren" Schülern speisen. Mit zunehmender Berufstätigkeit gewinnt jedoch der gesellschaftlich-politisch zuerkannte Status für das berufliche Selbstbewußtsein an Bedeutung. Insofern hat die organisierte Lehrerschaft das Ziel, die Bedeutung des Lehrers für das "Kind und Gesellschaft" in das öffentliche Bewußtsein zu heben, die für diese zentrale Aufgabe erforderliche Professionalität weiter voranzutreiben und eine angemessene Statusanerkennung durchzusetzen, nicht zuletzt zur Gewinnung eines qualifizierten Nachwuchses.

Gegenwärtig lassen sich jedoch mehrere Entwicklungen ausmachen, die der weiteren Statusverbesserung des Lehrers entgegenwirken. − Es sind dies nicht nur tradierte Klischees über den "bestbezahlten Halbtagsjob" und die Abneigung gegenüber Experten aller Art, die Alltagswissen und Alltagserfahrung wissenschaftlich begründet hinterfragen. Gegenläufige Tendenzen zu einer weiteren Statusanerkennung aller Lehrer sind zum einen berufsimmanenter Art und zum anderen gesellschaftlicher Art. Beide Tendenzen können zu einer berufspolitischen Deformation der Lehrerschaft führen:

1. Der schulische Auftrag wird unterschiedlich bewertet.

Allgemein läßt sich feststellen, daß das professionelle Selbstbild bei unterschiedlichen Lehrergruppen nicht nur unterschiedlich ausgeprägt ist, sondern auch mit einem unterschiedlichen gesellschaftlichen Status korrespondiert. Für Lehrer der einzelnen Schularten, -formen und -stufen haben Gesellschaft und Politik eine verschieden bewertete Stufung definiert − angefangen von der unterschiedlichen Ausbildung über die verschiedenen Unterrichtspflichtzeiten bis hin zu Besoldung und Laufbahn.

Bei der Frage nach der Begründung solcher Statusverschiebungen stößt man vorwiegend auf historische Wurzeln, die sich in vordemokratischer Epoche herausgebildet haben.

Politisch erschien es zwingend, tragende gesellschaftliche Schichten gymnasial zu bilden und die breite Masse in "Volksschulen" zu nützlichen Untertanen heranzuziehen. Gewiß ist diese Klassenzuweisung heute obsolet. Das Grundverständnis hat sich hingegen bis heute gehalten: Die Hierarchisierung von Schularten mit unterschiedlichen Profilen, Anspruchshöhen und unterschiedlich bewerteten Abschlüssen, selbst in der Sekundarstufe I. Erhalten blieb auch die Statusabgrenzung der einzelnen Lehrergruppen. Für den Gymnasiallehrer gab seit je der Universitätslehrer das wissenschaftlich-statusmäßige Orientierungsmuster ab; ausgeprägt findet sich dies derzeit in der "Kollegstufe", die in "Semester" eingeteilt ist und in sogenannten "Leistungskursen" den Charakter von "Proseminaren" der Universität haben.

Für den "Volksschullehrer" galt der Emanzipationskampf der Annäherung an den Gymnasiallehrer. Ersichtlich ist dies vor allem an der Entwicklung der Hauptschule. Die Hauptschule hat ihre vormalige Ausprägung als lebenspraktische und ganzheitlich orientierte Schule (vorübergehend?) aufgegeben und durch einen zu eng verstandenen wissenschaftsorientierten Unterricht zu ersetzen versucht.

Mehr als 100 Jahre währte das Streben nach einer universitären Ausbildung auch für Grund-, Haupt- und Sonderschullehrer. Aber auch wenn der Ausbildungsort für Lehrer aller Schularten identisch ist und sich die Ausbildungszeiten faktisch angenähert haben, so leiten doch die verschiedenen Lehrergruppen ihr professionelles Selbstverständnis immer noch unterschiedlich ab; vereinfacht: Der Studienrat am Gymnasium von der Wissenschaft seiner Unterrichtsfächer und der Lehrer an Pflichtschulen "vom Kinde aus" bzw. von den Erziehungswissenschaften.

Diese Ableitung des Selbstverständnisses scheint nach wie vor statusmäßige Unterschiede zu zementieren: Wer sich als "Mathematiker" ausgibt, scheint einen höheren Status zu haben, als der, der sich als "Mathematik-Lehrer" bezeichnet. Dasselbe gilt für den "Historiker", "Germanisten", "Biologen" bzw. für den "Geschichtslehrer", "Deutschlehrer", "Biologielehrer" usw.

Wer vorgeben kann, auf der "Höhe" einer Sachwissenschaft zu sein, steht auf der gesellschaftlichen Imageskala weiter oben als der, der diese Wissenschaften didaktisch-methodisch transformiert in den Verstehenshorizont von Schülern. Damit ist allerdings nicht nur der Stellenwert der Erziehungswissenschaften für die Lehrerausbildung deutlich tiefer angesiedelt als die "Fachwissenschaften", sondern auch die Disziplin der Soziologie und Psychologie soweit sie Teildisziplinen der Lehrerausbildung sind.

Diese "Wertminderung" der eigentlichen Berufswissenschaften des Lehrers deformiert zweifellos das berufliche Bewußtsein der Lehrer an

Pflichtschulen. So steht der Lehrer an Hauptschulen zunehmend unter dem Druck, die "reine Lehre" der Fachwissenschaften zu relativieren, weil sich die Schülerpopulation dramatisch verändert. Zum anderen ist der Lehrer an Hauptschulen gezwungen, verstärkt sozialpädagogisch zu handeln, ohne daß er dafür – wie der Lehrer an Sonderschulen – speziell ausgebildet wäre und denselben Status hätte.

Für Grundschullehrer muß vorwurfsfrei festgehalten werden, daß sich viele weitgehend damit abgefunden haben, daß die Grundschule in der Regel als Vorstufe für das Gymnasium gilt. Gleichzeitig ist die Grundschule nahezu gänzlich feminisiert. Dies ist, soweit ich sehe, kein typisch deutsches Phänomen. In den meisten Ländern, ob im Osten oder Westen, haben Lehrer der sogenannten "Unterstufe" einen deutlich niedrigeren Status als andere. Die nach wie vor festzustellende berufliche Diskriminierung von Frauen ist am Beispiel der Lehrerin besonders evident. Diese Tatsache ist absolut unverständlich, wenn man entwicklungs- und lernpsychologisch, aber auch schulpolitisch erkannt haben müßte, daß die Grundschule wohl die wichtigste Schule ist, weil sie die entscheidenden Weichen stellt.

Man kann Politik und Gesellschaft den Vorwurf nicht ersparen, daß sie sich im Blick auf den Lehrerstatus inkonsequent verhalten. Die Arbeit des Lehrers ist in verschiedenen Schularten und -stufen zwar spezifisch ausgeprägt, aber in ihrer Bedeutung für Kind und Gesellschaft wohl gleichwertig. Durch die unterschiedliche Statuszuweisung wird diese Gleichwertigkeit aller Lehrer jedoch bestritten.

2. Übererwartungen an Schule und Kritik am Lehrer

Um Mißverständnisse auszuschließen, ist zunächst eine triviale Feststellung vonnöten: Die Schule ist eine Institution der Gesellschaft. Die Gesellschaft erwartet daher zurecht, daß "ihre" Schule grundlegende Erziehungsarbeit leistet und wesentliche Qualifikationen anbahnt. Diese Auftragszuweisung ist selbstverständlich und traditionell.

Andererseits ist die Schule zunehmend in ein Dilemma geraten. Sie soll immer mehr und immer neue Qualifikationen grundlegen, ohne überholten Lehrplan-Ballast abzustoßen. Die Schule soll für die Gesellschaft immer mehr Erziehungsaufgaben übernehmen, für die sich außerhalb der Schule immer weniger imstande oder zuständig fühlen. Auch das Lernverständnis zeigt Spuren einer Deformation: Während in Zukunft vom einzelnen konjunkturunabhängige Paradigmen von Bildung gefordert sind, konzentriert sich das Lernen in der Schule immer noch auf enzyklopädische Wissensanhäufung. Während in Zukunft die Fähigkeit zu selbständigem Lernen, Problemlösung im Team, produktiv-kritisches Denken in Zusammenhängen und sozialverantworteter Umgang mit dem Wissen erwartet werden, verharrt das offizielle Schulverständnis immer noch bei der Reproduzierbarkeit selbstdefinierter Wissensbestände.

Ärgerlich ist auch die Tatsache, daß Gesellschaft, Politik und Wirtschaft Bildung nahezu ausschließlich unter dem Gesichtspunkt ihrer Verwertbarkeit würdigen. Schüler haben längst die Erfolgsmatrize abgeschaut: Die Lerninhalte sind offensichtlich sekundär geworden. Was zählt, sind Punkte, Noten und Abschlüsse. Diese Denkweise greift aber an das Grundverständnis eines jeden Lehrers.

Hinzu kommt die pädagogische Übererwartung an Schule und Lehrer: Wer immer in Politik und Gesellschaft ein Problem nicht lösen kann, entdeckt sofort seinen volkspädagogischen Tatendrang. "Wenn die Zahl der Verkehrstoten steigt oder die Wehrgesinnung sinkt oder die Friedensdiskussion in der Öffentlichkeit zu 'einseitig' erfolgt, wird nach Erlassen gerufen, die die Schulmeister anhalten sollen, das Nötige unverzüglich zu tun." (Giesecke, 1985, S. 111). Lehrer werden in den letzten Jahren geradezu erdrückt von den vielfältigen Erwartungen. Der pädagogische Wunschkatalog ist unerschöpflich: Umwelt, Medien, Drogen, Frieden, Heimat, Verkehr, Gesundheit, Ethik ...

Weiteres kommt hinzu: Jedermann weiß, daß die Erziehungskraft der Familie immer mehr schwindet. 40 % der Mütter mit schulpflichtigen Kindern sind berufstätig und 42 % der Schulkinder im Alter von 6-15 Jahren lebten 1987 in unvollständigen Familien (BMJFFG, 1990, S. 235). Jedermann weiß, daß der Einbruch der visuellen Medien in die kindliche Lebens- und Erfahrungswelt "dramatisch" ist. Fernsehen ist die häufigste Freizeitbeschäftigung. Die 8- bis 11-jährigen sehen im Durchschnitt täglich 2 Stunden fern. Jedes 3. Grundschulkind sogar 4 Stunden. An den beiden Wochenendtagen noch mehr.

Was Lehrern zusetzt, das sind schließlich die offenkundigen Widersprüche zwischen den pädagogischen Wunschvorstellungen an die Schule auf der einen Seite und der gesellschaftlichen Wirklichkeit außerhalb der Schule auf der anderen Seite. So sollen Lehrer in der Schule ihre Schüler zum vernünftigen Gebrauch der Medien erziehen. Zuhause aber läuft der Fernsehapparat ununterbrochen und Videokassetten und Computerspiele türmen sich zuhauf. In der Schule sollen Lehrer z.B. zum verantwortungsvollen Umgang mit der Umwelt erziehen. Außerhalb der Schule löst ein Umweltskandal den anderen ab. In der Schule sollen Lehrer zu Hilfsbereitschaft, Toleranz und Menschlichkeit erziehen. Außerhalb erlebt der Schüler augenfällig, daß derjenige nicht selten weiterkommt, der auf seinen eigenen Vorteil bedacht ist und der clever genug ist, den anderen "übers Ohr zu hauen". Diese gesellschaftliche Doppelmoral macht es Lehrern sehr schwer, als Pädagogen zu überzeugen. Der Schritt ist kurz von der Übererwartung zur Überforderung der Schule. Und der Schritt ist ebenso kurz von überzogenen Ansprüchen bis zur bösartigen Lehrerschelte. So wird z.B. in der Regel dem Lehrer die Schuld dafür zugeschoben, wenn die "Rechtschreibkenntnisse ungenügend" sind, wenn viele "Abiturienten studierunfähig" sind, wenn Jugendliche wie Vandalen hausen ...

Man darf unterstellen, daß viele Lehrer ihren Beruf auch deshalb verleugnen, weil sie selbst ständig das Gefühl haben, überfordert zu sein, nie fertig zu werden, nie allen Erwartungen genügen zu können und bei allem Bemühen im aufreibenden Schulalltag auch noch die geballte Kritik der Gesellschaft zu ernten.

Berufspolitik für Lehrer ist angesichts einer kollektiven Verunsicherung einerseits und einer pauschalierenden Kritik andererseits wesentlich öffentliche Bewußtseinsbildung über die Aufgabe und Bedeutung des Lehrers geworden. Dabei gilt es, nicht in überzogene Idealisierungen zu verfallen. Lehrer sind weder "geborene Erzieher" (Spranger), noch unfehlbare Säulenheilige. Wenig hilfreich ist auch, wie H.A. Müller feststellt, "eine Überkompensation am Leitfaden ideologischer Leitbilder".

Lehrer sind schlicht Fachleute für Unterricht und Erziehung. Damit ist allerdings ein hoher fachlicher, ethischer und politischer Anspruch verbunden.

Lehrer als gesellschaftliche Schlüsselfigur

Es scheint mir angezeigt, die Kritik an Schule und Lehrer positiv zu wenden: Wo so viele unterschiedliche Meinungen und Erwartungen auf die Institution Schule einwirken, wie in unserem pluralistischen Gemeinwesen, sind Kritik und Konflikt selbstverständliche Vorgänge. Nur in der Auseinandersetzung kann immer wieder ein tragfähiger Konsens in einer dynamischen Gesellschaft hergestellt werden.

Dort, wo die Schule unter einem totalitären Staatssystem steht, wo Bildungs- und Erziehungsauftrag nicht hinterfragt werden dürfen, wo diktiert wird, was Schule zu sein hat, findet Kritik an staatlichen Institutionen nicht statt.

Die Kritik an unserer Schule, in einer schwierigen, aber freien Gesellschaft, kann zugleich ein wesentlicher pädagogischer Auftrag sein als Beispiel von Demokratiefähigkeit.

Das Beispiel einer Erziehung zur Demokratiefähigkeit, die angesichts der politischen Umwälzungen im Osten Europas höchste Aktualität hat, scheint mir geeignet, die Bedeutung des Lehrers für Politik und Gesellschaft zu erläutern.

Es herrscht sicher Konsens darüber, daß gebildete Staatsbürger unabdingbare Voraussetzung und zuverlässige Träger eines demokratischen und humanen Gemeinwesens sind. Welche Priorität der Erziehungsauftrag zur Demokratiefähigkeit genießt, wird in allen Schulgesetzen der Bundesrepublik Deutschland deutlich. So heißt es beispielsweise im Bayerischen Erziehungs- und Unterrichtsgesetz in Art. 1 und 2:

- "Die Schüler sind im Geiste der Demokratie zu erziehen".
- Die Schulen haben insbesondere die Aufgabe, "die Bereitschaft zum Einsatz für den freiheitlich-demokratischen und sozialen Rechtsstaat ... zu fördern".
- Die Schulen sollen "zur Wahrnehmung von Rechten und Pflichten in Staat und Gesellschaft" ... befähigen.

Diese Erziehungsziele werden in den Lehrplänen präzisiert. Vom Lehrer müssen sie kritisch aufgearbeitet und mit demokratischem Erziehungsverständnis ausgefüllt werden.

Seit Lewin, Lippit und White (1939) wissen Lehrer um die Ausprägung und Wirkung pädagogischer Führungsstile. Es gibt, so denke ich, keinen Zweifel, daß der demokratische Führungsstil – in Abgrenzung zum autoritären und Laissez-faire-Stil – in unseren Schulen vorherrscht.

Das demokratische Erziehungsverständnis zeichnet sich aus durch Reversibilität der Sprache und durch Kongruenz des Verhaltens, durch Bitten statt Befehlen, durch Problemorientierung statt fortlaufender Anweisung, durch Ermutigung statt destruktiver Kritik etc.

Insofern ist der Lehrer ist Vorbild für demokratisches Verhalten und mehr als ein Wissensvermittler, mehr als ein Lernzielkontrolleur und Zeugnisausfertiger. "Jeder Lehrer ... auch wenn er lediglich sein Fach wissenschaftlich unterrichten möchte, beeinflußt tiefgreifend die emotionalen und sozialen Vorgänge von Jugendlichen ..." (Tausch & Tausch, 1970, S. 237).

Die Tatsache, daß der Lehrer als Leitbild auf seine Schüler wirkt, ist auch die Tatsache seiner Bedeutung für eine demokratische Bildung.

Entscheidend für eine Erziehung zur Demokratiefähigkeit ist, daß Lehrer echt sind in ihrer Haltung und glaubwürdig. Schüler kaufen es ihren Lehrern nicht ab, wenn sie Scheindiskussionen und Pseudoabstimmungen durchführen über Fragen, die sie selbst längst entschieden haben – sei es die Auswahl eines Unterrichtsthemas, eines Schulspiels oder eines Ziels am Wandertag.

Schüler sind gegen die unbegründete Ablehnung ihrer Anliegen ebenso allergisch wie gegen geheuchelte Zustimmung.

Schüler sind skeptisch, wenn Lehrer aus dienstlichem Opportunismus Anordnungen ausführen, deren Sinn nicht einsichtig ist. Schüler glauben ihren Lehrern nicht, wenn sie die gesellschaftlichen Verhältnisse nur glorifizieren und Demokratie als Schönwettereinrichtung anpreisen. Lehrer können Schüler nur überzeugen, wenn sie Zwänge, schmerzliche Kompromisse und die Notwendigkeit zu demokratischer Toleranz darlegen.

Lehrer überzeugen, wenn sie am Beispiel der eigenen Profession die widersprüchlichen Erwartungen an sich selbst verdeutlichen:

Lehrer wollen Lernhelfer sein, müssen aber auch Noten machen und Schüler auslesen. Lehrer wollen auf das aktuelle Interesse der Schüler eingehen, aber sie haben auch ein Pensum zu erfüllen.

Lehrer können ihre Schüler überzeugen, wenn sie ihre eigenen Rollenzwänge ansprechen als Fach- und Klassenlehrer, innerhalb des Kollegiums, als Beamte, als Partner der Eltern und vieler gesellschaftlicher Gruppen.

Lehrer sind gegenüber ihren Schülern im Sinne der Demokratie-Erziehung glaubwürdig, wenn sie ihre Schüler an ihren eigenen Fragen, an ihrer eigenen Ungewißheit, an ihrer eigenen Entscheidungssuche und an ihrer eigenen Urteilsfindung teilhaben lassen.

Der Kern des Selbstverständnisses des Lehrers in einer demokratischen Gesellschaft liegt darin, daß sich der Lehrer zur Demokratie und zum Ethos ihrer Verfassung aktiv bekennen muß. Damit meine ich: Der Lehrer darf sich nicht neutral verhalten, wenn es um Grundwerte des freiheitlich-demokratischen und sozialen Rechtsstaates geht, z.B. um die Würde des Menschen, um die freie Entfaltung der Persönlichkeit, um die Gleichheit vor dem Gesetz, um Glaubens-, Gewissens- und Meinungsfreiheit.

Wenn es um demokratische Grundfragen geht, müssen sich Lehrer bekennen!

Aktuelle Anlässe zu diesem Bekenntnis des Lehrers gibt es m.E. zuhauf. Lehrer dürfen sich nicht um ein klares Bekenntnis herumwinden, wenn durch Umweltzerstörung kommenden Generationen die natürliche Existenzgrundlage entzogen wird. Lehrer müssen Position beziehen, wenn gesellschaftliche Minderheiten offen diskriminiert werden: Ausländer, Übersiedler, Asylbewerber u.v.m.

Hier und in vielen anderen Beispielen geht es konkret um den Auftrag der Schule zur Erziehung "im Geist der Demokratie", wie ihn Verfassung und Schulgesetze grundgelegt haben.

Kurz: Für die Erziehung zur Demokratiefähigkeit ist die Persönlichkeit des Lehrers von entscheidender Bedeutung.

Verallgemeinert und umfassend auf seine öffentlich rechtliche Berufsrolle angewendet, wird der Lehrer "als die zentrale politische Schlüsselfigur verstanden, über die jedes politische Herrschaftssystem seine Staatsverfassung und Weltanschauung ebenso wie seine politischen Prinzipien und sozio-ökonomischen Interessen in der Schule und an die Jugend vermitteln und damit erhalten und tradieren kann" (Brinkmann, 1976, S. 121).

Gefordert: Institutionelles Eigenverständnis der Schule

Je pluralistischer und offener also eine Gesellschaft ist, desto notwendiger scheint es mir, daß die Schule ein eigenes institutionelles Selbstbewußtsein entwickelt. Unsere Gesellschaft muß deshalb ihrer Schule als Institution ein spezifisches Eigenverständnis zugestehen, das nicht von politischen Interessen und Konjunkturen abhängig ist.

Woran kann das schulische Eigenverständnis deutlich werden? Wir alle erleben den immer rascheren technischen und sozialen Wandel. In schneller Folge werden immer neue Qualifikationen notwendig. Darauf, so erwartet man, muß die Schule reagieren und vorbereiten. Gleichzeitig wissen wir, daß die Schule beim Wettlauf um ständige Aktualität hoffnungslos überfordert ist.

Ich meine, das Eigenverständnis der Schule wird deutlich, wenn die Schule zwar auf Innovationswünsche der Gesellschaft reagiert, aber nicht jeden technischen, sozialen und wirtschaftlichen Trend mit voller Wucht in die Klassenzimmer läßt.

Mit der Forderung nach einem spezifischen, institutionellen Eigenverständnis der Schule meine ich, daß die Schule in der Gesellschaft so etwas wie die Funktion eines "Transformators" innehaben muß, die alle hochgespannten Ansprüche gesellschaftlicher Gruppen, der Politik, der Wirtschaft, der Wissenschaft und Administration in Gebrauchsstrom umsetzt.

Eine entscheidende Bedingung für ein institutionelles Eigenverständnis der Schule ist schließlich das Vertrauen der Gesellschaft in die Professionalität des Lehrers. Damit ist nicht gemeint, daß sich Lehrer der Kritik und Kontrolle der Gesellschaft entziehen können sollten. Es geht vielmehr darum, daß der Lehrer in eigener Zuständigkeit die pädagogische Auftragsverantwortung für die Gesellschaft wahrzunehmen hat. Selbstverständlich setzt dieser Anspruch die hohe fachliche und pädagogische Kompetenz des Lehrers voraus, sein berufsethisches Grundverständnis und die Sicherung seiner pädagogischen Freiheit.

Ein abschließender Gedanke gilt dem pädagogischen und demokratischen Selbstverständnis der Schule: Die Schule ist keine Institution, in der massenhaft gleichförmige Verwaltungsvorgänge abgewickelt werden — wie etwa in einem Finanzamt. Die Schule ist vielmehr ein lebendiger, sozialer Organismus, der für junge Menschen Lern- und Lebensraum sein soll. Die einzelne Schule muß sich also an der pädagogischen und sozialen Eigenlage ihrer Schüler und an den Besonderheiten ihrer unmittelbaren Lebensumwelt orientieren. Bei allen formaljuristischen Zwängen zur Vergleichbarkeit von Schulabschlüssen, darf doch die einzelne Schule nicht zurechtgeschnitten werden zum administrativen Konfektionsstück.

Demokratie hat nur eine Chance, wenn die Staatsbürger teilhaben und teilnehmen und sich mit dem Staat identifizieren. Die Schule selbst als erste staatliche Institution, mit der ein Schüler in Berührung kommt, muß selbst überzeugen in ihrem demokratischen Grundverständnis. Trotz einer langwierigen und hitzigen Debatte um "Partizipation" ist in unseren Schulen nur wenig auszumachen an konkreter Mitwirkung oder gar Mitbestimmung.

Es wäre durchaus angezeigt, daß unsere Schulen ein Beratungs- und Entscheidungsmodell übernehmen, das für die Demokratisierung Osteuropas geschichtlichen Symbolwert hat: "Der runde Tisch".

Unsere Schule braucht vor allem eine dezentrale Schulverfassung. Pate darf dabei nicht, wie in der Partizipationsdebatte, ein parlamentarisch-bürokratisches Entscheidungs- und Steuerungsorgan stehen oder eine Betriebsverfassung. Eine neue, demokratische Schulverfassung muß alle einschließen, die an der pädagogischen Kultur einer Schule beteiligt sind. Sie muß sich vor allem orientieren am Subsidiaritätsprinzip: Was die Schule selbst regeln kann, muß sie auch selbst regeln dürfen!

Gelungene Beispiele liefern inzwischen Frankreich und England: Das Collège de France erarbeitete 1987 Vorschläge für eine autonome und offene Schule. England verabschiedete 1988 den "Education Reform Act". Diese Reform "gewährt der Schule eine weitgehende Selbstverwaltung unter Einbeziehung aller Beteiligten, beschränkt die Rolle der Schulbehörden auf Rahmenvorgaben, auf Bereitstellung der Finanzmittel, der Beratung und Kontrolle" (Jenkner, 1988, S. 9). Beide Initiativen zu einer demokratischen Schule dürften und sollten innerhalb der europäischen Einigung Signalwirkung haben.

Dabei geht es nicht um "totale Autonomie" der Schule, sondern um die situationsbezogene Gestaltung eines lebendigen Organs.

Das schließt auch ein, daß Lehrer selbst Eigenverantwortung übernehmen und daß sie vor allem nicht unbedacht oder ängstlich nach administrativen Regelungen rufen! Damit schließt sich der Kreis: Das Selbstbewußtsein des Lehrers findet seinen souveränen Ausdruck in der professionellen, eigenverantwortlichen Gestaltung von Schule. Von dort aus kann es auch in der Gesellschaft überzeugen.

Literaturverzeichnis:

BMJFFG (1990). *Achter Jugendbericht. Bericht über Bestrebungen und Leistungen der Jugendhilfe.* Bonn

Brinkmann, W. (1976). *Der Beruf des Lehrers.* Bad Heilbrunn: Klinkhardt.

Giesecke, H. (1985). *Das Ende der Erziehung.* Stuttgart: Klett-Cotta.

Jenkner, S. (1988). Entwicklungen und Perspektiven der Schulverfassung in der Bundesrepublik Deutschland. In: *Aus Politik und Zeitgeschichte.* Beilage zur Wochenzeitung "Das Parlament" vom 30.6.1988.

Lewin, K., Lippitt, R & White, R. K. (1939). Patterns of Aggressive Behaviour in Experimentally Created "Social Climates". *The Journal of Social Psychology, 10,* 271-299.

Müller, H. A. (1981). *Das Selbstbewußtsein des Lehrers.* Bonn: Bouvier.

Tausch, R. & Tausch A. (1970). *Erziehungspsychologie* (5. gänzlich neugestaltete Auflage). Göttingen: Hogrefe.

HANS-PETER LANGFELDT

Pädagogisch-psychologische Einzelfallstudien als Anwendungsmöglichkeit des "Forschungsprogramms Subjektive Theorien"

Einzelfallstudien in der Pädagogischen Psychologie

Innerhalb der Pädagogik hatte die Beschreibung und Analyse von Einzelfällen schon immer ihren besonderen Stellenwert. Sie werden als legitimer Weg zur wissenschaftlichen Erkenntnis betrachtet (vgl. Terhart 1985). In der gegenwärtigen nomothetischen Psychologie, in einer Psychologie also, die nach möglichst allgemeingültigen Aussagen und Regeln sucht, hatten Einzelfalldarstellungen jedoch lange Zeit keinen Platz (mehr). Nach ihrem Wissenschaftsverständnis führt die Analyse eines Einzelfalles nicht zu allgemeinen Aussagen und ist daher als wissenschaftliche Methode wenig wertvoll. Dennoch ist zu beobachten, daß Einzelfallstudien auch in der Psychologie zunehmend Interesse finden. Dies zeigt sich beispielsweise in festen Rubriken von Fachzeitschriften (z.B. in "Psychologie in Erziehung und Unterricht") oder in einschlägigen Sammelbänden (z.B. Heller & Nickel 1982, Kormann 1988, Lorenz 1987, Marschner 1989).

Nicht zufällig ist im Bereich der Pädagogischen Psychologie das Interesse an Einzelfallstudien besonders hoch. Stellt sich doch für den praktisch tätigen Psychologen oder Pädagogen stets die Notwendigkeit, allgemeine Aussagen auf einzelne Personen übertragen zu müssen. Fallbeschreibungen werden daher in der Regel als gelungene Beispiele solcher Übersetzungsarbeit vorgestellt. Konsequent besteht ihr Ziel "in einer engen Verbindung wissenschaftlicher Erkenntnisse mit konkreten Erfahrungen im Sinne einer Vermittlung praktisch umsetzbaren Wissens ..." (Heller & Nickel 1982, S. 5) oder in "... der Überwindung, zumindest Reduzierung eines seit langer Zeit bestehenden 'Theorie-Praxis-Defizits'" (Kormann 1988, S. 7). Es werden also keine erkenntnistheoretischen, sondern (nur) didaktische Interessen verfolgt.

Obwohl das Erkenntnisinteresse an Einzelfallstudien in der Pädagogik und Psychologie also durchaus unterschiedlich sein kann, haben sie in der Regel eines gemeinsam: Sie beziehen sich auf eine zentrale Person und deren mehr oder weniger geglückte oder mißglückte Lebensbewältigung. Je nach theoretischer Position des Autors werden dabei die sozialen Interaktionen in unterschiedlichem Maße berücksichtigt. Viele solcher Falldarstellungen lassen sich unter eine Überschrift wie "P hat (bzw. "ist") ein Problem!" fassen.

Nimmt man den Interaktionscharakter von Erziehung und Unterricht wirklich ernst, dann müssen selbst Fallstudien, die ausführlich beschreiben, *welche* Interaktionen bestehen, unzulänglich bleiben, solange sie nicht auch zu erklären vermögen, *warum* die Personen so interagieren, wie sie es tun. Diese Erklärung mag man in Begriffen des Behaviorismus oder der Handlungstheorien formulieren.

Bereits im inzwischen häufig zitierten "transaktionalen Modell" zur Beschreibung der Lehrer-Schüler-Beziehung von Nickel (1976) werden den impliziten Vorstellungen und Theorien des Lehrers (oder Erziehers) eine interaktionsprägende Bedeutung zugewiesen. Präzisierend könnte man hinzufügen, daß dabei nicht nur die aufgeführten "impliziten Persönlichkeits- und Führungstheorien" bedeutsam sind, sondern auch die impliziten Theorien der Erziehungsperson gegenüber sich selbst, d.h. ihre Selbstkonzepte oder ihr "Selbstbewußtsein" (im Sinne von Müller 1981).

In der Nachfolge und Tradition der klassischen Untersuchungen von Höhn (1967) über das Bild des Lehrers vom "schlechten Schüler" und von Hofer (1969) über die "Schülerpersönlichkeit im Urteil des Lehrers", sind eine Reihe empirischer Arbeiten erschienen, die versuchen, implizite Theorien von Erziehungspersonen *allgemein* zu beschreiben. Während zunächst die Frage im Vordergrund stand, wie sich solche impliziten Theorien inhaltlich beschreiben lassen, wird zunehmend auch die Frage bearbeitet, wie sie erworben werden und zu welchen Handlungskonsequenzen sie führen. Einen repräsentativen Überblick über einschlägige Konzepte und Befunde findet man bei Hofer (1986).

An dieser Forschungstradition läßt sich – in Anschluß an Gigerenzer (1981) – kritisieren, daß genau genommen nicht implizite, sondern nur *quasi*-implizite Theorien beschrieben werden. Es handelt sich dabei immer nur um gruppenstatistische Aussagen, die für die Denkweise einer bestimmten Personengruppe (z.B. *die* Lehrer) mehr oder weniger charakteristisch sein können, die aber nicht *eine* implizite Theorie *einer* einzelnen Person abbilden. Will man dies erreichen, dann sind andere (Forschungs-)Konzepte nötig. Eine mögliche Alternative bildet das *Forschungsprogramm Subjektive Theorien*, das in der Pädagogischen Psychologie zunehmend Aufmerksamkeit erlangt.

Das Forschungsprogramm Subjektive Theorien:

Grundannahmen und Methoden

Grundannahmen:

Ein Programm, das inzwischen in einer Reihe umfangreicher Publikationen (Groeben 1986, Groeben, Wahl, Schlee & Scheele 1988, Scheele & Groeben 1988) differenziert vorgestellt wurde, läßt sich schwerlich in wenigen Zeilen angemessen in seinen Grundannahmen referieren. Unter dieser Einschränkung scheinen mir zur näheren Kennzeichnung des Forschungsprogramms die beiden nachfolgenden Zitate von Schlee (in Groeben et al. 1988, S. 16) vertretbar:

"Auf dieser Ebene der ganz grundlegenden Problemfestlegung(en) steht für das FST [*F*orschungsprogramm *S*ubjektive *T*heorien, der Verfasser] der Mensch als handelndes Subjekt mit den Merkmalen der Intentionalität, Reflexivität, potentiellen Rationalität und sprachlichen Kommunikationsfähigkeit ('epistemologisches Subjektmodell') im Mittelpunkt."

Im epistemologischen Subjektmodell "werden die Fähigkeiten des Menschen zur Reflexivität und zur sprachlichen Kommunikation betont. Unter dieser Perspektive wird hervorgehoben, daß das Erkenntnis-'Objekt' in der Psychologie in der Lage ist, sich von seiner Umwelt zu distanzieren und unabhängig zu machen, indem es sie mit Hilfe selbstkonstruierter Kategorien beschreibt, erklärt und mit Bedeutung versieht. Es stellt Fragen, entwirft und überprüft Hypothesen, gewinnt Erkenntnisse und bildet sich Vorstellungen, die zu seinen Orientierungsgrundlagen werden. In seinem Planen und Handeln hat der Mensch Wahlmöglichkeiten, weshalb er für seine Entscheidungen, Unterlassungen und Handlungen die Verantwortung trägt. Über seine internen Prozesse, über seine Sinn- und Bedeutungsstrukturen kann er Auskunft geben und sich verständigen."

Der Mensch wird also als eine prinzipiell autonom und rational handelnde Person angesehen, die Theorien über sich und ihre Umwelt entwickelt und anwendet. Diese Theorien sind *seine* subjektiven Theorien.

"Subjektive Theorien" sind dann nach Groeben (in Groeben et al. 1988, S. 22):

" – Kognitionen der Selbst- und Weltsicht,
 – die im Dialog-Konsens aktualisier- und rekonstruierbar sind
 – als komplexes Aggregat mit (zumindest impliziter) Argumentationsstruktur,
 – das auch die zu objektiven (wissenschaftlichen) Theorien parallelen Funktionen
 – der Erklärung, Prognose, Technologie erfüllt,
 – deren Akzeptierbarkeit als 'objektive' Erkenntnis zu prüfen ist."

Mit dieser Definition wird ein früherer Vorschlag zur Sprachregelung von Groeben & Scheele (1982) konsequent eingehalten. Zwei kritische Festlegungen bestimmen genauer, was subjektive Theorien *im engen Sinne* von impliziten oder quasi-impliziten, d.h. von subjektiven Theorien *im weiten Sinne* unterscheidet. Sie sind *nur im Dialog-Konsens aktualisierbar* und sie sind darauf zu prüfen, ob sie als "objektive" Erkenntnis akzeptierbar sind. Während das letztgenannte Kriterium sich auf eine Zielvorstellung bezieht, hat das erstgenannte Konsequenzen für die Methodenwahl. Nur solche implizite Theorien werden als subjektive Theorien akzeptiert, die in irgendeiner Weise im gleichberechtigten Dialog zwischen Forscher und "Erforschtem" rekonstruiert und durch dessen Zustimmung validiert wurden. Subjektive Theorien im engen Sinne sind also (auch) an bestimmte methodische Vorgehensweisen gebunden, die aus dem epistemologischen Menschenbild abgeleitet werden. Die damit verbundenen Einschränkungen sieht Hofer (1985, S. 136) als wenig sinnvoll an. Seiner Ansicht nach "leidet die rationale Argumentation über ihre [der Methoden, der Verf.] Vor- und Nachteile durch eine unnötige Koppelung mit der Frage nach dem 'richtigen' Menschenbild."

Methoden:

Die Festlegung auf subjektive Theorien im oben definierten engen Sinne, zwingt zur Entwicklung neuer, definitionsangemessener Verfahren. Bisher liegen einige wenige Entwürfe sogenannter Dialog-Konsens-Methoden zur Rekonstruktion subjektiver Theorien vor (siehe z.B. Wahl in Groeben et al. 1988, Kap. 6 oder ausführlicher: Scheele & Groeben 1988). Eine dieser Methoden ist die Heidelberger-Struktur-Lege-Technik (SLT) von Scheele & Groeben (1984, 1988, Kap. 2). Mit ihr sollen Inhalt und Struktur einer subjektiven Theorie angemessen erfaßt werden. Sie besteht im ersten Schritt aus einem halbstandardisierten Interview, das nach Festlegung eines Inhaltsbereiches mithilfe eines Leitfadens vorbereitet wird. Drei unterschiedliche Fragetypen werden verwendet:

Hypothesenungerichtete Fragen:

Dem Befragten wird es dabei ermöglicht, aktuell verfügbares Wissen über das Thema zum Ausdruck zu bringen. "Es sind Fragen, die völlig offen nach Definitionen, Erklärungsvariablen, Wirkungen, ... fragen, z.B. Was verstehen Sie unter (Konzept xy)?" (Scheele & Groeben 1984, S. 10).

Hypothesengerichtete Fragen:

Dieser Pool enthält Fragen zu inhaltlichen Aspekten, die von anderen Personen zu diesem Themenkomplex stammen. Vom Interviewten können sie als Angebot verstanden werden, je nach Zugehörigkeit zu seiner eigenen Theorie, diese anzunehmen oder sie zu verwerfen. Weiter erhält er dadurch Anstöße, über bislang noch nicht erwähnte Dinge nachzudenken und seine Meinung dazu zu äußern. Hypothesengerichtete Fragen unterscheiden sich von Proband zu Proband, da sie davon abhängen, ob ein Befragter einen bestimmten Inhaltsbereich schon bedacht und verbal dargestellt hat oder nicht.

Störfragen:

Diese Fragen wurden entwickelt, um "die Explizierung und Präzisierung der subjektiven Wissensinhalte innerhalb eines Befragungsdialogs voranzutreiben." (Scheele & Groeben 1984, S. 11). Der Interviewer versucht Alternativhypothesen zu den Aussagen des Befragten zu entwickeln oder seine Gedankenabfolge mit dem Ziel zu unterbrechen, die Theorie der Versuchsperson dadurch zu spezifizieren. Sie soll durch Störfragen gezwungen werden, ihren Standpunkt noch einmal zu überdenken.

Nach dem Interview liegt es am Forscher, die wichtigsten Aussagen zu erkennen und sie auf grüne bzw. rote Kärtchen zu übertragen. Grüne Kärtchen werden für *definitorische Festlegungen* verwendet, die das in Frage stehende Konzept näher erläutern sollen; rote Kärtchen enthalten die Konzepte, die sich in einem *Abhängigkeits-* oder *Wirkungsverhältnis* zum rekonstruierten Konzept befinden.

Mit den Kärtchen legt der Interviewer in Abwesenheit des Probanden eine Struktur der geschilderten subjektiven Theorie. Dazu stehen ihm weitere Kärtchen, die *Relationen* symbolisieren, zur Verfügung.

Abbildung 1 enthält diejenigen Symbole, die später im eigenen Beispiel verwendet werden.

Zeichen:	Bedeutung:
☐ (stark umrandet)	Stark umrandete Kästchen: Begriffe, die im Sinne von Definitionen festlegen, was unter dem kritischen Begriff (im Beispiel: "Intelligenz" von Vorschulkindern) verstanden werden soll. (entspricht den grünen Kärtchen im Original.)
☐ (schwach umrandet)	schwach umrandete Kästchen: Konzepte, die in einem Wirkungs- oder Abhängigkeitsverhältnis zum kritischen Begriff stehen. (Entspricht den roten Kärtchen.)
╱ ╲	nebeneinander gezeichnete Kästchen: "und"-Verbindungen
=	"ist definitorisch gleich mit"
☐ ☐ ☐	(B) ist/sind "Unterbegriffe/" von (A), bzw. (A) ist/sind "Oberbegriff/e" von (B)
Voraus. ◣	"Voraussetzung/en für"
(A) ⟶ (B)	(A) "bewirkt/verursacht" (B) "positiv/verstärkend"

Abb. 1: Ausgewählte Zeichen der Heidelberger-Struktur-Lege-Technik

Der Befragte erhält ebenfalls eine Einführung in das Zeichensystem der Legetechnik und versucht aufgrund des schriftlichen Interviews unabhängig vom Interviewer seine Struktur zu legen. Anschließend werden beide Strukturen miteinander verglichen und die endgültige Form erstellt. Der Proband muß dabei entscheiden, welcher Version er an welcher Stelle den Vorzug geben will.

Die Validierung erfolgt über das Kriterium des Dialogkonsens. Wenn die Person äußert: "So entspricht die Struktur dem, was ich denke.", dann gilt die Theorie als validiert und der Rekonstruktionsprozeß wird beendet.

Ein Beispiel: Die subjektive Intelligenztheorie einer Erzieherin

In Abbildung 2 ist als Beispiel (aus Langfeldt 1989) die subjektive Theorie einer Kindergarten-Erzieherin über Intelligenz von Kindern dargestellt, so wie sie mit der Heidelberger-Struktur-Lege-Technik rekonstruiert wurde.

Zur Durchführung wurde, durchaus im Einklang mit entsprechenden Ratschlägen von Scheele (in Groeben et al. 1988, S. 178-179), eine Vereinfachung vorgenommen: Nach dem Interview erstellte die Interviewerin (Frau cand.psych. M. Seufert) die Theoriestruktur allein und traf sich noch einmal mit der Erzieherin. Gemeinsam wurde dann mit Hilfe prägnanter Stichwörter der Inhalt des Interviews ins Gedächtnis gerufen. Anschließend wurde der Erzieherin die Struktur vorgelegt. Sie mußte also, im Gegensatz zur Originalversion, nicht selbst legen. Dadurch wurde es vermieden, ihr den Aufwand zuzumuten, sich in die Struktur-Lege-Technik einarbeiten zu müssen. Dennoch blieben der Befragten genügend Möglichkeiten, die Struktur so lange zu verändern, bis sie ihren persönlichen Vorstellungen entsprach und als "ihre" subjektive Theorie bestätigt wurde. (Abbildung 2)

Die Erzieherin hat eine sehr detaillierte Theorie entwickelt, wobei sie zwischen verzichtbaren und unverzichtbaren Bestandteilen unterscheidet. Die Abbildung enthält nur den unverzichtbaren "Kernbestand" der Theorie und spiegelt deshalb die inhaltliche Fülle der Gesamttheorie nicht vollständig wider.

Intelligenz von Vorschulkindern wird definiert als "Geisteskraft, Potential im Denken" und "Verwirklichung seines Wesens, seiner Persönlichkeit". Notwendige Voraussetzung ist die "Vererbung". Intelligenz kann jedoch durch Erfahrung und spezifische Förderung in Familie, Schule und Kindergarten positiv beeinflußt werden. Mißbräuchlich eingesetzt, kann sie zu "Macht, Habgier, Egoismus, Zerstörung" führen.

Unterkategorien von Intelligenz im Sinne unterscheidbarer Teilbereiche sind "Lebensbewältigung", "sprachliches Repertoire, Ausdrucksfähigkeit" und "Kreativität".

Lebensbewältigung wiederum umfaßt die Fähigkeiten zur Konfliktlösung, zum Umgang mit anderen, zur Weitsicht und zur Psychohygiene (auf sich selbst achtgeben). Kreativität bezieht sich einerseits auf das Finden von Denk- und Handlungsalternativen und andererseits auf künstlerische Fähigkeiten.

Zu den in der Abbildung nicht dargestellten peripheren, verzichtbaren Komponenten gehören u.a. Konzepte wie: "Cleverness", "Scharfsinn", "Gedächtnis", "Feingefühl" oder "Allgemeinwissen".

Der abgebildete Kernbereich dieser subjektiven Theorie läßt erkennen, daß die Erzieherin in ihren Vorstellungen durch die langjährige berufliche Erfahrung im Kindergarten geprägt wurde. Ihre Theorie bildet ein kreati-

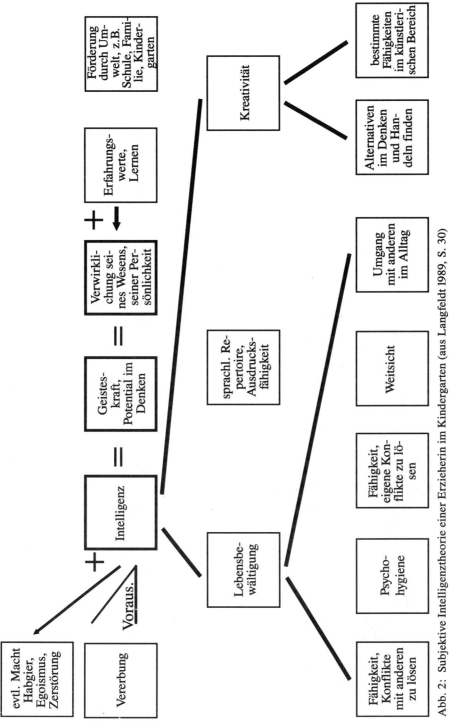

Abb. 2: Subjektive Intelligenztheorie einer Erzieherin im Kindergarten (aus Langfeldt 1989, S. 30)

ves, sprachlich gewandtes, sozial kompetentes und psychisch gesundes Kindergartenkind ab, das gut erzählen kann und mit anderen in Gruppen spielt, singt, malt und bastelt.

Das Forschungsprogramm Subjektive Theorien:
Eine Sammlung von Einzelfällen?

Nach wie vor entfaltet das Forschungsprogramm Subjektive Theorien seine Bedeutung vorwiegend in der Einzelfalldarstellung und Einzelfallhilfe.

Nehmen wir beispielsweise an, einem Erziehungsberater würde ein Kind vorgestellt, das durch aggressives, sozial schwieriges Verhalten im Kindergarten auffällt. Zusätzlich zeige es kaum erkennbare Freude beim Spielen und Basteln in der Gruppe. Es ist offensichtlich, daß ein solches Kind bei der dargestellten Erzieherin auf wesentlich andere Erziehungsbedingungen träfe als etwa ein aufgeschlossenes, sprachlich gewandtes und sozial kompetentes Kind. Diagnose und Intervention des Erziehungsberaters könnten (zumindest potentiell) erfolgreicher sein, wenn die subjektive(n) Theorie(n) der Erzieherin explizit rekonstruiert sind.

Vergleichbare Daten werden in der pädagogisch-psychologischen Diagnostik immer schon erhoben und interpretiert. In den üblichen Falldarstellungen finden sich sehr häufig Formulierungen der Art: "Bei der erkennbaren ablehnenden Haltung des Vaters ...; bei der im Gespräch deutlich werdenden überbehütenden Sorge der Mutter ...; bei der feststellbaren Diskrepanz der Erziehungseinstellung der Eltern ...". Die solchen Interpretationen zugrunde liegenden Daten werden jedoch vorwiegend unsystematisch erhoben und es kann an der einen oder anderen Stelle durchaus der Verdacht entstehen, Diagnostiker ließen sich bei der Interpretation anamnestischer oder exploratorischer Daten weitgehend von ihren eigenen subjektiven Theorien leiten.

Demgegenüber bietet das Forschungsprogramm Subjektive Theorien sich als eine Möglichkeit an, zuverlässigere und validere diagnostische Aussagen über erziehungsleitende Kognitionen zu erhalten, als dies bislang üblich ist. Das Forschungsprogramm könnte also zur Förderung und Weiterentwicklung der pädagogisch-psychologischen Einzelfalldiagnostik beitragen.

Einen vergleichbaren Nutzen kann das Forschungsprogramm Subjektive Theorien im Rahmen von Präventions- und Interventionsmaßnahmen entfalten. Subjektive Theorien eignen sich als Anknüpfungspunkte für Beratung, für Aus- und Weiterbildung, für Supervision oder gar Therapie. Ein konkretes Beispiel ist das Konstanzer Trainingsprogramm (KTM) von Tennstädt, Krause, Humpert & Dann (1987) zur Erhöhung pädagogischer Kompetenz von Lehrern bei der Bewältigung von Aggression im Unterricht. Dieses Programm hat inzwischen das Entwicklungsstadium weit hinter sich gelassen und kann bereits in der Praxis eingesetzt werden. Das Forschungsprogramm Subjektive Theorien vermag also Impulse zur Entwicklung neuer Ausbildungskonzepte setzen.

Nun reicht der Anspruch der Autoren des Forschungsprogramms Subjektive Theorien aber ungleich weiter. Es soll eben nicht (nur) neue Techniken zur Diagnostik oder Intervention bei einzelnen Personen entwickeln, sondern es stellt für sie "ein post-behavioristisches Forschungsprogramm dar, das die Tradition des Empirismus und der Hermeneutik in der Psychologie, die Methode des Experimentierens und des Verstehens zu integrieren erlaubt." (Scheele & Groeben 1988, S. 1.).

Den Autoren des Forschungsprogramms Subjektive Theorien geht es also um nicht weniger als um den Versuch einer Auflösung der historischen Kontroverse zwischen verstehender und erklärender Psychologie in einer "verstehend-erklärenden" Psychologie. Wenn gegen Ende seiner Habilitationsschrift Müller (1967, S. 393) schreibt: "Der Psychologe sollte mehr sehen, lauschen, vernehmen − als unvermittelt umdenken, transformieren und in funktionalistische Bezugsschemata einordnen.", dann kann man durchaus Gemeinsamkeiten zum aktuellen Versuch einer "verstehend-erklärenden Psychologie" erkennen.

Die Entwicklung und Ausgestaltung eines neuen Wissenschafts- und Forschungsprogramms schließt Wege und Irrwege mit ein. Viele Schritte sind nötig. Welche, das formulierte Wahl (in Groeben et al. 1988, S. 310-329) in zehn Desiderata. Mir scheint das achte zentral zu sein: "Die Verbindung idiographischer mit nomothetischer (objektiv theoretischer) Modellierung konzipieren!". Solange hier keine entscheidenden Fortschritte zu verzeichnen sind, wird eine Zwischenbilanz von Dann (1983, S. 92) wohl immer noch zutreffend sein: "Subjektive Theorien: Weder Irrweg noch Forschungsprogramm, sondern eine notwendige Erweiterung der psychologischen Denkmöglichkeiten."

Literaturverzeichnis:

Dann, H.D. (1983). Subjektive Theorien: Irrweg oder Forschungsprogramm? Zwischenbilanz eines kognitiven Konstrukts. In L. Montada, K. Reusser & G. Steiner (Hrsg.), *Kognition und Handeln* (S. 77-92). Stuttgart: Klett-Cotta.

Gigerenzer, G. (1981). Implizite Persönlichkeitstheorien oder quasi-implizite Persönlichkeitstheorien? *Zeitschrift für Sozialpsychologie, 12*, 65-80.

Groeben, N. (1986). *Handeln, Tun, Verhalten als Einheiten einer verstehend-erklärenden Psychologie*. Tübingen: Francke.

Groeben, N., Wahl, D., Schlee, J. & Scheele, B. (1988). *Forschungsprogramm Subjektive Theorien*. Tübingen: Francke.

Groeben, N. & Scheele, B. (1982). Einige Sprachregelungsvorschläge für die Erforschung subjektiver Theorien. In H.D. Dann, W. Humpert, F. Krause & K. Tennstädt (Hrsg.), *Analyse und Modifikation subjektiver Theorien von Lehrern* (Forschungsbericht Nr. 43). Konstanz: Universität, Zentrum für Bildungsforschung.

Heller, K.A. & Nickel, H. (Hrsg.). (1982). *Modelle und Fallstudien in der Erziehungs- und Schulberatung*. Bern: Huber.
Hofer, M. (1986). *Sozialpsychologie erzieherischen Handelns*. Göttingen: Hogrefe.
Hofer, M. (1985). Subjektive Persönlichkeitstheorien. In H. Herrmann & H.D. Lantermann (Hrsg.), *Persönlichkeitspsychologie* (S. 130-138). München: Urban & Schwarzenberg.
Hofer, M. (1969). *Die Schülerpersönlichkeit im Urteil des Lehrers*. Weinheim: Beltz.
Höhn, E. (1967). *Der schlechte Schüler*. München: Piper.
Kormann, A. (Hrsg.). (1988). *Diagnose und Intervention bei Schullaufbahnproblemen – Eine Fallsammlung*. Weinheim: Beltz.
Langfeldt, H.-P. (1989). *Wie denken "normale Menschen" über Intelligenz?* (Bericht Nr. 8). Würzburg: Universität, Institut für Psychologie, Lehrstuhl für Psychologie IV.
Lorenz, J.H. (1987). *Lernschwierigkeiten und Einzelfallhilfe*. Göttingen: Hogrefe.
Marschner, G.R.W. (1989). *Möglichkeiten und Grenzen der Psychodiagnostik*. Göttingen: Hogrefe.
Müller, H.A. (1967). *Spontaneität und Gesetzlichkeit*. Bonn: Bouvier.
Müller, H.A. (1981). *Das Selbstbewußtsein des Lehrers*. Bonn: Bouvier.
Nickel, H. (1976). Die Lehrer-Schüler-Beziehung aus der Sicht neuerer Forschungsergebnisse – Ein transaktionales Modell. *Psychologie in Erziehung und Unterricht, 23*, 153-172.
Scheele, B. & Groeben, N. (1984). *Heidelberger-Struktur-Lege-Technik (SLT)*. Weinheim: Beltz.
Scheele, B. & Groeben, N. (1988). *Dialog-Konsens-Methoden zur Rekonstruktion Subjektiver Theorien*. Tübingen: Francke.
Tennstädt, K.C., Krause, F., Humpert, W. & Dann, H.D. (1987). *Das Konstanzer Trainingsmodell (KTM)*. Bern: Huber.
Terhart, E. (1985). Das Einzelne und das Allgemeine – Über den Umgang mit Fällen im Rahmen erziehungswissenschaftlicher Forschung. *Zeitschrift für erziehungs- und sozialwissenschaftliche Forschung, 2*, 283-312.

WOLF D. OSWALD
Altern, Intervention und Kompetenz

1. Problemstellung

Aktuelle und bis zum Jahre 2030 sich noch verschärfende Veränderungen der Bevölkerungsstruktur rücken psychogerontologische Möglichkeiten zur Prävention und Intervention sowie Rehabilitation im höheren Lebensalter stärker ins Blickfeld der Öffentlichkeit. Während 1910 im damaligen Deutschen Reich ca. 3.2 Millionen über 65jährige lebten, wurden 1987 in der Bundesrepublik bereits 9.3 Millionen gezählt; Schätzungen gehen für das Jahr 2010 von ca. 12 Millionen und für das Jahr 2030 von ca. 14 Millionen aus. Allein diese demographischen Daten erklären, weshalb in verstärktem Maße nach geeigneten Interventionsmaßnahmen gesucht wird, die mit dazu beitragen könnten, die Selbständigkeit älterer Menschen möglichst lange zu erhalten und damit Pflegebedürftigkeit hinauszuzögern oder gar zu verhindern. Dadurch könnten auch die bei einem steigenden Anteil pflegebedürftiger Menschen zu erwartenden sozialpolitischen Konsequenzen vermieden werden.

Ein wichtiges Element dieser Entwicklung stellen die sich von Jahr zu Jahr verbessernden medizinischen und pharmakologischen Maßnahmen dar; doch Gesundheit allein reicht nicht aus, um ein Altern in Selbständigkeit zu garantieren. Selbständigkeit im höheren Lebensalter wird heute häufig mit Kompetenz gleichgesetzt. Das Kompetenz-Konzept sowie Möglichkeiten zur Kompetenzerhaltung werden im folgenden auf dem Hintergrund des derzeitigen Wissensstandes über kognitive Alterungsprozesse diskutiert. Zugleich wird für ein ganzheitliches Vorgehen plädiert, das Intervention im höheren Lebensalter nicht nur als ein auf die Betroffenen bezogenes Maßnahmenbündel versteht, sondern als ein multidimensionales Geschehen, welches Person, Umwelt und die zwischen beiden stattfindenden Transaktionen mit einbezieht.

2. Theorien über kognitive Alterungsprozesse

Die Diskussion darüber, ob mit zunehmendem Lebensalter zwangsläufig Leistungsdefizite auftreten, die kompetentes Verhalten in Frage stellen, wurde jahrzehntelang sehr pauschal und kontrovers geführt. Erst in den letzten Jahren scheint sich die Meinung durchzusetzen, daß eine differenziertere Betrachtungsweise notwendig ist:

a. So geht man heute davon aus, daß mit zunehmendem Lebensalter eine Dedifferenzierung psychischer Funktionen eintritt. Während bei Jugendlichen viele Einzelfunktionen (z.B. verbale und numerische Fähigkeiten) unabhängig voneinander variieren können (man kann in einem Bereich gut sein, im anderen schlecht), tritt mit zunehmendem Lebensalter eine Dedifferenzierung in Richtung von nur noch zwei unabhängigen Dimensionen ein. Diese lassen sich umschreiben als
- "kristallisierte" (Cattell, 1971) oder "pragmatische" (Baltes & Kliegl, 1986) kognitive Funktionen und als
- "flüssige" (Cattell, 1971) oder "mechanische" (Baltes & Kliegl, 1986) kognitive Leistungen.

Unter "kristallisierten" Leistungen versteht man jene intellektuellen Funktionen, die stark übungsabhängig sind, mit der Schulbildung und dem Milieu zusammenhängen, nicht unter Zeitdruck erbracht werden müssen und auch das Sprachwissen, soziale Intelligenzfunktionen sowie das kulturelle Wissen umfassen.

Unter "flüssigen" Leistungen versteht man dagegen jene inhaltsübergreifenden kognitiven Grundfunktionen, die eine flexible Informationsverarbeitung ermöglichen. Diese sind wenig milieuabhängig und überwiegend genetisch bedingt.

Da die kristallisierten Funktionen stärker das individuelle Leistungsniveau abbilden, wurden sie auch als "Power"-Leistungen bezeichnet. Die flüssigen kognitiven Leistungen sind dagegen stark tempoorientiert, weshalb für sie auch die Bezeichnung "speed"-Leistungen gewählt wurde (Oswald, 1982; Oswald & Fleischmann, 1985). Die intellektuell-wissensbezogenen Anforderungen sind dabei eher gering. Es kommt also nicht nur darauf an, die richtige Lösung zu erzielen, sondern vor allem auch, daß diese schnell erbracht wird.

b. Bezogen auf den Alterungsprozeß können auf dem Hintergrund dieses Modells die folgenden Befunde als gesichert gelten:

"Kristallisierte" oder Power-Leistungen können bis ins höchste Lebensalter durch entsprechendes Training eine Steigerung erfahren. So läßt sich z.B. die Fähigkeit, Gedichte auswendig zu lernen, bis ins hohe Alter trainieren. Kristallisierte kognitive Leistung oder Intelligenz ist also weitgehend eine Manifestation der akkumulierten Erfahrung und des Lernens.

"Flüssige" oder "Speed"-Leistungen dagegen unterliegen bereits ab dem 30. Lebensjahr einem progredienten Abbau. Das heißt, Kognitions- und Handlungsprozesse werden mit zunehmendem Lebensalter langsamer. Man kann nicht mehr soviel Informationen gleichzeitig angemessen schnell verarbeiten. Der Abbau "flüssiger" Funktionen wird deshalb parallel zu biologischen Abbauprozessen und damit zur biologischen Alterung angenommen.

Gleiches läßt sich für das alternde Gedächtnis zeigen. Nach Fleischmann (1989) sind nachlassende Gedächtnisleistungen im höheren Alter unter der Annahme hypothetischer Speicherstrukturen folgendermaßen zu beschreiben: Speicherprozesse weisen in den sensorischen Registern Defizite auf, und die Aufnahme-, Enkodierungs-, und Abrufgeschwindigkeit aus dem Kurzzeitgedächtnis sind reduziert, was die Enkodierung sowie den Abruf von Informationen aus dem Langzeitgedächtnis erschwert. Diese Funktionen wiederum sind hoch korreliert mit den erwähnten flüssigen, geschwindigkeitsabhängigen Leistungen, wohingegen bei eher mechanischen Gedächtnisleistungen keine alterskorrelierten Defizite beobachtet werden können.

"Kognitives" Altern ist damit nicht generell gleichbedeutend mit einem allgemeinen Funktionsverlust. Unterschiedliche Fähigkeiten "altern" also auf unterschiedliche Art und Weise.

In diesem Zusammenhang unterscheidet man auch zwischen normalem, optimalem und pathologischem Altern (Rowe & Kahn, 1987; Whitbourne, 1985; Baltes, 1988). Unter normalem Altern versteht man ein Altern ohne medizinische oder mentale Pathologie. Der Begriff wird also bezogen auf den in einer Gesellschaft vorzufindenden Alternsverlauf bei Menschen, die nicht an einem manifesten Krankheitsbild leiden. Unter optimalem Altern versteht man dagegen eine Art Utopie: Altern unter entwicklungs- und altersfreundlichen Umweltbedingungen. Pathologisches Altern schließlich wird auf Menschen bezogen, deren Altern wesentlich durch Krankheitsprozesse geprägt ist (Baltes, 1988).

Die Grenzen zwischen diesen hypothetischen "Alternsformen" sind nicht nur fließend, weil im individuellen Fall eher Mischformen die Regel sein dürften; sie sind auch fließend, weil die "Plastizität" (vgl. Baltes & Baltes, 1980; Baltes & Kliegel, 1986) und "Reservekapazität" der Leistungsfähigkeit älterer Menschen meistens unterschätzt wird. Unter Plastizität versteht man die intraindividuelle Variabilität des Verhaltens. Im positiven Sinne bildet Plastizität eine Reservekapazität, die ein Individuum auch bei Funktionseinbußen oder -verlusten durch Übung oder entsprechendes Training zur Kompetenzerhaltung (vgl. auch Olbrich, 1987) nutzen kann.

3. Zum Begriff Kompetenz

Wenn Kompetenz erhalten, gesteigert und nötigenfalls zurückgewonnen werden soll, muß zunächst deutlich werden, was Kompetenz sein soll. Um Ansatzpunkte für kompetenzerhaltende Interventionen zu finden, ist es sinnvoll, den Begriff der Kompetenz als relationalen Begriff zu verwenden. Dies bedeutet, daß kompetentes Verhalten nur aus dem Wechselspiel und der relativen "Passung" zwischen persönlichen Ressourcen einerseits und Umweltanforderungen andererseits verstanden werden kann (Olbrich, 1987).

Kompetenz ist zeitlich variabel und in jeder Entwicklungsperiode für jeden Menschen — und zwar spezifisch nach Maßgabe der Anforderungen seiner Lebenssituation ebenso wie nach Maßgabe seiner individuellen Ressourcen beschreibbar.

Kompetenz umfaßt nicht nur physiologische Prozesse, kognitive Funktionen oder ein sensomotorisches Regulationsgeschehen; Kompetenz beschreibt Komplexe von Funktionen, Einstellungen, Zielen und Verhaltensformen, welche angesichts einer gegebenen Lebenssituation erforderlich sind, um ein eigenverantwortliches und psychisch befriedigendes Leben in der jeweiligen Lebenssituation zu führen.

Unter kompetentem Verhalten sollen also jene individuellen Leistungen verstanden werden, die die für das Leben in unserer derzeitigen sozialen und physikalischen Umwelt erforderlichen Anpassungs-und Verhaltensprozesse ohne spezielle Hilfe – d.h., ohne "hilfsbedürftig" zu werden – ermöglichen. Insofern kann in diesem Zusammenhang von jeweils bereichsspezifischen Kompetenzen die Rede sein. Dies schließt zum einen entsprechende Leistungen und mögliche Förderungen der durch "Alterungsprozesse" betroffenen Personen ein. Zur Kompetenzerhaltung gehören aber auch entsprechende Anpassungen der jeweiligen sozialen und ökologischen Umwelt. "Kompetenzerhaltung" setzt damit ein prozessuales Denken ebenso voraus wie interdisziplinäre Ansätze und interdisziplinäre Zusammenarbeit bei der Erforschung geeigneter Interventionen.

Inhaltlich läßt sich Kompetenz auf der hier diskutierten konzeptionellen Ebene nun folgendermaßen präzisieren.

Hinsichtlich *persönlicher Ressourcen* eines selbständigen, eigenverantwortlichen und befriedigenden Lebens im eigenen Haushalt bedeutet Kompetenz,

a) daß sich der ältere Mensch subjektiv als "handlungsfähig" erlebt, also die Überzeugung besitzt, Kontrolle über seine Umwelt ausüben und selbst Einfluß auf die Gestaltung des eigenen Lebens nehmen zu können;

b) daß Kenntnisse, Wissen und praktische Fertigkeiten vorhanden sind, erworben oder bewußt werden können, um grundlegende Alltagsanforderungen unter zusätzlicher gezielter Nutzung von Ressourcen der Umwelt bewältigen zu können; hierzu gehören u.a. die Selbständigkeit in der Sorge um die persönliche Hygiene, die persönliche Versorgung mit Gütern des täglichen Bedarfs, die eigenverantwortliche Regelung finanzieller Angelegenheiten, die Sorge um die eigene Gesundheit und Sicherheit;

c) daß Problemlösefähigkeiten und Coping-Strategien vorhanden sind, um mit neuartigen Anforderungen der Umwelt sowie belastenden Lebenssituationen (z.B. Eintreten von Krankheiten, Verlust von Partnern) und den Anforderungen des Alterns (z.B. Belastungen, die durch nachlassende Leistungsfähigkeit entstehen) umgehen zu können;

d) daß soziale Kompetenz besteht, die es ermöglicht, an den persönlichen Bedürfnissen orientiert befriedigende soziale Kontakte mit anderen

Menschen aufzunehmen, aufrechtzuerhalten, zu beenden oder neue knüpfen zu können. Die Fähigkeit, Anregungen und Unterstützungen aus dem sozialen Netzwerk aufzunehmen und bei Anerkennung der Interessen anderer unter Bezug auf geltende soziale Verhaltensnormen eigene Interessen angemessen äußern und verwirklichen zu können, bildet somit den zentralen Inhalt sozialer Kompetenz als persönliche Ressource;

e) daß kognitive Basisfunktionen (Informationsverarbeitungsgeschwindigkeit, Sekundärgedächtnisleistungen) "intakt sind", da sie eine Voraussetzung für eine effektive, umweltangepaßte Alltagsbewältigung darstellen.

In *physischer Hinsicht* beinhaltet Kompetenz,

a) daß die körperliche Leistungsfähigkeit (z.B. Herz-Kreislauf-Funktionen, Vitalkapazität) ausreichend ist und durch aktives Tun aufrechterhalten oder gefördert wird;
b) daß die motorischen Kapazitäten (z.B. Koordination, Ausdauer, Beweglichkeit, Gleichgewicht) zur Bewältigung der alltäglichen Anforderungen ausreichend sind oder gefördert werden;
c) daß subjektiv körperliches Wohlbefinden erlebt und in seiner Bedeutung erkannt wird;
d) daß körperliche Beeinträchtigungen oder Behinderungen durch Hilfsmittel (z.B. Brille, Hörgerät, Gehhilfen) kompensiert werden.

In *ökologischer Hinsicht* gehört zu Kompetenz,

a) daß die physikalische Umwelt an möglicherweise auftretende Einschränkungen der Leistungsfähigkeit angepaßt ist, also eine altengerechte Ausstattung der Wohnung und der Lebensumwelt gewährleistet ist;
b) daß die Lebensumwelt Möglichkeiten der psychischen und physischen Anregung zur Nutzung, Aufrechterhaltung, Förderung oder zum Neuerwerb von persönlichen Ressourcen (s.o.) bietet.

Unter dem hier vertretenen Verständnis von Kompetenz ist kompetentes Verhalten dann möglich, wenn persönliche Ressourcen (in physischer und psychischer Hinsicht) einerseits, Umweltanforderungen und -gegebenheiten andererseits aufeinander abgestimmt sind. D.h., daß auch bei Einschränkungen persönlicher Ressourcen sich in alltäglichen Lebensvollzügen Kompetenz zeigen kann, wenn äußere Ressourcen vorhandene persönliche Defizite kompensieren.

Hilfsbedürftigkeit tritt dann ein, wenn die persönlichen Ressourcen nicht mehr ausreichen, um in aktiver, eigenverantwortlicher Weise und in eigener Entscheidung äußere Ressourcen (materieller, finanzieller oder sozialer Art) zur Unterstützung heranzuziehen oder sich zunutze zu machen.

4. Zur Entwicklung von Kompetenzförderungsmaßnahmen

Bei der Entwicklung von Maßnahmen zur Erhaltung bzw. Förderung von Kompetenz im Alter muß von diesen transaktionalen Ansätzen ausgehend geklärt werden, inwieweit spezifische Maßnahmen eine Hilfe zur Bewältigung des Alltags darstellen und damit sinnvoll und möglich sind.

Folgende prinzipielle Fragen stellen sich hierbei:

a) in welchem Ausmaß kann die kognitive Leistungsfähigkeit alter Menschen trainiert werden, und welche individuellen Veränderungsmuster sind möglich,
b) sollten nur Fähigkeiten trainiert werden, die einem Altersabbau unterliegen, oder auch altersstabile Fähigkeiten,
c) durch welche Maßnahmen kann die kognitive Leistungsfähigkeit gezielt, d.h. spezifisch auf die alterssensitiven kognitiven Fähigkeiten hin trainiert werden,
d) welche Aspekte der kognitiven Leistungsfähigkeit werden durch kognitive Trainings verändert,
e) welche kognitiven Leistungen sind zur Selbständigkeit im Alter notwendig,
f) wie wirken sich kognitive Trainings auf die Bewältigungsmöglichkeiten in Alltagsanforderungen aus?

Auf der Basis der bisherigen Grundlagenforschung zur "kognitiven Alterung" erscheint es plausibel, diejenigen kognitiven Funktionen zu trainieren, die einem Altersabbau unterliegen, also eher "fluide" Funktionen. Lehrl und Fischer (1986; 1988) sehen diese basalen Intelligenzfunktionen in einem hierarchischen Verhältnis zur sog. praktischen Intelligenz stehen. Demnach ist "praktische Intelligenz" erst aus der Kombination basaler kognitiver Leistungen denkbar. "Veränderungen der Basisleistungen beeinflussen demnach nicht nur die Menge von akut zu verarbeitender Information, sondern wirken sich zusätzlich auf die – überdauernde – Bildung von Wissen, Strategien und Strategienauswahl aus" (Lehrl, 1986, S.3f). "Praktische Intelligenz" ist wiederum die Voraussetzung für Anpassung im Alltag i.S. einer Bewältigung von Alltagsanforderungen.

5. Grundlegende Bedingungen für kompetentes Verhalten im Alter

Folgend werden beispielhaft einige Bedingungen der Erhaltung von Kompetenz im Alter erörtert. Es werden ausschließlich Befunde aus Längsschnittstudien zur Sprache kommen, da diese der Kritik einer möglichen Kohortenabhängigkeit eher standhalten.

So konnte im Rahmen der Bonner Längsschnittstudie (Lehr & Thomae, 1987) aufgezeigt werden, daß mit günstigen sozioökonomischen Lebensbedingungen eine hohe Stabilität in allen untersuchten kognitiven Leistungsbereichen einherging. Eine Zunahme der verbalen Kompetenz ließ sich bei Probanden mit Gymnasial- und Universitätsabschluß bis ins hohe Alter beobachten.

Der früher als altersabhängig herausgestellte Bereich der Handlungsintelligenz (i.S. Wechslers, 1956) zeigte bei guter Gesundheit der Probanden einen vergleichsweise späten Leistungsabfall. Auf der Basis eines 11-Jahres-Längsschnitts kommt Rudinger (1987) zu dem Schluß, daß Subjektvariablen wie Zugehörigkeit zu einer Alterskohorte, Erziehung, sozio-ökonomischer Status und Gesundheit bis zum Anfang des 8. Lebensjahrzehnts bedeutender für die kognitive Kompetenz sind als z.B. das Lebensalter.

In detaillierter Weise wurde in den Längsschnittsanalysen von Schaie (1983) der Gesundheitszustand und das soziale Umfeld in ihrem Einfluß auf Veränderungen der kognitiven Leistungsbereitschaft untersucht (Parham et al., 1975). Im Hinblick auf das Zusammenspiel von kognitiver Grundkompetenz und sozialem Umfeld ergaben sich recht klare Befunde. Sozialer Rückzug, reduzierte familiäre Beziehungen, geringe kulturelle Interessen und Unzufriedenheit mit der eigenen Lebenssituation gingen einher mit einer eher niedrigen kognitiven Leistungsfähigkeit. Eine geringe soziale Teilnahme stand mit einem deutlichen Nachlassen der kognitiven Fähigkeiten im 14jährigen Untersuchungsintervall in Zusammenhang.

Zusammenfassend ist damit gerade im hohen Lebensalter von einer komplexen Wechselwirkung zwischen den verschiedensten Einflußfaktoren der Umwelt und der Entwicklung der kognitiven Leistungsfähigkeit, als einer wichtigen Voraussetzung für ein kompetentes Altern insgesamt, auszugehen. Die Auswirkungen entwicklungsbegünstigender Faktoren potenzieren sich im Alter. Günstige soziale und ökonomische Ausgangsbedingungen ziehen z.B. die Chancen nach sich, eine adäquate Gesundheitsvorsorge zu treffen, gute Gesundheit begünstigt wiederum den Aktivitätsradius im Alter, dieser führt zu vermehrten Sozialkontakten usw. In diesem Sinne konnten z.B. in der Bonner Studie 38% der kognitiven Leistungsvarianz auf den Anregungsgehalt der Umwelt zurückgeführt werden (Rudinger, 1987).

Es darf allerdings nicht übersehen werden, daß hier kognitive Leistungen i.S. traditioneller Intelligenzkonzepte operationalisiert wurden. Die Relevanzfrage dieser Konzepte für ein kompetentes Altern, das sich an Alltagskompetenz orientiert, muß dagegen als noch weitgehend unbeantwortet gelten. Auch gilt es im Sinne des vorgetragenen ganzheitlichen und dynamischen Konzeptes neben den psychischen auch die physischen und sozialen Aspekte mit einzubeziehen.

Da umfassende, ganzheitliche Konzepte zur Erhaltung, Förderung und Wiedererlangung sowohl physischer, psychischer als auch sozialer Kompetenz bisher noch nicht vorliegen, wird am Forschungsschwerpunkt Psychogerontologie der Universität Erlangen-Nürnberg zur Zeit ein vom Bundesminister für Forschung und Technologie (BMFT) gefördertes interdisziplinäres Forschungsprojekt vorbereitet, welches sowohl Interventionsmaßnahemen aus den aufgeführten Bereichen (physisch, psychisch und sozial) als auch deren Kombination sowie mögliche Wechselwirkungen zum Inhalt hat und diese empirisch/experimentell überprüfen will. Da ca. 500 Senioren im Alter über 70 Jahre längsschnittlich behandelt und beobachtet werden sollen, ist mit ersten Ergebnissen frühestens 1994 zu rechnen.

6. Zusammenfassung

Die vorangestellten Ausführungen sollten verdeutlichen, daß menschliches Verhalten mehrdimensional bedingt ist und sowohl vielschichtigen individuellen als auch situativen Einflüssen und deren Wechselwirkungen unterliegt. Gleiches gilt für Alternsprozesse, was die Vielfalt menschlicher Alterungsverläufe verständlich macht. Die Gerontologie hat hierauf Rücksicht zu nehmen. In ihrem Mittelpunkt sollte folglich der Mensch als Ganzheit und dessen "Lebensqualität" stehen. Dieser Begriff, so unscharf er zur Zeit noch gefaßt werden mag, gewinnt zunehmend an Bedeutung.

"Lebensqualität" (vgl. z.B. Croog et al., 1986) hat objektive und subjektive Indikatoren und Bewertungen einzuschließen. Dies beginnt beim körperlichen Status, umfaßt die kognitive Leistungsfähigkeit, beachtet das Verhalten im Alltag und reflektiert die jeweilige Befindlichkeit und subjektive Lebenszufriedenheit. Erst aus der individuellen Gesamtschau aller Elemente läßt sich ein Urteil über den Status eines älteren Menschen abgeben und lassen sich damit mögliche Konsequenzen für therapeutische Bemühungen ziehen.

Aus der Bonner Gerontologischen Längsschnittstudie (Lehr & Thomae, 1987) weiß man, daß zwischen den aufgeführten Komponenten keineswegs immer lineare Zusammenhänge vorliegen müssen. So spielen beispielsweise in der subjektiven Bewertung der Lebensqualität der soziale Status, die familiäre Integration und ökologische Bedingungen eine stärkere Rolle als der objektive Gesundheitsstatus (Thomae, 1987).

Auch ist bekannt, daß die Behandlung mit nootropen Substanzen bei objektiver Verbesserung der Hirnleistung zu subjektiv ungünstigerer Einschätzung der Befindlichkeit führen kann (Oswald & Lang, 1980).

Objektive Indikatoren für Lebensqualität müssen also den subjektiven Indikatoren gegenübergestellt werden, um zu einer für den Betroffenen validen Bewertung seines Zustands und seiner Optimierungs-Möglichkeiten zu kommen. Nicht allein physiologische und morphologische Veränderungen stünden damit im Mittelpunkt der Betrachtung, sondern die Zusammenschau möglicher körperlicher Defizite auf dem Hintergrund individueller und lebensgeschichtlich gewachsener Ressourcen im Wechselspiel mit den Anforderungen der Umwelt und den subjektiven Deutungen des Individuums: Den vorangestellten Ausführungen folgend also die "Kompetenz" des Individuums.

Eine in diesem Sinne verstandene Interventionsgerontologie steht damit in voller Übereinstimmung mit dem von H.A. Müller immer vertretenen ganzheitlichen Menschenbild.

Literaturverzeichnis:

Baltes, M.M. (1988). The etiology and maintenance of dependency in the elderly: Three phases of operant research. *Behavior Therapy, 19*, 301-319.

Baltes, P.B. & Baltes, M.M. (1980). Plasticity and variability in psychological aging: Methodological and theoretical issues. In G. Gurski (Ed.), *Determining the effects of aging on the central nervous system* (pp. 41-60). Berlin: Schering.

Baltes, P.B. & Kliegl, R. (1986). On the dynamics between growth and decline in the aging of intelligence and memory. In K. Poeck, H.-J. Freund & H. Gänshirt (Hrsg.), *Neurology* (pp. 1-17). Heidelberg: Springer Verlag.

Cattell, R.B. (1971). *Abilities: Their structure, growth, and action.* Boston: Houghton.

Croog, S.H., Levine, S., Brown, B., Bulpitt, Ch.J., Jenkin, C.D., Klermann, G.L. & Williams, G.H. (1986). Effects of antihypertensive therapy on the quality of life. *New England Journal of Medicine, 314*, 1657-1664.

Fleischmann, U.M. (1989). *Gedächtnis und Alter.* Bern: Huber.

Lehr, U. & Thomae, H. (Hrsg.). (1978). *Formen seelischen Alterns.* Stuttgart: Enke.

Lehrl, S. (1986). Steigerung der geistigen Leistungsfähigkeit. *Therapiewoche, 36*, 2584-2595.

Lehrl, S. & Fischer, B. (1986). Steigerung der geistigen Leistungsfähigkeit im Alter. *Nervenheilkunde, 5*, 173-181.

Lehrl, S. & Fischer, B. (1988). The basic parameters of human information processing: Their role in the determination of intelligence. *Person. individ. Diff., 9*, (5), 883-896.

Olbrich, E. (1987). Kompetenz im Alter. *Zeitschrift für Gerontologie, 20*, 319-330.

Oswald, W.D. (1982). Alltagsaktivitäten und die Speed/Power Komponenten von Testleistungen. *Zeitschrift für Gerontologie, 15* (1), 11-14.

Oswald, W.D. & Lang, E. (1980). Therapeutische Beeinflussung von Leistung und Selbstbild bei geriatrischen Patienten. *Münchner Medizinische Wochenschrift, 122*, 59-62.

Parham, I.A., Gribbin, K., Herzog, C., Schaie, K.W. (1975). *Health status assessment by age and implications for cognitive change.* Paper presented at the 10th International Congress of Gerontology, Jerusalem, Israel.

Rowe, J.W. & Kahn, R.L. (1987). Human aging: Usual and successful. *Science, 237*, 143-149.

Rudinger, G. (1987). Intelligenzentwicklung unter unterschiedlichen sozialen Bedingungen. In U. Lehr & H. Thomae (Hrsg.), *Formen seelischen Alterns* (pp. 57-65). Stuttgart: Enke.

Schaie, K.W. (1983). The Seattle Longitudinal Study: A 21-year exploration of psychometric intelligence in adulthood. In K.W. Schaie (Ed.), *Longitudinal studies of adult psychological development* (pp. 64-135). New York: Guilford Press.

Thomae, H. (1987). *Altersstile und Altersschicksale.* Ein Beitrag zur Differentiellen Gerontologie. Bern: Huber.

Wechsler, D. (1956). *Die Messung der Intelligenz Erwachsener.* Bern: Huber.

Whitbourne, S.K. (1985). *The aging body.* New York: Springer.

FRIEDRICH CH. SAUTER

Wie verletzbar sind Lehrer in Konfliktsituationen?
Untersuchungen über Beeinträchtigungen des Selbstwertgefühls durch Unterrichtssituationen in Ungarn und Deutschland*

1. Theorie der Selbstverteidigung

Heinz Alfred Müller, in seiner unvergleichlichen Art als Phänomenologe, hatte auf Kongressen, Konferenzen und im Alltag beobachtet und differenziert beschrieben, wie Menschen im Gespräch unvermutet verwunderliche Reaktionen zeigen, die er Selbstverteidigung nannte. Selbstverteidigung wurde definiert als die "der Selbstwertwiederherstellung dienende Reaktion auf ein Erlebnis der Selbstwertbeeinträchtigung" (Müller 1977, S. 77).

Es kann angenommen werden, daß Lehrer gegenüber ihren Schülern ebenfalls derartige Reaktionen zeigen, die für das Erziehungs- und Unterrichtsklima schädlich sind. "Defensive Reaktionen rufen wieder Selbstverteidigung hervor und steigern Unsachlichkeit und Konfliktträchtigkeit in potenzierter Weise. Selbstverteidigung gegenüber Kindern weckt und bekräftigt eine defensive Haltung der Heranwachsenden und setzt die Kette defensiver Reaktionen über Generationen fort" (Müller 1977, S. 87).

Welche Menschen bzw. Lehrkräfte neigen nun besonders zu solchen Reaktionen? Nach den Überlegungen Müllers sind es Menschen mit geringem Selbstbewußtsein bzw. niedrigem Selbstwertgefühl. Dieses geringe Selbstwertgefühl beeinflußt in erster Linie die soziale Wahrnehmung. Situationen, verbale Kommunikation werden quasi in einer Hab-acht- Stellung registriert. Viel häufiger und intensiver als Personen mit einem "normalen" Selbstbewußtsein werden diese Menschen soziale Situationen als potentielle Angriffe gegen sich, also als Konfliktsituationen, registrieren und somit zu einem Erlebnis der Selbstwertbeeinträchtigung kommen. Als Reaktion darauf kommt es zu den verschiedenen Formen der Selbstverteidigung.

---

* Für die Übersetzung der ungarischen Texte bedanke ich mich bei
 Frau Prof. Dr. Eva Müller-Kleininger, für die freundliche Unterstützung bei Herrn Gabor Ràcz.

In einem einfachen Schema kann man diesen Prozeß so darstellen:

Abbildung 1

Modell: Zusammenhang zwischen Empfindlichkeit, Selbstbewußtsein und Selbstverteidigung

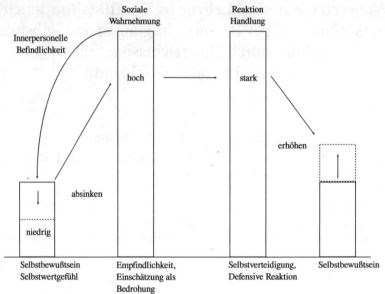

Aus dem Modell geht hervor, daß der erste Schritt für eine Diagnostik von "Selbstverteidigung" in der Erfassung der sozialen Wahrnehmung liegt, dh. in welchem Maße Personen Situationen als selbstwertbedrohend auffassen. Müller (1977, S. 78/79) schreibt hierzu: "Das Erlebnis der Selbstwertbeeinträchtigung ist aber ein introspektiv zu erfassendes Gefühlserlebnis, eine Art emotionales Anzeigegerät, das den je erlebten Selbstwert auf einer imaginären Dimension zu registrieren scheint."

Um herauszufinden, ob sich Lehrkräfte hinsichtlich der Selbstwertbeeinträchtigung durch kritische Unterrichtssituationen unterscheiden und in welchem Maße sie "selbstverteidigend" reagieren, entwickelten wir (Müller/Sauter 1978) den FSWL (Fragebogen zur Selbstwertbeeinträchtigung bei Lehrern durch Unterrichtssituationen).

Der erste Teil des Fragebogens, der nach der Methode der Einstellungsmessung konstruiert ist, enthält 42 Items, die vorwiegend aus den Lehrer provozierende Situationsbeschreibungen bestehen (s. Anhang). Die befragten Lehrkräfte bzw. Studierende für ein Lehramt wurden gebeten, sich die einzelnen Situationen möglichst anschaulich vorzustellen und auf einer siebenstufigen Skala anzukreuzen, wie stark sie sich als Lehrkraft "persönlich getroffen fühlen". Dadurch erhofften wir, ein Maß für die Empfindlichkeit des Selbstwertgefühls zu erhalten.

Im zweiten Teil des Fragebogens wurden die befragten Personen aufgefordert niederzuschreiben, was sie in 15 ausgewählten Situationen "sagen und tun" würden.

Der Fragebogen hat sich im Rahmen unseres Forschungsprojekts "Selbstwertbeeinträchtigung und Selbstverteidigung von Lehrern und Lehrerstudenten" bewährt. Die Ergebnisse sind veröffentlicht (s. Müller/ Sauter 1978; Sauter 1980; Trolldenier/Baumgartner 1982; Müller/Sauter/ Trolldenier 1982). Den Verfasser interessierte dabei die Frage, inwieweit sich die Empfindlichkeit des Selbstwertgefühls auf der einen und die defensiven Reaktionen (Selbstverteidigung) auf der anderen Seite durch entsprechende Lehrveranstaltungen bzw. Lehrertrainings verändern lassen. (s. Sauter 1988a, 1988b, 1988c).

2. Die Modifikation des deutschen Forschungsansatzes

Sándor Klein und Katalin Farkas vom Pädagogischen Institut in Szeged haben unseren Fragebogen ins Ungarische übersetzt und ihn für Ihre Untersuchungen verwendet, die in der Anlage mit unseren vergleichbar sind.

Die Ergebnisse können zu einer Überprüfung der Validität des Verfahrens herangezogen werden. Außerdem ist zu fragen, ob sich die unterschiedlichen gesellschaftlichen und "pädagogischen" Verhältnisse auch in den Untersuchungen widerspiegeln.

Interessant ist auch, daß Klein und Farkas die Fragestellung etwas modifiziert haben. Ihnen geht es um die "Antwort auf die Frage, welche Formen des Benehmens und Äußerungen von Schülern die Lehrer und Lehramtsstudierenden beleidigend finden" (1989, S. 2). So werden die Personen auch befragt, wie sehr sie die dargestellte Situation beleidigt/verletzt ("Mennyire sért?").

Die beiden ungarischen Wissenschaftler orientieren sich nicht an der Theorie der Selbstverteidigung von Müller, sondern fragen pragmatisch mit G. Hoffmann (1986) nach den Fehlern der Lehrer. Beleidigtsein, oft als Folge von Frustration, wird als erster Fehler von Lehrern erwähnt. Dem Ansatz von Müller kommt die Aussage jedoch sehr nahe: "Das Beleidigtsein ist eine egoistische Reaktion mit selbstbestrafender Dominanz: 'Was ich mache, taugt nichts ! Woran ich soviel gearbeitet habe, kommt nicht an !' Oder: 'Die wollen und brauchen das nicht!'" (Klein/Farkas 1989, S. 2).

Wenn wir in unserem Fragebogen den Lehrkräften und Studierenden die Frage stellten: Wenn ich als Lehrkraft in die folgende Situation käme, würde ich mich persönlich getroffen fühlen (1 = überhaupt nicht bis 7 = in höchstem Maße), so klingt das eine Nuance anders als: Wie sehr würden Sie beleidigt/verletzt sein? In diesem Fall ist das negative Gefühlserlebnis eindeutig angesprochen. Wir haben nach vielen Überlegungen die neutrale Form gewählt, um der Tendenz vorzubeugen, die pädagogisch erwünschten Reaktionen zu zeigen, nämlich sich durch die schwierigen

Unterrichtssituationen nicht beleidigen oder verletzen zu lassen. Dies wäre wiederum eine Form der Selbstverteidigung des Bildes vom guten, ausgeglichenen, nicht so leicht zu erschütternden Lehrer. "Persönlich getroffen" kann ich z.E. auch sein, wenn ich Mitleid mit einem Schüler habe.

Um so interessanter sind daher die Ergebnisse der Untersuchungen aus Ungarn, denn hier werden in der Fragestellung die Gefühle der Selbstwertbeeinträchtigung in Konfliktsituationen direkter angesprochen.

3. Die Ergebnisse der ungarischen und deutschen Untersuchungen im Vergleich

3.1. Voruntersuchungen

Ähnlich wie wir (Müller/Sauter 1978) haben Klein und Farkas Pädagogen in einer Voruntersuchung gebeten, den Satz fortzusetzen: "Meiner Meinung nach wird der Pädagoge am ehesten dann beleidigt/verletzt, wenn ..." (Klein/Farkas 1989, S. 3).

Dabei kam zutage, daß Lehrkräfte sich durch das Verhalten von Eltern, Kollegen, Schuldirektoren, Schulräten und auch von Kindern verletzt fühlen. Vor allem Kritik, Zurechtweisung und Mißachtung der persönlichen Würde von seiten der Erwachsenen beleidigt Lehrer.

In einer weiteren Voruntersuchung wurden auch Studierende um die Beantwortung der Fragen gebeten: "Stellen Sie sich vor, daß Sie schon unterrichten. Welche beleidigende Situationen könnten vorkommen? Was würde Sie am meisten beleidigen/verletzen?"

Drei Situationengruppen werden vornehmlich benannt: 1. Die Geringschätzung der Anfänger, vor allem durch Kollegen, 2. die Opposition und Gegnerschaft der Eltern und 3. das Verbot, eine bevorzugte Methode anwenden zu dürfen.

3.2. Hauptuntersuchung

3.2.1 Stichprobe

In Ungarn besteht die Stichprobe aus 139 praktizierenden Pädagogen. Sie wurde dadurch gewonnen, daß pro Schule eine Lehrkraft angeschrieben wurde. Die Rücklaufquote war 90% (!).

Außerdem füllten 205 Studierende die Fragebogen aus. In Deutschland waren 142 Lehrkräfte und 112 Studierende für das Lehramt an der Untersuchung beteiligt (Rücklaufquote: 39,5 bzw. 35,3%).

3.2.2 Vergleich der Lügenitems

Die fünf als "Lügenitems" deklarierten Situationsbeschreibungen wurden als Kontrollitems in den Fragebogen aufgenommen, um im Einzelfall

Personen aussondern zu können, die den Fragebogen verfälschen wollten, die Instruktionen nicht verstanden hatten oder zu einem "pathologischen" Personenkreis gehörten. Diese Items waren genügend "trennscharf", obwohl mehr als 66% bei der Voruntersuchung nur die Stufen 1 oder 2 angekreuzt hatten.

Ergebnis: Die fünf "Lügenitems" wurden auch von den Ungarn (Gesamtstichprobe) mit den niedrigsten Durchschnittwerten versehen, dh. diese Situationen wurden als am wenigsten verletzend/beleidigend eingestuft (s. Tab. 1).

Tabelle 1: *Mittelwerte der "Lügenitems"*

Items	Ungarn N= 347	Deutschland N = 254
Nr.	M	M
2	2,27	2,11
6	1,28	2,09
13	2,41	2,16
21	2,40	2,16
36	2,00	1,98

Nr.: Die Situationsbeschreibungen (Items) können im Anhang nachgelesen werden.
M: Arithmetisches Mittel

Diese Ergebnissen zeigen deutlich, daß die Instruktion auch in Ungarn verstanden wurde. Die Einschätzungen entsprechen im wesentlichen den deutschen, die bei der deutschen Gesamtstichprobe mehr als 1,5 Standardabweichungen (SD = 0,79) unter dem Gesamtmittelwert liegen.

Damit ist ein erster Schritt zur Überprüfung der Validität des Verfahrens getan.

3.2.3 Vergleich der Mittelwerte der Gesamtstichproben und Subgruppen

Der Mittelwert der ungarischen Gesamtstichprobe liegt bei 3,79 (N = 343), der Wert der deutschen bei 3,52 (N = 254, SD = 0,79). Dieser Unterschied ist signifikant (p < .05).

Nimmt man nur die Stichprobe der Lehrkräfte, so ergibt sich ein ähnliches Bild. Die Mittelwerte für Ungarn: 3,89 (N = 139) und 3,69 (N = 142; SD = 0,79) für Deutschland.

Ebenso unterscheiden sich die Mittelwerte bei den Studierenden. Die Ungarn schätzen die Belastung durch die Situation höher ein als die Deutschen. Die entsprechenden Werte sind 3,73 (N = 204) und 3,41 (N = 112).

Interessant ist, daß die ungarischen wie die deutschen Lehrkräfte höhere Werte angeben als die Studierenden. Klein/Farkas finden bei einer entsprechenden Subgruppe der Studierenden, die der deutschen entsprechen soll, genau die gleiche Mittelwertsdifferenz.

3.2.4 Situationen, die am stärksten belasten

Hier wurden die Items herausgesucht, die im Durchschnitt die höchsten Werte erhielten, dh. die Situationen, wodurch sich die befragten Personen am stärksten "persönlich getroffen" (deutsch) bzw. am stärksten "verletzt/beleidigt" fühlen (Ungarn). Die entsprechenden Werte sind mindestens eine Standardabweichung über dem jeweiligen Mittelwert der Gesamtgruppe.

In der Tabelle 2 sind von der jeweiligen Volksgruppe die zehn Items mit den höchsten Werten angeführt. Ausgangspunkt war dabei die deutsche Gruppe.

Es zeigt sich, daß sieben von zehn Items der deutschen Gruppe in der ungarischen Gruppe der zehn meistbelastenden Items zu finden sind. Bei Item Nr. 25 und 4 sind die Mittelwertsdifferenzen nicht hoch.

Interessant ist es, sich die Situationen zu betrachten, die von den Volksgruppen unterschiedlich eingeschätzt wurden.

Tabelle 2: *Situationen, die am stärksten belasten*

Deutschland: N = 254   Ungarn: N = 347

Item-Nr.	Rangplatz	M	Rangplatz	M
14	1	5,99	1	6,05
12	2	5,69	6	4,90
34	3	4,74	9	4,74
11	4	4,73		3,81
10	5	4,63	4	5,24
3	6	4,60	2	5,72
17	7	4,59	7	4,80
35	8	4,55	10	4,64
25	9	4,49		4,25
33	10	4,39		3,39
4		4,24	5	4,99
18		3,17	3	5,51
31		3,00	8	4,79

3.2.5 Unterschiede in der Beurteilung der Situation durch Lehrkräfte und Lehrerstudenten

Wie bereits beim Vergleich der Mittelwerte erwähnt, fühlen sich ungarische wie deutsche Studierende für ein Lehramt weniger betroffen/verletzt/beleidigt als die praktizierenden Lehrkräfte. Wenn man sich die Situationen ansieht, die die größten signifikanten Unterschiede ausmachen, so fällt auf, daß in Ungarn wie in Deutschland ebenfalls vier Items von den Lehrkräften höher bewertet werden, nur zwei von den Studierenden.

Geradezu frappierend ist es, daß zwei von den vier Items (Nr. 32, 42), die von den Lehrern höher eingeschätzt werden, in beiden Volksgruppen gleichermaßen bewertet werden. (Die weiteren Items in Ungarn: Nr. 18, 26; in Deutschland: Nr. 3, 19).

Bei den Studierenden schließlich gibt es eine völlige Übereinstimmung zwischen den Volksgruppen. Studierende fühlen sich durch die Situationen Nr. 33 und 40 stärker beeinträchtigt als die Lehrkräfte (Signifikanzniveau jeweils p ‹ .05).

3.2.6 Welche Situationen werden von Ungarn anders bewertet als von Deutschen?

Wir wenden uns zuerst der Stichprobe der Lehrkräfte zu. Hier gibt es acht signifikante (p ‹ .05) Unterschiede zwischen den Volksgruppen. Sechsmal bewerten die Ungarn höher (Item-Nr. 3, 10, 18, 31, 41, 42) zweimal die Deutschen (Item-Nr. 8, 9). Der größte Unterschied ist beim Item-Nr. 31 zu finden (M = 5,39; M = 3,29). Klein und Farkas bemerken, daß es Situationen sind, in denen einzelne Schüler einen Angriff auf die Lehrkraft starten, die bei den Ungarn die weitaus größeren Gefühlsregungen auslösen. Die Deutschen sind mehr beeindruckt durch die beiden Situationen, die den Fortgang des Unterrichts blockieren infolge des Unverständnisses eines Schülers.

Bei den Studierenden für das Lehramt sind die Verhältnisse ähnlich. Die Ungarn bewerten sieben Situationen (Item-Nr. 3, 18, 42, 31, 4, 28, 39) höher, die Deutschen vier (Item-Nr. 8, 9, 1, 11). Die vier ersten Situationen sind identisch mit denen der ungarischen Lehrkräfte. Bei den Deutschen sind es die ersten beiden.

Die Tendenz, daß Ungarn die Situationen belastender finden, ist auch hier zu sehen im Verhältnis der höher bewerteten Situationen. Dabei ist aber zu beachten, daß es ganz bestimmte Situationen sind, die mehr verletzend/beleidigend sind. Darauf müssen wir später noch eingehen.

3.2.7 Faktorenanalyse – Clusteranalyse

Für eine differenziertere Auswertung der Daten hat der Verfasser (Sauter 1980) die Clusteranalyse gewählt (Maximum- und Minimummethode), da sie nach Kleiter (1978) besser geeignet ist, die vorhandenen Informationen auszuschöpfen als es durch eine Faktorenanalyse zu leisten wäre. Nach Sauter (1980, S. 4-6, 26) ergaben sich folgende Cluster:

Cluster I: *Harmloser täglicher Kleinkram an Störungen aus dem Schulalltag*
    Ia: Liebenswerte Kleinigkeiten und Neckereien
    Ib: Alltägliche Unterrichtsstörungen
Cluster II: *Provokationen der Lehrkraft durch einzelne Schüler*
    IIa: An Beleidigung grenzende Affronts
    IIb: Nicht-ganz-Ernst-nehmen
    IIc: Offene Verweigerung des Gehorsams (Nichteinhalten von Regeln und Ordnungen) und offene Kritik
Cluster III: *Geschlossene Front der Klasse gegen den Lehrer*
Massivstes aggressives Verhalten einzelner Schüler
    IIIa: Geschlossene Front: bösartige Streiche, offene beleidigende Ablehnung
    IIIb: Chaotische Zustände in der Klasse
Massivste Angriffe auf persönliches Eigentum

Klein und Farkas (1989) rechneten auch eine Faktorenanalyse und sind der Ansicht, daß sich die gefundenen Faktoren besser interpretieren lassen:

Tabelle 3: *Faktorenanalyse (Ungarn)*

FAKTOREN		ITEM-NR:
I.	Ein Schüler greift offen an	3, 18, 19, 42
II.	Die Klasse macht den Lehrer lächerlich	4, 7, 10, 14, 15, 16, 22, 24, 30
III.	Die Kinder stören den Unterricht	20, 21, 25, 26, 28, 29
IV.	Die Klasse verteidigt sich	27, 33, 34, 35
V.	Frechheit	36, 37, 38, 39, 40, 41
VI.	Uninteressiertheit	8, 9, 11, 12
VII.	Das Wissen des Lehrers wird in Frage gestellt	1, 5, 13
VIII.	Nette Kleinigkeiten	2, 6
IX.	Man soll es nicht zu ernst nehmen	15, 32

Wie bereits bei der Einzelanalyse herausgefunden, gleichen sich manche Bewertungen. So finden wir die Items des Faktors IV (Ungarn) im Cluster IIIa (Deutschland) wieder, ebenso die Items des Faktors VIII in Cluster Ia, die Items des Faktors IX in Cluster II. Die anderen Faktoren spiegeln offensichtlich eine andere Bewertungsstruktur der Ungarn wider. Diese versuche ich im folgenden zu interpretieren.

4. Interpretation der Ergebnisse

Die Untersuchungen aus Ungarn wurden aufgegriffen, um einmal die Validität des FSWL zu überprüfen und zum anderen eventuelle Unterschiede zwischen Lehrkräften aus unterschiedlichen gesellschaftlichen und pädagogischen Systemen herauszuarbeiten.

4.1. Zur Frage der Validität

Wenn bis jetzt auch kein numerischer Validitätkoeffizient berechnet wurde, so lassen sich verschiedene Belege für eine Bestätigung der Validität des Fragebogens aufgrund der Vergleichsuntersuchung aus Ungarn anführen.

Als erstes kann man die fünf Kontroll- oder Lügenitems sehen. Bei den Ungarn waren sie ebenfalls die Situationen mit den geringsten Werten.

Die Gesamtstichprobe der Ungarn hat einen signifikant höheren Mittelwert erreicht als die der Deutschen. Dennoch sind die Unterschiede nicht so bedeutend, daß dadurch die Validität in Frage gestellt wird, eher im Gegenteil. Es handelt sich um Personen, die in einem anderen gesellschaftlichen System aufwachsen und eine andere "pädagogische Sozialisation" hinter sich haben. Hier waren Unterschiede zu erwarten. Für diese Annahme spricht auch, daß beim Vergleich Lehrkräfte — Lehrkräfte, Studierende — Studierende der Unterschied gleichermaßen vorhanden ist.

Betrachtet man sich dagegen den Unterschied zwischen Lehrkräften und Studierenden so sind in beiden Volksgruppen die Unterschiede "zugunsten" der Lehrkräfte. Dies ist psychologisch verstehbar. Für die Lehrkräfte sind die Situationen erlebnismäßig näher, dh. realistischer. Daher fühlen sie sich stärker getroffen/verletzt/beleidigt. Aus einer gewissen Distanz, aus der die Studierenden urteilen, sind die Situationen weniger gefühlsaufreibend.

Bemerkenswert sind die Situationen, die den höchsten Grad an Gefühlsregung ausgelöst haben. Sieben von zehn Items finden sich bei beiden Gruppen unter den zehn Spitzenreitern. Wenn Schüler das Auto der Lehrkraft beschädigen oder die Klasse geschlossene Front gegen den Lehrer macht, dann wird das in beiden Ländern als sehr bedeutsam in negativer Hinsicht erlebt. Auch dieses Ergebnis ist ein positives Zeichen für die Validität des Fragebogens.

3.2. Zu den Unterschieden von Ungarn und Deutschen

Von Klein und Farkas wird herausgestellt, daß von den Ungarn im Gegensatz zu den Deutschen eine Situation dann als beleidigender/verletzender bewertet wird, wenn ein einzelner Schüler Front gegen den Lehrer macht (z.B. "Du bist blöd!"). Es ist zu fragen, ob dies eine unterschiedliche Auffassung von "persönlich getroffen fühlen" oder "verletzt/beleidigt" fühlen sein könnte. Wahrscheinlicher scheint mir, daß in der deutschen "pluralistischen Gesellschaft" individuelle Äußerungen vielleicht häufiger vorkommen, eher geduldet und akzeptiert werden als in einer eher konformistischen Gesellschaftsordnung. Hier bedeutet eine Frontstellung des Individuums gegen die Autorität vielleicht etwas Revolutionäres, selten Vorkommendes. Diese Vorkommnisse werden dann auch höher gewichtet.

Gestützt wird diese Vermutung durch das Verhältnis der Rücklaufquoten der verschickten Fragebogen. In Ungarn wurden die Fragebogen von 90% der Lehrkräfte ausgefüllt, in Deutschland nur von 39,5%. Das zeigt doch, daß in Ungarn eine Aufforderung von "höherer Stelle", wie es die Hochschule darstellt, willfähriger erfüllt wird als in unserer Gesellschaftsform.

5. Wie verletzbar sind Lehrer in Konfliktsituationen? – Wie gehen sie in Konfliktsituationen mit Kindern um?

Die Untersuchungen in Deutschland und Ungarn haben gezeigt, daß Lehrkräfte durch Unterrichtssituationen gefühlsmäßig belastet werden. Die Lehrkräfte geben ganz offen zu, daß dies zum Teil in höchstem Maße geschieht.

Klein und Farkas (1989) geben zu bedenken, daß widersprüchliche Anforderungen an den Lehrer gestellt werden. Auf der einen Seite soll er sich durch Störungen im Unterricht und durch direkte "Frechheiten" der Schüler nicht aus dem Gleichgewicht bringen lassen und die nötige Geduld, Ruhe und Gelassenheit aufbringen. Auf der anderen Seite soll er sensibel, einfühlsam und empathisch sein. Ist er dann nicht auch verletzbar? Kann er beide Forderungen erfüllen?

Klein und Farkas geht es um die pragmatische Frage: Wie kann ich die Lehrerausbildung gestalten, um die Konfliktfähigkeit und Konfliktlösungsfähigkeit zu beeinflussen? Gute Erfahrungen haben sie gemacht mit Lehrveranstaltungen, in denen sie wirkliche Unterrichtsprobleme und Konflikte analysiert haben. Die Studierenden hatten die Möglichkeit, verschiedene Lösungen zu suchen und zu diskutieren. Sie schlagen vor, daß in der Ausbildung Gruppen von vier bis sechs Studierenden gebildet werden sollten, die zusammen mit einem Lehrer akute und reale Probleme analysieren, diskutieren und Lösungsmöglichkeiten ausprobieren.

Der Verfasser ist der Meinung, daß durch Lehrertrainings die Konfliktlösungsfähigkeit erhöht werden kann. Sehen wir uns einmal das Gordon-Lehrertraining an. Hier wird z.B. versucht, die soziale Wahrnehmung zu verändern (s. Modell zur Selbstverteidigung). Nehmen wir als Beispiel Item Nr. 3: "Ich bitte einen Schüler der 9. Klasse, mir Bücher tragen zu helfen. Der Schüler sagt: Tragen Sie Ihren Dreck alleine. Ich trage sowieso schon viel zu viel für die Schule mit mir 'rum!" Ich kann durch diese Antwort spontan getroffen und beleidigt sein. – Müller (1977) ist der Ansicht, daß man die Empfindlichkeit schlecht beeinflussen kann. – Aber ich muß mich nach dem Training fragen: Wer hat eigentlich das Problem? Mein Problem, die Bücher wegzutragen, ist sicher leicht zu lösen. – Hat aber nicht dieser Schüler ein ganz großes Problem mit seinem Schülerdasein, wenn er mir so eine Antwort geben muß. Wenn ich dies als Lehrer so sehen kann, dann ist es mir möglich, mich ihm in anderer Weise zuzuwenden (Reaktion, Handlung s. Modell) und von meiner Gefühlsregung abzusehen. Im Training wird es geübt, mein Getroffen- oder Beleidigtsein kognitiv zu verarbeiten und dann zu reagieren. – Sicherlich ist es auch dann noch nicht leicht, ein schülerzentriertes Gespräch zu führen.

Ist es möglich gewesen, das Problem oder den Konflikt herauszukristallisieren, so bietet ein Lehrertraining auch Wege zur Konfliktbewältigung an (z.B."Methode III" beim Gordon-Lehrertraining). Ist ein Lehrer konfliktlösungsfähig geworden, so wird sich auch seine Wahrnehmung verändern. Situationen, die man meistern kann, sind nicht mehr bedrohlich.

Sehen wir uns den Werdegang eines Lehrers an, so ist in Deutschland festzustellen, daß das Lehrerstudium immer mehr in Richtung Anhäufung von theoretischem Wissen gegangen ist. Ein Lehrertraining steht in Bayern z.B. nur für das Lehramt an Sonderschulen auf dem Programm. Studierende für das Lehramt an Gymnasien brauchen nicht einmal etwas über Sozialpsychologie gehört zu haben.

Auf der anderen Seite sind sich sowohl Erwachsene im Alter von 20 bis 80 Jahren in Erinnerung an ihre Schulzeit (Sauter 1989) mit den Studierenden für ein Lehramt, Pädagogik- und Psychologiestudenten darin einig, daß nicht so sehr die fachliche oder die didaktische Kompetenz den "guten Lehrer" ausmacht, sondern die soziale Kompetenz. Sie wird beschrieben als eine Fähigkeit, mit Schülern umgehen zu können, einfühlsam und konfliktfähig zu sein.

Wo es Menschen gibt, wird es Konflikte geben. Das menschliche Zusammenleben wird dadurch bestimmt, wie diese Konflikte gelöst werden. Es ist an der Zeit, daß Kinder in der Schule den Lehrer als ein Modell für gute Konfliktlösungsmöglichkeiten erleben.

Literaturverzeichnis:

Gordon, Th. (1981). *Lehrer-Schüler-Konferenz*. Hamburg: Rowohlt.
Hoffmann, G. (1986). A pszichológus együttműködése a pedagógussal az iskolai munkát magatartásával zavaró gyermek kapcsán. In A. Horányi és O.V. Kósáné (szerk.), *Pedagógusok és pszichológusok (együttműködés a szocializációs zavarok megelőzéséért) Pszichológia-nevelöknek* (S. 139-157). Tankönyvkiadó.
Klein, S. & Farkas, K. (1989). *Mennyire sért? Tanárok és tanárjelötek véleménye pedagógiai konfliktusszituációkról*. Szeged: A Csongrád Megyei Pedagógiai Intézet kiadványa.
Kleiter, E.F. (1978). Über implizite Schlußwege in Mentorenurteilen – Ein Ergebnisvergleich zwischen ungerichteter und gerichteter Cluster-Analyse. *Zeitschrift für Empirische Pädagogik, 3*, 212-251.
Müller, H.A. (1977). *Die Selbstverteidigung*. Bonn: Hestia-Bouvier.

Müller, H.A. (1981). *Das Selbstbewußtsein des Lehrers*. Bonn: Bouvier.
Müller, H.A. & Sauter, F.Ch. (1978). Untersuchungen über Beeinträchtigungen des Selbstwertgefühls durch Unterrichtssituationen bei Lehrern und Lehrerstudenten. *Zeitschrift für Individualpsychologie, 3*, 100-107.
Müller, H.A., Sauter, F.Ch. & Trolldenier, H.-P. (1978). *Beschreibung des eigenen Verhaltens in selbstwertbeeinträchtigenden Unterrichtssituationen durch Lehrer und Lehramtsstudenten und der Zusammenhang dieser Beschreibung mit der Empfindlichkeit des Selbstwertgefühls* (Arbeiten aus dem Institut für Psychologie der Universität Würzburg, Lehrstuhl für Psychologie IV. Report Nr. 4). Würzburg: Lehrstuhl für Psychologie IV.
Sauter, F.Ch. (1988a). *Untersuchungen zur Effektivität des Kommunikationstrainings nach Thomas Gordon* (Arbeiten aus dem Institut für Psychologie der Universität Würzburg, Lehrstuhl für Psychologie IV. Report Nr. 5). Würzburg: Lehrstuhl für Psychologie IV.
Sauter, F.Ch. (1988b). Die Veränderung von Einstellung und Handlung durch das Gordon-Lehrertraining. In H. Heyse & H. Wichterich (Hrsg.), *Alte Schule − neue Medien* (S. 168-171). Bonn: Deutscher Psychologen Verlag.
Sauter, F.Ch. (1988c). Untersuchungen zu Veränderung des Selbstwertgefühls und der Selbstverteidigung durch Lehrveranstaltungen zum personenzentrierten Ansatz.
In Gesellschaft für wissenschaftliche Gesprächspsychotherapie (Hrsg.), *Orientierung an der Person. Bd. 2: Jenseits von Psychotherapie* (S. 48-69). Köln: Gesellschaft für wissenschaftliche Gesprächspsychotherapie.
Sauter, F.Ch. (1989). Der gute Lehrer aus der Sicht ehemaliger Schüler. In S. Bäuerle (Hrsg.), *Der gute Lehrer* (S. 201-224). Stuttgart: Metzler.
Trolldenier, H.-P. & Baumgartner, E. (1982). *Zwei Beobachtungsverfahren für Lehrerverhalten mit besonderer Berücksichtigung defensiver Reaktionen* (Arbeiten aus dem Institut für Psychologie der Universität Würzburg, Lehrstuhl für Psychologie IV. Report Nr. 3). Würzburg: Lehrstuhl für Psychologie IV.

Anhang:

FSWL − Fragebogen zu Selbstwertbeeinträchtigungen bei Lehrern durch Unterrichtssituationen von H.A. Müller und F. CH. Sauter (1976)

Die befragten Personen wurden im ersten Teil des Fragebogens bei jedem der 42 Items vor die Aufgabe gestellt: "Wenn ich als Lehrkraft in die folgende Situation käme, würde ich mich persönlich getroffen fühlen?

überhaupt nicht						in höchstem Maße"
1	2	3	4	5	6	7

Im zweiten Teil des Fragebogens sollten die befragten Personen aufschreiben, wie sie bei 15 nochmals aufgeführten Situationen "als Lehrkraft spontan reagieren würden". Die Items des zweiten Teils entsprachen den Item-Nrn. 3, 6, 8, 13, 16, 18, 22, 26, 27, 28, 31, 33, 36, 38, 41 des ersten Teils. Die Aufforderung an die Befragten lautete: "Ich würde folgendes tun und sagen:"

Die Situationsbeschreibungen (Items) des ersten Teils des FSWL:

1. Trotz allen Bemühens gelingt mir der Demonstrationsversuch im Chemieunterricht nicht. Meine Schüler lachen mich aus.
2. Ein Schüler kommt schon wieder zu spät.

3. Ich bitte einen Schüler der 9. Klasse, mir Bücher tragen zu helfen. Der Schüler sagt: "Tragen sie Ihren Dreck alleine. Ich trage sowieso schon viel zu viel für die Schule mit mir 'rum!"
4. Ich stehe an der Tafel. Plötzlich werde ich von hinten mit Papierkugeln beworfen.
5. Ich habe meiner Grundschulklasse einen schwierigen Stoff erklärt und mußte dabei vereinfachen. Da sagt ein Schüler: "Wissen Sie es wirklich nicht besser? Mein Vater hat mir das ganz anders erklärt; der muß es schließlich wissen, der ist Lehrer am Gymnasium."
6. Ein Kind sagt zu mir: "O, heute habe ich mein Pausebrot vergessen!"
7. Ich bereite am Vortag einen Text auf der Tafel vor. – Während des Unterrichts schlage ich die Tafel auf. Da grinst die Klasse. Jemand hat mir in den richtigen Text Fehler hineingebastelt.
8. Ein Schüler weigert sich trotz mehrmaliger Aufforderung, eine Übungsarbeit fortzusetzen.
9. Ich glaube einen Sachverhalt deutlich erklärt zu haben; aber ein Schüler gibt zu dieser Sache immer noch falsche Antworten.
10. Ich setze mich auf einen Stuhl und fahre wieder hoch, weil ich mich in einen Reißnagel gesetzt habe. Die Klasse lacht hämisch.
11. Die Klasse zeigt sich am Unterrichtsstoff uninteressiert und keiner meldet sich. Sobald ich der Klasse den Rücken zuwende, setzt eine rege Unterhaltung ein.
12. Die Schüler scheinen an meinem Unterricht nicht interessiert. Sie essen, karten und bewerfen sich mit Radiergummis.
13. In meiner ersten Stunde laufen plötzlich zwei Goldhamster über das Pult.
14. Ich beobachte beim Verlassen des Schulhauses Schüler, die von meinem Wagen wegrennen. Sie haben ihn mutwillig beschädigt.
15. Ich komme in ein Klassenzimmer und die Schüler sitzen alle mit dem Rücken zu mir.
16. Ich setze mich im Klassenzimmer auf meinen Stuhl. Plötzlich merke ich, daß dieser naß ist.
17. Ich halte Biologieunterricht und fühle mich durch das Summen einer Schülerin gestört. Außer mir will es in der Klasse niemand gehört haben. Kurze Zeit später summt die ganze Klasse.
18. In einer Grundschulklasse sagt ein Schüler zu mir: "Du bist blöd."
19. Ein Schüler kaut provozierend Kaugummi, obwohl das ausdrücklich untersagt ist. Ich fordere ihn auf, den Kaugummi aus dem Mund zu nehmen. Er kaut weiter.
20. Ich halte eine Probearbeit. Ein Schüler steht auf, geht zu einem Kameraden und fragt ihn etwas.
21. Ich entdecke, daß ein Schüler während des Unterrichts einer Mitschülerin einen Brief schreibt.
22. Ich komme ins Klassenzimmer und sehe einen Schüler, der mich nachäfft.
23. Ich fordere einen Schüler auf, die Tafel zu wischen. Er weigert sich.
24. Ich kann das Klassenzimmer nicht betreten, weil die Schüler die Türe versperrt haben.
25. Ich bemerke, daß mich ein Teil meiner Schüler bewußt angelogen hat, mit dem Zweck, eine Probearbeit nicht mitzuschreiben.
26. Mein Unterricht ist heute durch Kollegen und Eltern schon mehrmals unterbrochen worden. Wir hatten Mühe, immer den Faden wiederzufinden. Jetzt klopft es schon wieder. Draußen steht ein Schüler und sagt: "Ich soll die Landkarte holen."
27. Ich komme ins Klassenzimmer. Die Schüler schwätzen laut weiter und lassen sich durch meine Ermahnungen nicht zur Ruhe bringen.

28. Ich stelle Schüler vor die Alternative, ein Diktat oder eine Nacherzählung zu schreiben. Die Mehrheit ist für Diktat. Nur eine kleine Minderheit, die für eine Nacherzählung ist, empört sich lautstark: "Äh, Blödsinn, Scheiß-Diktat. Außerdem diktieren Sie so schnell, daß kein Schwein mitkommt!"
29. Ich habe die Schüler gebeten, eine Tageszeitung mitzubringen. Jetzt will ich die Zeitung in den Unterricht einbeziehen; aber die meisten Schüler haben sie vergessen.
30. Ich öffne die Pultschublade, um meine Unterlagen herauszunehmen. Plötzlich springt eine Maus aus der Schublade an mir hoch.
31. Ich habe am Vortag ein Volksfest besucht. Beim Betreten der Klasse ruft mir ein Schüler entgegen: "Na, wieder nüchtern?"
32. Die Schüler meiner Klasse gehen in der Pause trotz mehrmaliger Aufforderung nicht auf den Hof.
33. Ich komme in eine Klasse und höre flüstern: "Schon wieder die! (der!)"
34. Ich bitte wiederholt um Ruhe, – die Klasse wird noch lauter.
35. Ich versuche die Klasse auf etwas aufmerksam zu machen und merke, daß die Schüler es gar nicht begreifen wollen, um mich zu provozieren.
36. Ich will mit der Klasse eine Arbeit schreiben, habe jedoch die falschen Arbeitstexte dabei. Die Klasse freut sich und lacht.
37. Ich versuche den Unterricht fesselnd zu gestalten. Ein Schüler sitzt da und putzt sich die Fingernägel.
38. Ich unterrichte eine 10. Klasse ziemlich leger und duze meine Schüler. Plötzlich meldet sich ein nicht besonders guter Schüler und meint: "Wieso kommen Sie eigentlich dazu uns mit 'du' anzureden? Schließlich sind wir eine 10. Klasse!"
39. Ein Schüler liegt schon die ganze Zeit mit dem Oberkörper auf der Bank. Ich fordere ihn auf, gerade auf dem Stuhl zu sitzen. Nach einigen Minuten liegt er wieder auf der Bank.
40. Ich drehe mich zur Tafel. Die Schüler fangen an zu lachen.
41. Ein Schüler antwortet mir auf die Frage, warum er sich nicht vorbereitet habe: "Weil ich keine Lust hatte".
42. Ich verlese die mündlichen Noten. Schüler: "Können Sie mir erklären, wie ich zu solchen Scheißnoten komme?"

ERNST SIEGRIST

Zwei neue Beiträge zur Lateralitätsforschung.
Olsson & Rett (1989) und Swelam (1989)

Vorbemerkung

Heinz A. Müller promovierte 1956 an der Universität Basel mit einer Dissertation über "Die Psychologie des Lesens". Kurz vorher hatte ich, ebenfalls in Basel, meine Studien mit einem Beitrag "Zur Händigkeit des Menschen" (Siegrist, 1956) abgeschlossen. Obwohl in der "Psychologie des Lesens" bereits von "Legasthenie" (S. 29, 32) die Rede ist, und obwohl auch mir Hinweise auf Wechselwirkungen zwischen Umerziehungsmaßnahmen bei Linkshändern und dem Auftreten von Lese-Rechtschreibstörungen bekannt waren (1956, S. 122), wurde dies damals kaum zum Thema der vielen, meist abendfüllenden Gespräche zwischen den beiden Doktoranden. Dafür ist offenbar später unter Müller in Würzburg zur Händigkeit geforscht worden (H.-P. Trolldenier, schriftl. Mitteilung, 25.11.89). Nun will es der Zufall, oder ist es der Rhythmus des Forschungsgeschehens?, daß im deutschen Sprachraum wieder neue Publikationen zur Händigkeit erscheinen. Ein Anlaß, sich im Gedenken an den gemeinsamen Anfang wiederum ins Bild zu setzen.

Bestimmung und Begrenzung des Vorgehens

Abgesehen von Ullmanns breit angelegter Darstellung einer "Psychologie der Lateralität" (1974), dem von Steingrüber und Lienert edierten Hand-Dominanz-Test (1971), hat sich, ausgehend von Fragen der Motorik und der Motodiagnostik, Schilling seit Anfang der Siebzigerjahre ebenfalls mit der Händigkeit beschäftigt, und aus seinem Wirkungskreis stammt denn auch eine der jüngst erschienen Publikationen zum Thema "Linkshändigkeit. Interkulturelle Vergleiche" (1989), von Swelam. Dürfte man den Kreis um Schilling in Marburg als das eine Zentrum der pädagogisch-psychologischen Erforschung der Händigkeit im deutschen Sprachraum bezeichnen, dann gruppiert sich ein anderer um die Person von Rett, in Wien. Neben seinen vielleicht bekannteren Beiträgen zum Mongolismus, zum organischen Psychosyndrom im Kindesalter, hat Rett bereits auch 1973, zusammen mit Kohlmann und Strauch die "Analyse einer Minderheit", der "Linkshänder" vorgenommen, und gemeinsam mit Olsson publizierte er 1989 unter dem Titel "Linkshändigkeit" erste Ergebnisse neuer Untersuchungen. Beide Publikationen, sowohl Olsson & Rett als auch Swelam sind pädagogisch-psychologisch ausgerichtet, berücksichtigen aber auch, was zur Problematik aus der Humangenetik, der Neurophysiologie und Neuropsychologie, der vergleichenden Kulturanthropologie vorliegt.

In beiden Publikationen ist "Linkshändigkeit" das Thema. Hier wird von "Händigkeit" gesprochen, um nicht im vornherein einzubringen, was erst bestimmt werden soll. Die Thematik ist derart fundamental, kennzeichnend für unsere psychoorganische und gleichzeitig soziokulturelle Lebensverfassung, daß wir offenbar Gefahr laufen, in unseren diesbezüglichen Vorurteilen hängen zu bleiben. Gazzaniga (1989) hat in seinem spannend geschriebenen jüngsten Bericht über seine neuropsychologischen Forschungen zu zeigen versucht, wie es zu Urteilen und zur Bildung von Überzeugungen kommt, und er kritisiert denn auch zurecht, daß aus den Ergebnissen moderner Gehirnforschung eine von den Medien aufgegriffene und popularisierte Hemisphären-Mythologie gemacht worden sei, welche der linken Gehirnhälfte das sprachlich-logische Denken, der rechten das simultan synthetisierende Erfassen und kreative Gestalten zuweise (S. 63ff.). Anerkennt man aber auch mit Springer und Deutsch (1987), daß "die Händigkeit in einer komplexen Beziehung zu der Verteilung von Funktionen zwischen dem linken und dem rechten Gehirn steht", und "jede Analyse der Hirnasymmetrie, die Vollständigkeit anstrebt ..., sich mit diesem Problem befassen" (S. 84) müsse, dann bleibt offen, weshalb Gazzaniga bei der Entwicklung seiner "Modul"-Theorie des Gehirns der Händigkeit und ihren möglichen Anteilen an der Strukturierung der kortikalen Aktivitäten keine Beachtung einräumt. Auch beim Bericht über die faszinierenden Untersuchungen an Split-Brain-Patienten, an gleicher Stelle bei Gazzaniga, hätte man gerne genauer gewußt, inwiefern die Händigkeit dieser Patienten als mitbestimmende Variable in Betracht gezogen wurde. Jaynes, in der Absicht, seine Hypothese vom "Ursprung des Bewußtseins durch den Zusammenbruch der bikameralen Psyche" organisch zu fundieren, referiert die Organisation der Hirnfunktionen nur für den Fall der "Rechtshänder". Bei Linkshändern sei zwar "die Dominanz von Fall zu Fall unterschiedlich auf die Hemisphären verteilt: Bei einigen sind die Verhältnisse einfach spiegelbildlich umgekehrt ..., bei anderen ist überhaupt kein Unterschied gegeben, und bei wieder anderen teilen sich beide Hemisphären in die Dominanz. Indes, als Ausnahmefälle, die lediglich 5% der Bevölkerung ausmachen, können wir die Linkshänder hier vernachlässigen" (1988, S. 128-129). So einfach ist das.

Offensichtlich ist die Thematik der Lateralität/Händigkeit besonders delikat: Aufgewachsen mit einer mehr oder minder eindeutigen Disposition zur anatomisch-physiologischen, neuropsychologischen funktionellen Asymmetrie, haben wir im alltäglich-sozialen Umgang eine nach den beiden Seiten unsrer körperlichen Symmetrieachse laufende Ordnungsdimension kennen und handhaben gelernt. Wenn wir sie sprachlich dichotom mit "rechts" und "links" bezeichnen, werden mit dieser Lage- und Richtungsangabe auch Wertungen gekoppelt, die wir als traditionell übliche übernommen haben. Und wo wir meinen, solchen unterschwelligen Zuschreibungen nicht aufzusitzen und sie als Vorurteil oder Aberglaube zu entlarven, da holt uns der Hang zur Überhöhung unsrer Aussagen bald ein, wenn wir nicht sehr auf der Hut bleiben. Die Tatsache, daß gerade zur Thematik der Händigkeit jene Arbeiten besonders zahlreich sind, welche auf der Basis von methodisch oft unzureichend bearbeitetem Material ihre bestenfalls originellen Hypothesen für schlüssige Erkenntnisse halten, illustriert diesen Sachverhalt (vgl. dazu Springer & Deutsch, 1987, S. 132).

Die Zielsetzungen von Olsson und Rett unterscheiden sich gegenüber denjenigen von Swelam. Die beiden Wiener Autoren setzen sich "mit den Zusammenhängen zwischen Linkshändigkeit und Legasthenie " (S. 10) auseinander. Linkshändigkeit ist überdies für sie "ein gesellschaftspolitisches und damit auch ein politisches Problem geworden" (S. 10). Swelam will "die Ursache der Linkshändigkeit und ihr Korrelat zu hirnphysiologischen Entwicklungen in Abhängigkeit von der sozialen Umwelt" ... bestimmen (S. X, Vorwort von Schilling). Dabei kann sehr wohl auch diese Fragestellung das Problem auf eine (bildungs)politische Ebene bringen.

Ich referiere und diskutiere die Untersuchungskonzepte und deren theoretische Begründungen, die Ergebnisse der beiden Publikationen und möchte dann Folgerungen anfügen, welche sich für die (sonder)pädagogische Praxis ergeben.

Vergleich der Untersuchungskonzepte und der theoretischen Begründungen bei Olsson & Rett (1989) und Swelam (1989)

Olsson und Rett suchten nach Zusammenhängen zwischen der Linkshändigkeit und Leistungs-, Anpassungproblemen an Volks- und Sonderschulen in Wien. Ihre Versuchsgruppen umfaßten 6.0.-11.11 Jahre alte Kinder aus beiden Schultypen. Die Eltern aller Kinder waren deutschsprachig. Swelam hatte die Chance, zu Fragen der Händigkeit vergleichende Untersuchungen in Ägypten und in der Bundesrepublik Deutschland vornehmen zu können. Insgesamt untersuchte er "872 ägyptische und deutsche Schulkinder im Alter von 6-9 Jahren. Davon führten 66 sechsjährige ägyptische und deutsche Kinder das Marburger Graphomotorische Programm durch. 608 ägyptische und deutsche Lehrer haben zwei Fragebogen beantwortet. Zudem wurden 128 ägyptische Analphabeten im Alter von 13-29 Jahren getestet" (S. 61).

Da die vorliegenden Erkenntnisse über die "Beziehungen zwischen der Händigkeit und Teilleistungsschwächen in der Schule" für Olsson und Rett "widersprüchlich" sind, wollen die Verfasser vorerst "viele verschiedene Verfahren zur Untersuchung der Händigkeit ausprobier(en), aus denen eine sehr grosse Zahl von Händigkeitsvariablen zusammengestellt werden kann. Mit diesen kann untersucht werden, welche Händigkeitskategorien welche Beziehungen zu Leistungs- und Anpassungsproblemen in der Pflichtschule haben" (S. 112).

Die zur Abklärung der Händigkeit einbezogenen Verfahren/Verhaltensproben waren: Auf- und Zumachen einer Flasche mit Drehverschluß, – einer Tube, – einer Zündholzschachtel. Halten einer Nagelbürste, Nägelbürsten mit bevorzugter und nicht bevorzugter Hand. Greifen der Perlen beim Perleneinfädeln, Führen der Perlen beim Einfädeln und Durchziehen. Abschreiben von Blockbuchstaben mit linker und rechter Hand. Abschreiben eines Textes mit linker und rechter Hand. Scheibenprobe nach Walther. Applaudieren spontan und mit abgewinkelten Unterarmen, Hände etwa in Gesichtshöhe. Diadochokinese (Pronation und Supination der Unterarme). Zuordnung der Begriffe "Rechts" und "Links" im Raum, nach Zazzo (1969, zitiert nach Kramer, 1970). (Ausführliche Beschreibung des Vorgehens bei Olsson & Rett, 1989, S. 114, 115).

Auskünfte über das Anpassungs- und Leistungsverhalten haben Olsson und Rett über Fragebogen bei den Lehrern eingeholt. Von jedem Kind lagen Taxationen über sein(e) "'soziales Verhalten', 'Arbeitsreife', 'Leistungswille', 'intellektuelle Leistungsfähigkeit'" (S. 115) vor. Außerdem wurden die Noten für Leistungen in "Lesen, Deutsch, Rechnen, Leibesübungen (Turnen) und Schreiben" (S. 115) registriert.

Eine erste Untersuchungshypothese galt der Frage, welche der obgenannten Proben sich eignen zur Ermittlung

1. der bevorzugten Hand für das Greifen und Halten,
2. der führenden Hand bei Zweihandaufgaben,
3. der Leistungen der linken und der rechten Extremität (S. 115, 117, 118-122).

Überdies wurden alle durchgeführten Handlungsproben danach taxiert, ob sie relativ erziehungsneutral ("N") sind oder ob sie einem sozialen Normierungsdruck unterliegen, der rechtshändige Ausführung verlangt ("R", S. 109). Entsprechend der Annahme, daß bei den erziehungsneutralen Verrichtungen eine primäre Linksprävalenz eher erhalten bleiben könne als bei solchen, die einer tradierten und fortpraktizierten Rechts-Norm unterliegen, dient das Verhältnis der "N" und "R"- Proben, je nachdem ob sie rechts- oder linkshändig ausgeführt werden, zur Formulierung von 4 "Kategorien der Händigkeit".

Die Ausführung der Proben erfolgt:

N linkshändig   R linkshändig = manifeste Linkshk.
N linkshändig   R rechtshändig = umtrainierte Linkshk.
N etwa beidhdg. R rechtshändig = (Tendenz zu) Beidhk.
N rechtshändig R rechtshändig = Rechtshändigkeit (vgl. S. 109).

Für die in diese Händigkeitskategorien eingewiesenen Kinder galt nun als Arbeitshypothese folgende Zuordnung zu ihrem mutmaßlichen Anpassungs- und Leistungsverhalten in der Schule:

1. Schüler der Kategorie "manifeste Linkshändigkeit", "umtrainierte Linkshändigkeit", "Beidhändigkeit" werden schlechter abschneiden als jene der "Rechtshändigkeit".
2. "Manifeste Linkshänder" schneiden besser ab als "Beidhänder", und diese wiederum besser als "umtrainierte Linkshänder".

Es wäre also mit einer absteigenden Rangfolge zu rechnen: 1. "Rechtshändigkeit", 2."manifeste Linkshändigkeit", 3. "Beidhändigkeit", 4. "umtrainierte Linkshändigkeit" (S. 127).

Für die auf den interkulturellen Vergleich angelegte Untersuchung von Swelam ist die Entwicklung motorischer Fertigkeiten das Ergebnis von Lernprozessen, welche auf der Basis somatischen Reifens stets unter soziokulturell unterschiedlichen Lernerwartungen und Lernbedingungen ablaufen. Die Frage ist, ob und inwiefern bei unterschiedlichen kultursozialen Bedingungen sich Unterschiede in der Ausprägung der Händigkeit zeigen und unter welchen Voraussetzungen sie im einzelnen auftreten.

Was die Wahl der Untersuchungsverfahren anbelangt, erachtet es Swelam wie Schilling (1972) und schon Steingrüber (1971) als zweckmäßig, "die Aspekte der Vorzugshand und der Leistungshand" (S. 64) zu differenzieren. Dem soll die Auswahl von 2 Untersuchungsverfahren entsprechen:

1. Der Leistungsdominanztest von Schilling (1973), welcher für die linke und rechte Hand beim Kreisepunktieren erzielte Leistungswerte liefert, aus denen der sog. "Dominanzindex, DI" (S. 66) errechnet wird, als Prozentanteil der rechtshändigen Leistungen an der Gesamtleistung. Zudem können die Leistungen der einzelnen Hände über den "Motorik-Quotient(en) " (S. 66) verglichen werden. Die jeweils erzielten Rohwerte werden in eine Standardskala übersetzt.
2. Der Präferenzdominanztest. Er wurde 1972 von "Völker-Kirchert, zusammen mit Schilling ... zur Bestimmung der bevorzugten Hand konstruiert" (Swelam, 1989, S. 66, 171) und ermittelt über 20 Funktionsproben die Vorzugshand, wobei es genügt, die Proben gestisch zu imitieren. Um die Ergebnisse in diesem Verfahren mit denjenigen des LDT vergleichen zu können, wird, methodisch analog zum LDT, auch hier ein "Dominanzindex ermittelt" (S. 66, 67), ausgedrückt als Prozentanteil der Rechtspräferenz bei den insgesamt 20 Proben, (= DI(PDT)). (Man fragt sich, ob die Bezeichnung "Präferenztest" oder "Handpräferenztest" nicht ausreichend wäre. Ausgedrückt wird ja die prozentuale Bevorzugung der einen gegenüber der anderen Hand, bezogen auf die Gesamtzahl der ausgeführten Funktionsproben. Was ist "Rechtspräferenzdominanz" mehr als "Rechtspräferenz"?).

Beide Verfahren erfüllen die üblichen Testgütekriterien und ihre Er-

gebnisse korrelieren positiv untereinander, bei Schulkindern höher als bei Erwachsenen: r = 0.70, bzw. 0.56 (Swelam, 1989, S 67, zitiert nach Schilling, 1979).
3. Zwei Fragebogen, an Lehrer und Eltern gerichtet. Im Unterschied zu Olsson & Rett wurden aber hier keine Verhaltensbeurteilungen über Versuchspersonen, sondern lediglich Ja/Nein-Statements zu persönlichen Einstellungen der Befragten gesammelt. Das betraf die "Einstellung von Lehrern und Eltern gegenüber der Händigkeit", gegenüber "Aspekte(n) der Erziehung zur Rechts- bzw. Linkshändigkeit", "zur Religion, in Zusammenhang mit der Bevorzugung der rechten Hand", "zur arabischen Schrift und zu Ausprägungen der Händigkeit" (S. 68).
4. Die "Marburger Graphomotorischen Übungen" von Schilling (1985, 5. Aufl.). Dieses Übungsprogramm, welches den Einstieg in den Schreiblernprozeß erleichtern soll, wurde in einer deutschen und in einer ägyptischen 1. Klasse der Volksschule eingesetzt, wobei jeweils vorher und daran anschließend der LDT aufgenommen wurde.

Mit diesem Instrumentarium untersuchte Swelam nun inter- und intrakulturell die Verteilungen der Leistungs- und Präferenzdominanz, das Leistungsniveau der einzelnen Hände, den Einfluß der Schriftrichtung auf die Händigkeitsdetermination, die Einstellung zu Fragen der Händigkeit auf dem Hintergrund religiösen Glaubens, den Effekt eines graphomotorischen Trainings mit dem Marburger Programm (vgl. S. 60, 61).

Die beiden Konzepte sind geleitet vom pädagogisch-therapeutischen Bestreben, über die besondere Situation der Linkshänder sich Klarheit verschaffen zu wollen. Wie aber das Phänomen der Händigkeit angegangen wird, da gibt es Unterschiede:

Olsson und Rett fangen gewissermaßen nochmals "ganz von vorne" an und möchten aus all den Versuchsarrangements, die zur Abklärung der Händigkeit schon bekannt geworden sind (vgl. z.B. Kramer, 1970), über Vorerprobungen jene ausfiltern, die es erlauben, die reale Vielfalt angetroffener Händigkeitsausprägungen einzuweisen in 4 "Kategorien der Händigkeit" (S. 109). Sie gehen also von den individuellen Ausprägungsformen und ihren komplexen Bedingungskomponenten aus und münden ein in eine praxisorientierte Klassifizierung. Sie haben denn auch den Eindruck, daß die "Neurologen die erforderlichen Kenntnisse von der Lateralität und den verschiedenen Bereichen der Psychomotorik ... haben, jedoch von der Testtheorie weniger verstehen und daß die Psychologen sich eher mit testtheoretischen Fragen beschäftigen, mit dem Gegenstand der Händigkeit jedoch weniger" (S. 95, 96). So wird auch gegen Steingrüber und Lienert und deren Hand-Dominanz-Test (1971) eingewendet, daß dieses Verfahren "einzig und allein und sehr zuverlässig den Faktor 'Umgang mit Papier und Bleistift'," erfaße. Es ermittle also "die Händigkeit so unvollständig oder einseitig, wie die Intelligenz mittels einem einzigen Subtest aus einem ganzen Intelligenztest" (S. 95). Nun, abgesehen davon, daß auch das Ergebnis eines "ganzen Intelligenztest(s) " eine konstruktspezifische, partikulare Aussage bleibt, die Reduktion auf ein ökonomisches, in Gruppen durchführbares Verfahren geschah bei Steingrüber & Lienert ganz bewußt, und daß man sich auf die Messung der psychomotorischen Leistungsdominanz absichtlich beschränkte, wird ebenfalls deutlich hervorgehoben. Die beiden Testautoren wollten also nicht, wie Olsson und Rett vermuten, "irreführe(n) ", indem sie "anscheinend nicht wußten oder angeben wollten, daß dieser Test nur für einen Aspekt der Händigkeit gültig ist" (S. 95). Die Begrenzung erlaubte es, ein Verfahren zu konzipieren, das "nur einen, faktoriell möglichst homogenen Aspekt, der Handdominanz" (Steingrüber & Lienert, 1971, S. 4) erfaßte, dafür aber "den Anforderungen, die an die Konstruktion eines Leistungstests gestellt werden" (1971, Begleittext, S. 9) entsprach. Abgesehen von guten Reliabilitätswerten ergab sich auch eine befriedigende Validität im Verhältnis zu Lehrerurteilen, "was nicht zuletzt dadurch erklärt werden könnt(e), daß der H-D-T ein Papier und Bleistifttest ist und die Lehrer sich im allgemeinen an der Schreibhand ihrer Schüler orientieren" (1971, S. 9). Nachdem allgemein anerkannt wird, daß der Altersabschnitt zwischen 4-8 Jahren für die Ausprägung der Händigkeit eine maßgebende Phase darstellt, innerhalb welcher das Schreibenlernen ein Schlüsselvorgang ist, kommt m. E. dem H-D-T und dem analog konzipierten LDT von Schilling ein respektabler praxisrelevanter Indikationswert zu, zumindest eben für diesen lebenswichtigen (und oft -kritischen) Wirkungszusammenhang von Handdominanz/-präferenz und Schreibenlernen. Wenn also, um die bekannten Testgütekriterien zu erreichen, im Konstrukt des H-D-T eine "bewußte Beschränkung ... unumgänglich" (Steingrüber & Lienert, 1971, S. 4) war, nicht zuletzt, weil "ohne diese Testkonstruktionsdaten ernstzunehmende Untersuchungen über klinische Relevanz der Händigkeit nicht möglich" (1971, Begleittext, S. 9) sind, dann ist umgekehrt die Untersuchungsanlage von Olsson und Rett ein großes Unternehmen, weil für die vielen von ihnen ausgewählten Arbeitsproben erst Rohdaten gesammelt und für die Feststellung von Verteilungen und Zusammenhängen dann aufbereitet werden mußten. Analysen darüber, inwieweit die eruierten "Variablen" und "Kategorien der Händigkeit" die an ein Untersuchungsverfahren zu stellenden Gütekriterien erfüllen, fehlen z.Zt. noch. Als "Voruntersuchungen" (S. 122) bezeichnen deshalb Olsson und Rett ihre bisherigen Unternehmungen. Obwohl es nicht ausdrücklich gesagt wird, gilt m.E. dieser Gültigkeitsvorbehalt auch gegenüber allen Schülerbeurteilungen, wie sie per Fragebogen von den Lehrern eingeholt wurden (Einschätzung von "Arbeitsreife", "Leistungswille" etc., Schulnoten).

Für die theoretische Fundierung ihres Vorgehens berücksichtigen beide Arbeiten die zur Thematik kaum mehr überblickbare Vielfalt von Publikationen aus der Neurophysiologie, Neuropsychologie und den Sozialwissenschaften. Ich rekapituliere komprimiert, soweit mir das zur Information über diese Quellen wünschbar, namentlich aber zur Diskussion der

Untersuchungsergebnisse bei Olsson & Rett und bei Swelam notwendig erscheint. Vielleicht gelingt es, über gewonnene Einblicke sich schlußendlich auch eine gewisse Übersicht zu verschaffen; denn wenn man in Sachen Händigkeit pädagogisch verantwortlich tätig werden soll, wäre es doch erforderlich, aus der "größte(n) Verunsicherung gegenüber der Linkshändigkeit" und aus dem "undurchdringlichen Wirrwarr für Pädagogen und Nichtpädagogen", wie ihn, laut Swelam (S. 12), die vielen wissenschaftlichen Bemühungen hier angerichtet haben, herauszufinden.

Die Entwicklung der zentralvervösen Funktionssysteme und deren Lateralisation wird aufgefaßt als das "Ergebnis der Anlagen, Umwelteinflüsse (Übung, Deprivation usw.) und (organisch bedingter) Störungen" (Olsson & Rett, S. 79). Die Lateralisation erfolgt aber nicht so, daß eine Hemisphäre für alle beidseitig angelegten Funktionen die dominante wird, sondern quasi systemtheoretisch, indem ein komplexes Netz von teilautonomen Zentren ("Module" bei Gazzaniga, 1989) interagiert. Dabei können im einzelnen diese Strukturen intra- und interindividuell unterschiedlich ausgeprägt sein und die spezifische Art ihres Zusammenwirkens etabliert sich während der persönlichen Entwicklung, in deren Verlauf es insofern kritische Phasen geben kann, als die jeweils sich aktivierenden Zentren in einem dialektischen Prozeß ihr Zusammenwirken erst einrichten müssen, und zwar sowohl innerhalb der einzelnen Hemisphären, ipsilateral, wie zwischen denselben, kontralateral. Die von Swelam aus der klinischen Forschung referierten Beiträge zeigen, daß Linkshänder eine "höhere bilaterale Organisation aufweisen als die meisten Rechtshänder" (S. 40). Stichhaltig begründete Zusammenhänge zwischen Linkshändigkeit und speziellen Gebrechen sowie Minderleistungen lassen sich nicht finden, ebenso nicht für die Annahme, daß die Linkshändigkeit überhaupt, primär, durch eine pathologische Veränderung einer Hemisphäre erklärt werden könne. Als "pathologische Linkshändigkeit" sei lediglich "die Verlagerung der bevorzugten Nutzung der rechten Hand zur linken Hand nach einer cerebralen Beeinträchtigung in der dominanten Hemisphäre" (Swelam, S. 42) anzusprechen. Es bleibt aber zu bedenken, daß diese pathogene Beeinträchtigung zu einem so frühen Zeitpunkt schon eintreten kann, da eine genuine primäre Hemisphärendominanz noch wenig ausgeprägt ist. Aber bereits auch eine von der Mitwelt gestellte Forderung nach sozialer Anpassung, wie sie z.B. beim Umtrainieren einer primären Bevorzugung der linken Hand auf strikte rechtshändiges Verrichten im Laufe des Schreibenlernens noch häufig stattfindet, kann nachhaltig in die funktionelle Organisation der cerebralen Lateralisation eingreifen. Als Schulkinder sind linkshändige Kinder veranlaßt, sich an die nach den zahlreicheren Rechtshändern ausgerichteten Verhaltensmuster anzupassen. Solche Umerziehungsversuche sind besonders intensiv "im Zusammenhang mit dem Anfang des Schreiblernprozesses" (Swelam, S. 24), wobei als eines der häufigsten Argumente hiefür vorgebracht wird, daß die von links nach rechts laufende Schrift der europäischen Sprachen rechtshändig leichter und besser auszuführen sei (vgl. Swelam, S. 50,51). Durch eine Umerziehung in ihrer Funktionsweise umgepolte motorische Steuerungszentren interagieren dann möglicherweise auch schlechter mit jenen Bereichen, welche den Umgang mit der Sprache regeln. Um eine optimale Verknüpfung von motorischen und kognitiv-sprachlichen Prozessen geht es aber gerade am Anfang der Schulzeit, beim Lesen- und Schreibenlernen. Was hier erreicht oder verpaßt wird, ist deshalb in hohem Maße abhängig vom soziokulturell unterschiedlichen Lehr-Lernangebot und den jeweils gegebenen Lernbedingungen. Und da das Wahrnehmen und Registrieren von graphischen Zeichen im Raum und ihre Verkoppelung mit sprachlich-begrifflichen Bedeutungen ebenfalls der Lateralisierung unterliegt, gehen Olsson und Rett von der Annahme aus, daß Linkshänder von den eher wahrscheinlichen Irritationen beim Schreibenlernen her auch häufiger zu Legasthenie neigen. "Die linkshändigen Schüler müßten deshalb im Lesen, Schreiben und Rechnen weniger erfolgreich sein als die rechtshändigen" (S. 110)

Ergebnisse

Entsprechend dem methodisch straffen Aufbau unter Verwendung von Untersuchungsverfahren, deren Aussagen nach Gültigkeit und Tragweite gut interpretierbar sind, kann Swelam feststellen, daß in der Verteilung der Resultate im Leistungsdominanztest LDT sowohl wie im Präferenzdomianztest PDT im Vergleich zwischen ägyptischen und deutschen Kindern "nur einige Unterschiede" (S. 167) bestehen. Zusammen mit den Erträgnissen aus der Fragebogenerhebung möchte ich für die anschließenden Folgerungen festhalten:

1. In den Ergebnissen des LDT und des PDT zeigen sich Verschiebungen zwischen der ägyptischen und der deutschen Versuchsgruppe im Zusammenhang mit dem Lebensalter, dem soziokulturellen Umfeld (ländliches vs. städtisch-industrialisiertes Gebiet), dem Ausmaß und der Art der Schulbildung (öffentliche Schule mit oder ohne Kindergarten, Privatschule, Analphabeten mit 4-jähriger oder gar keiner Schulbildung): Es gibt "mehr linkshändige deutsche Kinder (6-9 J.) als ägyptische"; ägyptische Kinder "verwenden die rechte Hand mehr als deutsche" (S. 167). "Nach dem DI/PDT gab es keine Beidhänder bei 8-jährigen Ägyptern und bei 7-, 8- und 9-jährigen Deutschen" (S. 167). Dagegen fanden sich bei ägyptischen Analphabeten mit 4 Jahren Schulbesuch 9% und bei Analphabeten ohne Schulbesuch gar 45.2% Beidhänder. Gleichzeitig war das motorische Leistungspotential bei diesen Analphabeten höher als bei den ägyptischen Schülern. In den Versuchsgruppen beider Länder war im übri-

gen das motorische Leistungspotential der Mädchen höher als dasjenige der Knaben (vgl. S. 168).
2. Das Schreibenlernen, wie es in zivilisierten Gesellschaften den Kindern im Alter zwischen 4-8 Jahren gelehrt wird, ist ein komplexer, sozial relevanter Schlüsselprozeß. Komplex, weil es um die Koppelung kognitiv-sprachlichen Operierens mit dem Erwerb und mit dem Verfügen über ein visuell-graphisches Zeichensystem geht. Sozial relevant wird dieser Vorgang insofern, als er unter dem Gesichtspunkt der Leistung steht und Schreibenkönnen (in Verbindung mit dem Lesen) eine neue Ebene sozialer Teilhabe eröffnet.
3. Mit der Festlegung der Schreibhand und der Automatisierung des Schreibprozesses wird eine deutlichere Lateralisierung des (fein)motorischen Potentials etabliert.
4. Das immer wieder vorgebrachte Argument, die Schriften europäischer Sprachen müßten, weil sie von links nach rechts laufen, um eine optimale Schreibleistung zu erzielen, unbedingt auch rechtshändig geschrieben werden, – dieses Argument ist entkräftet.
5. Nach wie vor sind bei Eltern und Lehrern, je nach Kultur und deren Teilstrukturen in unterschiedlichem Ausmaß und mit unterschiedlichen Begründungen vorgebrachte, tradierte Einstellungen bezüglich der Regelung des Handgebrauchs wirksam.

Was die Ergebnisse bei Olsson & Rett anbelangt, muß korrekterweise nochmals bedacht werden, daß es sich hier um einen "Vorversuch" (S. 143) handelt, in den recht weit und breit gefächerte Variablen einbezogen wurden. Da das Konzept für die Auswertung und die Darlegung der Ergebnisse (noch) nicht synoptisch vorgestellt und die Resultate auch noch nicht in graphischen Darstellungen zusammengefaßt veranschaulicht werden, ist es nicht ganz einfach, den Überblick und damit den sicheren Ansatz zur kritischen Würdigung zu gewinnen. Thematisiert ist ja die Frage nach den Zusammenhängen zwischen Linkshändigkeit und Anpassungs- bzw. Leistungsverhalten in der Schule. Hier wird gefunden:

1. "Linkshändige Kinder, und vor allem diejenigen, die zur rechtshändigen Arbeit umtrainiert worden sind und diejenigen, die eine Tendenz zur Beidhändigkeit aufweisen ... haben ... in der Pflichtschule im Durchschnitt mehr Probleme ..., als die rechtshändigen Schüler" (S. 133). "Viele linkshändige Volksschüler, vor allem die zur Rechtshändigkeit umtrainierten Linkshänder und die ambilateralen, befinden sich in den ersten Volksschuljahren in einer Behindertensituation" (S. 134).
2. Es wird vermutet, daß viele "'Beidhänder' umtrainierte Linkshänder sind" (S. 134). Neurologisch gesehen könnte hier "eine unvollständige Lateralität mehrerer psychischer und psychomotorischer Funktionen" ... vorliegen ... und statt einer Lateralität mit ausreichenden interhemisphärischen Integrationen würden dann in jeder der beiden

Hemisphären gegenseitige Beeinträchtigungen (Interferenzen) derjenigen Funktionskomponenten vorkommen, die für die höchsten kortikalen Funktionssysteme notwendig sind" (S. 134).
3. Es ergeben sich nur wenig gesicherte Hinweise dafür, daß an der Allgemeinen Sonderschule mehr Kinder mit Linksdominanzen anzutreffen sind als an der Regelschule, jedoch ist anzunehmen, daß es an der Sonderschule weniger umtrainierte Linkshänder hat, weil es dort "relativ mehr Kinder gibt, die große Schwierigkeiten haben, sich an die Forderungen der Leistungsgesellschaft anzupassen" (S. 141).

Es ist zu hoffen, daß die von Olsson und Rett hier vorerprobten Bestimmungsverfahren für die postulierten 4 Kategorien der Händigkeit weiterhin operationalisiert und so definiert werden können, daß man zuverlässige und gültige, faktoriell analysierte Angaben erwarten kann. Im Hinblick auf eine genauere Beschreibung und Erklärung wäre es dann aber auch unumgänglich, über die bislang nicht weiter untersuchten Lehrerurteile hinaus, zum Anpassungs- und Leistungsverhalten in der Schule gemeinsam mit den jeweils angesprochenen Lehrern Beurteilungsverfahren zusammenzustellen und einzusetzen, die valide und reliable Informationen einbringen. Lehrerurteile zum "sozialen Verhalten", zur "Arbeitsreife" (S. 115) z.B. sind wohl sozialpädagogisch relevant, weil sie für die Betroffenen existentielle Folgen haben. Sie werden aber bekanntlich nach recht unterschiedlichen Kriterien subjektiv und kontextspezifisch gefällt und bedürfen für die Abklärung ihrer Kovarianz mit Variablen der manuellen Lateralität einer Überprüfung, bzw. eines ergänzenden Vergleichsinstruments, das dann auch verfahrensmäßig die Bedingungen der Vergleichbarkeit erfüllt.

Wie aus dem referierten Untersuchungskonzept ersichtlich, werden zum speziell als Anliegen bezeichneten Zusammenhang von Linkshändigkeit und Legasthenie von Olsson und Rett (noch) gar keine empirischen Vergleichsdaten gesammelt. So sind denn auch die diesbezüglichen Feststellungen der beiden Verfasser wohl plausible aber immer noch hypothetische, an theoretischen Vorüberlegungen festgemachte Aussagen. Dennoch kann man den auf die pädagogische Praxis zielenden Folgerungen, die sich mit denjenigen Swelams weitgehend decken, beipflichten: Handle es sich um Kinder die genuin oder im Zusammenhang mit einer cerebralen Läsion linkshändig sind, insbesondere im letzteren Falle entsteht durch das "Umtraining von einer hochgradigen Linkshändigkeit zur Rechtshändigkeit ... eine unglückliche Konstellation", die "zu einer unnötigen Überforderung führt, ... über welche zu wenig aufgeklärt wird" (S. 144).

Folgerungen für die (sonder)pädagogische Praxis

Meine anschließenden Folgerungen für die pädagogische Praxis möchte ich innerhalb eines Prozeßmodells darstellen, wie wir es zur Vergegenwärtigung der zirkulär angeordneten einzelnen Phasen (sonder)pädagogischen Handelns im Lehrangebot für Studierende der Sonderpädagogik und der Logopädie verwenden (vgl. hiezu Grohnfeldt, 1982, S. 135, sowie Kornmann, 1977). (Abbildung 1)

Da es zur angestrebten Handlungskompetenz dieser Sonderpädagogen gehört, sich über die Bildungsmöglichkeiten und Bildungsbedürfnisse ihrer Schüler Klarheit zu verschaffen, kommt (unter Ziffer 1-5 des Modells) diesem diagnostischen Aspekt hier breite Bedeutung zu, denn eine angepaßte Förderung kann ja nur geplant und realisiert werden, wenn die besonderen Voraussetzungen der einzelnen Schüler hierfür bekannt sind. Und diese Voraussetzungen sind hier deshalb besondere, weil sie immer schon Anzeichen einer latenten oder manifesten Entwicklungsbehinderung aufweisen. Auch die Frage nach der motorischen, insbesondere der manuellen Lateralisation muß hier als Aspekt eines Gesamtbefundes geklärt werden. Obwohl die einzelnen Teilprozesse dieses Modells in der Normalschule andere Valenzen und andere Inhalte erhalten, scheint mir dessen Übertragung aud die Normalschule möglich: Was unter erschwerten Umständen an der Sonderschule passiert, ist nichts grundsätzlich anderes. Die erschwerten Bedingungen der Sonderschule können vielleicht gar auf Zusammenhänge aufmerksam machen, die im sog. Normalfall übersehen werden.

Wenn ich im folgenden versuche, am Leitfaden dieses Modells zu vergegenwärtigen, wie man mit dem Problem der Händigkeit umgehen könnte, dann soll dies für den Altersabschnitt zwischen dem 5.-8. Lebensjahr gelten, die Zeitspanne, da es um Lesen- und Schreibenlernen geht, und die, wie Swelam gezeigt hat, hinsichtlich der Händigkeit innerhalb der Schulzeit die bedeutsamste ist. Entsprechende pädagogische Aktivitäten vergegenwärtigen wir demnach in der Rolle von Lehrkräften, die Kinder am Ende der Vorschulzeit betreuen oder ab Schulbeginn unterrichten. Zurück zum Modell:

Die einzelnen Arbeitsschritte sind in sich geschlossen. Was an Befunden vorhanden ist und was über eigene oder fremde, zusätzliche Abklärungen noch beigebracht wird, ist die Basis für die Ableitung, Bestimmung und Durchführung von Fördermaßnahmen, die dann allerdings erst unter Berücksichtigung gesellschaftlich-institutioneller Bildungserwartungen (Reglemente, Lehrpläne) und kontextueller Rahmenbedingungen konkretisiert werden können (Ziffern 2.a, 7.a und 2.b, 7.b des Modells). Wichtig aber ist, daß nicht bloß den wahrgenommenen Voraussetzungen entsprechend Bildungshandeln geplant und realisiert, sondern auch kontrolliert wird. Die Planung und Realisierung von Förderprogrammen impliziert die Planung und Durchführung von Verlaufskontrollen zur Evaluation des jeweils Vollzogenen (Ziffer 9-12, rückführend zu Ziffer 2 oder 6 des Modells).

Vor 40 Jahren hat Wegener (1949) geschrieben, mit dem Problem der Händigkeit sei in Schule und Erziehung nach dem Prinzip des "nihil

Beiträge zur Lateralitätsforschung

Prozeßmodell zum sonderpädagogischen Handeln

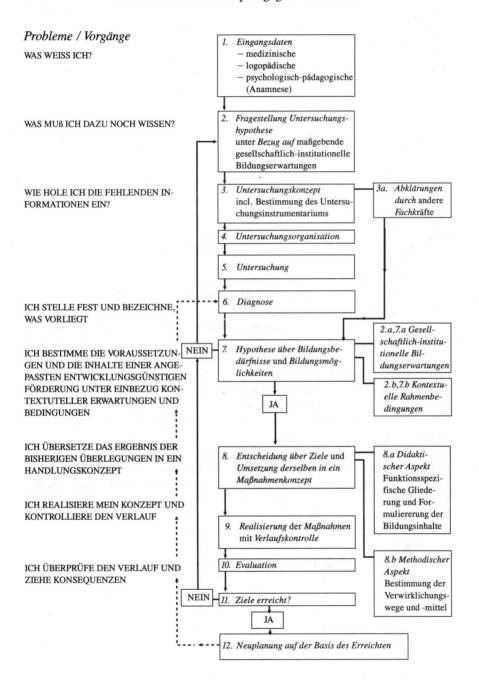

nocere" umzugehen. "Unter keinen Umständen darf einem Menschen durch den Einfluß der Pädagogik geschadet werden" (S. 62), meinte er. Schön wärs. Aber von "nihil" kann wohl keine Rede sein. Unser Modell möchte, zusammen mit ähnlichen, nach Mitteln suchen, die geeignet sind, eine mit der menschlichen Fehlbarkeit offenbar verbundene Anfälligkeit fürs "nocere" in Grenzen zu halten. Was wir zum Verhaltensinventar eines Kindes, einer Schülergruppe über gesammelte Eingangsdaten, ergänzende Abklärungen zusammentragen und nach Basisfunktionen ordnen, ist nie die ganze Perzeption, die ganze Motorik, die ganze Emotionalität, Kognition, Sprache. Was wir wissen, bleibt partikular, in seiner Gültigkeit abhängig von der Methode, mit der es gewonnen wurde.

So ist es z.B. noch offen, inwieweit der Begriff "Beidhändigkeit" im Vorgehen von Olsson & Rett und in demjenigen von Swelam denselben Sachverhalt betrifft. Entsprechend schwierig ist es, die vergleichsweise unterschiedlichen Ergebnisse zu interpretieren. Uns dient ein Verfahren umso besser, je präziser es über die Gültigkeit und Tragweite seiner Befunde informiert, und man ist der Forschung dankbar, wenn sie zeigt, wie und inwiefern diverse Verfahren interkorrelieren, bzw. zur Aufklärung von systemischen Funktionsstrukturen beitragen.

Das Wissen um die Lückenhaftigkeit meiner Ausgangsbasis, auf die ich meine weiteren Schritte bis zur Realisierung der Förderungs-/Unterrichtsprogramme gründe, mag mich vor einer selbstgemachten Überforderung schützen, indem ich mir nach Überprüfung alles Vorliegenden eingestehen kann, daß nicht absolute und abschließende Superlösungen zu erzielen sind, sondern, allerdings nach gründlicher Überlegung vollzogene, vorläufige Entscheidungen, deren Auswirkungen dann aber, zur Vermeidung effektiven Selbstverschuldens, kontrolliert werden müssen. Es ist keine Frage, daß diese der Berufshygiene dienende Verlaufskontrolle in Lehr-/Lernverhältnissen zu selten systematisch praktiziert wird.

Das Untersuchungskonzept und auch die Formulierung von Förderprogrammen stehen hier unter dem Gesichtspunkt von "Lernen". Und dieses Lernen kommt zustande im Zusammenwirken der bekannten basalen Funktionen, der Perzeption, der Motorik/Psychomotorik, der Emotionalität/Soziabilität, der Kognition, der Sprache. Erst in einem zweiten Schritt werden die funktionsspezifischen Förderungsanliegen auf den Schulfächerkanon bezogen und als Aktivitäten in den einzelnen Fächern konkretisiert. Das gilt auch für die manuelle Lateralisation und die schließlich damit verbundene Bestimmung der Schreibhand. Es ist ja zu erwarten, geht oft schon aus den Eingangsdaten hervor und wird durch direkte Verhaltensbeobachtung bestätigt, daß sonderschulbedürftige Kinder bereits sensu-/psychomotorische Störungen mitbringen, so daß die angepaßte Förderungsabsicht hier das ganze Bewegungspotential und damit die sukzessive Einübung aller in Betracht fallenden, lebenswichtigen Bewegungsmuster berücksichtigen muß, angefangen bei den grobmotorischen, lokomotorischen Bewegungsformen bis hin zum feinmotorischen

Werken, Zeichnen und Schreiben. Aber selbst wenn es um die Förderung im motorischen Bereich geht, es wird ja nicht nur gehüpft, geklettert, balanciert, mit der Schere geschnitten und mit Bleistift geschrieben. Immer wird bei diesen motorischen Aktivitäten auch wahrgenommen, gefühlt, interagiert, imaginiert, überlegt und gesprochen. Alle Funktionen sind untereinander vernetzt, und wer optimale Lernbereitschaft und Lernerfolge erzielen will, muß sie alle im Auge behalten, wechselseitig mögliche Verstärkungen pflegen und die Bildung von interfunktionellen integrierten Strukturen erleichtern. Eine tabellarische Übersicht zu diesen Wechselwirkungen geben z.B. Grohnfeldt, 1982, S. 203 und Kobi, 1983, S. 136.

Das ist nun auch der Augenblick, noch bevor die Wahl der Schreibhand besprochen wird, auf den möglichen Zusammenhang von Händigkeit und Legasthenie nochmals einzugehen. Wie wir gesehen haben, ist "Händigkeit" ein komplexer Sachverhalt, aus dem sich einzelne Aspekte (z.B. Prävalenz, Leistungsdominanz) mit nachweisbarer Gültigkeit bezeichnen lassen. Eine systemisch integrative Theorie, die eine befriedigende Abbildung der maßgebenden Komponenten und ihres Zusammenwirkens zu geben vermöchte, existiert (noch) nicht. Dasselbe gilt für "Legasthenie". Sicherlich gibt es Kinder, denen das Lesen und die Rechtschreibung besondere Schwierigkeiten bereiten. Und weil ja bekanntlich der Anteil der sprachlichen Leistungen am allgemeinen Schulerfolg sehr hoch ist, rechtfertigt dies jeden Versuch, nach den Bedingungen dieser Schwierigkeiten zu fragen und Mittel zu deren Behebung zu suchen. Aber: "Legasthenie ist keine einheitliche Störung; sie kann verschiedene Formen annehmen, von denen jede wahrscheinlich andere Ursachen hat" (Springer & Deutsch, 1987, S. 159). Wenn also, wie bei Olsson & Rett, nach Zusammenhängen zwischen Linkshändigkeit und Legasthenie gefragt wird, dann müssen beide Syndrome zerlegt und operatorisch aufbereitet werden. Sie global als "Teilleistungsschwächen" einander gegenüberzustellen und über ursächliche Beziehungen zu rätseln, führt kaum viel weiter. Orientiert man sich auch hier innerhalb unseres Modells wie vorgeschlagen an den Basisfunktionen, dann wird man sich in jedem Falle (neben der Perzeption und der Motorik) auch ein Bild über die sozial-emotionale Konstellation, den Sprachentwicklungsstand und das kognitive Entwicklungsniveau der betreffenden Kinder machen, ev. unter Beizug eines Logopäden oder eines Pädagogischen Psychologen. Dabei könnten z.B. unter der Variablen "Entwicklungstempo" (Akzeleration vs. Verzögerung) interfunktionelle Vergleiche aufschlußreich sein. Die Förderungsvorschläge, welche entsprechend dem in den diversen Funktionsbereichen festgestellten Entwicklungsstand gemacht werden, sind dann aber nicht separat auf die einzelnen Funktionen für sich allein bezogen. Vielmehr wird eine wechselseitige Berücksichtigung, Anregung und integrative Festigung sämtlicher Funktionspotentiale angestrebt.

Wenn man übers Kreiselaufen, Fingermalen, das Überfahren vorgegebener Figuren (als Beispiel) schließlich zum Schreiben kommt, und sich bei all diesen vorbereitenden Übungen nicht spontan die rechte oder linke Hand als die bevorzugte anbietet, dann wird für die Wahl der Schreibhand der LDT oder der H-D-T eine Entscheidungshilfe sein. Es mögen weitere Verfahren entwickelt werden. Sie sollten aber einfach in der Anwendung bleiben und sich ganz zwanglos in die Unterrichtssequenzen der auslaufenden Vorschul- und der ersten Grundschulwochen einfügen lassen. Leider berichtet Swelam kaum, wie er bei der Durchführung des Marburger Graphomotorischen Programms vorgegangen ist. Er vermerkt lediglich, daß es wichtig sei, "daß mit dem Beginn des Schreiblernprozesses die bewußte erzieherische und pädagogische Betreuung einsetzt und zur korrekten Haltung des Körpers bzw. der Schreibhand führt" (S. 156). Auch in der Anleitung zur Durchführung der Marburger Graphomotorische(n) Übungen von Schilling (1985, 5. Aufl.) findet sich m.W. kein Hinweis dazu, ob und inwieweit auf die ausführende Hand zu achten und bereits eine Schreibhand festzulegen wäre, da, wo dies von den Kindern aus nicht schon spontan geschehen ist.

Daß man eine (vermutlich) spontane oder sekundäre (pathogene) Neigung zur Linksdominanz gelten lassen soll, wird, soweit ich sehe, in der Literatur nicht mehr bestritten. Wie man feststellen kann, und wie auch Olsson & Rett es betonen, sieht die Praxis anders aus. Es gehört ganz eindeutig zum Auftrag des Erzieher-/Lehrpersonals, dem die Betreuung von Kindern im ausgehenden Vorschul- und ersten Schulalter obliegt, sorgsam die Handpräferenz bzw. -dominanz bei den einzelnen Kindern abzuklären und die Schreibhand festzulegen. Wo keine Prävalenz festgestellt werden kann und keine Anhaltspunkte für eine pathogene Störung der Bewegungsorgane vorliegen, wird die rechte zur Schreibhand. Eine anfänglich indifferente Lateralisierung profiliert sich mit dem Schreibtraining und wirkt prägend auf die Strukturierung manueller Aktivitäten allgemein.

Wenn es wichtig und richtig ist, daß beim Erstschreibunterricht auch die Schreibhand bestimmt und entsprechend geübt wird, dann soll dieser kräftesparende und leistungsfördernde Trainingseffekt sich auch weiterhin festigen dürfen und nicht bei linkshändig schreibenden Schülern von einer nachfolgenden neuen Lehrkraft umgepolt werden. Aber es gibt offenbar nicht nur in Ägypten sture Lehrerinnen, wobei den ägyptischen Kollegen sicher zugute zu halten ist, daß sie manches noch nicht wissen konnten. In unserem westeuropäischen Bereich ist das Ansinnen, einen dominanten Linkshänder, und gar noch einen bereits links schreibenden, auf rechtshändiges Schreiben umdressieren zu wollen, ein pädagogischer Anachronismus. Ob in der Lehrerbildung schon alles getan werde, um solche Rückfälle auszuschließen, ist fraglich. Möglicherweise lockert sich in den nächsten Jahren die irrationale Motivation zum Zwang auf rechtshändiges Schreiben, da jedermann ohnehin beidhändig seine Texte in den Laptop tippt. Vielleicht trägt aber auch der von Swelam eingebrachte Nachweis, daß die Schriftrichtung kein Argument für die Bestimmung der Schreibhand ist, zur Lockerung der letzten Verkrampften bei. Damit wäre erwiesen, daß interkulturelle Vergleiche uns die Chance eröffnen, selbsterweiternde neue Einsichten zu gewinnen.

Literaturverzeichnis:

Gazzaniga, M. S. (1989). *Das erkennende Gehirn*. Paderborn: Junfermann.
Grohnfeldt, M. (1982). *Störungen der Sprachentwicklung*. Berlin: Marhold.
Jaynes, J. (1988). *Der Ursprung des Bewußtseins durch den Zusammenbruch der bikameralen Psyche*. Reinbek: Rowohlt.
Kobi, E. E. (1983). *Grundfragen der Heilpädagogik* (4.Aufl.). Bern: Haupt.
Kornmann, R. (1977). *Diagnose der Lernbehinderungen*. Weinheim: Beltz.
Kramer, J. (1970). *Linkshändigkeit* (2. Aufl.). Solothurn: Antonius.
Müller, H. A. (1958). *Die Psychologie des Lesens*. Lörrach: Südwestdruck.
Olsson, B. & Rett, A. (1989). *Linkshändigkeit*. Bern: Huber.
Rett, A., Kohlmann, T. & Strauch, G. (1973). *Linkshänder*. Wien: Jugend und Volk.
Schilling, F. (1985). *Spielen, Malen, Schreiben. Marburger Graphomotorische Übungen* (5. Aufl.). Dortmund: Verlag Modernes Lernen.
Siegrist, E. (1956). *Zur Händigkeit des Menschen*. Diss., Universität Basel.
Springer, S., Deutsch, G. & Preilowski, B. (Hrsg.). (1987). *Linkes-rechtes Gehirn: funktionelle Asymmetrien*. Heidelberg: Spektrum der Wissenschaft.
Steingrüber, H.-J. (1968). *Empirische Untersuchungen zur Erfassung und klinischen Betreuung der Linkshändigkeit*. Diss., Universität Düsseldorf.
Steingrüber, H.-J. & Lienert, G. (1971). *Hand-Dominanz-Test*. Göttingen: Hogrefe.
Swelam, A. (1989). *Linkshändigkeit, Interkulturelle Vergleiche*. Göttingen: Hogrefe.
Ullmann, J. F. (1974). *Psychologie der Lateralität*. Bern: Huber.
Wegener, H. (1949). *Linkshändigkeit und psychische Struktur*. Diss., Universität Kiel.

HANS-PETER TROLLDENIER

Konstruktion und erste Erprobung des Fragebogens zur Sensibilität von Lehrern gegenüber Schülerangst (F-SAL)[1]

1. Absichten und diagnostische Grundidee

In der Pädagogischen Psychologie wird das Thema Schülerangst immer wieder aufgegriffen: Im Rahmen der *Erziehungsstilforschung* werden Bedingungen der Angstentstehung bei Kindern beschrieben, in der Regel gekoppelt mit Hinweisen zur Angstprävention. Im Zuge einer psychologischen Beschäftigung mit *Lernstörungen* wurden zahlreiche Zusammenhänge zwischen Lernerfolg oder Lernversagen und Schülerangst ermittelt. Eine ganz besondere Rolle wird der Angst bei der Entstehung und Verfestigung von *Verhaltensstörungen* bei Kindern und Jugendlichen zugesprochen. *In Lehrer- und Erziehertrainings* werden Maßnahmen zur Angstprävention und -reduzierung vorgestellt. Die Literatur zur *pädagogisch-psychologischen Intervention* behandelt Methoden zur Angstmodifikation oder -therapie. Zu guter Letzt sei auf die *Diagnostik der Schülerangst* bzw. der Angst von Kindern und Jugendlichen verwiesen, in deren Rahmen mehrere, teilweise sehr bekannt gewordene Fragebögen entstanden sind (s.u.).

Auf diesem Hintergrund liegt es nahe, dem Umgang des Lehrers mit der Schülerangst eine große psychologische Bedeutung und eine besondere berufliche Relevanz zuzusprechen. Als eine Voraussetzung dafür muß aber die Fähigkeit gesehen werden, die Schülerangst erst einmal zu erkennen. Da eine solche Fähigkeit nicht rein kognitiv sein kann, wird sie hier als Sensibilität von Lehrern gegenüber Schülerangst bezeichnet. Der vorzustellende Fragebogen wurde zur diagnostischen Erfassung dieser Sensibilität entwickelt.

Als ein Ausgangspunkt der diagnostischen Grundidee sei zunächst einmal die in Anlehnung an kognitive Angsttheorien entwickelte Angstdefinition von Krohne (1975, S. 11) genannt: Angst ist "ein (emotionaler) Zustand des Organismus, bestimmt durch einen als betont unangenehm erlebten Erregungsanstieg angesichts der Wahrnehmung einer komplexen

---

[1] Kurzfassung von: Goßmann, U. & Trolldenier, H.-P. (1990): Der Fragebogen zur Sensibilität von Lehrern gegenüber Schülerangst: Konstruktion und erste Erprobung. Arbeiten aus dem Institut für Psychologie der Universität Würzburg, Lehrstuhl für Psychologie IV. Report Nr. 10

und mehrdeutigen Gefahrensituation, in der eine adäquate Reaktion des Individuums nicht möglich erscheint."

Darüber hinaus ist für die Betrachtung der Angst bei Schülern die begriffliche Unterscheidung von "Angst" und "Ängstlichkeit" wesentlich.

Mit dem Begriff Angst wird dabei ein akuter, d.h. ein sich zeitlich relativ kurz erstreckender Zustand bezeichnet, der sich durch eine spezifische Konstellation subjektiver, physiologischer und verhaltensmäßig-motorischer Merkmale näher beschreiben läßt ("state-anxiety"). Im Gegensatz dazu meint Ängstlichkeit eine konstitutions- und sozialsationsbedingte Persönlichkeitsdisposition ("trait-anxiety"). "Ängstliche Individuen zeichnen sich dabei dadurch aus, daß sie sich gleichzeitig meist in einem Zustand relativer state-anxiety befinden und bereits auf 'objektiv' geringfügige Anlässe mit ausgeprägten (offenen oder verdeckten) Angsteffekten reagieren" (Walter 1981, S. 22).

In dem von Krohne (1977, S. 20) vorgeschlagenen Begriff von Schülerangst sind beide Phänomene mit einbezogen: Schülerangst wird bestimmt als Teilaspekt der Zustandsangst, der vom Schüler in schulbezogenen Situationen erlebt wird, und ebenso als Disposition von Schülern, vergleichsweise häufig in diesen Zustand zu geraten.

Der Begriff "Sensibilität gegenüber Schülerangst" kann von zwei verschiedenen Richtungen aus verdeutlicht werden. Die eine ist die Erforschung der sozialen Wahrnehmung (social perception), insbesondere der Personwahrnehmung (person perception). Man spricht hier von "sozialer Sensitivität" bzw. "Sensibilität" als der "Fähigkeit, andere richtig zu beurteilen" (Jahnke, 1975, S. 96). Bronfenbrenner, Harding und Gallwey (1958, S. 97) nennen in einem solchen Zusammenhang drei Fähigkeitsbereiche der sozialen Wahrnehmung und beschreiben einen davon folgendermaßen: "*Social sensitivity*: the ability to recognize through direct observation the behavior, or psychological states of another person or group."

Die zweite Richtung, die hier herangezogen wird, ist die Gesprächspsychotherapie. Eine ihrer drei Grundvariablen des "therapeutischen Basisverhaltens" ist die Dimension des "einfühlenden Verstehens". Sie bezieht sich weniger auf die Analyse von Aspekten der Wahrnehmung, sondern meint eine ganzheitliche Haltung innerhalb zwischenmenschlicher Beziehungen: "Eine Person sucht die innere Erlebniswelt des anderen samt seinem Fühlen und persönlichen Bedeutungen, die dieser im jeweiligen Moment erlebt oder die hinter seinen Äußerungen stehen, zu spüren, wahrzunehmen und sich vorzustellen." (Tausch & Tausch 1977, S. 179). Diese Haltung läßt sich nach Tausch und Tausch (1977, S. 178) als "förderliche Dimension" in der Erziehung nicht nur für Therapeuten, sondern auch für Erzieher und Lehrer in Anspruch nehmen.

Betrachtet man diese Auffassung vom Verstehen und Wahrnehmen der gesamten "inneren Erlebniswelt" für den Aspekt des Angsterlebens, so läßt sich in Kombination mit den Überlegungen der "social-perception-Forschung" der Begriff der Sensibilität gegenüber Schülerangst bezeichnen als *Fähigkeit, Ängste von Schülern einfühlend wahrzunehmen*.

Diese Ängste manifestieren sich in einer Vielzahl der verschiedensten Symptome und Auswirkungen auf Denken, Fühlen und Handeln der Schüler. Symptome und Auswirkungen der Angst werden hier unter dem Begriff "Angstanzeichen" zusammengefaßt. Sie weisen in unterschiedlichem Ausmaß auf die dahinterstehende Angst. Eine eindeutige Zuordnung als Angst und nicht etwa als Furcht, Wut oder Ärger, gelingt nur unter Einbezug des situativen Kontexts (siehe besonders Pongratz 1975, S. 87 ff. und Epstein, 1967, 1972). Dabei soll der Begriff "situativer Kontext" sowohl die aktuelle Schulsituation, in der die Angst auftritt, miteinbeziehen, als auch die damit verknüpften Umstände, die eine solche Situation für einen Schüler erst bedrohlich machen. So muß z.B. das Erbringen von schriftlichen oder mündlichen Leistungen für sich gesehen noch keine Angst auslösen. Angst kann dagegen direkt aus der Situation heraus entstehen, wenn es für die Schüler oft undurchsichtig bleibt, ob eine Prüfungssituation entsteht oder nicht, wenn Prüfungen nicht oder nur unklar angesagt sind. Solche Umstände bezeichnet Krohne (1981, S. 79, siehe auch Epstein 1967, bes. S. 38) als "Stimulusunsicherheit". Angst kann aber auch entstehen, wenn ein Schüler in der Prüfungssituation widersprüchliche Lösungsmöglichkeiten entwickelt und sich für keine entscheiden kann oder wenn gar keine Lösungen möglich scheinen. Das bezeichnet Epstein (1972, S. 305, 306) als "Reaktionsunsicherheit" ("Response Unavailability").

Nun gibt es aber auch angstauslösende Faktoren, die weiter zurück oder in der Person des Schülers selbst liegen, also von der aktuellen Situation weitgehend unabhängig sind. Diese Faktoren möchten wir mit dem Begriff "Hintergründe" belegen.

Zusammenfassend stellen sich Schülerängste, auch für den Lehrer, also folgendermaßen dar: Sie treten innerhalb eines *situativen Kontextes* auf. Dieser wird aufgrund der Situation selbst oder auch wegen außerhalb dieser liegender Bedingungen (*Hintergründe*) als bedrohlich empfunden. Dabei sind bestimmte *Angstanzeichen* wahrnehmbar. – Für den Fragebogen zur Erfassung der Sensibilität von Lehrern gegenüber Schülerangst (F-SAL) wurden diese drei die Schülerangst konstituierenden Elemente miteinander verknüpft.

Lehrern ist aber sicherlich die Frage, in wieweit sie Ängste bei ihren Schülern erkennen können, unangenehm. Es wäre mit Antwortverzerrungen etwa im Sinne der sozialen Erwünschtheit zu rechnen. Deshalb ist eine indirekte Form der Fragestellung gewählt, um den Lehrern Beschreibungen von Schulerängsten anhand der genannten drei Elemente vorzulegen. – Dazu gelte folgende Annahme: Nimmt ein Lehrer in einer bestimmten realen Schulsituation Angstanzeichen an einem Kind wahr, so müßte er auch angeben können, daß diese Angstanzeichen in den entsprechenden Situationen seines Schulalltags vorkommen. Weiter wurde zugrundegelegt, daß seine Fähigkeit zum Erkennen von Angstanzeichen in den geschilderten Situationen um so größer ist, als je häufiger er deren Vorkommen angibt.

2. Hintergrund, Auswahl und Formulierung der Items und Zusammenstellung des Fragebogens

Im Sinne der beschriebenen Grundidee wurde nach einer Sammlung von Situationen, Hintergründen und Symptomen festgelegt, welchen Bedingungen die Items des Fragebogens genügen sollen und welchen Theorien der Angst sie zugeordnet werden können, um sie schließlich zu formulieren und den Fragebogen zusammenzustellen.

2.1 Materialsammlung

Der größte Teil an Material für die Items des F-SAL wurde aus der Literatur gewonnen. Brauchbare Aussagen eher theoretischer Art ließen sich vor allem in allgemeinen Abhandlungen über psychologische Aspekten der Angst finden, nämlich bei Krohne, 1981, Lazarus-Mainka, 1976, Levitt, 1971 und Pongratz, 1975. Aus der umfangreichen Spezialliteratur zur Schülerangst wurde schwerpunktmäßig empirisches Material bzw. Erfahrungen der einzelnen Autoren zu Ängsten von Schülern entnommen: Aeschbacher, 1980, Andreas, Bartl, Bart-Dönhoff und Hopf, 1976, Esser, 1978, Gärtner-Harnach, 1972, Grossmann und Winkel, 1977, Jacobs und Strittmatter, 1979, Krohne 1975 und 1977, Lissmann, 1976, Oestreich, 1980, Sarason, Davidson, Lighthall, Waite und Ruebush, 1971, Schell, 1972, Spandl, 1979, Speichert, 1977, Strittmatter 1977, Walter, 1981, Wandel, 1979 und Zulliger, 1966. Außerdem wurden folgende Fragebögen herangezogen: Der Kinder-Angst-Test (KAT) von Thurner und Tewes (1969), die Test Anxiety Scale for Children (TASC) (Prüfungsangstskala für Kinder) und die General Anxiety Scale for Children (GASC) (Allgemeine Angstskala für Kinder) von Sarason (Sarason et al., 1971), der Fragebogen zur Schulangst 11-13 (FS 11-13) und der Fragebogen zur Schulangst 5-10 (FS 5-10) von Gärtner-Harnach (1972 und 1973) und der Angstfragebogen für Schüler (AFS) von Wieczerkowski, Nickel, Janowski, Fittkau und Rauer (1976). – Informationen aus Gesprächen mit Lehrern und eigene Erfahrungen konnten schließlich noch die Materialsammlung vervollständigen.

2.2 Welche Bedingungen sollten die Items erfüllen?

Zunächst einmal sollte jedes Item einem der drei folgenden, oben bereits eingebrachten, konstituierenden Elemente entsprechen.

- Reizaspekte von *Schulsituationen*, die im Schüler Angst auslösen (Stressoren): Physische Stressoren; psychische Stressoren (Reize sind komplexer und mehrdeutiger Art. Es liegt eine Reaktionsblockierung vor.); Erbringen von schriftlichen oder mündlichen Leistungen; angsterzeugende Merkmale des Unterrichts; Verhalten des Lehrers; Regelverstöße und Strafen; Verhalten von Mitschülern.
- *Hintergründe* für Schülerängste: Psychoanalytische, lerntheoretische und kognitionspsychologische Überlegungen zur Angstentstehung; persönliche Bedingungen der aktuellen Angstemotion (Bedürfnisse und Motive, dispositionelle Ängstlichkeit, negative Einschätzung der eigenen Leistungsfähigkeit, Art der Angstkontrolle); Faktoren, die für die Ausprägung der dispositionellen Ängstlichkeit verantwortlich sind (Geschlecht, sozioökonomischer Status, elterliche Erziehungspraktiken, gesellschaftliche Bedingungen, frühe Schulerfahrungen im Zusammenhang mit schlechten Voraussetzungen bei Schuleintritt).
- *Angstanzeichen* (Angstsymptome und Auswirkungen der Angst auf Denken, Fühlen und Handeln): Psychoanalytische, lerntheoretische und kognitionspsychologische Überlegungen zur Angstabwehr und -kontrolle: Angstsymptomatik (Verbale Reaktionen als subjektive Angstsymptome, physische Symptome, psychische Symptome für dispositionelle Ängstlichkeit, nämlich Risikoverhalten und Kausalattribuierung, negatives Abhängigkeitsbedürfnis, Hemmung und Schüchternheit); Auswirkungen der Angst auf Denken, Fühlen und Handeln des Schülers (Angstbedingte Beeinträchtigungen im Leistungsverhalten von Schülern: Auswirkungen auf Wahrnehmung, Konzentration und Aufmerksamkeit, Problemlöseverhalten, Kommunikationsfähigkeit, Schulleistung; Sozialverhalten, Chronifizierung von Konsequenzen häufig erlebter Angstemotion, Angstabwehr und -kontrolle).

In dieser Einteilung überlappen sich zwar die Bereiche; sie sichert aber ein breit gefächertes Bild der Schülerangst.

Aus fragebogentechnischen Gründen sollten die Items außerdem den vier folgenden Kriterien genügen:

1. Angst von Schülern muß in den einzelnen Begebenheiten so beschrieben sein, daß sie *eindeutig erkennbar* ist.
2. Bei der Auswahl der Schulsituationen, Angstanzeichen und Hintergründe war unbedingt darauf zu achten, daß diese mit größtmöglicher Wahrscheinlichkeit *tatsächlich* im Schulalltag der befragten Lehrer *vorkommen*.
3. Die einzelnen Begebenheiten waren so darzustellen, daß sie von Lehrern auch für ihren Schulalltag *nachvollzogen* werden konnten.
4. Der Geltungsbereich des Fragebogens sollte *Lehrer aller Schularten* miteinbeziehen.

2.3 Die angsttheoretische Absicherung der Items

Die nötige Breite soll auch durch die Berücksichtigung der drei entscheidenden theoretischen Richtungen der Psychologie der Angst gewährleistet sein.

Die *kognitiven Theorien* zur Angst wurden insbesondere von den Autoren Epstein (1967, 1972) und Lazarus (1966) (siehe auch Krohne, 1981) entwickelt. In ihrem Zentrum steht die Annahme, daß Handlungen eines Individuums als Endergebnisse eines komplexen mehrstufigen Bewertungsprozesses zu sehen sind. Dieser wird u.a. durch Erwartungen bestimmter Konsequenzen eines Ergebnisses, durch Vergleich dieser Konsequenzen untereinander und durch daraus gewonnene Urteile gesteuert. In diesen Prozeß fließen Situations- und Persönlichkeitsvariablen mit ein.

Ein für die theoretische Erfassung situativer Bedingungen der Schülerangst wesentlicher Gesichtspunkt ist die Betrachtung der Entstehung von Angst bei folgenden Sachverhalten: Reaktionsblockierung bzw. Stimulus- und Reaktionsunsicherheit. Besonders Situationen des Leistungsvollzugs und der Leistungsbewertung tragen diese Kennzeichen.

Persönliche Bedürfnisse spielen nach Lazarus bei der Angstentstehung und dem Umgang mit der Angst eine tragende Rolle. Letzteres kann man ebenso wie den Zeitfaktor (zeitlicher Abstand zwischen Gefahrensituationen und der Möglichkeit einer adäquaten Reaktion darauf), den Epstein bei der Angstentstehung für bedeutsam hält, direkt mit der Angst von Schülern, besonders in Bewertungssituationen, in Verbindung bringen (s. Krohne, 1981, S. 75 ff. und Pongratz, 1975, S. 71 ff.).

Lerntheoretische Überlegungen zur Angst (s. Krohne 1981, Pongratz 1975, Walter 1981, Lazarus-Mainka 1976, Sarason et al. 1971) lassen sich auf der Grundlage einer behavioristischen Betrachtungsweise für die Erklärung fast jedes der Items in Anspruch nehmen. Genauer betrachtet sind es Vermeidungsreaktionen, die sich bei der inhaltlichen Analyse einiger Items finden lassen. Weiter zeigt sich direkt auf der Grundlage der klassischen Konditionierung aufbauend lerntheoretisches Gedankengut zur Belohnung und Bestrafung in einer Reihe von Items, die sich inhaltlich um die Themenbereiche "Lehrer- und Elternverhalten", "Regelverstöße und Strafen" gruppieren. Schließlich waren die lerntheoretischen Überlegungen zur Beziehung Angst-Leistung von großer Relevanz für einen Teil der in den Items beschriebenen Angstanzeichen. Es handelt sich dabei um Auswirkungen der Angst auf für die Leistung eines Schülers bedeutsame Fähigkeiten, wie motorische Fertigkeiten, Aufmerksamkeit und Konzentration, Wahrnehmungsfähigkeit, Informationsaufnahme und -verarbeitung, Problemlöseverhalten, Kommunikationsfähigkeit bzw. um die Risiko-und Kausalattribuierung von Schülern.

Die *Psychoanalyse* macht es nicht leicht, eine direkte Verbindung zwischen ihrer theoretischen Angstauffassung und konkreten› Schülerängsten herzustellen. Von Bedeutung für die Schülerangst ist vor allem das Konzept der Abwehrmechanismen von Freud. Als Angstabwehr und -bewältigungsmechanismen zwecks Spannungsreduktion lassen sich eine Reihe von Verhaltensweisen kennzeichnen, die als "physische Indikatoren" beschrieben sind (s. Freud 1971; Andreas et al. 1976, S. 138/139). Eine Reihe von Items läßt sich außerdem von dem psychoanalytischen Konzept der Erwartungsangst her beleuchten. Darüber hinaus bildet die Psychoanalyse Freuds die Grundlage für alle weiteren psychoanalytischen Theoriebildungen zum Phänomen der Angst. Zwei dieser Konzepte sind für das Verständnis der Schülerangst von besonderem Interesse:

Erik H. Erikson (1965, 1973) sieht Angst dann entstehen, wenn durch ungelöste Konflikte mit der Umwelt die Identität des Einzelnen in Frage gestellt wird.

Die psychoanalytische Theorie von Sarason et al. ist direkt auf Prüfungsangst zentriert: "Die Reaktion des prüfungsängstlichen Kindes auf Prüfungen und prüfungsähnliche Situationen in der Klasse spiegelt seine Erfahrungen in psychologisch oder interpersonal ähnlichen Situationen in seinem Zuhause wider, vor und nach dem Beginn der formellen Einschulung." (Sarason et al. 1971, S. 22). Es handelt sich dabei um Situationen, in denen das Verhalten des Kindes von den Eltern negativ beurteilt wurde.

2.4 Die Zusammenstellung und Formulierung des Fragebogens

Im beschriebenen Sinne waren 34 Items formuliert worden; als Ergebnis einer hier nicht näher zu beschreibenden Itemanalyse und einer Faktorenanalyse wurden rückwirkend sechs gestrichen. Die verbleibenden 28 Items verteilen sich folgendermaßen:

Inhaltsbestimmung weitgehend durch *Situation*: Erbringen von schriftlichen oder mündlichen Leistungen (13), Verhalten des Lehrers/der Lehrerin (3), Regelverstöße und Strafen (2), Verhalten der Mitschüler (3).

Inhaltsbestimmung weitgehend durch *Hintergrund*: Elterliche Erziehungspraktiken (1), gesellschaftliche Bedingungen (1), frühe Schulerfahrungen im Zusammenhang mit schlechten Voraussetzungen bei Schuleintritt (1).

Inhaltsbestimmung weitgehend durch *Angstanzeichen*: Physische Symptome (1), psychische Indikatoren (3).

Die für jedes Item geltende, indirekte Frage lautet: "Kommt das in meinem Schulalltag vor?" Sie ist jedesmal mit alternativen Antwortvorgaben in vorgebener Rangordnung verbunden:

Stufe 1: Das kommt in meinem Schulalltag nicht vor. Stufe 2: ... ganz selten ... Stufe 3: ... manchmal ... Stufe 4: ... oft ... Stufe 5: ... sehr oft ...

Als Beispiel die Items 23 und 32:
– Ein Schüler ist wieder dabei, das Klassenziel nur äußerst knapp zu erreichen. Trotz aller Anstrengungen schafft er keine besseren Leistungen. Die Eltern nehmen ihn aber nicht von der Schule. In letzter Zeit war er sehr oft krank. Meist hatte er starke

Magenbeschwerden. Entweder kam er deswegen gar nicht in die Schule oder mußte mitten im Unterricht nach Hause.
- Der Lehrer/Die Lehrerin stellte eine Frage. Eine Schülerin wird aufgerufen und antwortet falsch. Als der Lehrer/die Lehrerin das Mädchen darauf hinweist, bekommt es einen roten Kopf und blickt unsicher um sich.
(Der vollständige Fragebogen ist in der ausführlichen Fassung dieses Beitrags wiedergegeben.)

3. Die Durchführung der Erhebung

Die Stichprobe besteht aus 104 Lehrern. Einzelheiten der Zusammensetzung können der Tabelle 1 entnommen werden.

Tab. 1: *Untergruppenmerkmale der Lehrerstichprobe* (Die Zahl neben dem Merkmal entspricht der Anzahl der Bpn., die Angaben zu diesem Merkmal gemacht haben).

	F	F%
Geschlecht:	102	100.00
männlich	74	72.55
weiblich	28	27.45
Alter:	104	100.00
bis 30 Jahre	13	12.50
31 - 40 Jahre	53	50.96
41 - 50 Jahre	32	30.77
51 - 60 Jahre	4	3.85
61 Jahre und darüber	2	1.92
Einwohnerzahl des Dienstortes:	99	100.00
weniger als 5000	38	38.38
5000-50000	37	37.37
über 50000	24	24.24
Beratungslehrer/in:	104	100.00
Lehrer/in ist Beratungslehrer/in	44	42.31
Lehrer/in ist kein/e Beratungslehrer/in	60	57.69

Die Befragungspersonen (Bpn.) bekamen den Fragebogen, dem noch ein zweiter beigefügt war (siehe Kap. 5), zusammen mit einem Begleitschreiben und den Instruktionen. Für die Rückgabe wurde Anonymität gewährleistet. Die geschlossene Gruppe der Beratungslehrer füllte den Fragebogen auch unter äußerlich voll standardisierten Bedingungen aus, die anderen Bpn. zuhause.

4. Gewonnene Ergebnisse zu den Gütekriterien des Fragebogens

4.1 Aussagen zur Objektivität

Die *Durchführungsobjektivität* (nach Lienert, 1969, S. 13) des Fragebogens ist gewährleistet, da alle zur Bearbeitung durch die Bpn. nötigen Informationen in der schriftlich komplett ausformulierten und beigehefteten Instruktion enthalten sind. Die *Auswertungsobjektivität* ist vollständig gewährleistet, denn es müssen nur die von den Bpn. angekreuzten Ausprägungsgrade 1 bis 5 als Zahlen addiert und zum arithmetischen Mittel (a. M.) umgerechnet werden. Die *Interpretationsobjektivität* ist dadurch gegeben, daß das Ergebnis einen numerischen Wert darstellt. Für Interpretationen bei Individualdiagnosen sollte der Fragebogen allerdings normiert sein.

4.2 Ergebnisse zur Reliabilität

Werte zur Reliabilität (siehe Lienert, 1969) wurden auf verschiedenen Wegen berechnet. Drei Koeffizienten zur inneren Konsistenz können vorgestellt werden. Methode der Testhalbierung: $r = .993$; Cronbachs Alpha: $r = .922$ und eine Konsistenzbestimmungsmethode, welche die bestehenden Schwierigkeitsunterschiede berücksichtigt: $r = .902$. (Alle Berechnungen wurden mit Hilfe des Programms "PSYST 201" von Rausche, 1982, auf dem Großrechner des Rechenzentrums der Universität Würzburg durchgeführt).

Die von Lienert (1969, S. 309) für einen standardisierten Test, der hier nicht einmal angestrebt ist, geforderte Mindesthöhe der Konsistenz von .9 ist also erreicht.

4.3 Ergebnisse zur Validität

Validitätsaussagen sind in der Fragebogenkonstruktion bekanntlich nicht einfach zu gewinnen. Das Problem beim F-SAL ist deswegen zum Teil ein besonderes, weil die Fragen in verdeckter Form gestellt sind.

Zur *Konstruktvalidität* (Lienert, 1969, bes. S. 261-264) wird in einem ersten, gedanklichen Schritt geprüft, ob die Items das Konstrukt Schülerangst beschreiben. Es kann hier nur in aller Kürze noch einmal darauf hingewiesen werden: Die Items sind auf der Basis verschiedener Angsttheorien entstanden; es sind Ergebnisse und Fragesituationen von Angstdiagnostica und fremde und eigene Erfahrungen über Vorkommen von Schülerangst eingeflossen; durch die Festlegung auf die drei Elemente Situation, Angstanzeichen und Hintergründe sind theoretisch und phänomenologisch abgesicherte Grundlagen beachtet. Sachlogische und begriffliche Erwägungen, wie von Lienert (1969, S. 17) gefordert, sprechen also für die Wiedergabe von Schülerangst durch die Items.

Als Beitrag zur Konstruktvalidität kann auch das Ergebnis einer Faktorenanalyse gesehen werden. Die Items korrelieren positiv miteinander; die Hauptkomponente 1 aus der Hauptkomponentenanalyse erklärt knapp 30 % der Gesamtvarianz. Die zu treffende Annahme einer weitgehenden

Homogenität der Items kann auch unter Reliabilitätsgesichtspunkten, als Beitrag zur internen Konsistenz, gewertet werden.

Diese Ergebnisse erlauben die Annahme eines einheitlichen Konstrukts. In einem zweiten Schritt soll nun geprüft werden, ob der Fragebogen tatsächlich die Fähigkeit von Lehrern mißt, Schülerängste einfühlend wahrzunehmen. Das eindeutige, dazu notwendige Außenkriterium lag jedoch nicht vor. So soll deshalb geprüft werden, ob schlüssige, mit dem Konstrukt übereinstimmende Gruppenunterschiede in der Stichprobe gegeben sind.

Für die Bearbeitung dieser Fragestellung wurden nach den in Tabelle 1 dargestellten Merkmalen Untergruppen gebildet und deren Score-Ausprägungen statistisch miteinander verglichen. Dazu einige meßtheoretische Überlegungen:

- Das erfaßte Merkmal ist nicht pauschal sondern operational definiert.
- Der F-SAL erfaßt die Sensibilität gegenüber Schülerangst auf einer fünfstufigen Likert-Skala.

Die so gewonnenen Daten besitzen zunächst einmal Ordinalskalenniveau, können aber, wegen der Belegung der einzelnen Skalenstufen mit Häufigkeitsangaben wohl im mittleren Bereich doch das empirische Relativ, wie Bortz (1985, S. 26-34) schreibt, richtig abbilden. Auf Grund beider Gegebenheiten können sie quasi zwischen Ordinal- und Intervallniveau lokalisiert werden. Einem Hinweis von Bortz (1985, S. 34) folgend, können für die Bearbeitung von so entstandenen Daten statistische Verfahren angewendet werden, die das Intervallskalenniveau fordern, wenn die damit gewonnenen Ergebnisse "plausibel und sinnvoll sind". − Deshalb sind im folgenden, gerade, wenn verteilungsfreie Verfahren nicht ohne weiteres zur Verfügung standen, verteilungsgebundene eingesetzt.

Vergleich zwischen männlichen und weiblichen Lehrern:

Dieser Vergleich erbrachte, sowohl mit T-, als auch mit U-Test durchgeführt, keine signifikanten Unterschiede. Das arithmetische Mittel (a.M.) der männlichen Lehrer liegt bei 2.43, (Streuung, s=.55) das der weiblichen bei 2.20 (s=.45). Erwartet waren höhere Werte bei weiblichen Lehrern. Zur Erklärung kann vielleicht die Besetzung der großen Beratungslehrergruppe herangezogen werden (Ergebnisse dazu: s.u.), die nämlich fast nur aus männlichen Lehrern bestand.

Vergleich zwischen verschiedenen Altersgruppen:

Ein Ansatz des H-Tests zur Prüfung von vorhandenen Unterschieden zwischen den fünf Altersgruppen konnte den deutlichen Trend der Abnahme der Scores mit höherem Alter der Bpn. statistisch nicht bestätigen. Das ist bei der Gruppenbesetzung auch nicht verwunderlich. Anders eine Unterschiedsprüfung bei einer Aufteilung aller Bpn. in eine Gruppe "jüngere Lehrer" (40 Jahre und jünger) und "ältere Lehrer" (41 Jahre und älter): Die jüngeren Lehrer (N=66) haben ein a. M. von 2.44 und ein s von .53, die älteren (N=38) ein a. M. von 2.21 und ein s von .54. Bei Anwendung des U-Tests ist die Signifikanzgrenze um einige Tausendstel verfehlt, der aus oben genannten Gesichtspunkten heraus jedoch auch anwendbare T-Test erbringt einen deutlich signifikanten Unterschied zwischen beiden Gruppen auf dem 5-%-Niveau. Die jüngeren Lehrer dieser Stichprobe sind also sensibler gegenüber Schülerangst als die älteren.

Auf dem Boden der Ergebnisse von Einstellungsänderungen bei Lehrern durch den Beruf, insbesondere der Zunahme autoritärer und direktiver Strukturen im Laufe der Berufsausübung, wurde dieses Ergebnis erwartet, denn der autoritäre Lehrer interessiert sich kaum für innere Befindlichkeiten seiner Schüler. Aber auch die Beanspruchung durch den Lehrerberuf und den Schulalltag, verbunden mit einer Abnahme der physischen Kräfte und der geistigen Beweglichkeit, der Geduld und der Flexibilität im Umgang mit Kindern (referiert bei Müller, 1981) ließen eine Abnahme der Sensibilität gegenüber Schülerangst erwarten.

Vergleich nach Dienstorten:
Die Lehrer in Dienstorten unter 5000 Einwohner erreichten ein a. M. von 2.37 und ein s von .53, in Dienstorten zwischen 5 000 und 50 000 ein a. M. von 2.49 und ein s von .51 und schließlich in Dienstorten über 50 000 Einwohner ein a. M. von 2.11 und ein s von .55. Sowohl die Einwegvarianzanalyse, als auch der H-Test führen zu dem Ergebnis von prinzipiell signifikanten Gruppenunterschieden. Beim paarweisen Vergleich von Mittelwertsunterschieden mit Hilfe des Scheffé-Tests ergab sich ein einziger signifikanter Unterschied, nämlich zwischen der zweiten und der dritten Untergruppe.

Damit sind Lehrer in Dienstorten mit einer Einwohnerzahl zwischen 5 000 und 50 000 sensibler für Schülerangst als Lehrer in Dienstorten über 50 000 Einwohnern. Die Richtung dieses Unterschieds war auch erwartet worden. Man kann mit aller Behutsamkeit doch annehmen, daß Lehrer in Kleinstädten ein persönlicheres Beziehungsgeflecht zu ihren Schülern unterhalten als Lehrer in mittelgroßen und Großstädten. In größeren Städten mag der Schulbetrieb ein Stück weit mechanisierter, unpersönlicher sein, als in kleinen. Außerdem gelten Schüler in kleinen Städten bei Lehrern immer als motivierter am unterrichtlichen Geschehen, als "leichter zu führen". Das erleichtert den Lehrern wiederum eine individuellere Sicht ihrer Schüler und eine stärkere Beachtung ihrer Probleme, also auch ihrer Ängste.

Vergleich zwischen Beratungslehrern und "Nicht-Beratungslehrern":
Die Beratungslehrer erzielen ein a. M. von 2.48 und ein s von .53, die "Nicht-Beratungslehrer" ein a. M. von 2.26 und ein s von .53. Beim U-Test ist die Signifikanz des Unterschieds äußerst knapp verfehlt, beim hier akzeptierten T-Test ist sie eindeutig gegeben. Damit ist die Gruppe der Beratungslehrer sensibler gegenüber Schülerangst als die Gruppe der "Nicht-Beratungslehrer". Dieses Ergebnis wurde erwartet. Die Interpretation könnte auch die Standardisierung der Untersuchungsbedingungen

einschließen, wird aber auf die selbst vollzogene Auswahl der Beratungslehrer gestützt. Diese Lehrer wenden sich motiviert und teilweise schon speziell ausgebildet den Schülern als Individuen zu, sehen deshalb die Probleme der Schüler besser als andere und damit eben auch die Schülerangst.

Zusammenfassung zur Validität:
Sowohl die zuerst genannten Ausführungen als auch die Untergruppenvergleiche mit erwarteten und mit dem Konstrukt "Sensibilität von Lehrern gegenüber Schülerangst" zu vereinbarenden Gruppenunterschiede ("jüngere" und "ältere" Lehrer, Dienstortgröße, Beratungslehrer und "Nichtberatungslehrer") können als nennenswerte Beiträge zur Validität des Fragebogens gesehen werden. – Ein weiterer Beitrag wird im nächsten Kapitel vorgestellt.

5. Der Zusammenhang der Sensibilität von Lehrern gegenüber Schülerangst mit dem Selbstwertgefühl des Lehrers

Den befragten Lehrern wurde aus dem eben erwähnten Grund auch der "Fragebogen zur Selbstwertbeeinträchtigung bei Lehrern und Lehrerstudenten" (FSWL) (Beschreibung siehe Müller und Sauter, 1978. Der Fragebogen selbst ist in der ausführlichen Fassung dieses Beitrags abgedruckt, die Itemformulierung im Beitrag von Sauter in diesem Buch) vorgegeben.

5.1 Das Selbstgefühl des Lehrers nach Heinz A. Müller

Heinz A. Müller beschäftigte sich in mehreren Veröffentlichungen mit ichpsychologischen Fragen (1961, 1969, 1972, 1976, 1979); Anwendungen auf die Psychologie des Lehrers folgten nach (Müller und Sauter, 1976, Müller, 1981, Müller, Sauter und Trolldenier 1983), mit einem besonderen Akzent auf dem Selbstbewußtsein oder Selbstgefühl des Lehrers. Da die mit dem F-SAL erfaßte Sensibilität von Lehrern gegenüber Schülerangst in einen empirischen Zusammenhang mit dem Selbstgefühl des Lehrers gebracht wurde, soll letzteres hier kurz beschrieben werden.

Zunächst einmal sieht Müller (1981, S. 14) einen "engeren Zusammenhang zwischen 'Ich' und 'Selbstbewußtsein'", wobei er zwei Aspekte des Ichs unterscheidet (S. 12): "1. Ich als kontrollierende und steuernde Gegeninstanz zum Es. 2. Ich als Prinzip der Invarianz, Stabilität und Kontinuität." Zum Verhältnis von Ich und Selbstbewußtsein schreibt Müller (1981, S. 15): "Das Selbstbewußtsein ist wohl eben nicht die Gesamtheit *aller* Bewußtseinsinhalte (und nicht Substrat aller Erlebnisse) (wie in manchen Definitionen des Ichs, der Verf.), sondern die Gesamtheit *der* Bewußtseinsinhalte, die eine größere Nähe zum Zentrum der Person haben, eine größere 'Zentralität'. ... Das Selbstbewußtsein stellt sich dar als *Kontinuität, Stabilität und Identität.*"

Müller (1981, S. 11-22) entwickelt zwei zentrale Aspekte des Selbstbewußtseins: *"Selbstwerterlebnisse"* und *"Selbstbehauptungserlebnisse"*. Unter dem erstgenannten Aspekt beschreibt Müller (1981, S. 16) Erlebnisse, die "zu einem angenehmen Gefühl der Steigerung unseres persönlichen Wertes verhelfen". Er unterscheidet dabei in einer quasi bipolaren Sicht und in Anlehnung an Adler, Jung und Lersch "niedrige 'ichhafte' Strebungen von positiveren Tendenzen der Selbstentfaltung, Selbstverwirklichung und Individuation" oder knapper *"Ichsucht"* und *"Selbstentfaltung"* (Müller, 1981, S. 17). Zu den Selbstbehauptungserlebnissen schreibt Müller (1981, S. 20), unter Rückgriff auf Ludwig Klages und Hans Kunz, daß "im menschlichen Bewußtsein der Vergänglichkeit die Ursache des Strebens nach Stabilem und Unvergänglichem" läge. Und: "Psychologisch bedeutsam ist jedenfalls, daß es zur Thematik des Selbstbewußtseins gehört, eine feste, verläßliche, stabile Welt durch die starre Regelhaftigkeit eigenen Handelns zu sichern und in der Welt das schlechthin Verläßliche zu finden, auf das sich die Regelhaftigkeit stützen kann."

Auf diesem Hintergrund definiert Müller (1981, S. 22): *"Das Selbstbewußtsein ist ... die Gesamtheit der mit dem Selbstwert- und Selbstbehauptungsstreben verbundenen Erlebnisse, die auf das Ich als ein Zentrum der Person bezogen sind. Das Selbstbewußtsein hat in der Regel einen starken sozialen Bezug, weil entscheidende Maßstäbe für die Selbstwerterlebnisse aus der sozialen Umwelt stammen."* (Eine begriffliche Bemerkung: Den ursprünglich verwendeten Begriff "Selbstgefühl" ersetzte Müller, 1981, durch "Selbstbewußtsein".)

Möglichkeiten der Gefährdung des Selbstbewußtseins liegen auf der Hand. "Beeinträchtigungen des erlebten Selbstwertes werden gleichzeitig mehr oder weniger deutlich als Bedrohung der Selbstbehauptung empfunden. Dieser Zusammenhang wird auch durch die soziale Umwelt bekräftigt". (Müller, 1981, S. 21). "Solche Beeinträchtigungen lassen sich erfassen als Ausmaß, in dem sich jemand *'persönlich getroffen'* fühlt. Über Situationen hinweg kann man dieses Ausmaß bei einem Menschen als Empfindlichkeit des Selbstgefühls im Sinne eines individuellen Merkmals verstehen" (Müller, Sauter & Trolldenier, 1983, S. 1). − In dem oben genannten FSWL ist die *Empfindlichkeit des Selbstgefühls* als Zugangsweise zum oder Teilbereich des Selbstgefühls operationalisiert. Die Standardaufforderung heißt: "Wenn ich als Lehrkraft in die folgende Situation käme, würde ich mich persönlich getroffen fühlen." Bei der verwendeten siebenstufigen Likertskala sind Verbalisierungen der beiden Extrempunkte vorgegeben, nämlich "überhaupt nicht" und "in höchstem Maße". Als Beispiel Item 33: "Ich komme in eine Klasse und höre flüstern: 'Schon wieder die! (der!)'." − Der hier gemeinte 1. Teil des Fragebogen hat 37 Items; als Auswertung wird ein arithmetisches Mittel der Itembeantwortungen gebildet.

5.2 Korrelation zwischen der Empfindlichkeit des Selbstgefühls und der Sensibilität von Lehrern gegenüber Schülerangst

Von Müller wird unter dem Begriff der Selbstbehauptung und der Selbstverteidigung die Frage diskutiert, wie sich eine hohe Empfindlichkeit des Selbstgefühls auf die Beurteilung der sozialen Umwelt auswirke. So könne z. B. unter Rückgriff auf Klages die persönliche Selbstbehauptung, als deren Teilbereich die "reaktiven Egoismen" und damit die Selbstverteidigung zu betrachten seien, "als 'Bindung' an das Ich zugleich eine Einengung, eine Verarmung, eine Abwendung vom Leben" zur Folge haben (Müller, 1976, S. 91). Der Lehrer mit einem besonders empfindlichen Selbstgefühl würde dann also wenig Interesse und Einfühlungsvermögen für seine Schüler besitzen. Unter Bezug auf die Attribuierungsforschung bei Lehrern kommt Müller jedoch auch zu einem anderen, möglichen Ergebnis. Der weniger selbstbewußte, extern kontollierte Lehrer verfüge nach der von ihm zitierten Autorin Mielke über "größere Umweltsensibilität und größere Flexibilität und damit situationsangemesseneres Verhalten ... was häufig auch größere Schülerzentriertheit bedeute" (Müller, 1981, S. 120). Die letzte Aussage führt zur Erwartung einer positiven Korrelation zwischen den mit dem FSWL und dem F-SAL gemessenen Phänomenen.

Die Berechnung des Korrelationskoeffizienten rho nach Spearman zwischen F-SAL und FSWL führt zu einem, auf dem 1%-Niveau signifikanten Wert von .26. Es handelt sich also um eine geringe, positive Beziehung zwischen der Sensibiliät von Lehrern gegenüber Schülerangst und der Empfindlichkeit des Selbstgefühls, auf die hier inhaltlich nicht näher eingegangen werden kann.

6. Zusammenfassung und Ausblick

Für den F-SAL bedeutet das zuletzt genannte Ergebnis eine weitere Validitätsbestätigung. Bei einer Zusammenschau mit den unter 4. behandelten Ergebnissen zur Validität kann angenommen werden, daß es sich mit dem Sachverhalt, den der F-SAL erfaßt, um ein bestimmtes Persönlichkeitsmerkmal handelt, und daß nicht nur das Vorkommen bestimmter Situationen im Schulalltag der befragten Lehrer erfaßt wird. Obwohl noch weitere Validitätsuntersuchungen wünschenswert wären, kann durchaus eine prinzipielle Brauchbarkeit des Fragebogens zur Sensibilität von Lehrern gegenüber Schülerangst angenommen werden. Er erfaßt auf dem Hintergrund der psychoanalytischen, der lerntheoretischen und der kognitiven Angsttheorien und unter Berücksichtigung des situativen Kontexts, der Hintergründe und der Angstzeichen als solche, natürlich noch unter gewissen Einschränkungen, die Fähigkeit von Lehrern, die Ängste ihrer Schüler zu erkennen. — Wünschenswert wären auch noch Untersuchungen an größeren Gruppen von Lehrern, bei denen die vorhandenen

Schularten und die Geschlechtsverteilung repräsentativ sind. Möglicherweise könnte sich auch noch eine Ausdifferenzierung in schulartspezifische Sonderformen als günstig herausstellen.

Aber auch schon in der jetzigen Fassung kann der F-SAL beim Einsatz in der pädagogisch-psychologischen Forschung dazu beitragen, das psychologische Bild des Lehrers weiter zu erhellen und beim Einsatz in formellen oder informellen Lehrertrainings und -fortbildungen den wichtigen Aspekt des Erkennens der Schülerangst durch den Lehrer voranzubringen.

Literaturverzeichnis:

Aeschbacher, U. (1980). Angstmechanismen in der Schule. *Allgemeiner Schulanzeiger, 4*, 129-135.
Andreas, R., Bartl, M., Bartl-Dönhoff, G. & Hopf, W. (1976). *Angst in der Schule*. München: Urban & Schwarzenberg.
Bortz, J. (1985). *Lehrbuch der Statistik für Sozialwissenschaftler* (2., vollständig neu bearbeitete und erweiterte Aufl.). Berlin: Springer.
Bronfenbrenner, U., Harding, J. & Gallwey, M. (1958). The Measurement of Skill in Social Perception. In D. C. McClelland, A. L. Baldwin, U. Bronfenbrenner & F. L. Strodtbeck (Eds.), *Talent and Society* (p. 29-111). Princeton, N.J.: Van Nostrand.
Epstein, S. (1967). Toward a Unified Theory of Anxiety. In B. A. Mahler (Ed.), *Progress in Experimental Personality Research*, Vol. 4 (p. 2-89). New York: Academic Press.
Epstein, S. (1972). The Nature of Anxiety with Emphasis upon its Relationship to Expectancy. In Ch. D. Spielberger (Ed.), *Anxiety. Current Trends in Theory and Research*, Vol. II (p. 291-337). New York: Academic Press.
Erikson, E. H. (1965). *Kindheit und Gesellschaft* (2. Aufl.). Stuttgart: Klett.
Erikson, E. H. (1973). *Identität und Lebenszyklus*. Frankfurt a.M.: Suhrkamp.
Esser, J. (1978). *Angst in Schule und Hochschule*. Braunschweig: Westermann.
Freud, S. (1971). *Hysterie und Angst*, Studienausgabe Bd. VI. Hrsg. A. Mitscherlich, A. Richards & J. Strachey. Frankfurt a.M.: Fischer.
Gärtner-Harnach, V. (1972). *Angst und Leistung*. Weinheim: Beltz.
Gärtner-Harnach, V. (1972). *Fragebogen für Schüler zur Messung von Schulangst (FS 11-13)*. Weinheim: Beltz.
Gärtner-Harnach, V. (1973). *Fragebogen für Schüler zur Messung von Schulangst (FS 5-10)*. Weinheim: Beltz.
Grossmann, K. E. & Winkel, R. (1977). *Angst und Lernen*. München: Kindler.
Jacobs, B. & Strittmatter, P. (1979). *Der schulängstliche Schüler*. München: Urban & Schwarzenberg.
Jahnke, J. (1975). *Interpersonale Wahrnehmung*. Stuttgart: Kohlhammer.
Krohne, H. W. (1975). *Angst und Angstverarbeitung*. Stuttgart: Kohlhammer.
Krohne, H. W. (1981). *Theorien zur Angst* (2. Aufl.). Stuttgart: Kohlhammer.
Krohne, H. W. (Hrsg.). (1977). *Angst bei Schülern und Studenten*. Hamburg: Hoffmann & Campe.
Lazarus, R. (1966). *Psychological Stress and the Coping Process*. New York: McGraw-Hill.
Lazarus-Mainka, G. (1976). *Psychologische Aspekte der Angst*. Stuttgart: Kohlhammer.
Levitt, E. E. (1971). *Die Psychologie der Angst* (2. Aufl.). Stuttgart: Kohlhammer.

Lienert, G. A. (1969). *Testaufbau und Testanalyse* (3. Aufl.). Weinheim: Beltz.
Lissmann, U. (1976). *Schulleistung und Schulangst*. Weinheim, Basel: Beltz.
Müller, H. A. (1961). Grundprobleme einer Psychologie der Selbstentfaltung. *Archiv für die gesamte Psychologie, 113*, 289-310.
Müller, H. A. (1969). Problematik und Bedeutung des psychologischen Ich-Begriffs. *Jahrbuch für Psychologie, Psychotherapie und Medizinische Anthropologie, 17*, 117-129.
Müller, H. A. (1972). Das Verhältnis von Ich und Welt in der abendländischen Geistesgeschichte. In *Hestia 1970/71* (S. 22-37). Bonn: Bouvier.
Müller, H. A. (1976). Die Selbstverteidigung. *Zeitschrift für Individualpsychologie, 1*, 89-100.
Müller, H. A. (1979). Ichhaftigkeit und Sachlichkeit als Organisationsbedingungen. *Zeitschrift für Individualpsychologie, 4*, 15-25.
Müller, H. A. (1981). *Das Selbstbewußtsein des Lehrers*. Bonn: Bouvier.
Müller, H. A. & Sauter, F. Ch. (1978). Untersuchungen über Beeinträchtigungen des Selbstwertgefühls durch Unterrichtssituationen bei Lehrern und Lehrerstudenten. *Zeitschrift für Individualpsychologie, 3*, 100-107.
Müller, H. A., Sauter, F. Ch. & Trolldenier, H.-P. (1983). *Beschreibungen des eigenen Verhaltens in selbstwertbeeinträchtigenden Unterrichtssituationen durch Lehrer und Lehrerstudenten und der Zusammenhang dieser Beschreibungen mit der Empfindlichkeit des Selbstgefühls* (Arbeiten aus dem Institut für Psychologie der Universität Würzburg, Lehrstuhl für Psychologie IV. Report Nr. 4). Würzburg: Lehrstuhl für Psychologie IV.
Oestreich, G. (1980). *Kinder zwischen Angst und Leistung* (2. Aufl.). Frankfurt a.M.: Fachbuchhandlung für Psychologie.
Pongratz, L. J. (1975). *Lehrbuch der klinischen Psychologie* (2. Aufl.). Göttingen: Hogrefe.
Rausche, A. (1982). *PSYST 201*. Programmpaket. Würzburg.
Sarason, S. B., Davidson, K. S., Lighthall, F. F., Waite, R. R. & Ruebush, B. K. (1971). *Angst bei Schulkindern*. Stuttgart: Klett.
Schell, H. (1972). *Angst und Schulleistung*. Göttingen: Hogrefe.
Spandl, O. P. (1979). *Die Angst des Schulkindes und ihre Überwindung*. Freiburg: Herder.
Speichert, H. (1977). *Schulangst*. Reinbek: Rowohlt.
Strittmatter, P. (1977). *Schüler-Enquete "Streß in der Schule" – Bericht einer Voruntersuchung*. Minister für Kultus, Bildung und Sport (Hrsg.). Saarbrücken: Referat für Presse und Öffentlichkeitsarbeit, 5.
Tausch, R. & Tausch, A.-M. (1977). *Erziehungspsychologie* (8. Aufl.). Göttingen: Hogrefe.
Thurner, F. & Tewes, U. (1969). *Der Kinder-Angst-Test (KAT)*. Göttingen: Hogrefe.
Walter, H. (1981). *Angst bei Schülern* (2. Aufl.). München: Reinhardt.
Wandel, F. (1979). *Macht die Schule krank?* Heidelberg: Quelle & Meyer.
Wieczerkowski, W., Nickel, H., Janowski, A., Fittkau, R. & Rauer, W. (1976). *Angstfragebogen für Schüler (AFS)* (3. Aufl.). Braunschweig: Westermann.
Zulliger, H. (1966). *Die Angst unserer Kinder*. Stuttgart: Klett.

Philosophische Anthropologie

RUDOLPH BERLINGER

Der Traum des Sokrates
Metaphysische Variationen der Tonkunst

Wenn dieser Beitrag mit dem Namen des griechischen Urphilosophen Sokrates anhebt, so liegt unser Denkversuch dem weisen Sokrates keineswegs so fern, denn Sokrates mied nicht die Öffentlichkeit, er suchte sie. Gleich einem Wünschelrutengänger spürte er jene Wißbegierigen auf, von denen er wie durch einen sechsten Spürsinn vermutete, daß sie sich vor ihm keineswegs fürchteten, wenn er begänne, ihr alltägliches Wissen auf Herz und Nieren zu prüfen. Er setzte sie dem beirrenden Zweifel aus und fragte: ob sie überhaupt wüßten, wovon sie eigentlich sprächen, wenn sie an den Aulos oder an die Kithera dächten und zu wissen meinten, was Kunst sei und warum sie sei?

Der philosophische Dialog des Sokrates mit jungen und älteren Leuten wäre allerdings eine Täuschung gewesen, wenn er sie nur listig auf das Glatteis eines Nichtwissens verlockt hätte, wenn es ihm nicht gelungen wäre, im Wechselgespräch das Wissen zu entwickeln, daß nur der weise ist, der den Sachgrund, also die Wahrheit von Musik erkannt hat, um so der Entstehung einer Tonwelt im Menschen selber auf die Spur zu kommen. Doch, wäre dies überhaupt möglich, wenn Musik nicht von Grund auf in uns wäre?

Erst wenn Musik, die hier und jetzt erklingt, unserer Naivität des Hörens fraglich geworden ist, wenn wir Musik uns haben zum Problem werden lassen, das unter die Haut fährt, haben wir begonnen, den ersten Schritt einer poietischen Nachdenklichkeit zu tun. Falls wir erkennen, daß wir wissen wollen, was Musik nicht nur hier und jetzt ist, wenn wir sie hören, sondern was sie von Grund auf wirklich und wahrhaftig ist, haben wir begonnen, langsam zu lernen, womit es der schöpferische Geist des Menschen denn uranfänglich zu tun hat, wenn er sich auf das musikalische Wahrnehmungsvermögen der Sinnlichkeit des poietischen Geistes des Individuum Mensch einläßt.

Das morphopoietische Weltsubjekt der Künste

Mit dieser Überlegung kommt der Gedanke ins Zentrum unserer poietischen Überlegungen, ob denn wir es sind, die durch eine schöpferische Tat der Selbstbesinnung daran arbeiten, eine Grundlage zu schaffen, die uns erlaubt, das Wort: "Sokrates, treibe Musik" jeder willkürlichen oder beliebigen Auslegung zu entziehen, selbst wenn wir noch nicht übersehen, daß der Imperativ, die Befehlsform, die anweist, Musik zu treiben, einen Grund haben muß, überhaupt musikalisch schaffen zu können, so wäre dieser Imperativ keineswegs berechtigt, es sei denn, diese heischende Anrede will sagen: Du kannst und sollst die Musenkunst üben, weil deine morphopoietische Weltnatur, dein gestaltbildendes Sein, die Musik in dir, dich dazu disponiert, Musik schaffen zu können, und dann zu sollen.

Wäre dies nicht so, dann könnten Musik und Poesie nicht als Auslegungsweisen der Hohen Musenkunst Philosophie begriffen werden.

Kerkerszene

Wenn wir nun beginnen, uns auf den einschlägigen Platon-Text aus dessen Dialog Phaidon verstehend einzulassen, so beachten wir die Kerkerszene. Sokrates ist zum Tode durch den Schirlings-Becher verurteilt. Er befindet sich gefesselt in dem Gewahrsam des Gefängnisses, um den getreuen Freunden jetzt, nachdem er entfesselt wurde, zu erläutern, warum er die vermeintliche Schuld, er habe die gemeine Poeterei um seiner Berufung zur Philosophie willen vernachlässigt, abtragen wollte, und darum den Prosatext einer Fabel des Aesop in Vers und Ton gesetzt und — was für das platonische Sokrates-Bild bezeichnend ist — ein Hymnus auf Apollon verfaßt.

Dies ist das ironische Spannungsfeld, in dem der platonische Imperativ: "Sokrates, schaffe Musik, setze sie ins Werk, übe die Kunst der Musen!" zu hören ist.

Warum aber ließ Sokrates diese ironische Dialektik zwischen gemeiner Poeterei und der hohen Musenkunst entstehen? Darum, weil er mit sich über das musische Traumwort, das ihn immer wieder im Schlafe beunruhigte, ins reine kommen wollte.

Hat Sokrates sich in den letzten Stunden seines hiesigen Daseins am Ende selbst ironisch zum besten gehalten? Denn die gemeine Poeterei konnte ihn nicht in Schuld verstricken, da die hohe Musenkunst Philosophie die Berufung seines Lebens ist.

Bedenkt man nun, daß "derselbe Sokrates ... zugleich ein erotischer und ein dämonischer Mensch (ist)" (Friedländer, 1960, S. 29), dann gewinnt die Musenkunst einen erotischen Charakter.

Waren es also gar das Daimonion, das musische Gewissen, und der Eros, die zu Sokrates sprachen: "Treibe Musikē"? Ist am Ende das Philosophieren ein Verlangen nach dem philosophischen Tode? Hieße das für Musik und Poesie nicht auch zugleich, daß sie zu Momenten gelebter Musenkunst werden, worin Philosophie als die höchste der Musenkünste, der erotische Weg eines philosophischen Absterbens ist, wie wir dies aus

Platons Höhlengleichnis wissen: "Die Umkehr der ganzen Seele vom Schattendasein ins Licht der Idee."

Warum also ist die Übung der Musenkunst von der Leidenschaft des Eros bewegt? Deshalb, weil das Daimonion in der Brust des Menschen, auch wenn er es nur abrät und hindert, dennoch an ihm selbst musisch ist. Somit wäre das Daimonion der Ursprung einer Urmusik in uns, ohne die das Wort: "Sokrates, treibe Musik" (schaffe sie, setze sie ins Werk) ohne Grund bliebe und dann mit Recht übergangen werden müßte.

Sprechen wir der Musik einen dämonischen Charakter zu, so hat dies in der Einheit vom Daimonion und Eros seinen Grund. Denn wie sollte das Daimonion auch nur widerraten können, wenn der es bewegende Eros nicht darauf abzielte, den Kern der hohen Musenkunst zu öffnen, aus dem die Einsicht entspringt, daß der höchste Akt des Philosophierens und Musizierens eine geistige Tat ist, die sowohl in die Trennung der Seele vom Leib, als auch in den Übergang zu einer lautlosen Sphärenmusik einübt.

Das Wort: "Sokrates, treibe Musik" ist nicht ein Orakel, das ebenso in Delphi ergangen sein könnte, wie das Sokrates-Wort. "Erkenne dich selbst". Die Stimme dieses Wortes spricht nicht von außen her den Menschen an, sondern es ist die Seinsstimme der Musikē in uns selbst, die gleich einem Gewissen immer schon im Menschen durch den Menschen in Gestalt einer Person in ihm spricht. So nur ist es zu begreifen, daß Sokrates das Wort: "Treibe Musik" wie ein Traumwort zufiel. Und dies besagt jetzt, das Wort: "Treibe Musik" war in Sokrates schon vorformuliert, als Inschrift seiner Seinsverfassung, noch ehe er es wissend vernahm.

Das metaphysische Musenproblem
Seine metaphorische Bedeutung

Wenn der Philosoph Platon an die Musen erinnert, so geschieht dies, weil das Mythologem der Musen für ihn in einigen Dialogen eine philosophische Bedeutung gewinnt. Er begreift die Mythik der Musen deshalb metaphorisch, weil er unterschwellig von dem Gedanken bewegt ist, die Göttergestalten als metaphysische Motive zu begreifen.

Die Schwierigkeit sitzt aber darin, die mythischen Symbole metaphorisch zu verstehen und sich der Aufgabe nicht zu entziehen, die Übertragung in Bild, Gedanke und Wort zu leisten. So ist es zu verstehen, wenn wir auf den Harmonie-Gedanken des Schlußmythos der Politeia zurückgreifen. Es ist dort in anschaulicher Sprache von der "Weltspindel der Notwendigkeit" die Rede, um die circuli sich bewegen, von denen jeder auf einen Ton abgestimmt ist.

"Und oben auf jedem Kreise stehe eine Sirene, die sich mit ihm drehe und ihre Stimme hören lasse, jede einen bestimmten Ton; alle acht Töne aber klängen in einer einzigen Harmonie zusammen. Rings im Kreise aber, in gleichen Abständen, sitzen, in weißen Kleidern und mit heiligen Binden um das Haupt, drei andereFrauengestalten, jede auf einem Thron. Das seien die Töchter der Notwendigkeit, die Moiren Lachesis, Klotho und Atropos; sie sängen zu der Harmonie der Sirenen, Lachesis von der Vergangenheit, Klotho von der Gegenwart, und Atropos von der Zukunft." (Platon, 1950, 617d).

Mythos der Loswahl

Ist dieser Gesang aus Platons Mythos am Ende gar ein Echo dessen, was die Musen in der Theogonie des Hesiod singen? Welche Melodie aber sangen die Sirenen? Sie sangen die Weltordnung. (Willmann, 1907, S. 24).

Doch in Hesiods Theogonie heißt es:

Sie singen aller Dinge Gesetz und rechte Art und sagen an, was ist, was sein wird und was vordem gewesen, mit der Stimme es kündend, und mühelos strömt ihnen der süße Klang vom Munde." (Willmann, 1907, S. 24).

Die Musen singen nicht über das Weltgesetz, "sondern dieses selbst, das Weltgeschehen läuft in ihren Melodien ab".

Die Mühelosigkeit des Musengesanges überrascht nicht, denn sie singen nicht unter endlichen Bedingungen. Singen ist für sie ein Weltspiel.

Der mythische Übergang der Griechen vom Mythos zu ihrer Philosophie

Das Problem aber, diesen mythischen Übergang, also Kunde und Fabel, philosophisch zu begreifen, wird dann in der Philosophie Platons dadurch akut, daß der Mythos zur literarischen Form wird. Die literarische Form aber, wie sie in den Dialogen Platons anschaulich wird, setzt voraus, daß der gestaltbildende Philosoph Platon in sich selbst ein philosophisches Mythenbewußtsein entwickelt. Dies will sagen, daß das kosmoszentrierte Mythenbewußtsein dadurch philosophisch wird, daß das Denken des Philosophen Platon sich der Seele zuwendet − freilich nicht einer Weltseele, um zu erkennen, daß "die alte, wieder neu im Geist geborene Seele des Hellenentums in Wahrheit die Mutter der "Platonischen Mythen" ist. Dies will sagen, das "Schauen der Idee" wird dadurch schöpferisch, daß es eine neue literarische Form ermöglicht. Nur so ist das Wort Karl Reinhards aufzunehmen: "Platons Mythen sind Mythen der Seele, oder anders gesagt: sind Mythen der inneren und somit ungeteilten Welt des schauenden und denkenden Menschen."

Unter dieser Rücksicht kann der philosophische Mythos nun zur Kunde, zum Märchen und zum philosophischen Mysterium werden. Diese werden jetzt nach und nach zum Ort, da sich der Mythos mit dem Logos verbindet, so daß die Seele das in ihr erwachte poietische Sollen Gestalt gewinnen lassen kann.

In dieser kapitalen Wende entdeckte der Mensch das Musentum seines Geistes. Er konnte beginnen, sich als Musensohn zu begreifen, dessen Berufung es ist, die hohe Musenkunst Philosophie als Inbegriff der Künste in sich selbst zu finden. Durch die Kraft seines poietischen Geistes ließ das schöpferische Individuum Mensch Gestalten entstehen, die in Gesang und Dichtung, in Malkunst und Baukunst sinnenfällig zu Gehör und Gesicht gebracht werden können. Der poietische Geist des musischen Individuum Mensch ereignet sich in jeder der Künste, freilich im Medium der Zeit oder des Raumes. Dies nennen wir den Zeitspielraum der Musenkunst Philosophie.

Die Tatsache: ES IST

Der Musikwissenschaftler Thrasybulos Georgiades bereitet in seiner Abhandlung "Musik und Schrift" aus dem Jahre 1977 den Gedanken der musischen Weltnatur des Menschen vor. Es hat zwar den Anschein, daß er eine Grundlegung der Musikwissenschaft versucht, doch er hält sich in der Dimension von Tatsachen auf, nicht aber führt er seine Tatsachenerkenntnis auf den Grund ihrer Möglichkeiten zurück. Es bleibt im "Daß" der Tatsachen gefangen. Der Weg des Denkens zum Warum von Tatsachen, zu ihrem Grunde, ist ihm durch eine undurchdringliche Mauer verstellt.

Dennoch kommt Georgiades trotz dieser faktischen Begrenzung seines Grundlegungsversuches zu Einsichten, durch die er die Architektur der musischen Weltnatur des Menschen erkennt.

Georgiades (1977, S. 107) geht von der uralten Erinnerung aus, die er "als die Anschauung von der Sphärenharmonie" des Philosophen Pythagoras formuliert. So gelingt ihm der tiefgreifende Satz vom *"Weltall als einer tönenden Sphäre, deren Zentrum der Mensch ist."*

Er bestimmt die musische Wirklichkeit dieses anthropologischen Zentrums durch die Fachtermini "Harmonia, Rhythmos, Nomos" und spricht ihnen die Würde echter Namen zu. Damit hat er die musische Architektur dessen umschrieben, was wir meinen, wenn wir von der Musik in uns sprechen, oder von der musischen Weltnatur des Menschen.

Was also ist Georgiades fast traumwandlerisch an Einsicht gelungen? Er legte Pythagoras durch die platonische Wende in den Weltinnenraum des musischen Individuum Mensch hindurch so aus, daß er die pythagoräische Vorstellung von der klingenden Bahn der Planeten zurücknimmt in die musische Seinsverfassung des Menschen, in das Musentum seiner poietischen Natur. Diese ist ihm eine tönende Sphäre.

Wie könnte man von einer musischen Weltmetaphysik des Menschen sprechen, wenn die Poietik nicht in dem Musentum des Menschen verwahrt wäre, auf daß der poietische Geist des Menschen im Medium der

Zeit endlich Gestalt gewinnen kann? Dies nennen wir die mundane oder sphärische Grundlegung der Musik in uns.

Damit ist unsere Behauptung begründet, daß das musische Sein des Menschen ein Sphärengesang ist.

Das musikalische Individuum Mensch gibt dem Zeitverlauf den Rhythmus und wird somit zum Modulator. Dies ist seine musische Maßgabe.

Wäre die musische Seinsverfassung des Individuums Mensch nicht von Grund auf durch ihren Logos das Maß ihrer selbst, wie könnten wir dann überhaupt sagen, daß der musikalisch Schaffende immer ein Modulator sei?

Unter dieser Voraussetzung kann nun gesagt werden, daß die poietische Weltnatur des Menschen selber Gesang sei, freilich kein Naturgesang wie der des Tieres, sondern ein Gesang, dessen Herkunft ich zu wissen vermag, und dessen Sinngrund ich bedenken kann.

Jetzt mag einleuchten, daß für den Menschen Musik keine dekorative Bedeutung hat, nicht eine verschönernde Beigabe des menschlichen Daseins ist, oder gar eine Zutat zur Öde der Alltäglichkeiten, vielleicht eine beliebige Laune. Musik ist eine Wesenseigentümlichkeit der gestaltbildenden Weltnatur des Menschen.

Prima musica

a = a

Von hier aus ist nun der Schritt in die Lichttiefe der Musik zu tun, in jenen Urraum der Tonalität in uns, die wir seine musische Weltnatur nennen. Sie ist die Dimension, in der wir das Musische im Menschen, und dies kann jetzt heißen: die Urmusik aller Musik zu gewahren vermögen.

Wenn daher unser Suchen und Finden von Musik in uns selbst von der unerschöpften Kraft eines Weltprinzips bewegt ist, das uns die Macht verleiht, die Identität ihres Seins, schöpferisch zu entbinden, dann entsteht die überraschende Aufgabe, den zeitfreien (zeitüberlegenen) Musikgrund im Akt des Schaffens unter der Bedingung endlichen Daseins in die Erscheinung hier und jetzt als *Harmonie*, *Melodie* und *Logos* einzubilden.

Obwohl das Seinsprinzip von Musik, die prima musica in der Musik, keine Ehe mit der Zeit eingehen kann, könnten wir in endlichen Gebreiten überhaupt nicht von Musik reden, wenn es nicht gelänge, den raumzeitlichen Ablauf eines musikalischen Geschehens dadurch zu verfolgen, daß die Identität der Gestaltung von Musik sich in jedem Tonraum behauptete und Musik im zeitlichen Verlauf gemäß Rhythmus, Harmonie und Melodie ein und dieselbe bliebe. Denn nur deshalb können wir das Musikgeschehen von jedem Geschehen anderer Natur unterscheiden.

Dies ist aber auch deshalb möglich, weil im endlichen Ablauf von Musik sich Musik selbst als Musik identifiziert, sie also logisch und ontolo-

gisch dem gedachten und wirklichen Gesetz der Identität folgt. In der Schulsprache gesagt:
a ist a, oder ontologisch formuliert: "ist" ist "ist". Dies ist das erste Bewegungsmoment des Ursprunges von Musik in Gestalt des Satzes der Identität, ob man sich nun einen Ton denke oder eine Melodie, ob man sie höre, oder gar vernehme, oder durch die künstlerische Tätigkeit des Musizierens die Welt der Musik einem als wirklich aufgehe.

Diese Einsicht, daß Musik hier und jetzt dem Gesetz der Identität folgt, wurde dadurch gewonnen, daß wir das phänomenale Hörfeld von Musik verlassen haben, um auch noch von gedachter und vorgestellter Musik im Bereich menschlichen Bewußtseins zum Grunde und Ursprung des Entstehens oder des Werdeganges der Gestaltung von Musik zu ihm als Kunstwerk zu gehen. Dieser Übergang vom Hörfeld der Musik zur gedachten oder vorgestellten Musik im Bewußtsein und dann zum Grund und Ursprung der Entstehung des Musikwerkes hat aber stets zu geschehen in einem Engpaß, nämlich der Begegnung, nicht Durchdringung, von Grund und Zeit im Akt musikalischer oder musischer Weltgestaltung.

Wie nirgendwo im künstlerischen Schaffen ringen Gestalt und Gedanke, Gestalt und Zeit, ja auch Zahl und Zeit im Vollzug des Musizierens miteinander. Dazu kommt, daß im musikalischen Schaffen die quantifizierte Zeit mit der Zeit als Sinngestalt ringt. Im Akt musikalischen Schaffens aber kommt es darauf an, Zeit dadurch beherrschen zu lernen, daß wir sie nicht quantifizieren, sondern rhythmisieren, wobei dem Rhythmus der Charakter einer prima musica zuerkannt wird.

Grund und Bedingung musikalischer Gestaltung
Ein Einwand

Nun aber könnte eingewendet werden gegen die Identitätsaussage über Musik, daß unser Jahrhundert gerade in der Kontroverse, was Musik ist, diese musikalische Identität bestreitet.

Dieser Einwand hat solange seine Berechtigung, als nach den raumzeitlichen Bedingungen der Hervorbringung von Musik in dieser Stunde und an jenem Ort gefragt wird; denn unsere Rede vom Weltprinzip Musik meint keineswegs absolute Musik, sondern *aeviterne* Musikē. Damit ist gesagt, daß Musik zwar durch alle Phasen musikalischen Schaffens ein und dieselbe bleibt (sonst könnte man nicht vom Prinzip Musik sprechen), die aber hier und jetzt allein realisiert werden kann, im beengenden und beschränkenden Zeitspielraum endlichen Daseins.

Würden wir nicht darauf hinweisen, daß das Weltprinzip Musik in endlichen Gebreiten und in geschichtlichen Zeiten nur als prismatische Identität bestimmend sein kann für das musikalische Schaffen, dann hätten wir stillschweigend unterstellt, daß hier und jetzt schon absolute Musik möglich sei; wir hätten zugleich unterstellt, daß die Rezeptivität des hörenden Subjektes Mensch absolut und täuschungsfrei sei.

Fungibilisierung

Gewiß kann sich ein musikalisches Schaffen von dem Metrum eines epochal bestimmten Vollzuges von Musik inhaltlich, ja sogar formal lösen, so daß es – verstehe es sich als originäre oder als interpretative Neuschöpfung – seiner anthropologischen, und in unserem Falle morphopoietischen Grundlegung in der Weltnatur des Menschen entzieht. Was aber geschieht, ist die Konstruktion von Tongebilden, die aber keineswegs mehr Phänomene sind, da sie gerade nichts mehr zur Erscheinung bringen wollen. Sie führt nur noch zu einer fungiblen Dinglichung und zu einem instrumentellen Musikverständnis, und zwar um den Preis, daß es sich atonal und arhythmisch verstehen muß, womit Gestaltlosigkeit und Weltverlust einhergehen.

Diese Fungibilisierung eines vermeintlich künstlerischen Schaffens, das das Bildnertum des Menschen preisgegeben hat, mag sich in einem äußerlichen Sinne als eine Logifizierung der bildnerischen Kräfte des Menschen verstehen, die vermeintlich der bildnerischen Abstraktion folgen.

Doch was bleibt denn nach dieser Exzentrierung jetzt noch künstlerisch möglich? Was kann denn überhaupt noch zum Klingen gebracht werden, wenn diese fungibilisierende Logifikation ihr Ziel erreicht hat? Es bleibt der Leerlauf eines vermeintlich künstlerischen Tuns, das gerade ob seiner logischen Zielsetzung nichts mehr zu Gehör bringen kann. Warum? Weil solch gegenstandslos gewordene Musik durch ihr zweck- und sinnfreies Schaffen keineswegs mehr der Sinnigung der Sinnlichkeit des menschlichen Geistes gewahr zu werden vermag.

Dies ist die letzte Konsequenz aus der anthropologischen Exzentrierung musikalischen Schaffens. Es ist bodenlos geworden, grundlos, ursprungslos; denn es will für diese Gegenstandslosigkeit von Musik kein musikalisches Urerstes mehr wahrhaben, von dem wir sagen, daß es ein notwendiges und darum wesenhaftes Moment eines musikalischen Schaffens ist, das sich darum als sinn- und zweckvoll erweist, weil es in der musischen Weltnatur des Menschen zentriert bleibt.

Nach dem Verzicht auf die Tonalität und Sonorität der musikalischen Resonanz bleibt nur noch ein arhythmisches, amelodisches Tun, das sich dem Kennzeichen Musik entzogen hat, noch ehe ihm solches bewußt geworden ist. Man versteht nun angesichts dieser Sachlage, daß H. Plessner von einer Verteufelung der Tonalität spricht; was, wie wir bereits betonten, in Wahrheit die Verteufelung der musikalischen Weltnatur des Individuum Mensch bedeutet.

Der Krisenpunkt unseres Themas

Helmuth Plessner, der bahnbrechende Anthropologe der Sinne, hat beinahe überdeutlich den Krisenpunkt bezeichnet, der dann in Rede steht, wenn der Kampf zwischen Tonalität und Anti-Tonalität ausgetragen werden soll (Plessner, o.J.). Auf die Spitze getrieben entsteht die Krise unserer morphopoietischen Überlegungen zur Musik dadurch, daß der Frage nicht ausgewichen werden kann, ob Musik jenseits von Tonalität und Antitonalität überhaupt möglich ist. Es sei denn, man beläßt es bei einer altehrwürdigen Bezeichnung, die auch durch ein anderes Wort genannt werden könnte, als durch das Wort Musik.

Der knappe Umriß der Krise musikalischen Schaffens sei durch das Tonalitätsverständnis der beiden Komponisten und Dirigenten Wilhelm Furtwängler und Igor Strawinsky bezeichnet.

Furtwängler

Das Nachlaßwerk Wilhelm Furtwänglers über die Zeit von 1924-1954 weist eine Definition von Tonalität aus, die lautet:

"Tonalität ist nichts anderes als die architektonische Gliederung der Zeit. Darum ist auf sie nicht zu verzichten. Erschöpft wäre sie erst, wenn wir die Wirklichkeit von Zeit und Raum, die Wirklichkeit der Architektur nicht mehr realisieren und nicht sehen, hören, sondern denken, wenn die architektonische Kunst überhaupt erschöpft wäre. Erschöpft ist sie, wenn wir nicht anschauen und nicht hören. Eine gewachsene Melodie sagt – auch heute noch – mehr als alle Theorien."(Furtwängler, 1980, S. 212).

Der Satz, "eine gewachsene Melodie sagt mehr als alle Theorien", scheint prima fatie oder primo auditu einzuleuchten, freilich nur solange, als die Frage nach der Einheit der Sinne noch nicht nachdenklich gemacht hat, und dies auch dann, wenn die morphopoietische Identität des Weltsubjektes Mensch als das eine Auslegungsfeld der Mannigfaltigkeit bildnerischen Schaffens erkannt ist. Nur die Einheit in der Mannigfaltigkeit der Sinnlichkeit des endlichen Geistes ist der Grund dafür, daß der Mensch sich durch das Kunstwerk Philosophie oder durch das Kunstwerk Musik und der Künste als die eine Identität ausweisen kann, so daß der Rückbezug bildnerischen Schaffens dann, wenn der Mensch denkt, spricht und bildet, die unerläßliche Voraussetzung dafür ist, daß Philosophie und die Künste nicht als Zweckgemächte von Natur angesehen werden können, sondern als Werke des Menschen deshalb angesehen werden müssen, weil das Musentum des Menschen der Ursprung von Philosophie und Kunst ist.

Solange allerdings Musik ob der Beziehung der einzelnen Töne oder Harmonien zueinander als "schöner Klang" begriffen wird, ist sie "Mittel des Musikers". Was aber hat dies zur Folge?

"Wird sie in diesem Sinne als 'schöner Klang' begriffen, ist sie Mittel des Musikers, ist sie Materie und verfällt damit dem Gesetz der Abnutzung aller Materie. Ihre Ablehnung durch die Jugend nun schon zweier Generationen besteht zu recht." (Furtwängler, 1980, S. 269).

Wenn nun Furtwängler versucht, seinen funktionalen Tonalitätsbegriff zu einem Mittel des Musikers werden zu lassen, ja zur Materie, die abgenutzt werden kann, den Übergang will zuwege bringen können, so hat sich Furtwängler der Einsicht entzogen, daß das formale Konstruktionsvermögen nicht minder als die künstlerische Fantasie ihren Grund in der einen Sinnlichkeit des poietischen Geistes haben. Erst wenn diese Einsicht Furtwängler gelungen ist, rührt er an das Grundlegungsproblem der Tonalität, so daß er nunmehr sagen könnte:

"Sie macht es der Musik möglich, eine 'Form' zu bilden, ist das strukturbildende Element, das dem Musikstück zur 'Gestalt' verhilft, ihm ermöglicht, Anfang, Durchgang und Ende aus sich selbst heraus zu entwickeln."

Den entscheidenden Schritt von einem funktionalen Tonalitätsbegriff zu einem qualitativen will Furtwängler dadurch tun, daß er vermeint, durch die "große Form" die Bildung eines wahrhaften Organismus, den er fast biologistisch versteht, herbeizuführen, so daß er den Satz wagen kann: "Die Kunst ist Symbol unserer selbst – allerdings sofern wir symbolische Wesen sind."

Somit könnte man meinen, Kunst sei Symbol unserer selbst, und doch trägt dieser Gedanke kaum, da wir es ja gerade bei der Sinnlichkeit des menschlichen Geistes mit keinen organischen Vorgängen zu tun haben.

Furtwängler führt die Energie des Werdens, die Unentrinnbarkeit und Gewalt des Vorwärtsgehens zur Zielstrebigkeit, unter die er die Tragödie einbegreift.

Er meint, durch seinen Organismusbegriff den Zusammenhang eines Ganzen zu schaffen, aufgrund realer, in der Natur begründeter Gesetze. Dies sei das Gesetz der Tonalität. Somit ist es nicht verwunderlich, daß der musikschaffende Mensch für ihn zu einem Energiezentrum wird, das ein Werden entstehen lassen kann, freilich jenseits der Sinnlichkeit des Geistes und somit jenseits der sinnlichen Einheit von Fantasie, Einbildungskraft und Vernunft.

Strawinsky

Das Verhältnis der Tonalität und Atonalität spitzt sich nun bei Igor Strawinsky in den scharfen Gegensatz zu: Tonalität und Antitonalität. Strawinsky spricht zwar noch die Sprache der Tonalität und denkt in ihrer Begrifflichkeit. Dabei geschieht dies auf eine Weise, wie Strawinsky die mythologische Vorstellungswelt der Griechen bei seinem kompositorischen Vorgehen in Anspruch nimmt.

Doch was in Wahrheit durch die Zuspitzung der Antitonalität geschieht, das wiederholt sich in seiner Ballett-Komposition "Apollon musagetes" (1927/28) ganz deutlich. (Strawinsky 1983, S. 187 ff.).

Der Gesang und die Gestaltung werden ebenso sinnentwertet wie der Modus und die Tonalität, aber auch wie die Modulatio. Was bleibe, sei eine tonale Polarität und was bei den Musen bleibt in seinem "Apollon musagetes" ist die Choreographie, die ihre Parallele hat in Strawinskys musikalischer Topographie:

Man überfordert die Strawinsky'sche These von der Antitonalität gewiß nicht, wenn die Melodie, aber auch die Musen keine schlechthinnige Bedeutung für sein musikalisches Schaffen gewinnen, denn "nichts ist absolut, außer dem Relativen".

Das Komponieren soll aber dennoch eine "schöpferische Bemühung" sein, in der sich eine Form erfülle (S. 199). Ob dieser Formbegriff Strawinskys jenseits von jeder Inhaltlichkeit und Wertschätzung – um bei der Terminologie Strawinskys zu bleiben – nicht in der Tat die Funktion eines Modelles übernimmt, ist nicht auszuschließen.

Versucht man sich nun Rechenschaft zu geben über das Forschungs- und Mitteilungsverfahren Strawinskys, oder über sein methodisches Vorgehen als solches, so bleibt festzustellen, daß Strawinsky, bewegt von dem Willen, Tradition und Forschung zu unserer Überraschung in Einklang zu bringen, zwar die noch geläufige Sprache der Tonalität bemüht, desgleichen die mythologische Anschauungsweise auch bei seinem Oedipus und anderen Motiven aus der griechischen Bildungswelt beibehält. Was aber geschieht der Sache nach?

Ist die Lösung des musikalischen Bewußtseins aus jeder Tonalität auch dadurch kaum eingeschränkt, daß er dies auf einen tonalen Pol reduziert.

Es sagt einiges, daß trotz des tonalen Pols die Spannungs- und Entspannungsverhältnisse musikalischen Geschehens gleichsam wie auf das gleichgültige A der Stimmgabel zentriert bleiben.

Strawinsky erkennt, daß Mythos und Tonalität zu brechen sind. Abermals läuft der Gedanke seiner These zu: *"Nichts ist absolut, außer dem Relativen."*

Es trifft den kritischen Punkt, wenn Strawinsky (1983, S. 196) vermerkt, daß ein noch musikalisch genanntes Geschehen sich gerade nicht dem Protokoll unterwarf. Wenn Strawinsky nach wie vor von einem "schöpferischen Vermögen" des Komponierens spricht, so ist zu fragen, ob solches Komponieren nicht ein formales Konstruieren ist, frei von Sinn und Zweck?

Apollon musagetes

Wenn Strawinsky (1983) in seinem Apollon musagetes ein mythologisches Motiv zu einem zu komponierenden Ballett sich vorsetzt, so ist es nicht überraschend, wenn ihm die Choreographie in den Vordergrund tritt. Er nennt zwar noch die Musen "Kaliopḗ", "Polyhýmnia" und "Terpsichŏrē", die er aber choreographisch umbildet.

Es ist darum kennzeichnend, daß Strawinsky (1983, S. 179) bei seiner Ballett-Komposition vornehmlich an das "weiße Ballett" denkt, ein Ballett jenseits von Farben. Das farblose Ballett ist in Wahrheit das Nichts, das das Wesen der Kunst am klarsten offenbare.

Der Musaget Apollon, der den Chor der Musen führt, ist zwar als der lichte und darum reine Gott gemeint, ob er allerdings noch für die Klarheit des Stils, den Strawinsky anstrebt, in Anspruch genommen werden kann, ist eine andere Frage. Diese beantwortet sich durch den Hinweis, daß Strawinsky das übliche Orchester aussparte, zuerst die Streicher, das Holz, das Blech und das Schlagzeug, aber auch die Blasinstrumente. So zu verfahren war von Strawinsky nur konsequent, wenn er bekennt, es habe ihn gelockt, eine Musik zu komponieren, bei der das melodische Prinzip im Mittelpunkt stehe.

Nun ist zu fragen: wird der Widerspruch und der Kontrast, den Strawinsky bei seinem Schaffen zu bewältigen hat, und somit seine Antitonalität zum Destruktionsgeschehen, selbst für den tonalen Pol? Wird damit nicht auch Apollon musagetes, der Gott des Lichtes und der Reinheit, ja selbst Gesang und Musik und zu förderst auch die hohe Musenkunst der Gleichgültigkeit überantwortet, trotz Strawinskys Vorliebe für mythologische Gestalten? Damit ist auch der Sache nach Dionysos und Apollon, aber auch Orpheus aus dem Spiele gebracht.

Dies ist die äußerste Engführung von Strawinskys Antitonalität, aber auch zugleich der Widerspruch und die Negativität, mit der Strawinsky zu ringen hat.

Carl Orff

Dem Komponisten Carl Orff kam es darauf an, jede Möglichkeit der Erinnerung an die Musik des Abendlandes auszuschalten. Er wollte zurückgehen auf die "ewigen Urelemente der Musik, auf Rhythmus, auf Klang und Melos".

Wer allerdings Gelegenheit hatte, das Kompositionsverfahren des Carl Orff an Ort und Stelle zu verfolgen, der konnte beobachten, daß die Möglichkeit, die Musik des Abendlandes auszuschalten, dadurch von Orff versucht wurde, daß er zwar mit viel Schlagzeug arbeitete, bei seiner kompositorischen Arbeit oft mit einer unerhörten Insistenz immer und immer wieder ein und dieselbe Passage wiederholte, bis auch seine Komposition bis ins Detail des Details stand, der wird nicht überrascht sein, festzustellen, daß Orffs Rhythmik beinahe ein tonales Ausschließungsverfahren war. Nebenbei sei erwähnt, als nach Orffs Antigonae ein Philosoph zu Orff meinte: "In Ihrer Musik wesen Götter an", blickte Orff wie ins Leere, denn gerade darauf kam's ihm nicht an.

Furtwängler, Strawinsky und Orff waren uns Figuren, an denen der Kampf von Tonalität und Antitonalität auf je ihre Weise transparent wurde.

Der Musikwissenschaftler Walter Riezler (1954, S. 115) zieht die äußerste Konsequenz, wenn er schreibt:

"Die Musik ist nicht, wie man oft gesagt hat, die jüngste, sondern nach allem, was wir ahnen können, die älteste der Künste – vielleicht älter als die Sprache! –, sie wird die letzte sein. Sollten einmal die Urelemente der Musik nicht mehr auf den Menschen wirken, wäre es mit der Menschheit zu Ende."

Finale

Wenn wir uns nun durch eine Gedankenskizze abschließend die Entwicklung unserer Reflexionen vergegenwärtigen, so ergibt sich:

Wir erinnerten uns zunächst an das Traumwort aus Platons Phaidon: "Sokrates, übe die Musenkunst!"

Um den Gedanken einer Musenkunst mythologisch vorzubereiten, nahmen wir den musischen Imperativ als ein Echo der göttlichen Musen, die nach der Sage auf Wunsch der Götter durch Zeus entstanden, um die Gesetzlichkeit des Kosmos in sich selbst als Gesang erklingen zu lassen.

Der entscheidende Schritt geschah dadurch, daß wir in Platons Wende in dem Innenraum der Seele eine Ankündigung unserer These erblickten: In der Philosophie Platons hat der Mensch als Philosoph und Künstler eine unübersehbare Stelle.

Dies war für uns der Ansatzpunkt einer metaphysischen Morphopoietik der Metaphysik.

Unsere metaphysischen Variationen bewegten sich um die Achse der musischen Weltnatur des Menschen, so daß das Problem der tonalen Identität der musischen Dialogik akut werden mußte.

Hieraus ergab sich im Blick auf die zeitgenössische Kontroverse von Tonalität und Antitonalität die Frage, wie denn diese scharfe Gegensätzlichkeit sich widerspiegelt in Furtwänglers Gedanken zur Tonalität zum einen, zum anderen zum Verfall der Tonalität bei Strawinsky. Daran änderte sich für uns auch nichts durch Strawinskys Ballett: "Apollon musagetes", das ihm deshalb ein gelegener Auftrag wurde, weil er sein Schaffen auf die Choreographie zentrieren konnte.

Hieraus resultierte, daß Platons Vorstellung, Sokrates habe in der Todesszene einen Hymnus auf Apollon gedichtet, gerade keine gemeine Poeterei sei, sondern ein apollinisch larvierter Hinweis auf Orpheus. Orpheus wurde uns zum Sinn der Musikalität in uns, aber auch eine Symbolgestalt, die hier und jetzt im endlichen Musizieren auf Apollon und Dionysos bezogen bleibt.

Sokrates' Hymnus auf Apollon besingt in Wahrheit jenen Orpheus, der nach dem Mythos frühmorgens ins Gebirge zieht, um in Helios Apollon zu preisen.

Doch die rächenden Dienerinnen des Dionysos enthaupten Orpheus. Der Sänger aber bleibt in seinem Haupte sich selber treu, denn als sein Haupt übers Meer zur Insel Lesbos getrieben wurde, sang es, und die neben ihm schwimmende Lyra erklang fort und fort. In Lesbos wurde das klingende Haupt, also die orphische Identität der Musik, im Apollon-Tempel beigesetzt, seine Sterblichkeiten aber im Tempel des Dionysos. Dies ist der musische Sieg des Orpheus im Lichte des Apollon. Schon Platon hatte die göttlichen Musen zurückgenommen in die Musikalität oder in die Musik im Menschen.

Herbert von Karajan hat auf den nachösterlichen Musiksymposien in Salzburg immer wieder an seinen Satz erinnert: "Das geheimnisvolle Sein, das wir Musik nennen, ist in uns und wird von Außen an uns herangetragen." So hat also Karajan sich von Furtwängler und Strawinsky dadurch entfernt, daß er durch das Wort: "Musik in uns" auf der tonalen Achse der musischen Weltnatur des Menschen bestand.

Solange diese musische Identität währt, kann so wenig vom Ende der Musik gesprochen werden als von einem Ende der Metaphysik, denn das Sein von Mensch und Musik ist eine Wahrheit, an die kein Sturm des Kampfes von Tonalität und Antitonalität zu rühren vermag. Und warum? Weil das Sein des Menschen von Grund auf Gesang ist, wie Thrasybulos Georgiades gezeigt hat.

Literaturverzeichnis:

Friedländer, P. (1960). *Die platonischen Schriften, zweite und dritte Periode*. Band III. Berlin: W. de Gruyter.

Furtwängler, W. (1980). *Aufzeichnungen 1924-1954*. Wiesbaden: Brockhaus.

Georgiades, T. (1977). *Musik und Schrift*. Kleine Schriften. Tutzing: Schneider.

Platon (1950). *Der Staat*. Übertragung von Rudolf Rufener. Zürich: Artemis.

Plessner, H. (o.J.). *Neue Anthropologie*. Hrsg. von H.-G. Gadamer & P. Vogler. Stuttgart: Thieme.

Riezler, W. (1954). *Die Künste im Zeitalter der Technik. Gestalt und Gedanke. Ein Jahrbuch*. München: Oldenbourg.

Strawinsky, I. (1983). *Schriften und Gespräche I. Das musikalische Phänomen*. Mainz: Schott.

Willmann, O. (1907). *Geschichte des Idealismus*. Bd. I. Braunschweig: Friedrich Vieweg.

HANS-EDUARD HENGSTENBERG

Die menschlichen Verhaltensstrukturen und die Vorentscheidung *

I. Das Problem

Über die "Vorentscheidung" haben wir bereits 1931 geschrieben und diese Lehre im Laufe der Jahrzehnte differenziert und vertieft (Hengstenberg, 1931, 1948, 1961, 1979, 1984 und 1989). Was ist mit der "Vorentscheidung" gemeint?

Darauf ist zunächst zu sagen, daß es sich um einen Bereich der Philosophischen Anthropologie handelt, nämlich den der spezifischen menschlichen Verhaltensstrukturen. Es geht aber nicht um menschliche Verhaltensstrukturen überhaupt, sondern um solche, die aus menschlicher Freiheit zustandekommen. Schließlich ist auch das noch zu allgemein formuliert. Es steht nämlich eine bestimmte Dimension der menschlichen Freiheit zur Diskussion, die Freiheit der Entscheidung.

Jedoch auch das genügt noch nicht, um den Gegenstand der Untersuchung genau zu fixieren. Freie Entscheidungen kommen beim Menschen in vielfacher Gestalt vor. Zum Beispiel trifft ein Sozialbeamter eine Entscheidung, indem er einem Sozialversicherten einen Anspruch auf eine bestimmte Rente zuerkennt. Das ist keine Vorentscheidung, eher könnte man es Nachentscheidung nennen, weil nämlich diese Entscheidung das Resultat vorgängiger Untersuchungen über den Status des Antragstellenden und reiflicher Überlegungen ist, besonders, wenn Ermessensfragen mit im Spiel sind. Es ist auch eine manifeste Entscheidung, denn sie wird nach außen kundgetan.

Was wir dagegen Vorentscheidung nennen, wird keineswegs nach außen manifest. Und sie ist auch nicht einfach Resultat von Wissen und Überlegungen, sondern sie schafft umgekehrt — im positiven Falle — erst die inneren, haltungsmäßigen Voraussetzungen dafür, daß das verfügbare Wissen in rechter Weise gebraucht und daß die Überlegungen gerecht und wirklichkeitsgemäß gestaltet werden. In unserem Beispiel heißt das, der

---

* Überarbeitete Fassung eines Vortrags in französischer Sprache an den Universitäten Pamplona, Vallodolid und Madrid (Spanien) 1971. Veröffentlichung in französischer Übersetzung 1972 unter dem Titel: La décision initiale et les structures des activités humaines. In: Revue de Métaphysique et de Morale. Paris, 77 e année, No 3, juillet — sept., 286-306. Veröffentlichung in spanischer Übersetzung 1972 unter dem Titel: La decisión inicial y las estructuras de la actividad humana. In: Anuario filosofico. Vol. V, Ediciones Universidad de Navarra, Pamplona, 279-305. Eine deutsche Fassung erscheint erstmals in "Ich und Gruppe".

Beamte muß erst zu einer gerechten und für den Antragsteller menschlich offenen Haltung hingefunden haben; nur unter dieser Voraussetzung können seine manifesten Entscheidungen ebenfalls gerecht und sachangepaßt werden, zumal hinsichtlich der Ermessensfragen. Eben jenes innere Geschehen, kraft dessen die innere Haltung aufgerichtet wird, nennen wir eine Vorentscheidung.

Wo Freiheit im Spiel ist, da auch Verantwortung. Freiheit und Verantwortung sind umfangsgleiche Begriffe. Wenn also die Vorentscheidung frei sein soll, muß sich für sie eine Verantwortung aufweisenlassen; und umgekehrt, wenn wir für sie verantwortlich sind, dann muß sie aus echter Freiheit vollzogen sein.

Hier nun spitzt sich unser Problem zu. In der traditionellen Morallehre wird meist von der etwas naiven Voraussetzung ausgegangen, daß wir nur für unsere rational kontrollierten Verhaltensstrukturen verantwortlich und auch nur in solchen frei seien. Solche rational kontrollierten Verhaltensstrukturen können aus jedem der drei Grundvermögen verwirklicht werden: Intellekt, Wille und Gefühl. Wir fällen zum Beispiel ein Urteil über einen Gegenstand oder Sachverhalt. Wir wollen etwas Bestimmtes, zum Beispiel das Fenster öffnen. Schließlich ein Beispiel aus dem Gefühlsbereich: Wir geben auf eine edle Tat eine freudige und bewußte "Wertantwort" (vgl. v. Hildebrand, 1959, Sachregister). Solche Intellektionen, Wollungen und Wertungen sind rational kontrolliert und konturhaft von uns selbst erfaßt als aus dem Erlebnisstrom herausragende Verhaltensstrukturen. "Rational kontrolliert" heißt natürlich nicht, daß die ratio Ursache dieser Gebilde sei, sondern nur daß wir ein abgrenzendes rationales Wissen von diesen Gebilden haben; wir können sie bei uns feststellen und einzeln der Beurteilung unterziehen.

Es ist nun ein großer Irrtum zu meinen, daß wir nur bei dieser Art von konturierten Verhaltensstrukturen frei und verantwortlich seien. Hingegen ist nachzuweisen, daß wir auch frei und verantwortlich sind bei solchen inneren Vollzügen, von denen es abhängt, ob rational kontrollierte Verhaltensstrukturen mit positiver oder mit negativer sittlicher Qualität zustandekommen. Solche Vollzüge sind Vorentscheidungen.

Die Bedeutung der nicht rational kontrollierten geistigen Vollzüge für die auf ihrer Basis später hervorgebrachten rational kontrollierten und unter "Apprehension" stehenden, hat auch der Strukturalismus erkannt. Und es ist so, als ob Levi-Strauss unsere Vorentscheidungslehre gekannt hätte, wenn er schreibt: "Einerseits sind die Gesetze der unbewußten Aktivität tatsächlich immer außerhalb der subjektiven Apprehension..; anderseits sind es aber gerade sie, die die Modalitäten dieser Apprehension bestimmen" (Levi-Strauss, zit. nach Fleischmann, 1970, S. 97). Der Unterschied ist nur, daß wir nicht von einer "unbewußten Aktivität" reden, sondern vorsichtiger von einer nicht rational kontrollierten. Wir werden nämlich weiter unten zeigen, daß die Vorentscheidung nicht "unbewußt" ist, sondern daß wir von ihr in einer ganz eigenen Weise wissen, die wir als "überbewußt" bezeichnen. Eine ähnliche Übereinstimmung zeigt sich, wenn Eugène Fleischmann (1970, S. 97) über Levi-Strauss ausführt: "Linguistik und Anthropologie sind zu dem Schluß gekommen, daß das wahre Substrat der spontanen Strukturen des Geistes eine unbewußte und unreflektierte Aktivität ist, die 'fundamentaler' für das Verständnis des Menschen sein muß als die bewußten Verfahrensweisen seines Geistes". Nur würden wir auch hier wieder "unbewußt" streichen und nur stehen lassen "unreflektierte Aktivität" unseres Geistes. Daß die "unreflektierte Aktivität" in Gestalt der Vorentscheidung "fundamentaler" als die hernach daraus resultierenden bewußten und rational kontrollierten Aktualisierungen unserer Vermögen ist, dies eben ist eine Kernthese der Lehre von der Vorentscheidung. Indem wir aber den "unbewußten" Charakter der Vorentscheidung zurückweisen und unserem Geist die Fähigkeit zusprechen (s.u.), in einer eigenen, wenn auch nicht rationalen Weise um sie zu wissen, sichern wir uns die Möglichkeit, für den Vollzug der Vorentscheidung Verantwortung und Freiheit in Anspruch zu nehmen.

Der Nachweis, daß die Vorentscheidung, wiewohl sie nicht mehr rational greifbar ist, dennoch aus Freiheit kommt und unter Verantwortung steht, ist ein wesentlicher Teil der Lehre von der Vorentscheidung.

II. Phänomene

Wir wollen zunächst einige Phänomene sammeln, die erweisen, daß es so etwas wie die Vorentscheidung tatsächlich gibt.

Erstes Beispiel. Ich erhalte von einem Freundeskreis eine Einladung zu einer wohlvorbereiteten Familienfeier, vergesse aber zum gegebenen Zeitpunkt hinzugehen. Die Sache ist mir "entfallen". Wenn ich nun hinterher zu meinen Freunden sage: ich habe es einfach vergessen, dann werden die Veranstalter das nicht ohne weiteres als gültige Entschuldigung akzeptieren, und zwar unter Umständen mit Recht. Gewiß, es kann sich bei mir um eine schuldlose Verdrängung infolge unvorhergesehener aufregender Ereignisse handeln, es kann aber auch ganz anders liegen. Es kann sein, daß ich die Einladung nur deshalb vergessen habe und auch nur deshalb vergessen konnte, weil ich die Einladung nicht so ernst genommen habe, wie die Freunde es meinten. In diesem Falle ist mein Vergessen keineswegs schuldlos, sondern ein Symptom dafür, daß mein liebender persönlicher Kontakt mit den Freunden schon vorher zerbrochen war; und daß mir die Sache "entfallen" ist, ist nur die Folge davon, daß ich aus dem liebenden Kontakt "herausgefallen" war, mein Vergessen drückt Lieblosigkeit aus. Niemand wird behaupten, ich sei für diesen Bruch nicht verantwortlich. In Wirklichkeit habe ich ihn irgendwann vollzogen, wenn ich auch den Zeitpunkt für dieses Geschehen nicht in der Erinnerung aufspüren kann. Geschehen ist aber Folgendes: Ich habe den liebenden Kontakt aufgegeben und dafür die Haltung der Gleichgültigkeit den anderen gegenüber aufkommen lassen. Das war die schlechte Vorentscheidung. Von nun an war es möglich und vielleicht sogar psychologisch notwendig, daß ich das für die anderen so bedeutsame Fest vergaß. In diesem Falle bin ich für das Vergessen verantwortlich.

Wenn ich ehrlich bin, spüre ich diese Verantwortlichkeit selbst. Ich schäme mich, "daß ich das vergessen konnte". Wenn ich dann in mich gehe und meinen Bruch bereue, ersteht eine neue Haltung in mir, der Kontakt wird wieder gewonnen — dieses Mal durch eine gute Vorentscheidung.

Ein biblisches Beispiel. Als Christus im Gerichtshof war, wurde er von Petrus verleugnet. Christus hatte das vorausgesehen, als er zu Petrus sagte: "Heute Nacht vor dem Hahnenschrei wirst du es drei Mal geleugnet haben, mich zu kennen."(Luk 22,34) Als die Verleugnung geschehen war und der Hahn krähte, weinte Petrus bitterlich. Denn er hatte ja die Verleugnung nicht "gewollt", so wie man eine rational kontrollierte Handlung will; er war einfach in das Verleugnen "hineingerutscht", ehe er sich dessen versah. Dennoch wird man ihm nicht jede Schuld absprechen. Des Rätsels Lösung liegt darin: Christus hatte den Jüngern vor seinem Leiden gesagt: "Heute nacht werdet ihr alle an mir irre werden" (Matth 26,31). Darauf Petrus sinngemäß: Wenn auch alle an Dir irre werden, ich niemals (Matth 26,33). Hier zeigt sich schon eine falsche Haltung, Selbstsicherheit und Ehrgeiz. Die eigene Standhaftigkeit zu beweisen, war für Petrus wichtiger geworden als die Sache seines Herrn. Petrus war aus der liebenden und dienenden Haltung des Jüngers herausgefallen, stattdessen hatte er eine egozentrische Haltung in sich aufgerichtet. Dieser Haltungswechsel war ein wirkliches Geschehen. Denn die ungute Haltung hatte Petrus ja nicht immer innegehabt. Es muß also etwas geschehen sein, was dazu führte, die liebende Haltung zu Gunsten der selbstsicheren aufzugeben. Das war die schlechte Vorentscheidung. Aus ihr und der durch sie initiierten selbstsicheren und daher die Wachsamkeit schwächenden Haltung folgte die Verleugnung bis zu einem gewissen Grade notwendig, sie "unterlief" dem Petrus.

Dennoch, eine Verantwortlichkeit für sein Versagen kann man ihm nicht absprechen. Er selbst wußte um diese Verantwortlichkeit. Denn er bereute nachher. Die Reue kam aus einer neuen guten Vorentscheidung, und auf diesem Umweg wurde Petrus erst der "Fels".

Die schlechte Vorentscheidung ist die einzig sinnvolle Erklärung für das Fehlverhalten des Petrus. Man würde es sich viel zu billig machen, wenn man sagte: Petrus war eben ein schwankender Charakter, und aus dieser Schwäche kam die Verleugnung. Die übrigen Bibelstellen zeigen, daß diese Charakteristik für Petrus gar nicht zutrifft. Mit Charakterologie und Psychologie allein kommt man nicht an das Wesen der Vorentscheidung heran. Auch starke Charaktere und gerade sie können eine schlechte Vorentscheidung vollziehen.

Beide Beispiele zeigen, daß es so etwas wie die Vorentscheidung gibt und daß sie weder eine rational kontrollierte Verhaltensstruktur ist, noch aus einer solchen erklärt werden kann. Vielmehr ist es die Person als ganze, die die Vorentscheidung vollzieht, indem sie ihre Vermögenskräfte entweder in die sittlich gute oder schlechte Richtung bringt; und erst nachdem diese Richtung eingeschlagen ist, kommt es zu den konkreten Vermögensaktualisierungen selbst, die dann dasselbe Vorzeichen tragen wie die grundlegende Vorentscheidung.

Es lassen sich schon folgende Wesenspunkte der Vorentscheidung herausheben:

1. Sie ist ein persönliches Sicheinstellen, durch das eine Haltung – in traditioneller Sprache ein "habitus" – aufgerichtet wird. Und diese Haltung ist entweder dem Sein des Begegnenden geöffnet, liebend, dienend – oder seinswidrig, sich dem Begegnenden verschließend zu Gunsten des engen ego. Die Haltung hat im ersten Falle die gute, im zweiten Fall die schlechte Vorentscheidung zur Grundlage.
2. Die Vorentscheidung ist keine rational kontrollierte Verhaltensstruktur wie ein Gedanke, eine Wollung oder eine Wertung, jedoch bestimmt sie – über die durch sie aufgerichtete Haltung – den entweder moralisch positiven oder negativen Charakter der folgenden Intellektionen, Wollungen und Wertungen.

Hier ist eine Erläuterung am Platze. Es wird vielleicht verwundern, daß wir von einer moralischen Qualität bei Intellektionen und Wertungen sprechen. In der Tat hat Kant behauptet, die moralische Qualität hafte alleine am Willen. Aber das läßt sich nicht halten. Wenn wir in unserem Verhalten einem Partner gegenüberstehen, mit dem uns eine sittlich bedeutsame Relation verbindet, dann haben alle in dieser Relation realisierten Vermögensaktualisierungen von der Vorentscheidung her eine gemeinsame sittliche oder widersittliche Qualität; also nicht nur die Wollungen, sondern auch die Intellektionen und die emotionalen Wertungen. Man kann zum Beispiel zwischen wahrhaftigem und unwahrhaftigem Denken und Urteilen, sowie zwischen gerechtem und ungerechtem Werten unterscheiden; das letztere liegt zum Beispiel im Ressentiment vor. Näheres in unserer Ethik (Hengstenberg, 1989).

3. Die Vorentscheidung kann zwar nicht apperzipierend zum Objekt der inneren Erfahrung gemacht werden wie ein Gedanke, eine Wollung, eine Wertung. Dennoch gibt es ein unmittelbares, unreflektiertes Wissen um ihre Qualität. Im konkreten Erlebnis kann sich das folgendermaßen darstellen: Uns wird ein Angebot gemacht, bei einer bestimmten Aktion mitzuwirken. Es steht in uns aber eine Mahnung auf: Vorsicht!, ohne daß wir schon rationale Gründe angeben können. Wir "fühlen vorweg", daß wir bei Befolgung des Angebots in Situationen kämen, in denen wir unsere Haltung preisgeben müßten. Wenn wir auf diese innere Stimme hören, fühlen wir, wie dadurch

unser inneres Niveau gehoben und gefestigt wird; das ist das Erlebniskorrelat der guten Vorentscheidung. Rückschauend kann uns dann auch rational klar werden: "Damals standest du an einem Wendepunkt und bist standhaft geblieben". Es kann aber auch sein, daß wir die Stimme überhören, die Wachsamkeit aktiv aufgeben und dabei ein ungutes Gefühl haben; das Erlebniskorrelat der schlechten Vorentscheidung. Rückschauend können wir dann auch ein rationales Urteil über unser früheres Verhalten abgeben: "Damals hast du dich gegen die dem Guten dienende Wachsamkeit entschieden". Die Art, wie wir unreflektiert "um" unsere Vorentscheidung wissen, gehört in den Bereich der ungegenständlichen Erkenntnis (vgl. Hengstenberg 1989, Sachregister: "ungegenständlich" und "Erkenntnis", dort auch Literaturangaben). Das "Organ", mit dem wir solches Wissen über unseren Vollzug gewinnen, ist das Gewissen. Hiervon wird noch die Rede sein.
4. Obwohl die Vorentscheidung von uns innerlich nicht gegenständlich erfaßbar ist, sind wir dennoch für sie verantwortlich. Das wurde bereits an den obigen Beispielen deutlich. Diese Verantwortlichkeit gründet darin, daß wir ein inneres sicheres und unmittelbares Wissen um den Vollzug der Vorentscheidung im Gewissen haben, das zur guten Vorentscheidung anregt und der schlechten widerrät. Wir schlagen innerlich eine Richtung ein, und dafür sind wir verantwortlich.
5. Wiewohl die Vorentscheidung innerlich, ohne Manifestation nach außen, vollzogen wird, entsteht sie doch keineswegs allein kraft unserer Innerlichkeit. Vielmehr ist immer ein konkret Begegnendes erforderlich, dem gegenüber wir die Vorentscheidung aufrichten. Im ersten Beispiel war dies der Freundeskreis, im zweiten der die Jünger ansprechende Christus.
6. Die Vorentscheidung wird nicht aus einzelnen Vermögen, wenn zwar unter diffuser Beteiligung aller Vermögen, sondern aus der Ganzheit unserer Person vollzogen, indem diese ihre Vermögen entweder in die seinsollende oder nicht seinsollende Bewegungsrichtung bringt.

III. Haltungen

Da die Vorentscheidung nicht objektivierend in unseren Erkenntnisgriff gebracht werden kann, muß ihre Wesensbestimmung ausgehen von dem, was sie bewirkt: die innere Haltung (habitus).

Sehen wir jetzt von der utilitären Haltung ab, das heißt von derjenigen, die sich einem Objekt um eines Nutzens willen zuwendet, der aus ihm zu gewinnen ist, so gibt es nur noch zwei Grundhaltungen, aus denen sich der Mensch mit den begegnenden Seienden einläßt.

Die eine ist die, die sich einem Seienden um des Seienden selbst willen zuwendet. Der Mensch schließt sich dem Begegnenden in der Weise auf, daß er wünscht, dieses Seiende möge zu seinem in ihm angelegten Seinsziel gelangen. Wir freuen uns zum Beispiel am Gedeihen einer Pflanze, eines Tieres, vor allem eines Mitmenschen, der unter unserer Obhut steht oder stehen könnte. Es ist dies eine Gesinnung der Seinshaftigkeit, Seinsgerechtigkeit. Man kann es "Konspirieren" mit dem Seins- und Sinnentwurf des Seienden nennen, das heißt so viel wie con-spirare, den eigenen Atem mit dem der Dinge vereinigen. Wir haben diese Haltung *Sachlichkeit* genannt. Sache heißt hier nicht "Sache" im Gegensatz zur "Person", wie es bei der berühmten Unterscheidung von W. Stern gemeint ist, sondern Seiendes schlechthin, so wie "res" in der klassischen Transzendentalienlehre verstanden wird. Man könnte statt Sachlichkeit also auch "Seinlichkeit" sagen, wenn dies nicht ein allzu harter Neologismus wäre.

Sachlichkeit in diesem Sinne muß von bloßer Objektivität scharf unterschieden werden. In der Objektivität nehmen wir die Dinge, wie sie tatsächlich sind, und verbieten uns jede Willkür ihnen gegenüber. Objektivität ist lebenspraktischer Realismus. Für die sogenannte "realistische Phase" in der Entwicklung des Kindes (etwa im Alter von 7-11 Jahren) ist diese Haltung besonders kennzeichnend.

Sachlichkeit ist aber mehr. Sie geht über bloße Objektivität hinaus, wenngleich sie diese als Grundlage voraussetzt. Das Konspirieren in der Sachlichkeit besagt, daß wir eine Verantwortung für das begegnende Seiende übernehmen oder jedenfalls in der Bereitschaft dazu stehen. Diese Verantwortung weist in die Zukunft. Wir erwarten etwas für das Seiende, aber so, daß wir selbst dabei engagiert sind. Wir hoffen für dieses Seiende und sind bereit, dafür Opfer zu bringen, daß es zu seinem Werdensziel gelange. *Somit ist Sachlichkeit die Verantwortung übernehmende, prospektive und propulsive Erwartungshaltung in Bezug auf das Begegnende.*

Das gilt besonders für den sittlichen Bereich, das heißt für den Fall, daß das begegnende Seiende ein solches ist, das für uns zum Partner einer sittlich bedeutsamen Relation werden kann. Hierhin gehören alle echten personalen Begegnungen. Hier wird Sachlichkeit durch die Liebe überformt. Nach Max Scheler (1923, S. 187) sieht die Liebe das Du "schöpferisch entwerfend". Sie sieht nicht nur jene Werte, die im Du bis zur Stunde de facto verwirklicht sind, sondern sie sieht bereits voraus — prospektiv — auch jene Werte, die im Du und für das Du in Zukunft verwirklicht werden *sollen* gemäß dem individuellen Wertentwurf dieses Du. Das ist der höchste Fall von sachlicher Konspiration, wenn wir jetzt davon absehen, daß es im religiösen Bereich eine noch höhere Form der Sachlichkeit gibt: Die Liebe Gottes um Gottes willen. Das ist der "pur amour", die reine Gottesliebe im Sinne von Fénelon, der sich dabei auf die spanische Mystik (Theresa von Avila, Johannes vom Kreuz) bezog (vgl. Spaemann, 1963).

Jedoch gibt es echte Sachlichkeit bereits in solchen Kulturbereichen und -tätigkeiten, bei denen das Sittliche nicht direkt thematisch ist, wir sprechen dann von "vorsittlichen Bereichen". So gibt es die Sachlichkeit der zweckfreien Forschung. In der forscherlichen Haltung stellt der Forscher seinen Gegenstand so vor sich hin, setzt er ihn gemäß seiner Methode unter solche Bedingungen, daß das Objekt sich "aussprechen", gleichsam "artikulieren" kann in dem, was es an sich ist, und in der Weise, wie es von sich aus wirkt. Eine solche zweckfreie Forschung sieht noch ganz ab von allem Nutzen, den die Ergebnisse eventuell bringen könnten. Das ist eine hohe Form der Sachlichkeit. Auch hier besteht eine Verantwortung übernehmende, prospektive und propulsive Erwartungshaltung in bezug auf den Gegenstand, die die bloße Objektivität überschreitet, wenngleich voraussetzt. Man erkennt diese Art von Sachlichkeit an der Entdeckerfreude, die jeden utilitären Gesichtspunkt überschreitet. In den folgenden Darlegungen geht es aber im wesentlichen um die Sachlichkeit im sittlichen Bereich, und nur hier reden wir von "guter" und "schlechter" Vorentscheidung.

Damit haben wir die Sachlichkeit als Grundhaltung umrissen. Die andere Grundhaltung, die ebensosehr der utilitären entgegengesetzt ist, ist die der Unsachlichkeit. Sie ist die Umkehrung der Sachlichkeit, gleichsam deren Pervertierung. Hier wird es abgelehnt, mit dem begegnenden Seienden in zweckfreier Hingabe zu konspirieren. Dafür tritt die Bereitschaft, das Seiende für eigene Zwecke willkürlich zu mißbrauchen. Weigerung der Hingabe und Tendenz zum Mißbrauch bedingen sich gegenseitig und durchdringen sich bis zu einem gewissen Grade. Beide Momente müssen im Phänomen "Unsachlichkeit" zusammengesehen werden. Das mißbräuchliche Moment kann in Mißwertung übergehen (z.B. im Ressentiment) mit der Tendenz, das Seiende mentalerweise in seiner Wertstruktur zu "nichten", was seinen Gipfel im Haß findet.Unsachlichkeit in unserem Sinne liegt z.B. überall dort vor, wo eine Person sich einer anderen nur deshalb zuwendet, um deren Intelligenz, gesellige Fähigkeiten, sexuelle Potenzen usw. für eigene Zwecke auszunutzen. Das setzt die Weigerung voraus, den anderen so zu akzeptieren und zu achten, wie er im tiefsten Grunde seines Wesens ist. Die Weigerung gibt die Grundlage für den Mißbrauch, der Mißbrauch verstärkt die Weigerung. Die Versteifung der Weigerung verstärkt wiederum den Mißbrauch, und so weiter in einem "Teufelskreis" (Fr. Künkel). Die andere Person wird zum bloßen Mittel herabgesetzt, was schon Kant als verwerflich erklärt hat. Die extremste Haltung der Weigerung stellt das luziferische "non serviam" dar.

Es ist ersichtlich, daß die Unsachlichkeit nicht mit der utilitären Haltung identisch ist; denn diese richtet sich zwar auf den Nutzen, aber sie ist als solche nicht mißbräuchlich und schließt die Gleichzeitigkeit einer sachlichen Haltung nicht notwendig aus. Über diese Zusammenhänge näheres in unserer Grundlegung der Ethik (Hengstenberg, 1989, S. 58-61).

Drei Grundhaltungen also: die utilitäre, die sachliche und die unsachliche. Der wichtigste Gegensatz ist der zwischen Sachlichkeit und Unsachlichkeit, denn hier geht es um Sinnerfüllung des menschlichen Seins einerseits und um Sinnverfehlung anderseits.

Und nun kommen wir zur Vorentscheidung zurück. Die gute Vorentscheidung ist die Entscheidung *für* die Sachlichkeit, und dadurch wird die sachliche Haltung in uns aufgerichtet. Die schlechte Vorentscheidung ist die Entscheidung *gegen* die Sachlichkeit, das heißt gegen das Konspirieren mit dem Seienden; und die Folge dieser Gegenentscheidung ist, daß der Mensch in die Haltung der Unsachlichkeit gerät.

Hier sind wichtige Anmerkungen zu machen. Die schlechte Vorentscheidung ist nicht etwa eine Entscheidung für die Unsachlichkeit. Denn die Unsachlichkeit ist ein Unwert, und für einen solchen kann man sich gar nicht entscheiden. Richtig ist die Sachlage nur so darzustellen: aus der Entscheidung *gegen* die Sachlichkeit *folgt* die Haltung der Unsachlichkeit.

Dementsprechend ist die Vorentscheidung auch nicht mißzuverstehen als eine "Wahl" zwischen Sachlichkeit und Unsachlichkeit. Bei einer Wahl haben wir mehrere Objekte vor uns, zumindest zwei. Und wir wählen dasjenige, was zu unseren Zwecken am besten taugt. Dies setzt aber voraus, daß alle in der Wahl berücksichtigten Objekte einen echten Wert haben. Das ist aber bei der Unsachlichkeit nicht der Fall. Deshalb ist die Vorentscheidung kein Wählen zwischen Sachlichkeit und Unsachlichkeit, sondern eine Entscheidung entweder für oder gegen Sachlichkeit; und bei der zweiten Alternative ist die Unsachlichkeit *Folge* der Entscheidung, aber nicht Gegenstand der Entscheidung. Bei der Vorentscheidung liegt überdies gar keine Mehrzahl von Objekten vor wie bei der Wahl, sondern nur eines, nämlich das begegnende Seiende, um das es geht.

Die vorausgehenden Darlegungen waren sehr grob, in unserer Philosophischen Anthropologie und unserer Grundlegung der Ethik ist alles viel differenzierter dargelegt. Auf Folgendes muß aber noch kurz hingewiesen werden. Vorentscheidung ist nicht gleich Vorentscheidung. Die Vorentscheidung hat im Einzelfall ein sehr verschiedenes Gewicht für die Entfaltung der Persönlichkeit, die sie vollzieht, je nachdem, welchem Seinsbereich das Seiende angehört, dem gegenüber die Entscheidung gefällt wird. Grob kann man drei Seinsbereiche unterscheiden. Erstens die Naturdinge unterhalb des Menschen. Hier gibt es schon Aufgeschlossenheit oder abwehrende Verschlossenheit. Man kann das beobachten in der Art, wie ein Mensch zu Pflanzen oder Tieren Kontakt gewinnt (St. Franziskus!) oder sich ihnen verschließt. Der zweite Bereich ist der der Mitmenschlichkeit, das Reich der Personen, mit denen wir leben. Die Art, wie sich jemand vorentscheidet in seiner Begegnung mit einem Du, ist von unvergleichlich größerem Gewicht für die Entfaltung seiner Persönlichkeit als eine Vorentscheidung, die nur unter dem Menschen stehende Seiende betrifft. Schließlich der göttliche Bereich. Die Vorentscheidungen Gott gegenüber sind die wichtigsten und folgenschwersten. Die Vorentscheidungen können bei einem Menschen den genannten Bereichen gegenüber je verschieden fallen, wenngleich nicht behauptet werden soll, daß diese verschiedenen Vorentscheidungen bei ein und demselben Menschen ganz unabhängig voneinander seien.

Wichtig ist auch noch dies. Man kann die Vorentscheidung als eine "Selbstdetermination" des personalen Subjektes bezeichnen. Das heißt, die durch die Vorentscheidung aufgerichtete Haltung ist eine solche, die sich im Wechsel der künftig begegnenden Dinge und im Wechsel der raumzeitlichen Umstände als dieselbe durchhält (wir nennen das "Persistenz") und mit einer gewissen inneren Notwendigkeit in Gedanken, Wollungen und Wertungen solche Früchte hervorbringt, die in ihrer Qualität der der vorausgegangenen Vorentscheidung entsprechen. Aber diese Selbstdetermination ist keine absolute. Auch wenn wir die gute Vorentscheidung vollzogen haben und in der sachlichen Haltung sind, kann es eintreten, daß auf dem Wege zur Ausführung der betreffenden Handlung eine Störung eintritt, zum Beispiel durch falsche Selbstsicherheit (das Beispiel von Petri Verleugnung); es kommt eine neue, dieses Mal schlechte Vorentscheidung auf, die nun doch schlechte Früchte hervorgehen läßt. Ähnlich ist es nach einer schlechten Vorentscheidung. Wenn sie bereits vollzogen und die unsachliche Haltung entstanden ist, kann es sein, daß der Mensch vor den sich andeutenden Folgen und Perspektiven seines mutmaßlichen Handelns erschrickt und in diesem Aufschrecken eine neue, dieses Mal gute Vorentscheidung urhebt, so daß das Schlechte schon vor seinem Ausbruch aus der Seele entfernt worden ist. Vorentscheidungen sind widerrufbar. Nur soviel kann und muß gesagt werden:

Solange die gute Vorentscheidung bzw. die aus ihr kommende sachliche Haltung herrscht, können nur sittlich positive Intellektionen, Wollungen und Wertungen hervorgebracht werden; solange die schlechte Vorentscheidung bzw. die unsachliche Haltung regiert, nur schlechte. (Wir setzen jetzt voraus, daß es sich um Sachlichkeit bzw. Unsachlichkeit im sittlichen Bereich handelt.) Und eine Neuurhebung der Vorentscheidung kann nicht aus reiner Innerlichkeit kommen, sondern setzt immer eine neue Begegnung mit konkreten Seienden unserer Lebenswelt voraus.

IV. Freiheit

Daß die Vorentscheidung aus einer Art von Freiheit vollzogen wird, kann durch folgende Überlegungen gestützt werden, wenngleich wir hinsichtlich der zusätzlichen Begründung auf unsere Ethik verweisen müssen.

Wäre der Mensch zur Sachlichkeit gezwungen, sei es durch äußere oder innere Nötigung, so wäre er Getriebener eines Gesetzes. Von einem Konspirieren mit dem Seinsentwurf des Partners könnte keine Rede mehr sein. Es wäre nicht konspirierendes sich Hinwenden zum partnerschaftlichen Seienden aus der eigenen Person als Antwort auf einen Anruf, sondern ein Hingewendet*werden*. Das Phänomen "Sachlichkeit" wäre zerstört. Anerkennt man also einmal dieses Phänomen, dann muß man auch zugeben, daß in diesem Phänomen das einer freien Spontaneität eingeschlossen ist. Umgekehrt, wäre der Mensch in concreto zur Unsachlichkeit gezwungen, sei es durch äußere oder innere Nötigung, so verlöre seine Haltung den abweisenden, gleichsam empörerischen Charakter gegenüber der seinshaften Natur der Dinge, sein Verhalten wäre selbst ein Teil der Naturordnung; das Phänomen der Unsachlichkeit wäre aufgelöst. Anerkennt man also einmal das Phänomen der Unsachlichkeit, so muß man auch eingestehen, daß in diesem Phänomen ein Moment der freien Spontaneität des Subjekts einbegriffen ist. Sachlichkeit und Unsachlichkeit setzen also beide eine Freiheit im Sinne personaler Spontaneität voraus; eben dies ist die Entscheidungsfreiheit in der besonderen Gestalt der Vorentscheidung.

Damit ist nicht geleugnet, daß die menschliche Vorentscheidung Bedingungen physischer, psychischer und sozialer Art voraussetzt, um überhaupt ins Spiel kommen zu können. Der Mensch ist zwar grundsätzlich entscheidungsfrei, sofern er von Natur und Personalität her darauf angelegt ist, aber er ist es nicht immer und unter allen Umständen. Aber Bedingung ist nicht gleich Ursache. Die Bedingtheit der Vorentscheidung ist mithin kein Einwand gegen ihre Freiheit.

Hier gilt also der Indeterminismus. Jedoch kann von Indeterminismus nur die Rede sein im Hinblick auf die Qualität der Vorentscheidung (entweder gut oder schlecht). Aber der Mensch hat nicht die Freiheit, eine Vorentscheidung zu vollziehen oder nicht zu vollziehen. Wenn die Bedingungen besagter Art erfüllt sind − in physischer, psychischer, sozialer Hinsicht und bezüglich der individuellen Reife − kann der Mensch sich dem Vollzug einer Vorentscheidung nicht mehr entziehen (vgl. Hengstenberg, 1984, S. 40-43 und S. 47). Die Vorentscheidung "nicht zu wollen", wäre gleichbedeutend mit einer Verweigerung des Engagements, also bereits eine schlechte Vorentscheidung. Anders gesagt: der Mensch ist *zur* Vorentscheidung gezwungen, aber *in* ihr frei, nämlich hinsichtlich der geistigen Richtung, die er dabei einschlägt (Hengstenberg, 1984, S. 40).

Diese eigentümliche Verwiesenheit aufeinander von Zwang und Freiheit im menschlichen Entscheidungsleben kann man wohl eine anthropologische "Struktur" nennen. Aber es ist keine rein geistige Struktur, sondern eine solche, die über geistige Sphäre und Vitalsphäre gemeinsam herrscht, denn beim Vollzug unserer Vorentscheidung ist nicht nur unser Geist, sondern auch unser gesamter psychophysischer Vitalgrund beteiligt. Diese anthropologische Struktur kann der Mensch nicht willkürlich "machen", sondern er findet sie immer schon vor bei seinem "In-der-Welt-sein".

Die Argumente für die Freiheit der Vorentscheidung lassen sich vom ontologischen Aspekt aus verstärken.

V. Der ontologische Aspekt

Die Frage, was die Vorentscheidung letztlich sei, ist nur zu beantworten, nachdem man erst viele negative Aussagen gemacht hat. Die Vorentscheidung ist kein Erkenntnis-, Wollens- oder Wertungsakt, keine Vornahme, keine Absicht, kein Entschluß, erst recht noch keine Handlung. Das Allerdümmste wäre, sie mit einem Vorurteil zu verwechseln. Was ist sie nun eigentlich?

Das läßt sich am besten beantworten, wenn wir davon ausgehen, daß in unserer Person in jedem Augenblick eine Fülle von geistigen, psychischen und leiblichen Wirklichkeiten, von Fähigkeiten und Kräften bereitsteht, um auf ein vor uns liegendes Seiendes intentional bezogen zu werden. Das alles, was nun da zur Verfügung vorliegt, können wir als einen Inbegriff von verfügbaren Seinsbeständen verstehen.

Zur Erläuterung dieses Sachverhalts ist es vielleicht gut, sich der Unterscheidung Gabriel Marcels zwischen "Sein"(Etre) und "Haben" (Avoir) zu bedienen (Marcel, 1935). Wir wählen jetzt den Aspekt des Habens. Wir haben – an genannten Seinsbeständen – sehr viel. Da ist zunächst unser Leib mit allen physiologischen Realitäten. Natürlich "hat" der Mensch nicht nur einen Leib, sondern er "ist" auch Leib; jedoch interessiert jetzt die Seite des Habens. Wir haben in jedem Augenblick einen Bestand von Empfindungen, Vorstellungen, Triebimpulsen, psychophysichen Energien. Wir haben auch bereits erworbene intellektuelle Besitztümer, intuitive Erkenntnisse, geformte Gedanken. Dies ist wichtig zu betonen, denn die Vorentscheidung ist kein "irrationaler Sprung", sie setzt allemal voraus, daß bereits ein intellektueller Kontakt mit der Welt gewonnen ist, setzt sie doch auch die Objektivität voraus. Wir haben Bildungsinhalte, wir haben Kräfte des Intellekts, des Willens und des Gefühls. Dies alles bildet den Bestand von Entitäten, die wir "haben", über die wir verfügen können.

Die Vorentscheidung ist nun jenes Geschehen, in dem alle diese inneren Seinsbestände der Person entweder in Richtung auf ein verantwortliches Engagement mit den Seienden oder im Gegensinne dieses Engagements eingesetzt werden.

Somit wird in der Vorentscheidung eine Richtung eingeschlagen: in der guten Vorentscheidung werden alle Einzelakte, -zustände und -kräfte von der Person situationsgemäß auf die Antwort auf den seinshaften Anspruch des begegnenden Partners hingeordnet; auf diese Weise ersteht die sachliche Haltung. In der schlechten Vorentscheidung werden alle Einzelakte, -zustände und -kräfte von der Person orientiert hin auf die Verweigerung der gemäßen Antwort auf den seinshaften Anspruch des Partners; so entsteht die unsachliche Haltung.

Nun ist das natürlich nicht atomistisch zu verstehen, als wenn wir die Entitäten einzeln in Bewegung brächten, so wie wir Blumen einzeln nacheinander in eine Vase stecken; die besagte Hinbewegung geschieht implicite, so wie wenn jemand sagt: ich weihe alles, was ich bin und habe, an Gott. Auch vergessen wir nicht, daß unsere Person durch ein gemeinsames und einfaches Sein durchwaltet wird, das niemals die Summe der Einzelentitäten ist. Gegenüber diesem einfachen Sein ist die Kategorie des "Habens" nicht anwendbar.

Jetzt ist Folgendes wichtig. Keiner der einzelnen Ist-Beständen in der Person kann die Vorentscheidung erklären. Denn jeder kann genau so gut in den Dienst der Unsachlichkeit wie in den der Sachlichkeit gestellt werden; jeder ist offen sowohl für die gute wie die schlechte Vorentscheidung und kann sowohl in die gesollte wie die nicht gesollte Bewegungsrichtung gebracht werden. Daher muß man sagen: kein Seinsbestand, sei es ein einzelner oder gesamter, kann Ursache der Vorentscheidung sein. Und: kein Seinsbestand kann eine Vorentscheidung *sein*; woraus die Umkehrung folgt: Keine Vorentscheidung ist Seinsbestand, Sein. Überdies, wäre die Vorentscheidung selber "Sein", so bedürfte es einer zweiten Vorentscheidung, die dieses "Sein" auf den Partner hinordnet; und wäre die zweite Vorentscheidung wieder "Sein", wäre wiederum eine dritte Vorentscheidung nötig etc. bis ins Unendliche, es käme praktisch überhaupt zu keiner Vorentscheidung.

Das ist ein überraschendes Ergebnis, auf dessen Bedeutung jetzt nur ganz kurz hingewiesen werden kann (vgl. Hengstenberg, 1989, S. 70 ff. und S. 194 ff.). Die Vorentscheidung ist nicht angemessen von Seinskategorien her angehbar. Sie kann nicht als "Sein" interpretiert werden, obwohl sie natürlich nicht "seinslos" ist, denn sie setzt ja die besagten Seinsbestände, das universale Sein und das der vollziehenden Person voraus. Das gilt übrigens für alle echt existenzialen Kategorien, vor allem eben für das, was man rechtens die "Existenzialien" nennen kann. Obwohl kein "Sein", ist die Vorentscheidung doch wirklich, denn Richtungseinschlagen ist wirkliches Geschehen. Aber die Bereiche von Seiendem und Wirklichem decken sich nicht, sondern überschneiden sich. Wir haben darüber in unserer Ethik näher gehandelt (Hengstenberg 1989, S. 194 ff.). Daß etwas, was nicht selber Sein ist, doch für das Sein von Seiendem größte Bedeutung haben kann, scheint uns eine der wichtigsten Entdeckungen der modernen Philosophie seit der Scholastik zu sein. Der Existenzialismus hat *dies* begriffen. Aber er ist maßlos einseitig, indem er alle Seinsbestände, die Boden für die existenzialen Vollzüge sein müssen, zum Verschwinden bringt.

Die Vorentscheidung, wiewohl selbst nicht als "Sein" interpretierbar, hat die größte Bedeutung für die Seinsvollendung der Persönlichkeit.

So hart es das Denken ankommt, Wirklichkeiten zu denken, die als solche nicht Sein sind, so förderlich ist diese Konzeption für die Interpretation der Freiheit. Es wurde soeben schon einsichtig gemacht: kein Seinsbestand kann die Vorentscheidung hervorrufen, verursachen. Das geht zu Gunsten der Freiheit der Vorentscheidung. Denn diese ist somit keine Seinsfolge, sondern sie fügt dem Sein etwas hinzu, was selbst nicht Sein ist, aber für das Sein die größte Bedeutung hat durch Erteilung des besagten Richtungscharakters. Das Argument für die Freiheit vervollständigt sich, wenn wir die andere Aussage hinzunehmen, die ebenfalls oben schon begründet wurde: Die Vorentscheidung *ist* kein Sein. Für etwas, was kein Sein ist, kann man schlecht Seinsgründe suchen und angeben, für so etwas gibt es nur freie Urhebung. Tatsächlich liegt beim Vollzug der Vorentscheidung etwas ganz anderes vor als ein Seinszusammenhang, nämlich eine echte *Urhebung*. Für die Aussage über das Verhältnis der Person zu dem, was sie urhebt, in unserem Falle die Vorentscheidung, ist das Modell des Verhältnisses von Grund und Folge, Ursache und Wirkung völlig untauglich. Der Urheber ist etwas ganz anderes und viel Höheres als eine Ursache oder ein Seinsgrund (vgl. Hengstenberg, 1961, Sachregister "Ursache", "Ursprungsrelation" usw. und Hengstenberg, 1959, Sachregister).

Ursache und Wirkung setzen sich voneinander ab. Die Person dagegen, da sie mehr ist als eine Ursache oder ein Seinsgrund, ist innerlich in ihrer Vorentscheidung *gegenwärtig*; und entsprechend bleibt die Vorentscheidung in der Person gegenwärtig, sie ist nicht eine *Wirkung* oder Seinsfolge der Person, sondern eine *Wirksamkeit* der Person als solcher.

Um die Vorentscheidung urzuheben, bedarf es keiner Spezialursachen oder ergänzender Seinsgründe, sondern nur eines ontologischen Fundaments als Basis; das sind die besagten Seinsbestände oder ontologischen Gegebenheiten, über die die Person verfügt, indem sie sich vorentscheidet. Anders gesagt: die ontologischen basalen Gegebenheiten verursachen nicht die Vorentscheidung, sondern sie bedingen sie nur (Bedingung ist nicht gleich Ursache). Gute und schlechte Vorentscheidungen unterscheiden sich nicht dadurch, daß die eine mehr Sein zur Verfügung hätte als die andere, sondern lediglich dadurch, daß die gleichen ontologischen Bestände einmal in diese, einmal in jene Richtung gelenkt werden. Die Qualität der Richtung hängt also nicht von einer zusätzlichen Ursache oder einem zusätzlichen Seinsgrund ab, sondern einzig von der undeterminierten Urheberschaft der Person selbst.

Kommen wir nun zur Charakterisierung der Vorentscheidung zurück. Wenn soeben gesagt wurde, die Vorentscheidung sei jenes Geschehen, in dem alle Seinsbestände der Person entweder in Richtung auf ein verantwortliches Engagement mit dem Seienden oder im Gegensinne dieses Engagements eingesetzt und in Bewegung gebracht werden, so läßt sich das noch etwas präzisieren, nachdem eine falsche Ontologisierung der Vorentscheidung zurückgewiesen wurde. Die Vorentscheidung ist, so kann man jetzt verschärfend sagen, nicht einmal identisch mit dieser Bewegung, die eingeleitet wird, sondern sie ist das Anheben dieser Bewegung in einem "Punkt". Das ist an einer mathematischen Analogie klarzumachen: eine Strecke A → B beginnt in Punkt A; dennoch ist Punkt A nicht selbst eine Strecke.

Was ist dieser "Punkt", in dem bei der Vorentscheidung die Bewegung anhebt? Es ist der Status aller im Augenblick der Person zur Verfügung stehenden Seinsbestände im soeben bestimmten Sinne, die im "Jetztpunkt" der Vorentscheidung in die Gesinnungsrichtung — entweder sachlich oder unsachlich — gebracht werden.

Die Vorentscheidung ist auch nicht identisch mit der Richtung, die eingeschlagen wird, sondern sie bezeichnet nur den "Punkt", von dem aus die Bewegung eingeschlagen wird und die Seinsbestände in die Gesinnungsrichtung gebracht werden; so wie von Punkt A aus die Richtung der Strecke A → B bestimmt wird.

Fragen wir nun, welche Instanz es sei, die mit der Bewegung anhebt und die Richtung einschlägt, so kann die Antwort nur lauten: die menschliche konkrete Person als solche und ganze. Damit schlägt unsere "Punktbetrachtung" auf einmal in eine Ganzheitsbetrachtung um. Das Anheben einer Bewegung kann nicht selbst eine Bewegung sein. Vielmehr muß eine Instanz da sein, die mit der Bewegung anhebt. Eben die in der Vorentscheidung anhebende Bewegung all unserer Ist-Bestände auf den Partner zu oder seinsmäßig von ihm weg fordert eine anhebende Instanz. Und das ist unsere Person als ganze. Das Einschlagen einer Richtung kann nicht selbst eine Richtung sein. Es muß vielmehr eine Instanz da sein, die eine Richtung einschlägt. Das ist bei der Vorentscheidung unsere Person als ganze. Erst recht gilt das beim Übergang von einer Vorentscheidung zur anderen mit entgegengesetzter Qualität. Dies ist eine Änderung der Gesinnung. Die Änderung der Gesinnung ist nicht selbst eine Gesinnung, sondern sie fordert eine Instanz, die "umsinnt" (metanoein). Das ist wieder die Person als ganze. Die Vorentscheidung ist also ein Geschehen, dessen Träger und Urheber unsere Person selbst ist.

Punktbetrachtung und Ganzheitsbetrachtung ergeben erst zusammen das Wesen der Vorentscheidung. Die Punktbetrachtung verhindert eine falsche Ontologisierung der Vorentscheidung; die Ganzheitsbetrachtung verhindert, daß sie zu "eshafter" Unbestimmtheit ohne verantwortliche Instanz verschwimmt.

Zusammenfassend läßt sich sagen: Die Vorentscheidung ist das Einschlagen einer Richtung aus der Souveränität der Person, nämlich ein in Bewegung Setzen aller personalen Seinsbestände entweder im Sinne des Konspirierens mit dem begegnenden Seienden oder im Gegensinne.

Es ist wichtig zu sehen, daß durch die Vorentscheidung eine gewisse Diskontinuität entsteht zwischen dem Verhältnis zum Begegnenden, das die Person vorher innehatte, und dem, das sie nach der Vorentscheidung besitzt. Diese Diskontinuität verschärft sich noch, wenn die gute Vorentscheidung durch die schlechte abgelöst wird bzw. umgekehrt.

Was wir als Richtungseinschlagen in der Vorentscheidung beschrieben haben, scheint in etwa zum Ausdruck zu kommen in einem Satz von

M.Blondel (1936, S. 243): "Ce qui importe, ce n'est pas tant le niveau actuel, où de fait se trouve placée une créature, que *le sens ascendant ou descendant de son effort* (i. Orig. nicht kurs.), soit qu'elle se tourne vers son terme infini, soit qu'elle retombe sur elle-même par un retournement de *l'élan initial* (i. Orig. nicht kurs.) vers l'égoisme pris comme but.." Das wäre nach unserer Terminologie so etwas wie eine Vorentscheidung im Angesicht Gottes.

Kommen wir noch einmal auf Gabriel Marcels Unterscheidung von "Sein" und "Haben" zurück. Die Vorentscheidung "haben" wir nicht, sondern wir vollziehen sie; wir sind in ihr mit unserer ganzen Person "gegenwärtig", engagiert. Erst recht "haben" wir unsere eigene Person nicht, sondern wir *sind* diese Person. Unsere Person kann von uns nicht "gehabt" werden, sondern sie ist der Ermöglichungsgrund für all unser Haben von Seinsbeständen.

VI. Ausblicke

Die Bedeutung der Vorentscheidungslehre für die Anthropologie braucht nicht eigens hervorgehoben zu werden, wir haben diese Zusammenhänge in unserer Philosophischen Anthropologie entwickelt. Es sei nur darauf hingewiesen, daß von der Vorentscheidung her das Wesen der Person und der Kreativität aufgeschlossen werden kann. Guardini sagte mit Recht: Person ist das, was mit "Anfangskraft" in die Welt hineinwirken kann. Für dieses schöpferische Anfangenkönnen gibt es kein treffenderes Beispiel als die Vorentscheidung. Auch das Wesen der Freiheit kann von der Vorentscheidung her neu in den Blick gebracht werden, freilich muß für die volle Freiheitslehre noch eine eigene Dimension hinzugenommen werden, die wir die der "Seinsfreiheit" genannt haben (siehe Hengstenberg 1989, S. 179 ff. Wir haben seit Niederschrift dieser Arbeit noch eine dritte Freiheitsdimension entdeckt: Die "Freiheit der Setzung". Siehe Hengstenberg 1979, Sachregister, Stichwort "Freiheit" -der Setzung). Herrscht bei der Entscheidungsfreiheit in Gestalt der Vorentscheidung jene eigentümliche Verbindung von Zwang *zur* Entscheidung und Freiheit *in* der Entscheidung, wobei dieses Moment der Freiheit im Sinne des Indeterminismus aufgefaßt werden kann, so verliert der Gegensatz von Determinismus und Indeterminismus bei der Seinsfreiheit völlig seinen Sinn. Dafür tritt hier eine eigentümliche Verflochtenheit von Freiheit und sinnhafter Notwendigkeit in Kraft (Hengstenberg, 1989, S. 179-187).

Auch für die Phänomenologie der Reue ist die Vorentscheidung wichtig (vgl. Hengstenberg, 1948). Damit kommen wir schon in den Bereich der Ethik. Wir haben gezeigt, daß die Vorentscheidung das Prinzip (principium im Sinne von Anfang genommen) alles sittlich relevanten Verhaltens ist (Hengstenberg, 1989, S. 67). Das Wesen des Gewissens gelangt von der Vorentscheidung her in eine neue Beleuchtung. Es wurde schon gesagt: das Gewissen ist jene Instanz unseres Gemütes, kraft deren wir untrüglich und unfehlbar um den Richtungscharakter unserer Vorentscheidungen wissen. Und die Qualität der Vorentscheidung ist das erste, von dem der "Spruch" des Gewissens Kunde gibt. Es gibt für diese Kundgabe auch keine andere Instanz als das Gewissen, da die Vorentscheidung nicht rational-gegenständlich von uns erfaßt werden kann.Und da nichts ohne die Vorentscheidung sittlich gut oder schlecht wird, tritt von der Vorentscheidungslehre her die Bedeutung des Gewissens in neu akzentuierter Weise hervor (Hengstenberg, 1989, S. 141-165).

Weiter sei eine geschichtsphilosophische Bemerkung erlaubt. Die Erkenntnisse über die Vorentscheidung erweisen das evolutionistische Interpretationsschema der Geschichte als zu eng. Oben war von der Diskontinuität die Rede, die die neu urgehobene Vorentscheidung zu dem voraufgehenden Zustand der Person darstellt, besonders von der Diskontinuität zwischen zwei Vorentscheidungen mit entgegengesetztem Vorzeichen. Vorentscheidungen einzelner Persönlichkeiten können geschichtsmächtig werden, und ihre Wirkung auf andere Persönlichkeiten kann nach Art einer Verstärkerreaktion aufgefaßt werden; dadurch entstehen kraftvolle Fermente für den Gang der Geschichte. Aber eben dadurch entsteht auch in jedem neuen zeitepochalen Augenblick unableitbar Neues. Und wie eine neue Vorentscheidung in einer Persönlichkeit niemals durch psychische Entwicklung aus früheren Zuständen dieser Persönlichkeit oder durch psychische Verlaufsgesetze oder Dispositionen usw. erklärt und abgeleitet werden kann, so ist auch folgerecht das Neue in der Geschichte niemals durch Evolution aus früheren Zuständen der Gesellschaft, etwa als bloßer "Fortschritt", zu erklären. Das enge evolutionistische Schema erwürgt das Verständnis für Geschichte und Geschichtlichkeit, womit nicht behauptet ist, daß die Kategorie der Evolution überhaupt keine Realgeltung besitze.

Für die Psychologie sei Folgendes angemerkt. Seit Freud bzw. seinen Vorläufern wissen wir, daß das Unterbewußtsein in den Ablauf des Tagesbewußtseins hineinwirkt. Und auch Vertreter des modernen Strukturalismus wollen im Anschluß an Freud aus den unterbewußten Strukturen die Strukturen des menschlichen Sprachspiels und der gesellschaftlichen Spielregeln ableiten (vgl. hierzu die konstruktive Kritik des Strukturalismus bei Schiwy 1971).

So weit, so gut. Aber das ist nur die eine Seite der Sache. Es gibt nicht nur eine Abweichung vom menschlichen Normal- und Tagesbewußtsein "nach unten hin", in Richtung auf Unter- und Unbewußtes, sondern auch eine Abweichung der Amplitude "nach oben hin", zu jenen Bewußtseinsformen, die von M.Scheler (1921, S. 407), A.Brunner (1950, S. 35) und uns selbst (Hengstenberg, 1984 und 1989, Sachregister) als das "Überbewußte" bezeichnet worden sind. Überbewußt heißt nicht eine quantitative Steigerung des Normalbewußtseins, sondern eine qualitativ eigene Form des Bewußtseins, die vorausgehend bereits als das ungegenständliche

Wissen um die eigenen Vollzüge geistiger Art gekennzeichnet wurde. In diesen Bereich gehören die Vorentscheidungen. In ihn gehören aber auch die "intuitiven geistigen Akte" im Sinne M. Schelers (1957, S. 297), die nicht gegenständlich (objizierend) erfaßt werden können, aber auch keinen Verlauf in der Zeit haben, sondern als "überzeitliche" Wirklichkeiten (vgl. auch Hengstenberg, 1969 und auch 1984, dort Sachreg. "Überzeitlichkeit") gleichsam in unserem Geist persistieren und so die Art und Weise unserer künftigen Begegnung mit Seienden mitbestimmen (Hengstenberg, 1984, S. 142-148 und 196-198). Nicht zuletzt gehört in diesen Bereich das unreflektierte, elementare Selbstbewußtsein, das heißt das unmittelbare, intuitive, zwar ungegenständliche aber untäuschbare Wissen um das, was wir im tiefsten Grunde sind und haben; Geist-und Vitalsphäre gemeinsam umgriffen (vgl. Hengstenberg, 1989, S. 145 ff.).

Dieses Überbewußte ist aber ein Bereich der Freiheit, während vom Unterbewußtsein her nur Determinismen zu erwarten sind. Es handelt sich um Freiheit in Verbindung mit jenen Diskontinuitäten, die dadurch entstehen, daß wir aus dem Quellgrund unserer Person Urhebungen vollziehen, die nicht nach der Relation von Ursache und Wirkung, Grund und Folge abgeleitet werden können. Es ist der Bereich des schöpferischen Anfangens. Zu zeigen, wie aus diesem Bereich des Überbewußten eine Einstrahlung in das Normal- und Tagesbewußtsein hinein geschieht, ist eine notwendige Ergänzung zu jener Betrachtung, die die Determinationen des Tagesbewußtseins "von unten", vom Unterbewußten her herausstellt. Und da hier im Bereich des Überbewußten ständig schöpferisch Neues geboren wird, so kann man nicht befürchten, wie es einige Vertreter des Strukturalismus tun, daß der Mensch jemals in seinen kulturellen Hervorbringungen notwendig einer fortschreitenden "Entropie" und einem humanen "Kältetod" verfiele, so daß er seine geschichtliche Existenz verlöre und einer "Posthistorie" ausgeliefert wäre.

Für die Psychologie, zumindest für die sich naturwissenschaftlich verstehende, ist ferner wichtig, daß sie an der Vorentscheidung eine Grenze für ihre Forschungsmethode findet. Vorentscheidungen können nicht aus psychophysischen Ursachen erklärt werden. Möglich ist hier nur zweierlei. Einerseits kann man die psychophysischen *Bedingungen* für das ins Spiel Kommen der Vorentscheidungen zu Gunsten der gelebten menschlichen Freiheit zu verbessern suchen; und dies wäre eine dankenswerte Forschung der naturwissenschaftlichen Psychologie. Andererseits kann man diese Bedingungen durch Manipulationen vom Unterbewußten her, z.B. durch suggestive Reklamemethoden, zu verschlechtern suchen, damit der Mensch manipuliert werde. Es ist heute möglich, durch moderne psychologische Methoden dem Menschen künstlich Milieuschäden beizubringen, so daß seine Entscheidungspotenz durch Entzug ihrer Vorbedingungen untergraben wird. Das ist das, was gerade nicht sein soll. Vor dieser Gefahr, die von der naturwissenschaftlichen Psychologie her droht, wenn sie nicht mehr ihre moralischen Grenzen und ihre soziale Verantwortung anerkennt, hat José Luis Pinillos (1970) in seinem Artikel "Wege menschlicher Erkenntnis im Gegenüber von Natur- und Geisteswissenschaften" gewarnt.

Was man aber nicht kann, das ist, den Menschen zu einer guten oder schlechten Vorentscheidung zwingen. Man kann nur die Bedingungen für das ins Spiel Kommen der Entscheidungsfreiheit entziehen. Wenn sie aber ins Spiel kommt, dann ist die Qualität der Vorentscheidung − entweder gut oder schlecht − nicht von außen her zu bestimmen. Der Richtungscharakter kann einzig aus der Person selbst urgehoben werden.

Von hier aus liegt es auf der Hand, daß die Vorentscheidungslehre für die Pädagogik große Bedeutung hat. Jedoch ist dieses Gebiet so groß, daß darauf jetzt nicht mehr eingegangen werden kann. Es sei nur darauf hingewiesen, daß die Vorentscheidung mit ihrer besagten Diskontinuität ihres Urgehobenwerdens ein typisches Beispiel für jene Phänomene bildet, die O. F. Bollnow (1959, S. 24 ff.) "Unstetige Vorgänge in der leiblichen und seelischen Entwicklung" genannt hat.

Eigentlich müßte sich jetzt eine Darlegung der Seinsgrundlagen der Vorentscheidung anschließen, das ist eine Ontologie der menschlichen Person oder ihre "ontologische Struktur". Dies gehört jetzt nicht mehr zu meiner Aufgabe, ist aber Hauptthema meiner Philosophischen Anthropologie.

Literaturverzeichnis:

Blondel, M. (1936). *L'Action, Bd. I*. Paris: Alcan.
Bollnow, O. F. (1959). *Existenzphilosophie und Pädagogik*. Stuttgart: Kohlhammer.
Brunner, A. (1950). *Der Stufenbau der Welt*. München: Kösel.
Fleischmann, E. (1970). Claude Lévi-Strauss über den menschlichen Geist. In W. Lepenies & H. H. Ritter (Hrsg.), *Orte des wilden Denkens* (S. 77-109). Frankfurt: Suhrkamp.
Hengstenberg, H.-E. (1931). *Die Macht des Geistigen in seiner Ohnmacht*. Münster: Helios.
Hengstenberg, H.-E. (1948). *Christliche Askese* (3. Auflage). Heidelberg: Kerle.
Hengstenberg, H.-E.. (1959). *Sein und Ursprünglichkeit* (2. Auflage). München: Pustet.
Hengstenberg, H.-E. (1961). *Freiheit und Seinsordnung*. Stuttgart: Kohlhammer.
Hengstenberg, H.-E. (1969). Überzeitlichkeit und Zeitlosigkeit als ontologische Kategorien. *Zeitschrift für Philosophische Forschung, 23*, 516-537.
Hengstenberg, H.-E. (1979). *Seinsüberschreitung und Kreativität*. Salzburg: Pustet.
Hengstenberg, H.-E. (1984). *Philosophische Anthropologie* (4. Auflage). Salzburg: Pustet.
Hengstenberg, H.-E. (1989). *Grundlegung der Ethik* (2. Auflage). Würzburg: Königshausen & Neumann.
Hildebrand, D. von (1959). *Christliche Ethik*. Düsseldorf: Patmos.
Marcel, G. (1935). *Etre et Avoir*. Paris: Aubier.
Pinillos, J. L. (1970). Wege menschlicher Erkenntnis im Gegenüber von Natur- und Geisteswissenschaften. *Philosophia Naturalis, 12*, 129-155.

Scheler, M. (1921). *Der Formalismus in der Ethik und die materiale Wertethik*. Halle: Niemeyer.
Scheler, M. (1923). *Wesen und Formen der Sympathie*. Bonn: Cohen.
Scheler, M. (1957). *Nachlaß, Bd. I* (Zur Ethik und Erkenntnislehre). Bern: Francke.
Schiwy, G. (1971). *Neue Aspekte des Strukturalismus*. München:Kösel.
Spaemann, R. (1963). *Reflexion und Spontaneität − Studien über Fénelon*. Stuttgart: Kohlhammer.

WILFRIED KUCKARTZ

Zur Anthropologie der Bildung

In *"Bildung"* steckt das Wort "Bild", das als deutsche Übersetzung von lat. "forma" = "Gestalt" gelten darf. Mit "Bild" ist daher so etwas wie ein "Gebild" gemeint, ein "Geformtes", "Gestaltetes", etwas von Menschenhand Geschaffenes. Seit den Griechen, mit vollem Bewußtsein bei Aristoteles, sind dann auch die Produkte der Natur in Analogie zu solchen Werken der techne verstanden worden.

Die Nachsilbe "-ung" bezeichnet bei einem Verbalsubstantiv wie "Bildung" sowohl den Verlauf als auch das Ergebnis einer Tätigkeit oder eines Geschehens. Demnach bedeutet Bildung soviel wie Bild-Werdung und Bild-Gewordensein, Formung und Form im Sinne des Geformtseins.

Des weiteren ist klar, daß Bildung transitiv wie intransitiv, also aktiv, passiv und reflexiv verstanden werden kann: 1. jemanden oder etwas bilden; 2. Bildung erleiden, gebildet werden; 3. sich bilden. Um es mit dem vertrauteren Wort "Erziehung" auszudrücken: Jemand erzieht einen anderen, die Eltern ihre Kinder; diese erfahren dadurch passiv ihre Erziehung, sie werden erzogen; schließlich sind sie erzogen, d.h. verbitten sich fortan jede Fremderziehung, sondern vertrauen nunmehr der Selbsterziehung. In dem geistreichen Wort "Bildung" sind all diese Bezüge und Unterschiede versteckt enthalten.

Darüber hinaus hat man zu bedenken, was mit "forma" in der philosophischen Tradition gemeint war, nämlich so etwas wie das "Beharrende im Wechsel", das eigentliche Sein, das seit Platon in der Idee erblickt wurde. Die einzelnen Bäume vergehen, aber mit ihnen zusammen keineswegs die Idee des Baumes, das, *was* ein Baum ist, die Baumheit; die bleibt davon unbetroffen, ist unveränderlich, ewig.

Mit "forma" soll also – alles sehr gerafft dargestellt – das Wesen von etwas bezeichnet werden. Bildung heißt dementsprechend Verwesentlichung: Das wirklich werden, was der Mensch – dessen Wesen und Bildung im gegebenen Fall interessieren – sein kann oder sein soll.

Als Voraussetzung dafür muß *Bildsamkeit* angenommen werden, d.h. Bildähnlichkeit ("-sam" = engl. same = von ähnlicher Beschaffenheit). Gemeint ist so etwas wie der Anfangszustand des fertigen Bildes, aus dem es wird, was es nachher ist, woraus es entsteht, oder wie immer man diesen Zustand der Potentialität umschreiben will, eines Noch-nicht, das aber dem vollendeten Zustand irgendwie ähnlich, gleich sieht (= ge-lich, von derselben Gestalt; vgl. engl. like, dt. Leiche). Daher: Bildsamkeit =

Ermöglichung der Bildung, der Ausbildung des Bildes, d.h. des Wesens des Menschen.

Was Bildung in diesem Sinn am verläßlichsten leitet und garantiert, heißt *Vorbild*. Das ist ein Bild, das einem anderen Bild, d.h. dessen Herausbildung, vorangeht; es zeigt das vollständige Bild an und fordert zur Nachbildung auf. Mithin vermittelt es die Erfahrung von einem gebildeten Menschen, dem gelungen ist, die Idee des Menschen, die Menschheit, individuell zu verwirklichen, in seiner Person modellhaft, eben vorbildlich zu verkörpern.

Aber wer oder was ist der Mensch? Darüber versucht die *Anthropologie* zu belehren, hier ganz allgemein als Erforschung des menschlichen Wesens verstanden. Ihre herkömmliche Auskunft seit Platon und Aristoteles, die verborgen oder offen bis heute alles Nachdenken darüber bestimmt, lautet: Der Mensch ist eine Ganzheit, die aus zwei "Teilen" besteht, aus Leben und Geist. Die maßgebliche Formulierung findet sich in der "Nikomachischen Ethik" des Aristoteles: zoon logon echon. Der Mensch ist das Lebewesen, das den Logos hat. Daraus ist die geläufige lateinische Formel des animal rationale geworden, des Lebewesens mit Vernunft.

Dabei hat man sich die animalitas als "Materie", als Grund für Veränderung, Körperlichkeit, Individualität vorzustellen, die rationalitas als "Form", als Bleibendes, als Idee, als Bestimmung des Menschen im speziellen Fall. Dessen eigenstes Wesen ist folglich der *Geist*, ihn haben die Griechen entdeckt. Allein der Geist unterscheidet den Menschen von den Tieren, mit denen er das Leben gemeinsam hat. Einzig durch den Geist wird er zum wahren Menschen, zum homo vere humanus, zum wahrhaft menschlichen Menschen. Damit ist zugleich die klassische Bildungsidee erreicht und ausgesprochen, ihr humanistischer Sinn seit den Tagen der Römer, die werden wollten, was die verehrten Griechen für sie vorbildlich gewesen waren: wahre Menschen, gebildet.

Im traditionellen Begriff der Bildung wird daher zu denken versucht, wodurch der natürliche Mensch zum geistigen Menschen wird, wodurch er seine innere, wahre Gestalt erhält und wie diese aussieht. Mit anderen Worten und so kurz wie möglich ausgedrückt: *Bildung heißt Vergeistigung*. Das ist der anthropologische Sinn dieses Wortes, das im deutschen Sprachraum das Denken der Besten wie magisch an sich gezogen hat, eines Goethe, Schiller, Hegel, Nietzsche, weil in ihm eine Besinnung auf die Aufgabe der (wahren) Menschwerdung im Sinne der individuellen Verwirklichung des allgemeinen menschlichen Wesens, und d.h. seiner Vergeistigung, möglich erschien.

Die Faszination, die das Wort "Bildung" jahrhundertelang auf das Nachdenken in der deutschen Sprache ausgeübt hat — inzwischen ist es ja stiller darum geworden —, verdankt es also mit Sicherheit der Bedeutungsfülle und Tiefendimension, die ihm durch die nah benachbarten Wörter "Bild" und "Vorbild" — und in der pädagogischen Theorie auch noch "Bildsamkeit" — zuwuchs. Seit der Mystik des Mittelalters hat diese

Verwandtschaft zu tiefsinnigen Spekulationen Anlaß gegeben. Anfangs theologisch begründet und danach immer stärker säkularisiert, wurde mittels des Wortes "Bildung" die Nachbildung des Vorbildes Gottes, d.h. die Ausbildung des Menschenbildes, seines wahren Wesens, zu denken versucht. Die aus der lateinischen Sprache auch ins Deutsche übernommenen Ableitungen aus "forma" und "cultura", wie Formierung und Kultivierung, die in anderen europäischen Sprachen in Gebrauch blieben, konnten alsbald nicht mehr konkurrieren. "Bildung" erwies sich ihnen als maßlos überlegen.

In Wort und Begriff der Bildung ist demnach die denkerische Erbschaft des deutschen Geistes über Prozeß, Ergebnis, Wesen und Aufgabe der "wahren Menschwerdung des Menschen" aufbewahrt. Wer glaubt oder sich gar damit brüstet, diesen Gedankenschatz einfach entbehren zu können, oder fordert, sich seiner als Ballast der Geschichte endlich zu entledigen — Bildung heißt ja längst Ausbildung; Wörter wie Bildungswesen, Bildungsplanung, Bildungspolitik, Bildungsstatistik usw. verraten das unwiderlegbar —, beweist damit nur die eigene Gedankenlosigkeit und verspielt leichtsinnig, was allein aus der gegenwärtigen Misere heraushelfen könnte: die Besinnung auf die Vergangenheit, damit die Zukunft nicht des Menschen unwürdig werde.

Da war man in den Anfängen des Nachdenkens über die Bildung noch anspruchsvoller gewesen. Ausgangspunkt aller Spekulationen war hier die berühmte Bibelstelle Genesis I, 26-27, die in der Vulgata lautet: "Et ait: Faciamus hominem ad imaginem et similitudinem nostram ... Et creavit Deus hominem ad imaginem suam". Übersetzt: "Und Gott sprach: Lasset uns den Menschen machen nach unserm Bild und Gleichnis ... Und Gott schuf den Menschen zu seinem Bilde".

An diesem lakonischen Bericht erscheint eindeutig nur die ausgezeichnete Stellung des Menschen: Ihn allein hat Gott nach seinem Bilde oder — vielleicht deutlicher — sich zum Bilde geschaffen, als sein Ebenbild oder Abbild, die berühmte imago-Dei-Lehre. Von aller übrigen Kreatur gilt das offenbar nicht. Sie soll ebenso vom Menschen beherrscht werden wie er und überhaupt das Ganze von Gott — darin besteht auch wohl ein Teil der Ähnlichkeit zwischen beiden. Worin sie aber sonst noch bestehen möchte, herauszubekommen, war im christlichen Abendland zunächst der theologischen Exegese anheimgegeben. So wäre etwa in grob vereinfachender Sprache zu sagen, daß es seine unsterbliche Seele sei, die den Menschen von allen übrigen Lebewesen auf ewig unterscheide. In ihr wäre infolgedessen seine höchste Gottähnlichkeit anzusetzen: in der todlosen, persönlichen Fortexistenz, nachdem erst einmal diese ganz individuelle unsterbliche Seele in einem speziellen göttlichen Akt aus dem Nichts erschaffen worden ist.

Auf diese Weise konsequent christlich verstanden, ist der imago-Dei-Lehre jedoch von vornherein eine gewisse Diesseitsflüchtigkeit und ein unausrottbarer Hang zum Jenseits eingeschrieben. In der Mystik

Meister Eckharts, von dem erstmals der ganze Reichtum der möglichen Umbildungen des Wortes "Bildung" ausgeschöpft worden ist, wurde diese erstrebte Erdenferne vorbehaltlos verlautbart, und zwar in voller Übereinstimmung mit der allgemein-christlichen Verdammung des "Fleisches" und den notorisch spirituellen Tendenzen seit den urchristlichen Anfängen.

Eckhart meint mit Bildung so etwas wie die Vergöttlichung des Menschen. Der erste Schritt zu diesem hohen Ziel führt zur *Entbildung*, d.h. zur Befreiung von allen sinnlichen Bildern, von diesem "ganzen Erdenrest, zu tragen peinlich". Auch von Gott darf sich die Seele kein Bild machen. Erst wenn ihr diese radikale Entsinnlichung geglückt ist, kann sie sich in einem zweiten Schritt in Gott *einbilden*, sich in innerer, geistiger Schau oder mystischer Versenkung ganz Gott einen. Dadurch wird sie dann in einem dritten Schritt *überbildet*, sie verliert ihre individuelle Bildung, geht ganz und gar in Gott auf, vergeht mithin in Formlosigkeit, von der irdischen Wirklichkeit aus geurteilt.

Es erscheint übermäßig, hier die weitere Entwicklung der Bildungsidee historisch auch nur skizzieren zu wollen, die man, bin ich überzeugt, auf die Vergeistigung als ihren wesentlichen Gehalt reduzieren darf. Denn seit der Auslegung des Neuen Testaments mittels der griechischen Philosophie, speziell Platos, die schon in den Paulus-Briefen und mit der Logos-Lehre des Johannes-Evangeliums begonnen hat — weswegen Nietzsche das geschichtliche Christentum im Grunde richtig als "Platonismus fürs Volk" bezeichnen konnte —, steht fest, daß der eigentliche Name für die Gottesebenbildlichkeit des Menschen nur Geist heißen kann. Das Wesen Gottes wie das Wesen des nach seinem Bilde geschaffenen Menschen ist der Geist, woran immer man dann im einzelnen noch sehr unterschiedlich vornehmlich gedacht haben mag: z.B. an die Allmächtigkeit der Schöpferkraft Gottes, des spiritus creator, der als Logos die Welt aus dem Nichts geschaffen hat, wodurch der geistige Wille und die — wenigstens — demiurgische Tatkraft zum wahren Wesen des Menschen erklärt werden können; oder an seine Allwissenheit, woraufhin die Vernünftigkeit, das rationale Denken des Menschen, zuhöchst bewertet wird; oder auch an seine Allgüte, die in einer entsprechend geistigen Liebe, der christlichen caritas, die Krone alles Menschlichen erblickt, ganz gleich, stets ist das Urbild-Abbild-Verhältnis dabei ausschlaggebend gewesen. Das Bild des Menschen, d.h. seine Daseinsbestimmung auf Erden, wird in Abhängigkeit von und im Vergleich mit dem Bild von Gott, das der Mensch sich macht, gezeichnet, und da der allgemeinste Nenner für die am höchsten geschätzten Eigenschaften Gottes der Geist ist, gilt er auch für das Wesen des Menschen.

Folglich heißt der kennzeichnende Name für die Wünschbarkeit des Prozesses, durch den ein Mensch zum (wahren) Menschen wird, Vergeistigung. Damit ist die Wahrheit der geschichtlichen Philosophie Hegels eingeholt, der die Summe eines über 2000 Jahre währenden Nachdenkens über die Bildung zu ziehen vermag, wenn er sie souverän und so einfach wie möglich eben als Vergeistigung bestimmt. Sich bilden heißt nach Hegel, "sein Einzelwesen zu seiner allgemeinen Natur zu erheben". Zur Erläuterung fügt er bei:

> Der Mensch ist einerseits ein natürliches Wesen. Als solches verhält er sich nach Willkür und Zufall, als ein unstätes, subjectives Wesen. Er unterscheidet das Wesentliche nicht vom Unwesentlichen. – Zweitens ist er ein geistiges, vernünftiges Wesen. Nach dieser Seite ist er *nicht* von Natur, *was er sein soll*. Das Thier bedarf keiner Bildung, denn es ist von Natur, was es sein soll. Es ist nur ein natürliches Wesen.[1]

Gewiß hat dieser Grundgedanke schon bei Hegel in seiner weiteren Verfolgung dazu geführt, vermittels der Idee der Aufhebung die Natur – oder wie immer das Gegenstück des Geistes genannt werden mag – nicht mehr einfach zu überfliegen. Auch für Hegel gibt es bereits kein Jenseits der Natur mehr, auch für ihn ist der christliche, transzendente, persönliche Schöpfergott tot. Aber das Ganze wird doch noch vom Standpunkt des Geistes aus gewertet, so als wenn der wirklich jenes Göttlich-Absolute wäre, wofür ihn die griechisch-christliche Tradition des Denkens über zwei Jahrtausende lang gehalten hatte. Erst mit Nietzsche setzt sich meiner Auffassung nach die moderne Einsicht durch, daß vielmehr die Natur als das Ganze gelten muß, der Geist ist nur ein Teil von ihr, Ergebnis ihrer Evolution. Das hat auch für die Anthropologie der Bildung erhebliche Konsequenzen und vermag selbst den Hegelschen Standpunkt noch, wenn es so zu sagen erlaubt ist, aufzuheben. Doch ist das weit vorausgeeilt, immerhin werden wir darauf zurückkommen müssen.

Solange man sich inzwischen sicher dünkte, daß Vergeistigung nichts anderes bedeuten könne, als dem gottgleichen Geist in sich unbedingten Vorrang zu verschaffen, schien das allein auf Kosten des Lebens möglich. Man dachte streng dualistisch, das Göttlich-Geistige, absolut Gute, erschien unendlich erhaben über alles Materiell-Körperlich-Sündige: Das blieb unerschütterter theologischer Glaube, von Platon angefangen über das christlich-mittelalterliche Denken bis hin zu Descartes und Kant und gilt noch häufig bis heute als selbstverständlich. Theologisch ausgedrückt, war es allemal um die Herrschaft des Geistes, des Denkens und Wollens, über das "Fleisch" zu tun, über das Leben, die niederen Triebe und Leidenschaften, die vom frommen Christenmenschen asketisch niedergehalten werden mußten, damit das spirituelle Dasein schon im Diesseits triumphierte und sich seine ewige Weiterexistenz im Jenseits verdiente. Daß dergleichen, wie dann besonders Sigmund Freud zu sehen gelehrt hat, nie ohne Verdrängung abgehen kann, d.h. auf eine Vergewaltigung der menschlichen Natur hinausläuft, mit dem Endeffekt ihrer Vernichtung, ist erst in den letzten Jahrzehnten am gleichlaufenden äußeren Prozeß der Zerstörung der natürlichen Umwelt zu breiterem Bewußtsein gekommen.

Gleichwohl ist diese Gefährdung und drohende Zerrüttung der inneren menschlichen Natur, wenn so hemmungslos dualistisch gedacht und einseitig alle Wertschätzung auf die spirituelle Seite gelegt wird, von den erlauchtesten Geistern des Abendlandes längst gesehen und leidenschaftlich kritisiert und ein anthropologischer Gegenentwurf der Bildung = Vergeistigung entwickelt worden, der die Natur bei diesem Prozeß der wahren Menschwerdung nicht mehr aufzuopfern willens war. Ich weise in diesem Zusammenhang zuerst, aber nur in gebotener Kürze, auf Goethe hin, den genau gesetzten Antipoden nicht nur Kants, sondern des gesamten unseligen abendländischen Dualismus. In seiner Bedeutung für den deutschen, ja europäischen Geist und seine mögliche Gesundung nach tiefverwurzelter Zerspaltungskrankheit, d.h. für ein hocherwünschtes neues Bild des Menschen und seiner Bildung ist Goethe kaum zu überschätzen.

Denn solche Bildung, die in nichts anderem als *Selbstverwirklichung* bestehen kann, wie Goethe sie etwa in "Wilhelm Meisters Lehrjahren" formuliert hat, darf als das eigentliche Lebensziel Goethes und sein größtes Vermächtnis gelten: "Daß ich Dir's mit *einem* Worte sage, mich selbst, ganz wie ich da bin, auszubilden, das war dunkel von Jugend auf mein Wunsch und meine Absicht" (5. Buch, 3. Kap.). Getreu dem doppelten Gesetz, das heimlich das abendländische Schicksal seit den Griechen beherrscht hat: des "Erkenne dich selbst" des delphischen Orakels und des Pindarischen "Werde, der du bist", hat Goethe sich selbst gesucht und gefunden und von dieser Verwirklichung seiner ureigenen Daseinsidee auch in seinem Werk Rechenschaft abgelegt.

Und dieses Werk bezeugte vor allem eine tolerante und ressentimentfreie Bejahung des diesseitigen Lebens. Mit Goethe wiederaufersteht aus der heillosen Verirrung und Verwirrung eines über 2000jährigen platonistisch-christlichen Dualismus' ein leidenschaftlich erneuerter, gedachter wie gelebter heidnischer Monismus, der das geistliche, tod- und leidlose Jenseits und die düsteren Schatten, die seine Erfindung auf das irdisch-leibhafte Leben geworfen hatte, widerruft. Die Natur wird wieder in ihren göttlichen Rang erhoben, Goethe liebte den befreienden Ausdruck Spinozas vom deus sive natura oder spricht selber feierlich von der Gott-Natur. Die überkommene Entgegensetzung von Leben, ja "Fleisch" versus Geist wird von ihm trotzig gekündigt. Er suchte nicht länger hinter den Erscheinungen das transzendente Wesen, wie zuletzt noch Kant eine noumenale Freiheit des Menschen jenseits aller Erfahrung. Nach Goethe gilt: "Man suche nur nichts hinter den Phänomenen: sie selbst sind die Lehre" (Maximen und Reflexionen; 488). Noch hinter die Urphänomene kann man nicht zurück. Ein "Wesen", getrennt von seiner "Erscheinung", gibt es nicht. Auch das Wesen des Menschen stellt sich einzig und allein in dem dar, was er tut. Oder in Goethes tiefsinnig-vieldeutiger Sprache gesagt: "Am farbigen Abglanz haben wir das Leben" (Faust, Vers 4727).[2]

Aber gemeint war damit beileibe kein kruder Materialismus, Goethe bejahte beides, die Materie und den Geist. Das bezeugte überwältigend seine Naturlyrik, die eine durchseelte, schöpferische Natur besang, und noch jedes schlichteste Gedicht, wie das volkstümliche "Heidenröslein" oder das innige "Veilchen" oder das frühlingsselige "Maifest", offenbarten symbolisch seine Weltsicht: daß auch der Mensch ein natürliches Wesen ist, daß Geist oder Seele ebenfalls Geschöpfe der Natur sind. Die Einheit allen Lebens ist das Wesentliche, mögen Unterscheidungen auch ihr gutes Recht behalten.

Für den gemeinten anthropologischen Sachverhalt prägte Goethe den Ausdruck von der "geeinten Zwienatur" (Faust, Vers 11962). Das ist das Zauberwort, das seine Dichtung wie sein Verständnis der Wissenschaft als einem der Kunst nächst verwandten Denken aufschließt: "Alles Vergängliche / Ist nur ein Gleichnis" (Faust, Verse 12104/5), d.h. es ist überall symbolisch zu nehmen. Das Wesensgesetz der Natur, des Lebens, auch des menschlichen Lebens, heißt Entwicklung. Wissenschaftlich verstehen, bedeutet für Goethe, das Werden, die Genese von etwas verstehen. Das hat so grundverschiedene Geister wie Hegel, Nietzsche und Freud zutiefst beeinflußt, die allesamt einen Typ poetischer Wissenschaft, wenn es so zu sagen erlaubt ist, befürwortet haben, deren Grundzug die Analyse des Gewordenseins ausmacht. Ob das nun wie bei Hegel die Weltgeschichte oder in seiner "Phänomenologie" die Bildungsgeschichte des Bewußtseins bedeutete oder wie bei Nietzsche die Genealogie der abendländischen Moral oder seine eigene Bildungsgeschichte: "Ecce homo. Wie man wird, was man ist", oder ob es wie bei Freud zu so etwas wie einer Archäologie der Triebschicksale und Neurosen führte, ganz gleich, überall ist das Geist von Goethes Geist, der eine Geschichte der Farbenlehre und Metamorphose der Pflanzen und Tiere geschrieben hatte, das Muster eines Bildungsromans und einer entwicklungsgeschichtlichen Autobiographie, und der im Weltgemälde des "Faust" eine Genese der Natur und des abendländischen Geistes von den Anfängen der Entstehung des Lebens über die Blüte des menschlichen Geistes in der griechischen Antike bis zur zeitgenössischen Romantik symbolisch gestaltet hatte usw. usw.

Vielleicht hat Goethe diese Idee der organischen Entwicklung von Natur wie Geist, was bei ihm aufs innigste, untrennbar, zusammengehört, aus der Erfahrung seines eigenen Lebens geschöpft, das genau etwas dieser Art einer staunenden Mitwelt und auch Nachwelt ad oculos demonstriert hatte. Aus dem Stürmer und Dränger, der Erfolgsbücher wie "Werther" und "Götz" geschrieben und mit dem 1. Teil des "Faust" der Welt das Non-plus-ultra eines romantischen Werks, sozusagen vor der Erfindung der Romantik, geschenkt hatte, war der gelassene Klassiker geworden, der Goethe von "Tasso" und "Iphigenie" oder des "Wilhelm Meister", der ein ganz neues und später in Deutschland, z.B. durch Stifter, Keller, Hesse, Mann, wiederholt nachgeahmtes Genre des Romans, den Bildungsroman, geschaffen hatte. Aber darin lief nunmehr alles, strikte der Sturm und Drang-Periode oder jedweder Art von Romantik entgegengesetzt, auf Bändigung, Disziplinierung, Stilisierung, Selbstbeherrschung, ja Selbstbescheidung hinaus. Und das wirkte im Falle Goethes keineswegs widersprüchlich, ungereimt, wenn auch je ursprünglich und überraschend neu, sondern es äußerte sich wie das organische Wachstum eines Naturwesens, eines Baumes etwa, jede Wachstums- oder Reifungsphase in sich berechtigt, stimmig, vollendet, und doch auch wieder durch die nächste relativiert, aufgehoben, um hier abermals das geistreiche Hegelsche Wort zu gebrauchen, das aber vielleicht schon Schiller das Wesen Goethes staunend enthüllt hatte. Und selbst der Klassiker Goethe gab noch keine Ruhe, sondern entwickelte sich stetig weiter, man denke etwa an die "Wahlverwandtschaften", den "West-östlichen Divan", "Dichtung und Wahrheit" oder an den "Faust", der ihn über 60 Jahre lang beschäftigt hat und am Ende sowohl sein eigenes reiches Leben als auch Essenz und Entwicklung des abendländischen Geistes zum Symbol zu steigern vermochte.

Also, die Wahrheit von Goethes Leben, die ihm zur Wahrheit des Lebens überhaupt wurde, heißt, so kurz wie möglich, aber ganz Goethisch ausgedrückt, *Stirb und Werde*. Das ist das Gesetz, an das er glaubte, und dieser Glaube bestimmt ebenfalls sein gesamtes Nachdenken über den Menschen und seine Bildung. Ein solcher Glaube hat kein transzendentes Jenseits mehr nötig, ist entschlossen antimanichäistisch und läßt alles und jedes voller Ehrfurcht es selbst sein, ohne Ressentiment – vielleicht das sprechendste Anzeichen erreichter menschlicher Reife.

Goethes Weltanschauung – von dunkleren Tiefen abgesehen, die er aber in seinem Werk weitgehend aussparte: Er war mit vollem Bewußtsein und Willen kein Tragiker wie Shakespeare, und auch in seinem Leben nur selten Oberhand gewinnen ließ – spiegelt eine Welt ohne Böses, wie in "Tasso" und "Iphigenie". Selbst im "Faust", wo das Böse in Mephistopheles eine eigene, faszinierende Gestalt gewinnt, wird es als ein bloß Negatives in die kosmische Ordnung integriert und als notwendig für ihre Fortentwicklung bejaht. Bekanntlich wird Mephistopheles vom Herrn im Prolog als Geist, "der reizt und wirkt und muß als Teufel schaffen" (Vers 343), apostrophiert und sagt von sich selbst, er sei "ein Teil von jener Kraft / Die stets das Böse will und stets das Gute schafft" (Verse 1335/6). Er ist ein nachgerade sehr menschlicher Teufel, der scharfe, zuweilen schaudern machend kalte Intellekt, genial gepaart mit roher Sexualität, aber darüber hinaus mit einem gewinnenden, versöhnenden Humor belehnt, ein Skeptiker comme il faut, der die Seelenaufschwünge und dabei mitunterlaufenden Selbsttäuschungen seines Kontrahenten schonungslos entlarvt. Mithin ist Mephistopheles zweifellos die zweite Seele, ach! in unserer Brust, in Goethes wie jedes Menschen, die alle romantischen Anwandlungen und idealistischen Seelenflüge anthropologisch relativiert und das sehr häufig Menschlich-Allzumenschliche daran enthüllt.

Obwohl Faust nach der Absicht Goethes also wohl kaum den Inbegriff des untadelig sogenannt faustischen Menschen verkörpert, als den ihn eine gutgläubige Nachwelt zum Mythos der deutschen, immer strebenden Seele mißdeutet hat, ist Goethe entgegen aller christlichen Tradition, die ihn in der Volkssage und in Marlows Version unvermeidlich in die Hölle geschickt hatte, wo er sich dann in guter Gesellschaft all derer befand, die der Wollust des Diesseits erlegen waren und daher vom größten Denker der Christenheit, Thomas von Aquin, und ihrem anerkannt größten Dichter, Dante, dorthin auf ewig verdammt worden waren — irrwitzigerweise schrieb Dante über den Eingang zum Inferno, daß die ewige Liebe es geschaffen habe —, ist also Goethe mitnichten bereit, auch nur einen einzigen Menschen, selbst nicht diesen in vieler Hinsicht schwachen, kläglichen und bis zuletzt in den Illusionen des Willens- und Machtmenschen verstrickten Faust, zu verurteilen, dessen unstillbarem Daseinsdurst und Tatendrang nicht nur Gretchen samt Familie zum Opfer fällt, sondern auch noch die frommen Philemon und Baucis frevelnd aufgeopfert werden. Faust bleibt von seinen Selbsttäuschungen bis zuletzt heillos verblendet, als er sich fast am Ziel sieht und dem Augenblick endlich zuzurufen willens wäre: "Verweile doch, du bist so schön" (Vers 11580) — aber in Wahrheit schaufeln die Lemuren dem blinden Tatendrang das Grab.

Indes, Faust ist nicht Goethe, sondern dieser lebte mit Inbrunst dem Augenblick, in ihm suchte er Erfüllung und Ewigkeit, sein Leben wuchs in Ringen der Vollendung, rastlos-schöpferisch baute er die Pyramide seines Daseins auf gegebenem Grundriß, am Ende ein ragendes Denkmal gereiften menschlich-irdischen Lebens. Er hat den Zwiespalt der zwei Seelen in jedes Menschen Brust überwunden, zumindest in gültiger Weise überformt, und dieser Selbstüberwindung einen unsterblichen Ausdruck in seinem Werk verliehen.

So vielleicht am reinsten in der "Iphigenie". Die Heldin des Stücks ist alles andere als das erbärmliche "Fleisch", das armselige Sündenherz und schuldvolle Nichts christlicher Erfahrung und Überlieferung, gemessen am unendlich über seine Schöpfung erhabenen Gott, der allein allmächtig und allweise und allgut genannt werden darf, sondern sie bekundet in Wesen und Tat, wie ihre Schwester aus der heidnischen Antike, die Antigone des Sophokles, wodurch der Mensch wahrer Mensch, gottähnlich werden kann, so wie es Goethes späte Widmung vom 31. März 1827 zum Ausdruck bringt: "Alle menschliche Gebrechen / Sühnet reine Menschlichkeit".

Anders als Euripides in seiner "Iphigenie" geht es Goethe in seinem Werk darum zu zeigen, daß Orest von seiner Schuld am Muttermord befreit werden und mit seinem Schicksal versöhnt zu sich selbst finden kann ohne irgendeinen deus ex machina, ohne göttlichen unverdienten Gnadenbeweis, sondern einfach und allein zufolge der Humanität seiner Schwester Iphigenie. Diese entscheidet sich, obwohl zu fürchten steht, daß es ihren eigenen Tod sowie den ihres Bruders und seines Freundes Pylades bedeuten muß, mutig dafür, dem König Thoas ehrlich die Wahrheit zu sagen. Und so wie ihre Menschlichkeit vorher ihren Bruder aus dem Wahnsinn erlöst hat, gelingt es ihr nun, den König umzustimmen, das blutige Schlachtopfer an den Landesfremden nicht mehr zu vollziehen, und ebenfalls, Orestes von Flucht oder Kampf abzuhalten. Gewonnen, durch Iphigenie selber gewachsen, erlaubt Thoas ihnen, in Frieden in ihre Heimat zurückzukehren. Das Bild der Götter in ihrer Seele ist gerettet — man kann verstehen, daß Goethe selbst später in einem Brief an Schiller geurteilt hat, seine "Iphigenie" sei "ganz verteufelt human" (19. Januar 1802). Dennoch bleibt als ihre Botschaft im Sinne Goethes aufrechtzuerhalten, das ist das einfache Ergebnis seiner unbedingten Bejahung allen Lebens als von göttlicher Natur — so wie es Lynkeus im "Faust" am bedeutendsten ausspricht: "Ihr glücklichen Augen, / Was je ihr gesehn, / Es sei wie es wolle, / Es war doch so schön" (Verse 11300/3), wobei erst der Wegfall solch Pantheismus' verdächtiger Schwärmerei bei Nietzsche den moderneren heidnischen Standpunkt ergibt —, daß nicht irgendein supranaturaler Schöpfergott Macht wie Recht hat, aus reiner Willkür den ursprünglich verderbten, sündigen Menschen zu begnaden, sondern daß seine Erlösung allein eine harmonisch-sittliche, edle Persönlichkeit bewirken kann, deren Stolz Demut nicht ausschließt und deren Mut und Wahrhaftigkeit sich dem Dienst der Liebe geweiht haben.

Doch was mehr zählt als solch hohes literarisches Vorbild ist der leibhaftige Goethe, der sich zu einer Persönlichkeit bildete, die scheinbar Unvereinbarstes ausgeglichen enthielt, sozusagen die von sich selbst geschaffene Idee wirklich lebte; der im Fortgang seiner Entwicklung bunteste, weitläufigste Welten dichterischer Phantasie zu gestalten gewußt hatte und doch die machtvolle, einzigartige Individualität geblieben war, die schon seine Mitwelt als Symbol eines vollkommen gebildeten Menschen zu verehren begann, dessen eigener Bildungsprozeß wie das, was er davon im reichen Schatz seiner Werke niedergelegt hatte, in alle Zukunft weiter vorbildlich wirken könnten.

Goethe bleibt allezeit der triebstark- und gefühlvoll-lebendige Mensch seiner Sturm und Drang-Periode, der unvergleichliche Erotiker, der seine Neigungen und Leidenschaften schöpferisch zu verwenden wußte, anstatt sie zu bekämpfen, zu verdammen und zu verdrängen, sich ob seiner niederen Natur sündig und schuldig zu fühlen, allemal der böse Nährboden für Neid und Mißgunst und ruchlose Rache am Leben und an allen anderen, denen es gut geht. Der Unzufriedene ist verbittert und erfindet sich den Himmel und einen Gott, der ihn ausgleichend belohnt, weil es ihm hienieden doch so elend ergangen ist; er darüber jedoch nicht aufgemuckt hat, sondern sich demütig erniedrigt und alles Vortreffliche allein von der Willkürgnade seines allmächtigen Gottes erhofft hat, natürlich als Dank für solch sklavischen Gehorsam; für alle dagegen, denen es auf Erden gut gegangen ist und die sich vor keinem Tyrannengott gedemütigt haben, erdenkt er sich, von Haß und Ressentiment zerfressen, wollüstig ewige Höllenqualen aus.

Gegen solche Infantilismen und schaudern machende Inhumanität hat Goethe zeit seines Lebens rebelliert, am großartigsten in seinem frühen Prometheus-Gedicht, einem leidenschaftlichen Protest gegen alle Duckmäuserei und Fremdbestimmung. Seine Autonomie besteht nicht, wie die hochgelobte Kants, darin, sich immer von neuem und dann auf Dauer von selbstgeschaffenen Maximen in seinem Handeln beherrschen und einengen zu lassen oder rigide auszuführen, was das allgemeine Vernunftgesetz ohne Ansehen der Person und auch entgegen den eigenen Vorlieben und Neigungen mitleidlos befiehlt. Sollte das nicht in Wahrheit auf eine Rationalisierung der eigenen Pedanterie und verknöcherter Routine hinauslaufen, wie es Kants privates Leben überdeutlich vor Augen führt, und verdiente dergleichen nicht eher Fremd − als Selbstbestimmung zu heißen?

Dagegen hielt Goethe seine Mitmenschen in Atem und Staunen durch seine proteische Wandlungsfähigkeit; er fuhr nicht fort, in der Manier seines ersten Welterfolgs "Werther" zu schreiben, sondern mit jedem neuen großen Werk erschuf er sich geschmeidig einen neuen Stil; er fürchtete sich vor keiner Wandlung − vielmehr war sie das Element seines Lebens. Überall steht die Goethische Autonomie gegen die Kantische, eine der Natur gegen die des Geistes, des Individuellen gegen das Allgemeine. In Liebe und Freundschaft und in seinem Werk ging Goethe seine eigenen Wege, ursprünglich, frei und unbeirrbar, und er war nicht davon überzeugt, wie seit Platon und dem Christentum das geistige Abendland, ein vollkommenes Leben sei erst im Jenseits erreichbar und im Diesseits allenfalls in der Seelenstille nach Abtötung aller Gefühle und Leidenschaften. Im Gegenteil, Goethe erlaubte sich seine Gefühle, er kostete sie unschuldig aus. Er überließ sich ihnen willig und schuf ihnen Ausdruck in seinem Leben und Darstellung in seinem Werk. Mit einem Wort: Er sublimierte sie, er rang seiner Natur schöpferisch seinen Geist ab, er schuf sich eine große Idee von sich selbst und verlieh ihr leibhaftige Existenz. Das ist die Botschaft seines Lebens und der Symbolwert seines Werks.

Mithin ist es Goethe wie kaum einem anderen gelungen, Geist und Natur in sich zu einem harmonischen Ganzen zu vereinigen, das wieder in die Schranken treten mochte mit einer längst vergangenen und für immer verloren geglaubten Gestalt der Einheit von Natur und Mensch, außen wie innen, wie sie die Goethezeit seit Winckelmann im griechischen Vorbild verehrte. Und genauso ist Goethe auch für Schiller zum leuchtenden Vorbild all seines Denkens und Strebens geworden, aber hat auf je eigene Weise ebenfalls grundlegend auf Person wie Werk Schopenhauers, Schellings, Hegels, Nietzsches, Freuds, Jungs und Klages' gewirkt, um nur ein paar Namen von Nicht-Dichtern zu nennen, die in der Geschichte des deutschen Bildungsdenkens zu berücksichtigen wären.

Für Schiller rückt die Begegnung mit Goethe seine Erfahrung der Natur und danach überhaupt seine gesamte Weltanschauung zurecht. "Der Dichter ist der einzig wahre Mensch" (Schiller an Goethe, 7. Januar 1795), das hat Schiller an Goethes schöpferischem Genie gelernt. Mit diesem trat ihm leibhaftig, ein wiedergeborener Grieche in seiner heidnischen Bejahung des Diesseits und berückenden Einheit von Natur und

Geist, entgegen, was ihm selbst zu seinem Leidwesen abging und wonach er zeitlebens sehnsüchtig strebte: die *Totalität des Menschen*. In der "Iphigenie" konnte er sie im Werk sinnbildlich gestaltet finden, aber noch eindrucksvoller in der immer näher rückenden Person des Freundes selbst erleben, um dessen Freundschaft er lange vergeblich geworben hatte, bis zuletzt ein Freundschaftsbund dieser beiden wohl doch bedeutendsten Dichter deutscher Sprache zustande kam, der seinesgleichen sucht in gegenseitiger wesentlicher Förderung, der schönsten Frucht jeder wahren Freundschaft. Unter dem Eindruck von Goethes schöpferischer Entwicklung und geglückter Selbstverwirklichung begann Schiller, die Erneuerung der stimmigen Ganzheit des menschlichen Wesens, seiner Bildung, zum Hauptgeschäft seines philosophischen Nachdenkens zu machen. Dazu mußte er Kant — bei dem er in die Denkschule gegangen war und dessen Denkweise er äußerlich gesehen immer die Treue hielt, so daß Zweifel bleiben, ob es ihm je gelungen ist, die Fesseln des Kantischen Dualismus völlig abzustreifen — jedenfalls umdenken: Strikt entgegen den innersten Bestrebungen Kants versuchte Schiller, das ideale Bild des Menschen als ein harmonisches Ganzes zu zeichnen.

Solange, hatte Kant gelehrt, unsere Handlungen von unseren Trieben und Leidenschaften, also unserer Natur, abhängen, sind wir fremd-, nicht selbstbestimmt. Solcher Unfreiheit vermögen wir nur dadurch zu entrinnen, daß unsere Handlungen nicht länger von irgendwelchen Neigungen verursacht sind, sondern aus bloßer Achtung vor dem Gesetz erfolgen, aus Pflicht. Autonomie im Sinne Kants ist daher, ganz in Übereinstimmung mit der platonistisch-christlichen Tradition, nur möglich durch die Emanzipation von der Natur, von unserer Individualität, in der Verwirklichung unseres reinen allgemeinen Geistwesens.[3]

Dagegen muß wohl der Dichter in Schiller rebelliert haben, denn der bejaht auch immer das Anschaulich-Konkrete. In Wahrheit ist das sogar die Domäne seiner Kunst, die Welt der sinnlichen Bilder, durch die ein übersinnlich-geistiger, allgemeiner Sinn hindurchscheinen mag, sehr wohl, doch muß sich das sozusagen von selbst ergeben, ohne verkrampftes Schielen danach — wieder etwas, was Schiller von Goethe, an Goethe, lernen konnte, der in seinen "Maximen und Reflexionen" resümiert hat und sich damit gerade von Schiller in "zarter Differenz" verschieden wußte:

> Es ist ein großer Unterschied, ob der Dichter zum Allgemeinen das Besondere sucht oder im Besondern das Allgemeine schaut. Aus jener Art entsteht Allegorie, wo das Besondere nur als Beispiel, als Exempel des Allgemeinen gilt; die letztere aber ist eigentlich die Natur der Poesie, sie spricht ein Besonderes aus, ohne ans Allgemeine zu denken oder darauf hinzuweisen. Wer nun dieses Besondere lebendig faßt, erhält zugleich das Allgemeine mit, ohne es gewahr zu werden, oder erst spät (Nr. 751).

So selten es Schiller jedoch in seiner Dichtung vergönnt gewesen sein mag — sentimentalischer Dichter, der er war, von ihm selber definiert als der Einheit der Natur schmerzlich entbehrend, aber sie leidenschaftlich ersehnend –, etwas anderes zu erreichen, als großartige Ideen in großartigen Bildern darzustellen, so hat er in seinen hochbedeutsamen philosophisch-ästhetischen Schriften desto überzeugender die gesuchte Totalität, d.h. die Idee der menschlichen Bildung, begrifflich genau, aber in dennoch anschaulich-sprachlichem Denken zu erfassen vermocht. Von Schiller kann man, was gemeint ist, mit Sicherheit gründlicher und ausführlicher analytisch lernen als von Goethe, der dieselbe Bildungsidee sozusagen hauptamtlich lebte und in seinem Werk "naiv" gestaltete und sich nur beiläufig darauf besann. Für Schiller dagegen wurde das mehr und mehr zum Hauptanliegen seiner geistigen Existenz, das ihm eine Identität verschaffen sollte, die sich gegen die Goethische in liebendem Streit behaupten konnte.

Ohne Zweifel geht Schiller in seinen theoretischen Schriften vom Kantischen Dualismus aus, von der, am allerkürzesten gefaßt, "sinnlich-vernünftigen Natur" des Menschen (Über die ästhetische Erziehung des Menschen in einer Reihe von Briefen, 10. Brief), die er sich in immer neuen Dichotomien, scheinbar unvereinbar, vorgibt, z.B. als Person und Zustand (11. Brief), sinnlicher und Formtrieb (12. Brief) usw., und doch ist er genauso unbezweifelbar an nichts anderem mehr interessiert als an der Vereinigung oder auch *Wieder*vereinigung der beiden "Prinzipien" (13. Brief) oder "Naturen" (17. und 27. Brief). Denn im goldenen Zeitalter der Griechen hatte es die ersehnte Einheit schon einmal gegeben,[4] in sich selbst jedoch vermißte er sie leidvoll, seine Gegenwart klagte er wie später Hölderlin im "Hyperion" als ein Zeitalter der Zerspaltenheit an – es "zerriß ... der innere Bund der menschlichen Natur" (6. Brief).

Was ihn aber wenigstens der Möglichkeit einer erneuerten Ganzheit in der Zukunft versichert hat, war das Beispiel Goethes, des wiedererstandenen Griechen, der ihr Hochbild soeben in der "Iphigenie" werbend vor aller Augen aufgerichtet hatte und es im übrigen zum Greifen nahe in lebendiger Gestalt vorlebte. Am Ende ist es Schiller gelungen, das ist das Zeugnis seiner eigenen menschlichen Reife, diesen ihn erst so befremdenden und abstoßenden Götterliebling wahrhaft zu lieben.[5]

Und also besann er sich auf Goethes Bildung und machte sie sich zu eigen und trachtete ihre Idee, sagen wir, die humanistisch-ästhetische Idee der Bildung, verbindlich zu denken. Vielleicht bilden seine Briefe über die Ästhetische Erziehung die schönste und bedeutendste Frucht seiner Annäherung an Goethe und der liebenden Bejahung von dessen Wesen, die ihn zunehmend tiefer zu einer Bejahung des Lebens, der Natur überhaupt, geführt hat. Und genau das vermißte er bei Kant, im Grunde ist Schillers Kritik an Kant vernichtend, wenn er sich das auch nirgends eingesteht und sich allezeit mit dem Geiste, nicht allerdings dem Buchstaben der kantischen Philosophie einig glaubte (13. Brief).

Im übrigen verdanken sich Schillers Anthropologie und Ethik aber ganz und gar Goethe, bin ich überzeugt. Er geht zwar von Kant aus, spricht fürs erste unbeirrt die Kantische dualistische Sprache, aber legt ansonsten alles auf die Überwindung des Dualismus an. Und begrifflich, meine ich, glückt ihm das auch. Sogar die metaphysischen Monisten können es rein begrifflich, darauf komme ich bei den kurzen Analysen Hegels und Nietzsches zurück, nicht besser. Denn in Sprache und Denken muß man unvermeidlich Natur und Geist — oder welche anderen vorgegebenen Dualitäten oder Pluralitäten auch immer — nolens volens unterscheiden, und so die Einheit als Ganzheit gedacht wird, ist sie mit Notwendigkeit eine aus solchen Pluralitäten synthetisierte Einheit. Für mein zentrales Anliegen eines anthropologischen Bildungsbegriffs gilt es daher gleich — das ist ein wichtiges Zwischenergebnis und berechtigt die Akzentuierung und durch ausführliche Zitate belegte Wiedergabe des Schillerschen Versuchs —, ob man einen metaphysischen Dualismus wie Kant oder Monismus wie Goethe voraussetzt. Worauf es ankommt, ist das Verlangen nach einem harmonischen Ganzen, wo beiden "Naturen" des Menschen ihr Recht wird. Und hier steht Schiller nicht hinter Kant, sondern hinter Goethe, dem die Rehabilitierung der Naturseite in Dichtung wie Wissenschaft und ein lebendiges Vorbild erreichbarer Totalität verdankt wurde. Ich zögere nicht, Schillers glänzende Formulierungen, denen in der philosophischen Sprache kaum etwas an wünschbarer Genauigkeit und Tiefsinnigkeit, aber bei durchgängig sinnlicher Plastizität und Schönheit, an die Seite zu stellen ist, mit Ausnahme der philosophischen Prosa Nietzsches, im folgenden für sich selbst sprechen und ihn auf diese Weise für die hier vertretene Bildungsanthropologie beredt zeugen und werben zu lassen.

Schon in "Anmut und Würde" hatte Schiller eindeutig gegen Kant Stellung bezogen:

> Der Mensch ... ist nicht dazu bestimmt, einzelne sittliche Handlungen zu verrichten, sondern ein sittliches Wesen zu sein. Nicht *Tugenden*, sondern die *Tugend* ist seine Vorschrift, und Tugend ist nichts anders 'als eine Neigung zu der Pflicht'. Wie sehr also auch Handlungen aus Neigung, und Handlungen aus Pflicht in objektivem Sinne einander entgegenstehen, so ist dies doch in subjektivem Sinne nicht also, und der Mensch *darf* nicht nur, sondern *soll* Lust und Pflicht in Verbindung bringen; er soll seiner Vernunft mit Freuden gehorchen. Nicht um sie wie eine Last wegzuwerfen, oder wie eine grobe Hülle von sich abzustreifen, nein, um sie aufs innigste mit seinem höhern Selbst zu vereinbaren, ist seiner reinen Geisternatur eine sinnliche beigesellt. Dadurch schon, daß sie ihn zum vernünftig sinnlichen Wesen, d.i. zum Menschen machte, kündigte ihm die Natur die Verpflichtung an, nicht zu trennen, was sie verbunden hat, auch in den reinsten Äußerungen seines göttlichen Teiles den sinnlichen nicht hinter sich zu lassen, und den Triumph des einen nicht auf Unterdrückung des andern zu gründen. Erst alsdann, wenn sie *aus seiner gesamten Menschheit* als die vereinigte Wirkung beider Prinzipien hervorquillt, *wenn sie ihm zur Natur geworden ist*, ist seine sittliche Denkart geborgen; denn solange der sittliche Geist noch *Gewalt* anwendet, so muß der Naturtrieb ihm noch *Macht* entgegenzusetzen haben. Der bloß *niedergeworfene* Feind kann wieder aufstehen, aber der *versöhnte* ist wahrhaft überwunden.

Reste von Denken und Sprache Kants sind unverkennbar, und so wird es bleiben. Aber die Absicht geht eindeutig über Kant hinaus und nähert sich später immer weiter Goethe an. In den Ästhetischen Briefen heißt es daher bereits, daß "der gebildete Mensch ... die Natur zu seinem Freund ... macht" (4. Brief), und es "von mangelhafter Bildung" zeugt, "wenn der sittliche Charakter nur mit Aufopferung des natürlichen sich behaupten kann" (ebd.). Also hat man, wie mit immer neuen Formeln geistreich umschrieben wird, den Menschen "in der Zusammenwirkung beider Naturen" "zu einem in sich selbst vollendeten Ganzen" zu machen, und "seine Vollkommenheit (liegt) in der übereinstimmenden Energie seiner sinnlichen und geistigen Kräfte" (17. Brief). Mit einem Wort gesagt, es geht um *Totalität*. Und um deren Zustandekommen *denken* zu können, hat bereits Schiller, nicht erst Hegel, der die Ästhetischen Briefe überaus schätzte und ihnen auch noch in manch anderer Hinsicht verpflichtet erscheint, das erlösende Wort gefunden, nämlich *Aufhebung*.

Damit wird von Schiller exakt die Bildungsaufgabe des Menschen im Sinne der Vereinigung von Natur und Geist in einer Denkweise zum Ausdruck gebracht, die man nach Fichte und Hegel als dialektisch zu bezeichnen pflegt und auf die gerade auch der Monist nicht wohl verzichten kann. Denn es soll ja eine je gegebene Unterschiedenheit in einer erneuerten Einheit überwunden und nachgerade die Entwicklung dieser "höheren" Einheit begrifflich erfaßt werden. Genau das versucht der Begriff "Aufhebung" zu leisten. Schiller gebraucht den Ausdruck in den Ästhetischen Briefen sehr häufig, allein in den Briefen 14-24 über ein dutzendmal, in der Regel im Sinne des Verneinens (negare), aber an wichtigen Stellen auch im Doppelsinn des gleichzeitigen Bewahrens (conservare). Die dritte, wörtliche Bedeutung des levare erschien wohl Schiller wie später auch Hegel zu selbstverständlich, als daß sie sie eigens hervorgehoben hätten, sie ist aber zweifellos immer mitgemeint. Denn von dieser Augenscheinlichkeit bleibt auch der symbolische Doppelsinn bestimmt und macht ihn so geeignet, wie ich meine, den Gesamtgehalt des Bildungsbegriffs anthropologisch gültig zu umschreiben. Was hingefallen, also nunmehr "unten" ist, kann ich aufheben, d.h. nach oben heben. Dadurch beseitige (negiere) ich es dort, wo es nicht sein soll, bewahre es aber gleichzeitig auf, und sogar an "höherem" Ort, wo es hingehört. Ich bejahe und verneine also etwas zugleich, d.h. ich anerkenne im uns interessierenden Fall als sich gegenseitig beschränkend beides, Natur wie Geist, und erhalte dadurch etwas Drittes, Neues, "Höheres", das wahrhaft Menschliche. Die Kultur, schreibt Schiller, ist "beiden eine gleiche Gerechtigkeit schuldig", sie hat "nicht bloß den vernünftigen Trieb gegen den sinnlichen, sondern auch diesen gegen jenen zu behaupten" (13. Brief).

Dieser Gedanke führt abermals entschieden über Kant hinaus, Schiller spricht an einer Stelle Fichte das Verdienst an dieser neuen Denkform zu (ebd.), aber ihr Inhalt ist jedenfalls ganz und gar unfichtisch, sondern uneingeschränkt Goethisch.

Sobald man einen ursprünglichen, mithin notwendigen Antagonism beider Triebe behauptet, so ist freilich kein anderes Mittel die Einheit im Menschen zu erhalten, als daß man den sinnlichen Trieb dem vernünftigen unbedingt *unterordnet*. Daraus aber kann bloß Einförmigkeit, aber keine Harmonie entstehen, und der Mensch bleibt noch ewig fort geteilt. Die Unterordnung muß allerdings sein, aber wechselseitig ... Beide Prinzipien sind einander also zugleich subordiniert und koordiniert, d.h. sie stehen in Wechselwirkung (ebd.).

Damit ist der anthropologische Sinn der Bildung von Schiller mit diesem Wesenswort "Aufhebung" umfassend und genau ausgesprochen. Etwas ist "zugleich zu vernichten und beizubehalten" (21. Brief), so daß z.B. zwei vorauszusetzende "Zustände in einem Dritten gänzlich verschwinden" (18. Brief). Und namentlich diesen Vollendungszustand wiedergewonnener Einheit, die der Mensch allein sich selbst, seiner Kultur und Selbsterziehung, verdankt, nennt Schiller die wahrhaft menschliche oder sittliche Bildung.

Bei dem Tiere und der Pflanze gibt die Natur nicht bloß die Bestimmung an, sondern *führt sie auch allein aus*. Dem Menschen aber gibt sie bloß die Bestimmung und überläßt *ihm selbst* die Erfüllung derselben. Dies allein macht ihn zum Menschen (Anmut und Würde).

Und Schiller weiß natürlich – und weiß es besser als so mancher Besserwisser und auch, was damit begriffen und was nicht begriffen ist –, daß solche "*Idee seiner Menschheit*", deren Verwirklichung ihn erst, "in voller Bedeutung des Worts, Mensch" sein ließe (14. Brief), eben ein gebildeter Mensch, allerdings "nur" eine Idee ist, ein Hochbild, nie völlig erreichbar, aber allem Streben eine sichere Direktive gebend.

Es ist dem Menschen zwar aufgegeben, eine innige Übereinstimmung zwischen seinen beiden Naturen zu stiften, immer ein harmonierendes Ganze zu sein, und mit seiner vollstimmigen ganzen Menschheit zu handeln. Aber diese Charakterschönheit, die reifste Frucht seiner Humanität, ist bloß eine Idee, welcher gemäß zu werden er mit anhaltender Wachsamkeit streben, aber die er bei aller Anstrengung nie ganz erreichen kann (Anmut und Würde).

Bezeichnenderweise vertrauen Schiller wie Goethe der Kunst an, dem Menschen bei der Annäherung an dieses Ziel am wirkungsvollsten helfen zu können, eben in Form der ästhetischen Erziehung. Darauf werde ich abschließend kurz eingehen. Für jetzt mag wichtiger erscheinen, die erwünschten Vereinigungsgestalten von Natur und Geist im Sinne Schillers noch etwas konkreter zu benennen.

Schon in "Anmut und Würde" hatte er sich dazu geäußert und als bedeutendstes Vorbild die "*Schöne Seele*" liebevoll geschildert. Aufgrund seines gedanklichen Entwurfs hat der Mensch zuletzt sogar für seinen Körper, für eine innere, vergeistigte Schönheit des Gesichts, für die Charakteristik und Anmut seiner Bewegungen usw., die Verantwortung zu tragen, selbst dann, wenn ihm diese aufgegebene Vergeistigung der Natur mißlungen ist: "Der Geist nämlich soll tätig sein und soll moralisch empfinden, und also zeugt es von seiner Schuld, wenn seine Bildung davon keine Spuren aufweist" (Anmut und Würde). Positiv gewendet, lautet die gleiche Einsicht:

Ein reger Geist verschafft sich auf *alle* körperlichen Bewegungen Einfluß, und kommt zuletzt mittelbar dahin, auch selbst die festen Formen der Natur, die dem Willen unerreichbar sind, durch die Macht des sympathetischen Spiels zu verändern. An einem solchen Menschen wird endlich alles Charakterzug ... daher sagt man sehr richtig, daß an einer solchen Gestalt alles Seele sei (ebd.).

Verallgemeinert ergibt sich daraus, was Schiller den Charakter der Anmut an der geistig-sinnlichen Bildungsgestalt des Menschen nennt.

Es ist nicht schwer, die Anwendung davon auf die menschliche Bildung unter dem Regiment des Geistes zu machen. Wenn sich der Geist in der von ihm abhängenden Natur auf eine solche Art äußert, daß sie seinen Willen aufs treueste ausrichtet, und seine Empfindungen auf das sprechendste ausdrückt, ohne doch gegen die Anforderungen zu verstoßen, welche der Sinn an sie als Erscheinungen macht, so wird dasjenige entstehen, was man Anmut nennt (ebd.).

Das alles ist so unkantisch wie nur etwas, wie überhaupt dieses gesamte Idealbild der "Schönen Seele", das Schiller folgendermaßen zusammenfaßt:

Es erweckt mir kein gutes Vorurteil für einen Menschen, wenn er der Stimme des Triebes so wenig trauen darf, daß er gezwungen ist, ihn jedesmal erst vor dem Grundsatz der Moral abzuhören; vielmehr achtet man ihn hoch, wenn er sich demselben, ohne Gefahr, durch ihn mißgeleitet zu werden, mit einer gewissen Sicherheit vertraut. Denn das beweist, daß beide Prinzipien in ihm sich schon in derjenigen Übereinstimmung befinden, welche das Siegel der vollendeten Menschheit und dasjenige ist, was man unter einer *schönen* Seele versteht. Eine schöne Seele nennt man es, wenn sich das sittliche Gefühl aller Empfindungen des Menschen endlich bis zu dem Grad versichert hat, daß es dem Affekt die Leitung des Willens ohne Scheu überlassen darf, und nie Gefahr läuft, mit den Entscheidungen desselben im Widerspruch zu stehen. Daher sind bei einer schönen Seele die einzelnen Handlungen eigentlich nicht sittlich, sondern der ganze Charakter ist es. Man kann ihr auch keine einzige darunter zum Verdienst anrechnen, weil eine Befriedigung des Triebes nie verdienstlich heißen kann. Die schöne Seele hat kein anderes Verdienst, als daß sie ist. Mit einer Leichtigkeit, als wenn bloß der Instinkt aus ihr handelte, übt sie der Menschheit peinlichste Pflichten aus, und das heldenmütigste Opfer, das sie dem Naturtriebe abgewinnt, fällt wie eine freiwillige Wirkung eben dieses Triebes in die Augen ... In einer schönen Seele ist es also, wo Sinnlichkeit und Vernunft, Pflicht und Neigung harmonieren, und Grazie ist ihr Ausdruck in der Erscheinung (Anmut und Würde).

Paßt solche Beschreibung nicht haargenau, wie von ihr abgelesen, auf Goethes "Iphigenie", ja erscheint sie nicht einem gut Teil von dessen eigenem Wesen abgesehen? Und daher entspricht diese Auffassung der sittlichen Bildung bei Schiller auch völlig der scharfen Kritik Hegels an Kants Begriff der Moralität, ja nimmt sie vorweg, die Hegel zur Etablierung seines Gegenbegriffs der Sittlichkeit geführt hat, der Verinnerlichung der gesellschaftlich gültigen Werte, würde man sich heute ausdrücken. In seiner "Phänomenologie" (im Kap. "Der wahre Geist, die Sittlichkeit") hat Hegel diese Idee gewiß ebensosehr aus Goethes "Iphigenie", obwohl diese nicht erwähnt wird, wie aus der "Antigone" des Sophokles geschöpft, die er öfters ausdrücklich nennt und durchgängig meint. Und daß ebenfalls verblüffende inhaltliche Übereinstimmungen mit Nietzsches ethischen Vorstellungen bestehen, läßt sich sogleich an der Fortschreibung der Idee in den Ästhetischen Briefen erkennen. Hier mahnt Schiller nochmals nachdrücklich, "daß der Mensch, um sich als Geist zu erweisen, der Materie nicht zu entfliehen brauche" (25. Brief). Selbstverständlich darf er kein bloßes Sinnenwesen bleiben, die unerläßliche Aufgabe seiner Selbstverwirklichung heißt auf ewig Vergeistigung, vernünftig denken und sittlich handeln zu lernen. Würde er sich hier versäumen, wäre er entweder nur ein "vernunftloses Tier", das noch völlig vom Naturwillen zum eigenen Dasein und Wohlsein ohne jede Rücksicht auf anderes und andere beherrscht wird, oder ein "vernünftiges Tier", dem das Erkennen allein dazu gut ist, dem Instinkt zu dienen. "Er soll aber keines von beiden, er soll Mensch sein" (24. Brief). Diese Lektion war unauslöschlich schon von Kant zu lernen gewesen, er hatte sie für Schiller verbindlich neu formuliert. In der Tat, daran halte ich ja ebenfalls einmütig fest, damit hier keine Mißverständnisse entstehen können, ist der Geist des Menschen etwas Übersinnliches – aber deswegen nicht auch schon etwas Übernatürliches –, der im Denken das raum-zeitlich Konkrete in ein Reich der allgemeinen Begriffe transzendiert und in jeder Moral, vom primitivsten Tabu bis zur Ethik Kants, der Triebnatur des Menschen irgendwelche Beschränkungen auferlegt, sie zu beschneiden und zu disziplinieren nötigt.

Inzwischen besteht der Schritt Schillers über Kant und damit über die gesamte platonistisch-christliche Überlieferung hinaus darin, daß die unabdingbar zu fordernde Selbstüberwindung keinesfalls mit der Aufopferung der "niederen" Natur bezahlt werden darf, weil der Mensch sonst körperlich wie geistig verkrüppelt. Für das Gegenteil einer gesunden Seele in einem gesunden Körper war Goethe sein Kronzeuge. Daher behauptet Schiller mit aller Schärfe, daß 1. negativ die zu fordernde "Abspannung des sinnlichen Triebes ... keineswegs die Wirkung eines physischen Unvermögens und eine Stumpfheit der Empfindungen sein ... darf, welche überall nur Verachtung verdient" (13. Brief; vgl. schon in "Anmut und Würde" die argwöhnische Frage, ob nicht häufig bloße "Stumpfheit des Empfindungsvermögens (Härte) sei, was wir für Beherrschung halten") – Nietzsche wird später über die "lahmen Tatzen" dessen spotten, der gar nichts mehr an Trieben zu beherrschen habe, weil er sie längst ausgerottet hat oder von Natur antriebsschwach ist. Aber Schiller wie Nietzsche steht als Ideal der Bildung Goethe vor Augen, die beherrschte Leidenschaftlichkeit. Deshalb kann Schiller 2. den Gedankengang positiv fortsetzen, indem er treffsicher umreißt, worauf es für ihn ankommt, und es läuft allemal auf eine Apotheose des Goethischen Menschen hinaus:

> Um uns zu teilnehmenden, hilfreichen, tätigen Menschen zu machen, müssen sich Gefühl und Charakter mit einander vereinigen, so wie, um uns Erfahrung zu verschaffen, Offenheit des Sinnes mit Energie des Verstandes zusammentreffen muß. Wie können wir bei noch so lobenswürdigen Maximen, billig, gütig und menschlich gegen andere sein, wenn uns das Vermögen fehlt, fremde Natur treu und wahr in uns aufzunehmen, fremde Situationen uns anzueignen, fremde Gefühle zu den unsrigen

zu machen? Dieses Vermögen aber wird, sowohl in der Erziehung, die wir empfangen, als in der, die wir selbst uns geben, in demselben Maße unterdrückt, als man die Macht der Begierden zu brechen, und den Charakter durch Grundsätze zu befestigen sucht. Weil es Schwierigkeiten kostet, bei aller Regsamkeit des Gefühls seinen Grundsätzen treu zu bleiben, so ergreift man das bequemere Mittel, durch Abstumpfung der Gefühle den Charakter sicher zu stellen; denn freilich ist es unendlich leichter, vor einem entwaffneten Gegner Ruhe zu haben, als einen mutigen und rüstigen Feind zu beherrschen. In dieser Operation besteht dann auch größtenteils das, was man *einen Menschen formieren* nennt; und zwar im besten Sinne des Worts, wo es Bearbeitung des innern, nicht bloß des äußern Menschen bedeutet. Ein so formierter Mensch wird freilich davor gesichert sein, rohe Natur zu sein und als solche zu erscheinen; er wird aber zugleich gegen alle Empfindungen der Natur durch Grundsätze geharnischt sein, und die Menschheit *von außen* wird ihm eben so wenig als die Menschheit *von innen* beikommen können (ebd.).

Läßt sich eine leidenschaftlichere, vernichtendere Kritik des Kantischen Menschen überhaupt denken? Und atmen solche Anschauungen nicht völlig den Geist von Goethes neidlos anerkennender und ehrfürchtig, in stolzer Demut alles segnender Humanität? Deswegen vermag Schiller in dieser wichtigen Anmerkung des 13. Briefes Goethe auch nicht nur als den einen, einzigen in Jahrhunderten zu feiern, "der sich ihr (der Natur, d. Verf.) mit ruhigen, keuschen und offenen Sinnen naht", was Goethes anschauende Denkungsart, den Grundstein seiner Wissenschaft als Kunst, trefflich charakterisiert, sondern in seinem Sinne auch eine sittliche Bildung zu entwerfen, die solch hochherzigem Menschen anstehen würde: "Strenge gegen sich selbst mit Weichheit gegen andre verbunden, macht den wahrhaft vortrefflichen Charakter aus".

Vielleicht steht Schiller hierbei sogar in der Nachfolge Shakespeares, des bedeutendsten neuzeitlichen Heiden noch vor Goethe, an dem dieser sich seine tiefste Ahnung vom Wesen der Natur, von einem Menschen als Natur, gebildet hatte. In dem für Shakespeares Welt- und Menschenbild so aufschlußreichen 94. Sonett heißt es nämlich: "They that have power to hurt and will do none, ... / They rightly do inherit heaven's graces" ("Wer Macht hat zu verletzen und sie nicht braucht, ... Der verdient zurecht des Himmels Gunst"). Und was Shakespeare in seinen Tragödien zuhöchst als "noble" gerühmt hat, an Hamlet, Brutus, Othello, Lear, an Kleopatra und Marc Anton, ja sogar Macbeth, und was genauso Nietzsche später als "vornehm" zum allerhöchsten Wert erklärte und als die Krone wahrer Menschlichkeit und folglich auch menschlicher Bildung pries, darin vollendet sich ebenfalls die Hochschätzung des "wahrhaft vortrefflichen Charakters", den Schiller in den Ästhetischen Briefen "edel" nennt:

Edel ist überhaupt ein Gemüt zu nennen, welches die Gabe besitzt, auch das beschränkteste Geschäft und den kleinlichsten Gegenstand durch die Behandlungsweise in ein Unendliches zu verwandeln ... Ein edler Geist begnügt sich nicht damit, selbst frei zu sein, er muß alles andere um sich her, auch das Leblose, in Freiheit setzen (23. Brief).

Inwiefern Schiller damit meinen kann, daß es daher der Kunst, also der Schönheit, anvertraut werden muß, Freiheit durch Freiheit zu schenken, und was das für seine Idee der ästhetischen Erziehung bedeutet, werde ich abschließend kurz erklären. Hier mag genügen, erkannt zu haben, daß Schiller im Vorbild des edlen Menschen den höchsten Sinn menschlicher Bildung verwirklicht sieht. Deswegen kann er behaupten: "Es gibt also zwar kein moralisches, aber es gibt ein ästhetisches Übertreffen der Pflicht, und ein solches Betragen heißt edel" (ebd.).

Das ist abermals der charakteristische Fortschritt über Kant hinaus. Der Edelmütige im Sinne Schillers hebt die Notwendigkeit von Natur wie Geist auf und vollendet so das menschliche Wesen in einem Dritten, Neuen, der Geist-Natur. Denn der Edle achtet den anderen nicht nur als geistige oder moralische Person, sondern bejaht ihn in seiner vollen Individualität, d.h. er läßt sich und ihn und überhaupt alles, was ist, in der ganzen Ausgiebigkeit seiner selbst sein. Alles und jedes soll frei und rein zu sich selbst kommen, so wie er selber ja ebenfalls zur *gelebten Idee* geworden ist.

Damit ist zuletzt der Begriff Schillers eingeholt, der gleichermaßen von der Schönheit wie vom "schönen" Menschen gilt, d.h. von einem Menschen, der innerlich so gebildet ist, daß Natur und Geist harmonisch eins geworden sind, so daß sein Wesen, der Geist, die Menschheit, im Individuum verwirklicht, verkörpert erscheint, eine *"lebende Gestalt"* geworden ist (15. Brief). In der am engsten Goethe angenäherten Formulierung der späten Schrift "Über naive und sentimentalische Dichtung" heißt es demzufolge so bestimmt und bündig wie hoffentlich jetzt auch nachvollziehbar: Die Wesen der Natur *"sind, was wir waren*; sie sind, was wir wieder *werden sollen*. Wir waren Natur, wie sie, und unsere Kultur soll uns, auf dem Wege der Vernunft und der Freiheit, zur Natur zurückführen". Weiter konnte jemand wohl nicht gelangen, der von einem prinzipiellen Dualismus von Natur und Geist seinen Ausgang genommen hatte, aber dessen ganzes Sinnen und Trachten darauf gerichtet war, diese unselige Dissoziation in Denken wie Leben zu überwinden.

Den nächsten Schritt konnte der abendländische Geist erst tun, als endlich die Prämisse des Dualismus selbst wieder verworfen wurde. Dieser Schritt ist, um mich darauf zu beschränken, in Anthropologie wie Bildungslehre, was stets zusammengehört, von den Antipoden Hegel und Nietzsche getan worden und ist in beiden Fällen ohne den Vorgang und das verehrte Vorbild Goethes völlig undenkbar.

Hegel wie Nietzsche sind durch dasselbe Grundanliegen geeint. Beide begnügen sich mit der Ansetzung einer einzigen Grundkraft, die aus sich selbst alle Mannigfaltigkeit hervorbringt, also keines transzendenten Gottes mehr bedarf, um Einheit wie Vielheit zu erklären. Und ob man das Ganze nun *Geist*, wie Hegel, nennt, um mit diesem Wort das ureine und allumfassende Wesen als lebendige und schöpferische Kraft zu kennzeichnen, oder mit Nietzsche lieber vom *Leben* spricht, aber wieder dieselbe schöpferisch-geistige Kraft meint, die er näher als *"Willen zur Macht"* charakterisiert hat, in beiden Fällen ist ganz Goethisch der Vorrang des Werdens vor allem Sein und die Selbstgestaltungsfähigkeit betont, das, was Goethe poetisch "Gestaltung, Umgestaltung, / Des ewigen Sinnes ewige Unterhaltung" genannt hat (Faust, Verse 6287/8).

Ohne Zweifel gibt es danach noch immense Unterschiede zwischen dem Idealisten Hegel und dem Naturalisten Nietzsche. Der wesentliche in unserem Zusammenhang ist, daß Hegel, wie jeder Idealist, der dadurch definiert wird, daß er an den Geist glaubt, das Geistige im Sinne des Überindividuell-Allgemeinen höher wertet als das Natürlich-Einzelne. Daher liegt auch bei seinem Bildungsbegriff der Akzent übermäßig stark auf der Vergeistigung. Die Verallgemeinerung des Subjekts durch die Ausbildung des objektiven Geistes seiner Kultur hat Hegel interessiert, und in der begrifflichen Klärung dieses Zusammenhangs beweist seine Anthropologie der Bildung ihre Überlegenheit: "daß der allgemeine Geist in ihnen (den Individuen, d. Verf.) zur Existenz gebracht werde" (Enzyklopädie der philosophischen Wissenschaften, 387). In solchem Prozeß der Sozialisation oder Enkulturation, wie man sich heute ausdrücken würde, droht aber das Individuelle als ein bloß Subjektives angesichts des übermächtig Objektiven über Gebühr vernachlässigt zu werden, wenn Hegel, der an sich eminent realistisch mit den tatsächlichen Beständen zu rechnen verstand, wie die Detailfülle etwa seiner Ästhetik oder Geschichts-, Religions- und Rechtsphilosophie beweist, sich abstrakt auch durchaus des Umstands bewußt war, daß die Triebe, die Natur, der Motor allen menschlichen Lebens auf dieser Erde sind. Daher erklärt er auch:

Die Freiheit des Menschen von natürlichen Trieben besteht nicht darin, daß er *keine* hätte und also seiner Natur nicht zu entfliehen strebt, sondern daß er sie überhaupt als ein Nothwendiges und damit Vernünftiges anerkennt und sie demgemäß mit seinem Willen vollbringt (Philosophische Propädeutik, § 43).

Im Vergleich beider zeigt sich jedoch Nietzsche unverhältnismäßig stärker als Hegel am Individuum und seiner Selbstverwirklichung interessiert, und dadurch bleibt er in größerer Nähe zu Goethe und erweist sich auch als der modernere Denker.[6] Prinzipiell genommen, war das die unvermeidliche Folge eines Schrittes, den Nietzsche befreiend über Goethe wie Hegel hinaus getan hatte. Selbst hat er ihn am einfachsten in seiner berüchtigten Formel vom "Tode Gottes" zum Ausdruck gebracht. Die Natur, das Leben, ist das "Ein und Alles", der Geist auch nichts wesentlich anderes, für sich Bestehendes, darin stimmt Nietzsche Goethe zu. Aber dies Ganze noch als etwas Göttliches anzuerkennen oder zumindest überall in der Natur die Spuren eines göttlichen Geistes zu entdecken, dazu war er als treuer Schüler Schopenhauers nicht mehr bereit oder feierte jedenfalls sehr viel mutiger und aufrichtiger als Goethe, der sich die Absurdität der Welt nur ausnahmsweise einzugestehen wagte, in diesem Punkt Shakespeare verwandter erscheinend, einen tragischen deus sive natura, er nannte ihn Dionysos. Indes stellte er Dionysos bereits in seiner

Erstlingsschrift "Die Geburt der Tragödie aus dem Geiste der Musik" einen anderen griechischen Gott, Apollo, gegenüber oder vielleicht besser zur Seite, um dessen ausgesprochenes Geistwesen im Fortschritt seines Denkens immer tieferdringend und unablöslicher mit dem dionysischen Naturwesen zu vereinigen. Das wird zu zeigen sein.

Denn um Totalität wie Goethe, Schiller und Hegel ist es auch Nietzsche von Anfang an zu tun. "Wir sehnen uns unermesslich, ganz zu werden". Das stammt noch aus einer der frühen "Unzeitgemäßen" (Schopenhauer als Erzieher; 6), aber es bleibt das Motto von Nietzsches Lebensweg und der tiefste, *pädagogische* Sinn seines Werks. Nietzsche will er selbst werden, ganz er selbst und nichts anderes als er selbst, und seine Philosophie mutet auch jedem anderen zu, der für ihn zählen soll, einzigartig er selbst zu sein. Das Leben des Einzelnen darf weder in Ausflucht noch Belanglosigkeit verkümmern; Faulheit und Feigheit, überhaupt Schwachheit, sind als natürliche Gegner zu überwinden, die den Menschen sich an das bequeme "Man" anpassen und seiner selbst verlustig gehen lassen. "*Was sagt dein Gewissen?* − 'Du sollst der werden, der du bist'" (Die fröhliche Wissenschaft; 270).

Das ist das erneuerte, radikalisierte Bild des reuelosen Individualisten, das Goethe vorgelebt hatte, seinem Beispiel eines selbstbestimmten Lebens, das die vollständige Natur und Individualität zu leben wagt, folgt Nietzsche. Stolz begehrt er auf gegen jede Moral und Vorstellung von Autonomie, die wie diejenige Kants sich allgemeinen Prinzipien oder Regeln fügt und solche Fremdbestimmung, wenn auch durch die Vernunft, lügnerisch Freiheit nennt. Aber genauso unbeugsam verwahrt er sich gegen Hegels Sittlichkeit, die Aneignung des Individuums durch Gesellschaft und Staat, den ärgsten Widersachern der Freiheit. Nietzsche wollte kompromißlos die Goethische Selbstverwirklichung.

Denn nach dem "Tode Gottes" war allein diese Welt übrig geblieben und sonst gar nichts, die Natur und der Mensch als ein Stück von ihr und als höchstes Gut seine Natürlichkeit, seine Individualität, sein Leib: die große Freiheit, er selbst zu sein, ein Ja zu sich und der ganzen Welt zu finden. Genau das nennt Nietzsche Heidentum, nicht mehr und nicht weniger: "Heiden sind Alle, die zum Leben Ja sagen" (Der Antichrist; 55).

Denn er ist erklärter Monist, für den das Leben, "jene dunkle, treibende, unersättlich sich selbst begehrende Macht" (Vom Nutzen und Nachtheil der Historie für das Leben; 3) das Ganze ist, aber natürlich ein Ganzes, das aus Pluralitäten − Goethe sagte Polaritäten − besteht und dessen Grundzug unendliches Werden ist, Entwicklung im Sinne von Goethes Steigerung.[7] Nietzsches Name dafür heißt Wille zur Macht, und dessen eigenste Tendenz ist nicht das pure Leben, sondern das Mehr-Leben oder auch Mehr-als-Leben, also der Geist, des "Lebens Leben", wie Goethe sich erklärt hatte (West-östlicher Divan, Buch Suleika), Leben, "das selber in's Leben schneidet" (Also sprach Zarathustra II: Von den berühmten Weisen), wie Nietzsche ihn auch hier wieder radikalisiert hat.

Damit ist behende zusammengerafft, was man für ein grundsätzliches Verständnis von Nietzsches Denken benötigt. Sein Urprinzip und die einzige Erklärungshypothese, die er voraussetzt, der Wille zur Macht, darf nicht einseitig als Schopenhauerischer blinder Wille zum Leben mißdeutet werden, sondern neben Dionysos regiert auch hier Apollo, die Fähigkeit des Lebens zur Selbstgestaltung. Erklärtermaßen ist die Natur nichts anderes als eine Erscheinung des Willens zur Macht, denn alles ist Wille zur Macht, aber ihr dumpfes Verlangen nach Macht kann erst durch die Vernunft erhellt und erfüllt werden. Leben wie Geist sind Erscheinungsformen des Willens zur Macht und sind beide zu bejahen. Trotz aller Unheimlichkeit, ja Absurdität des Lebens, trotz Krankheit, Leid und Tod soll der Mensch mutig und in stolzer Demut, ganz Shakespearisch, ein allsegnendes Ja zu sich selbst und zu allem übrigen sprechen lernen, darin besteht seine Reife.

Aufgrund von Nietzsches Metamorphosenlehre des Willens zur Macht wird es überflüssig, eine außernatürliche Ursache, sprich Gott, für die Existenz des Geistes zu erfinden, und der Geist ist auch nicht der absolute Widersacher des Lebens, sondern er soll nur, wie gehört, ins Leben schneiden. Denn der Mensch ist ein ursprünglich animalisches Wesen, ein Lusttier, wie Freud später sagen wird, geneigt, der Natur und ihren Trieben, dem Lustprinzip, hemmungslos zu folgen. Dem hat der Geist, das Denken und die Moral, seine Neins entgegenzusetzen, orientiert am Realitätsprinzip. Aber so verstanden, hat sich das Leben mit dem Geist sein stärkstes Mittel geschaffen, zu erlangen, worauf es ihm wesentlich ankommt, seine Steigerung, Nietzsche sagt dafür *Selbstüberwindung*. Der Geist soll das Leben vervollkommnen.

Nietzsche hat den Menschen in die Natur rückübersetzt (Jenseits von Gut und Böse; 230), er ist ganz von ihrer Art und strebt daher wie alle Naturwesen nach "Sich-ausbreiten, Einverleiben, Wachsen" (Nov. 1887 - März 1888; 11 [111]), also nach Selbstentfaltung und Vollständigkeit, nach Reife. Dazu dient dem Menschen vornehmlich der Geist. "Die geistigsten Menschen", weiß Nietzsche, sind "die *Stärksten*" (Der Antichrist; 57). Seit "Jenseits von Gut und Böse" lehrt er die "Ableitbarkeit aller guten Triebe aus den schlimmen" (23). Das Negative kann sehr wohl positiv wirken, es darf nicht schlechthin mit dem Bösen gleichgesetzt, sondern muß als lebenbedingend, lebensteigernd angesehen werden.

Das ist abermals Geist vom Geiste Goethes. Dionysos, der Trieb, muß durch Apollo, den Geist, gebändigt, gebildet werden. Die Triebe, die Gefühle, die Leidenschaften sind das unentbehrliche Material für jede schöpferische, höhere Entwicklung. Seit den "Unzeitgemäßen Betrachtungen" ist sich Nietzsche seines Lebenszieles sicher, aber ringt weiter darum in immer neuen Formulierungen. Worauf es ankommt, ist, das "*Chaos zu organisieren*" (Vom Nutzen und Nachtheil; 10). Doch dazu gilt es, "Macht zu gewinnen, um durch sie der Physis nachzuhelfen" (Schopenhauer; 3). Zuletzt mag sich dann als Reifeform der Bildung ergeben:

"Eine neue und verbesserte Physis, ohne Innen und Aussen, ... eine Einhelligkeit zwischen Leben, Denken, Scheinen und Wollen" (Vom Nutzen; 10), mithin der Inbegriff eines harmonischen Ganzen von Natur und Geist, wie er uns von Goethe und Schiller her längst vertraut ist.

Dem entspricht Nietzsches neues Bild vom Menschen, das, was er seit den "Unzeitgemäßen" den *Großen Menschen* nennt und zuletzt auf den Namen *Übermensch* getauft hat. Groß oder auch gebildet verdient weder der üppige, haltlose Sinnenmensch noch der verholzte Gelehrte oder gar der lebenfeindliche Asket genannt zu werden, sondern der Große Mensch ist ausgezeichnet durch die ausgeglichene Einheit von Leib, Seele und Geist. "Heute gehört das Vornehm-sein, das Für-sich-sein-wollen, das Anders-sein-können, das Allein-stehn und auf-eigne-Faust-leben-müssen zum Begriff 'Grösse'; ... dies eben soll *Grösse* heissen: ebenso vielfach als ganz, ebenso weit als voll sein können" (Jenseits von Gut und Böse; 212). Das sind fürwahr lauter Goethische Werte, es ist die letzte Konsequenz aus der heidnischen Bejahung des Diesseits gezogen. Nietzsches eigenster Name dafür heißt amor fati:

> Ein Jasagen ohne Vorbehalt, zum Leiden selbst, zur Schuld selbst, zu allem Fragwürdigen und Fremden des Daseins selbst ... Es ist Nichts, was ist, abzurechnen, es ist Nichts entbehrlich" (Ecce homo: Die Geburt der Tragödie; 2). "Meine Formel für die Grösse am Menschen ist *amor fati*: dass man Nichts anders haben will, vorwärts nicht, rückwärts nicht, in alle Ewigkeit nicht (Ecce homo: Warum ich so klug bin; 10).

Fragt man inzwischen nach einem einzigen Begriffswort, das diesen Bildungsprozeß des Menschen mitsamt erwünschtem Ergebnis schlüssig zum Ausdruck bringen soll, so heißt dieses Wort *Sublimierung*, und Nietzsche gebraucht es sinngemäß schon genauso, wie man es heute zumeist mit Freud in Verbindung bringt. Seit "Menschliches, Allzumenschliches" spricht er beispielsweise von "sublimierter Geschlechtlichkeit" (II; 95); später gebraucht er das Wort immer wieder, wenn er z.B. sagt, der Künstler sublimiere seine Triebe (Ende 1886 - Frühjahr 1887; 7 [3]).

Im gleichen Sinn wie "Sublimierung" benutzt Nietzsche "Vergeistigung". "Die Vergeistigung der Sinnlichkeit heisst *Liebe*": sie ist ein grosser Triumph über das Christentum" (Götzendämmerung: Moral als Widernatur; 3). Denn dieses hat nach dem scharfen Verdikt Nietzsches die Sexualität nicht zu sublimieren oder zu vergeistigen, sondern zu erniedrigen und zu schwächen gelehrt:

> Die Kirche bekämpft die Leidenschaft mit Ausschneidung in jedem Sinne: ihre Praktik, ihre 'Kur' ist der *Castratismus*. Sie fragt nie: 'wie vergeistigt, verschönt, vergöttlicht man eine Begierde?' — sie hat zu allen Zeiten den Nachdruck der Disziplin auf die Ausrottung (der Sinnlichkeit, des Stolzes, der Herrschsucht, der Habsucht, der Rachsucht) gelegt ... Die Praxis der Kirche ist *lebensfeindlich* ... (ebd.; 1).

Aber Nietzsche ist der Anwalt des gesunden, des starken Lebens. Daher lautet das Fazit seines bewußten Daseins, der abschließende Satz seines letzten Buches, worin er die Summe seiner geistigen Existenz gezogen hat: "Hat man mich verstanden? – *Dionysos gegen den Gekreuzigten ...*" (Ecce homo: Warum ich ein Schicksal bin; 9).

Nietzsche bejaht die Triebe, die Sinnlichkeit, den Eros, alle irdische Wollust, aber er will sie in sublimierter, vergeistigter Form. Auf deutsch heißt spätlateinisch sublimare – aufheben. Wie Schiller und Hegel will auch Nietzsche mit diesem Wort ein Bejahen, Verneinen und Hinaufheben, d.i. Höherlegen, Verfeinern zum Ausdruck bringen.

Durch solche Sublimierung wird der Wille zur Macht nicht zu etwas anderem, etwa Geist, sondern auch seine Geistgestalt will dasselbe, was der Wille ewig will: Macht. Grundkraft und Ziel bleiben gleich, aber anstatt eines körpernäheren, unmittelbareren Zieles, etwa Befriedigung des Geschlechtstriebes, wird ein höheres, geistiges Ziel angestrebt, z.B. die schöpferische Tätigkeit des Künstlers oder Philosophen. Und diese Vergeistigung des Triebes bedeutet mehr Macht als seine direkte Befriedigung, auch gerade in dem Sinn, auf den es Nietzsche ankommt, der Selbstüberwindung, Selbstbeherrschung. Der "Trieb" wird heilig gesprochen, weil nur seine gebändigte Kraft den "Geist" ermöglicht. Was ist eine Liebe ohne Sexualität wert, was ohne Selbstsucht, Habsucht, Herrschsucht, Stolz, fragt Nietzsche. Und er antwortet: Nicht viel, Ausdruck einer Schwäche, die nichts zu beherrschen und nichts zu verschenken hat. Und so überall. Nirgends verherrlicht Nietzsche die "blonde Bestie", das unsublimierte Leben, das muß als grobes Mißverständnis seines tieferen Wollens gelten, sondern was er verwirft, ist allein "statt der Bändigung, die Exstirpation der Leidenschaften" (Frühjahr 1888; 14 [163]). Denn das läuft auf Schwächung, auf Entmannung hinaus, schließlich gibt es gar nichts mehr, was überhaupt noch zu beherrschen lohnte: "Man muss noch Chaos in sich haben, um einen tanzenden Stern gebären zu können" (Also sprach Zarathustra, Vorrede; 5).

Wenn der Geist ins Leben schneidet, wird es sublimiert und enthüllt so sein Wesen in stets gesteigerten Gestalten der Selbstüberwindung. Sich selbst genügt es nie, immer will es über sich hinaus, ausgebreiteter, mächtiger, vollkommener werden, auch alle Schrecknisse können es nicht zurückhalten, auch Leiden und Tod werden dafür noch bejaht. Genau das war es, was der späte Nietzsche mit der Beschwörung des tragischen Gottes Dionysos beabsichtigt hat. Dionysos steht bei ihm für das Goethische Gesetz des Stirb und Werde, er ist ja der zerrissene und wiedererstehende Gott, der noch jede Zerstörung lustvoll bejaht, weil sie der Grund zu stetiger Erneuerung ist.

Dionysos gegen den 'Gekreuzigten': da habt ihr den Gegensatz. Es ist *nicht* eine Differenz hinsichtlich des Martyriums, – nur hat dasselbe einen anderen Sinn. Das Leben selbst, seine ewige Fruchtbarkeit und Wiederkehr bedingt die Qual, die Zerstörung, den Willen zur Vernichtung ...
im anderen Fall gilt das Leiden, der 'Gekreuzigte als der Unschuldige', als Einwand gegen dieses Leben, als Formel seiner Verurtheilung.
Man erräth: das Problem ist das vom Sinn des Leidens: ob ein christlicher Sinn, ob ein tragischer Sinn ... Im ersten Falle soll es der Weg sein zu einem seligen Sein, im

letzteren gilt *das Sein als selig genug*, um ein Ungeheures von Leid noch zu rechtfertigen
Der tragische Mensch bejaht noch das herbste Leiden: er ist stark, voll, vergöttlichend genug dazu
Der christliche verneint noch das glücklichste Los auf Erden: er ist schwach, arm, enterbt genug, um in jeder Form noch am Leben zu leiden ...
'der Gott am Kreuz' ist ein Fluch auf Leben, ein Fingerzeig, sich von ihm zu erlösen
der in Stücke geschnittene Dionysos ist eine *Verheißung* ins Leben: es wird ewig wieder geboren und aus der Zerstörung heimkommen (Frühjahr 1888; 14 [89]).

Damit hat Nietzsche auch Goethes bekannte Verachtung des Kreuzes als eines Symbols der Kreuzigung, d.h. der Verneinung der Welt, sich zu eigen gemacht, er brauchte den Goethischen Glauben nur "auf den Namen des *Dionysos*" umzutaufen (Götzendämmerung: Streifzüge eines Unzeitgemässen; 49). Dionysos steht für Triebsublimierung anstelle von Triebabtötung. Die Natur muß aufgehoben, sie muß vergeistigt, kultiviert werden.

Kultur, auch Bildung, bedeutet daher eine zweite, vervollkommnete Physis, und Moral heißt Vergeistigung der Triebe. *"Überwindung der Affekte?* - Nein, wenn es Schwächung und Vernichtung derselben bedeuten soll. *Sondern in Dienst nehmen"* (Herbst 1885 - Frühjahr 1886; 1 [122]). Keineswegs darf schon für moralisch gelten, wer keine Triebe (mehr) hat. "Alles Böse traue ich dir zu: darum will ich von dir das Gute.

Wahrlich, ich lachte oft der Schwächlinge, welche sich gut glauben, weil sie lahme Tatzen haben" (Zarathustra, II: Von den Erhabenen). "They that have power to hurt and will do none", das ist es. Wer Macht besitzt, braucht sie nicht mehr zu wollen; ihm fehlt nichts, sondern er kann von seinem Überfluß abgeben; er kann gut sein ohne Ressentiment, der Sucht der Unzufriedenen, sich an den anderen zu rächen, auf Erden oder im Himmel.

So schaut also das Bild des Menschen aus, das Nietzsche vorschwebt, das ist seine ausgereifte Bildungsidee, die bemerkenswert übereinstimmt mit der nobility Shakespeares oder dem, was Goethe für ihn oder auch für Schiller bedeutete und was letzterer, wie gehört, ganz ähnlich zum Ausdruck gebracht hatte. Angezielt ist abermals der edle Mensch, Nietzsche sagte etwas weniger prätentiös "vornehm". Aber was er damit bedeuten wollte, ist wiedererkennbar das gleiche ethisch-pädagogische Ideal in Konsequenz der substantiell gleichen Anthropologie.

Die wahre Güte, Vornehmheit, Größe der Seele, ... welche nicht giebt, um zu nehmen, - welche nicht sich damit *erheben* will, daß sie gütig ist, - die *Verschwendung* als Typus der wahren Güte, der Reichthum an *Person* als Voraussetzung (Oktober 1888; 23 [4]).

Wem es, seinem "guten" Egoismus verdankt, den er nicht als "sündig" verdammt hat, gelungen ist, vollständig er selbst, reif zu werden, der braucht die anderen nicht mit Geld oder Gut oder leeren Worten abzuspeisen, sondern er kann von seinem Lebensüberfluß verströmen, er kann sich selbst geben. Nietzsche preist das als "schenkende Tugend" (Zarathustra, I: Von der schenkenden Tugend). Goethe hatte im Alter geäußert, "er habe das Leben zugebracht, sein Innerliches auszubilden, mit dem Wunsche, auch nach außen genießbar und nützlich zu werden".

Und genau das und nur das hat Nietzsche auch mit dem berüchtigten Übermenschen gemeint und gefordert. Die Alten hatten sich in ihren Göttern und Heroen solche Übermenschen als Vorbilder geschaffen. Nietzsche, mit seinem aristokratischen Glauben an die großen Einzelnen, hat in immer neuen Anläufen versucht, "jene wahrhaften *Menschen, jene Nicht-mehr-Thiere, die Philosophen, Künstler und Heiligen*" (Schopenhauer als Erzieher; 5) in plastischer Gestalt zu entwerfen, anfangs z.B. als Schopenhauerischen Menschen, später als Freien Geist, schließlich als Übermensch. Zarathustra/Nietzsche faßt das alte Anliegen nur emphatisch neu zusammen: "*Ich lehre euch den Übermenschen. Der Mensch ist Etwas, das überwunden werden soll*" (Zarathustra, Vorrede; 3). Soll heißen: Wem immer das Allerschwerste, die Selbstüberwindung, gelungen ist, der ist dadurch zum wahren Menschen, zum Übermenschen, geworden, wie Nietzsche es in seiner Manie für die Vorsilbe "über" ausdrückt: "*Das Wort 'Übermensch' zur Bezeichnung eines Typus höchster Wohlgerathenheit*" (Ecce homo: Warum ich so gute Bücher schreibe; 1). Der Übermensch ist als ein Mensch anzusehen, der sich selbst verwirklicht hat, der dem natürlichen Stoff des Menschlich-Allzumenschlichen, auch in ihm selbst, seine einzigartige Form abgewonnen hat, mit einem Wort, es ist der gebildete Mensch.

Damit erhält ebenfalls die neben Wille zur Macht und Übermensch dritte wesentliche Formel Nietzsches, die von der ewigen Wiederkehr, ihren schlichten Sinn. Wer erreicht hat, wonach wir uns alle, meint Nietzsche ja, unendlich sehnen, nämlich ganz zu werden, schöpferische Menschen zu sein, wem das Höchste gelungen ist, sich selbst zu schaffen, der bejaht mit der eigenen Erfüllung auch alles übrige als dazu unentbehrlich. Nietzsches befreiendste Einsicht besteht ja in der "*Unschuld* des Werdens" (Götzendämmerung: Die vier grossen Irrthümer; 8):

Niemand ist dafür verantwortlich, dass er überhaupt da ist, dass er so und so beschaffen ist, dass er unter diesen Umständen, in dieser Umgebung ist. Die Fatalität seines Wesens ist nicht herauszulösen aus der Fatalität alles dessen, was war und was sein wird (ebd.).

Das Ja zu sich selbst schließt das Ja zur Welt ein. Das nennt Nietzsche

"das Ideal des übermüthigsten lebendigsten und weltbejahendsten Menschen, der sich nicht nur mit dem, was war und ist, abgefunden und vertragen gelernt hat, sondern es, *so wie es war und ist*, wieder haben will, in alle Ewigkeit hinaus, unersättlich da capo rufend" (Jenseits von Gut und Böse; 56). "Meine Formel für die Grösse am Menschen ist *amor fati*: dass man Nichts anders haben will, vorwärts nicht, rückwärts nicht, in alle Ewigkeit nicht. Das Nothwendige nicht bloss ertragen, noch weniger verhehlen ..., sondern es *lieben* (Ecce homo: Warum ich so klug bin; 10).

Und für den reifen Nietzsche ist ohne Zweifel Goethe immer überwältigender zum Prototyp solchen Übermenschentums geworden. Leib und

Seele in freundlicher Eintracht, ein Mensch, der seine tierische Natur nicht verleugnet und verdammt, sondern sie in ihrer ganzen Ergiebigkeit nutzt, also geistig beherrscht, das ist der Kern von Nietzsches Bildungsidee und die ausgereifte Frucht seiner Kritik des traditionell platonisch-christlichen Bildungsideals, mit einem Wort: Goethe. "*Goethe* – kein deutsches Ereignis, sondern ein europäisches: ein grossartiger Versuch, das achtzehnte Jahrhundert zu überwinden durch eine Rückkehr zur Natur, durch ein *Hinauf*kommen zur Natürlichkeit" (Götzendämmerung: Streifzüge eines Unzeitgemäßen; 49). Die Abtötung des Fleisches ist abzulehnen, aber ebenfalls die des Geistes. Unvernunft ist genauso eine zu überwindende Schwäche wie rohe Triebhaftigkeit. Nietzsches Botschaft heißt *Selbstüberwindung*: "Meine Humanität ist eine beständige Selbstüberwindung" (Ecce homo: Warum ich so weise bin; 8). Doch die läßt sich genausowenig mit Unaufrichtigkeit und haltlosen Illusionen, einem schwachen oder unaufgeklärten oder unkritischen Verstand wie mit der Degeneration des Körpers und der Ausrottung seiner
Triebe vereinigen. Bildung, als innere Kultur verstanden, ist "Einhelligkeit zwischen Leben, Denken, Scheinen und Wollen" (Vom Nutzen und Nachtheil; 10).

Und das alles bietet in Vollendung wie für Schiller auch für Nietzsche das Vorbild Goethes, ein Symbol dessen, worauf es im Menschenleben ankommt, und die Gewähr, daß dergleichen zu erreichen möglich ist.

> *Goethe* – ... Was er wollte, das war *Totalität*; er bekämpfte das Auseinander von Vernunft, Sinnlichkeit, Gefühl, Wille (– in abschreckendster Scholastik durch *Kant* gepredigt, den Antipoden Goethe's), er disciplinirte sich zur Ganzheit, er *schuf* sich ... Goethe concipirte einen starken, hochgebildeten, in allen Leiblichkeiten geschickten, sich selbst im Zaume habenden, vor sich selber ehrfürchtigen Menschen, der sich den ganzen Umfang und Reichthum der Natürlichkeit zu gönnen wagen darf, der stark genug zu dieser Freiheit ist; den Menschen der Toleranz, nicht aus Schwäche, sondern aus Stärke, weil er Das, woran die durchschnittliche Natur zu Grunde gehn würde, noch zu seinem Vortheile zu brauchen weiss; den Menschen, für den es nichts Verbotenes mehr giebt, es sei denn die *Schwäche*, heisse sie nun Laster oder Tugend ... Ein solcher *freigewordner* Geist steht mit einem freudigen und vertrauenden Fatalismus mitten im All, im *Glauben*, dass nur das Einzelne verwerflich ist, dass im Ganzen sich Alles erlöst und bejaht – *er verneint nicht mehr* ... Aber ein solcher Glaube ist der höchste aller möglichen Glauben: ich habe ihn auf den Namen des *Dionysos* getauft (Götzendämmerung: Streifzüge eines Unzeitgemässen; 49).

Damit ist die Aufgabe, die ich mir gestellt hatte, nämlich einen Beitrag zur Anthropologie der Bildung unter Berücksichtigung des stets vorauszusetzenden Menschenbildes zu leisten, erledigt, allenfalls müßten in gebotener Kürze noch einige Erklärungen zur Ermöglichung der Bildung gegeben werden.

So, wie es sich mir vornehmlich darstellt, ist damit das Problem des (literarischen) Vorbilds oder, wie früher angemerkt, dasjenige der *ästhetischen Erziehung* angesprochen. Schiller hatte – wie nur noch angedeutet, nicht mehr weitläufig ausgeführt werden kann, dazu ist der in Frage stehende gedankliche Zusammenhang viel zu komplex und schwierig – die

Schönheit, und d.h. die Kunst, zur "notwendigen Bedingung der Menschheit" (11. Brief) erklärt, und zwar im Kantischen transzendentalen Sinn der reinen Bedingung der Möglichkeit verstanden. Der Anspruch könnte kaum höher sein, aber man wird zugeben müssen, daß dieselben höchsten Erwartungen auch Goethe gehegt hat und alle sie mehr oder weniger teilen müssen, die dieser ästhetisch-humanistischen Bildungsidee Glauben schenken, auch heute noch. Vielleicht sollte man sich zur Klärung kurz auf das Wesen der Schönheit bzw. der Kunst besinnen, wie es sich Schiller dargestellt hat.

Die Kunst, das ist wohl einwandfrei, hat es mit der Schönheit zu tun, d.h. ganz elementar, sie neigt zur Verklärung, zur Verherrlichung dieser Welt, zur Rühmung der Erde, wie Rilke sich ausgedrückt hat (Sonette an Orpheus). Sie hat sozusagen immer schon die Partei der Sinne und der Sinnlichkeit ergriffen, weil ihr Material die Bilder der irdischen Wirklichkeit sind, Bilder im allgemeinsten Sinn verstanden, es gibt auch Tastbilder, Hörbilder. Gemeint ist die unendliche Mannigfaltigkeit, der schöne Reichtum dieser Welt, wie er in den Sinnen aufgeht und sich in Trieben, Stimmungen, Gefühlen usw. auswirkt, die Erscheinungsseite der Wirklichkeit, die mit dem Inneren des Menschen, seiner "Seele", aufs innigste verwoben ist. Schiller spricht etwa davon, daß der Mensch, will er ganz werden, nicht versäumen dürfe, "die Individualität der Dinge mit treuem und keuschem Sinn zu ergreifen" (6. Brief). Und genau das gehört allerdings in die Domäne des Künstlers, nicht nur des bildenden Künstlers, etwa des Porträtisten, sondern auch des Dichters, Musikers, die allein aus dem Stoff der Bilder, Worte, Töne schaffen können, d.h. schöpferisch sie selbst sein können, die leidenschaftlich, wie Schiller es von seinem sentimentalischen Standpunkt aus perspektivisch sieht, mittels ihrer Einbildungskraft bemüht sind, "das Allgemeine in einem einzelnen Fall darzustellen, es in Raum und Zeit zu begrenzen, den Begriff zum Individuum zu machen, dem Abstrakten einen Körper zu geben" (Über die notwendigen Grenzen beim Gebrauch schöner Formen).

Denn was bisher gesagt wurde, ist ja erst die halbe Wahrheit. Als bloße Bilder sind die Schöpfungen des Künstlers offensichtlich mißverstanden, es sind stets Sinnbilder gemeint, Bilder mit Sinn, Schiller sagt, Bilder, in denen sich Ideen mitteilen. Das muß sogar als der auszeichnende Vorzug der Kunst vor Wissenschaft und Philosophie gelten, daß sie das Wahre nicht im abstrakten, "toten" Begriff, sondern im sinnlichen, konkreten, "lebendigen" Bild fassen kann. "Wir treten mit ihr (der Schönheit, d. Verf.) in die Welt der Ideen, – aber was wohl zu bemerken ist, ohne darum die sinnliche Welt zu verlassen, wie bei Erkenntnis der Wahrheit geschieht" (25. Brief). Die Schönheit darf daher als so etwas wie ein *Sinnbild der Idee* gelten, sie ist betrachtete "Form" und gefühltes "Leben" zugleich (ebd.), oder wie Schiller ihr Wesen am unbemühtesten ausspricht, sie ist *"lebende Gestalt"* (15. Brief). Durch sie kommt das, was etwas ist, die Form, die Gestalt, sein Allgemeines, vollständig im Konkret-Individuellen zur Darstellung, so daß dieses rein als es selbst erscheinen kann, in der geeinten Einheit von "Wesen" und "Erscheinung". Der Künstler, der das Schöne schafft, ist der Mensch so, wie er sein soll, der Wirklichkeit genauso mit seinem ganzen Wesen, in der Einheit von Geist und Sinnlichkeit, zugewendet, wie sie sich ihm daraufhin ebenfalls als Ganze zeigen kann, die ohne Trübung ist, was sie sein kann, das reine Erscheinen ihrer selbst. Der schöpferische Mensch, die wahre "lebende Gestalt" des Menschen, auch der edle Mensch, nur sie vermögen, alles, was ist, bloß es selbst sein zu lassen, ohne es blind für die eigenen Zwecke zu gebrauchen oder gar zu mißbrauchen. Ein solchermaßen gebildeter Mensch schenkt Freiheit durch Freiheit (23. Brief), er vergewaltigt und verbraucht das andere nicht zum einzigen Zweck von Konsum und Komfort menschlichen Daseins und Wohlseins, einer unersättlichen Daseinsgefräßigkeit, sondern er schenkt allem und jedem das eigene Wesen und vollständige Erscheinen. Er ist fähig, "auch das beschränkteste Geschäft und den kleinlichsten Gegenstand durch die Behandlungsweise in ein Unendliches zu verwandeln" (23. Brief). Dadurch kommt zustande, was Schiller schön nennt.

Aber dann läßt sich auch verstehen, wieso er der Schönen Kunst zur einen wesentlichen Aufgabe stellen kann, "das Ganze unsrer sinnlichen und geistigen Kräfte in möglichster Harmonie auszubilden" (21. Brief). Die vollkommene Einheit von Idee und Erscheinung, die wir schön nennen, ermöglicht auch dem Menschen, die Menschheit individuell zu leben. Daher kann Schiller sagen, daß dem Menschen in der "ästhetischen Stimmung", wo er *"mit der Schönheit spielt"* (15. Brief), d.h. schöpferisch tätig ist, seine wahre Menschheit geschenkt wird (21. Brief), seine Bildung im Sinne harmonischer Einheit und einer umso umfassenderen Ganzheit, desto mehr "Teile" in ihr ausgeglichen integriert sind. Um gebildet zu werden, muß man sich ja sowohl von der Fülle der Welt sinnlich ergreifen lassen als diese auch geistig ordnend begreifen (13. Brief); als Bildungsziel darf allein, wie längst ausgemacht, die geistig beherrschte Sinnlichkeit gelten. "Durch die Schönheit wird der sinnliche Mensch zur Form und zum Denken geleitet; durch die Schönheit wird der geistige Mensch zur Materie zurückgeführt, und der Sinnenwelt wiedergegeben" (18. Brief).

Die Aufgabe der ästhetischen Erziehung besteht daher in nichts anderem als in der "Ausbildung des Empfindungsvermögens" (8. Brief) oder des "Gefühlvermögens" (13. Brief), "weil der Weg zu dem Kopf durch das Herz muß geöffnet werden" (8. Brief). Heute würde man etwa von der Kultivierung der Gefühle sprechen, Schiller sagt am häufigsten Geschmacksbildung. Aber was gemeint ist, dürfte klar sein. Will Schiller die Totalität, muß es ihm grundsätzlich um die Aufhebung der Kantischen Entgegensetzung von, sagen wir, Pflicht und Neigung gehen. Und obwohl er unbeirrbar daran festhält, in diesem Punkt hat er sich nie von Kant zu lösen vermocht, daß die *Moralität* einer Handlung allein von der *"unmit-*

telbaren Bestimmung des Willens durch das Gesetz der Vernunft" (Über den moralischen Nutzen ästhetischer Sitten) abhängt, liegt ihm im übrigen, ganz anders als Kant, alles an der pädagogischen Ermöglichung der *Legalität* des Verhaltens, mithin an einer Handlungsweise, die zwar ge*setzmäßig*, also mit dem Sittengesetz übereinstimmend, wenn auch nicht im strikten Sinn moralisch ist, d.h. allein aus Achtung vor dem Gesetz oder aus Pflicht erfolgte, sondern "nur", sagen wir, aus Liebe.

Schon aus einer einzigen solchen Formulierung erhellt hinlänglich, wie inhuman, die menschliche Natur vergewaltigend und allenfalls als Material der Pflicht achtend, die Kantisch-Fichtische Moral in Wahrheit ist. Aber Schiller hat nicht länger an einzelnen rein tugendhaften Handlungen, d.h. ihrer *transzendentalen* Ermöglichung Interesse, die zudem nach Kant in alle Ewigkeit in keinem einzigen empirischen Fall einwandfrei nachgewiesen werden könnte — es mag ja doch irgendeine verborgene Neigung mit im Spiel gewesen sein —, sondern was er erreichen will, ist so etwas wie ein sittlicher Grundhabitus oder eine *wirklich* tugendhafte Gesinnung des Menschen, die ihn, ohne daß seine Vernunft jeden Einzelfall penibel zu klären und sein Wille bedingungslos die Ausübung der erkannten Pflicht zu befehlen hätte, schon aus Gründen des Geschmacks, sagen wir, gewohnheitsmäßig, das Gute tun ließe. Und genau das leistet — oder soll zumindest leisten — die ästhetische Erziehung: die Gefühle begünstigen dann die Moral (Über den moralischen Nutzen). Zugegebenermaßen wird so "das Gemüt auch bloß durch den Reiz des Vergnügens ... regiert" (ebd.), das bestreitet Schiller keineswegs, aber fürchtet sich auch nicht vor diesen "pathologischen Gefühlen" wie der leib- und sinnlichkeitsflüchtige Kant, sondern erblickt darin die gute Chance für ein wahrhaft menschliches Leben, "wo *Vernunft und Sinnlichkeit* — Pflicht und Neigung *zusammenstimmen*" (Über Anmut und Würde). Daher kann er zusammenfassen:

> Der Geschmack gibt also dem Gemüt eine für die Tugend zweckmäßige Stimmung, weil er die Neigungen entfernt, die sie hindern, und diejenigen erweckt, die ihr günstig sind (Moralischer Nutzen). Die Wirkungen des Geschmacks, überhaupt genommen, sind, die sinnlichen und geistigen Kräfte des Menschen in Harmonie zu bringen und in einem innigen Bündnis zu vereinigen (Die notwendigen Grenzen). Es gibt keinen andern Weg, den sinnlichen Menschen vernünftig zu machen, als daß man denselben zuvor ästhetisch macht (23. Brief).

So weit Schiller. Ich möchte nun abschließend versuchen, diese hochbedeutsame Idee der ästhetischen Bildung etwas einfacher und griffiger zu fassen. Man darf wohl davon ausgehen, daß der Künstler — ich spreche im folgenden aber in der Regel vom hier vornehmlich interessierenden Dichter — in seinem Kunstwerk so etwas wie seine Weltanschauung und Lebenserfahrung darzustellen und anderen mitzuteilen trachtet, mit u. U. unmerkbaren Übergängen zu einer Idee des Menschen und einem Ideal der Gesellschaft und Kultur, wie er sie sich wünscht. Der Dichter läßt uns in phantasievolle Welten fiktiven Erlebens eintreten, seine Kunst besteht zu einem gut Teil darin, da er ein Meister sprachlicher Gestaltung von Gefühlen ist, uns an allen möglichen Arten emotionaler Erfahrung teilhaben zu lassen, aber sozusagen mit der Aufforderung verbunden, diese Gefühle und Erfahrungen nachzuerleben. Die höchste Verpflichtung für jeden Versuch, am Sinn eines Kunstwerks zu partizipieren, besteht infolgedessen darin, sich an das ursprüngliche Erlebnis innerlich heranzubewegen, das in dem Kunstwerk kommunikative Gestalt angenommen hat.

Die Kunst, wird man zusammenfassend sagen können, offenbart den Menschen sich selbst, sie läßt ihn Möglichkeiten des Menschseins erleben. Das scheint mir ihre vornehmste Aufgabe zu sein. In den großen Werken der Kunst erfahren wir etwas über höchste Möglichkeiten, eine Vollendung des Menschseins, die uns (noch) fehlt. Das mag geschehen vor den Madonnen Leonardos oder Raffaels, den Selbstporträts und biblischen Szenen Rembrandts, dem Gewölbe der Sixtinischen Kapelle, den besten Buddhastatuen mit ihrer heiteren Ruhe und dem vollkommenen Ausdruck milden Mitleidens mit aller Kreatur oder angesichts von Bachs, Mozarts, Beethovens Musik, den Tragödien von Sophokles oder Shakespeare, dem Goethischen "Faust" usw. usw., ganz gleich, allemal kann uns dabei eine Ahnung von unerhörter menschlicher Seelengröße überkommen, die uns bitter die eigene Erbärmlichkeit, den gewaltigen Abstand von der Idee und unseren eigenen Möglichkeiten, fühlen läßt.

Mit den Worten Rilkes aus dem Gedicht "Archaischer Torso" gesagt, es geht ein unüberhörbarer Appell vom Kunstwerk aus: "Du mußt dein Leben ändern"! Ein Kunstwerk vermag uns tief zu bewegen, es bereichert unsere Erlebnisfähigkeit, formt unsere Geschmacks- und Werturteile und formt sie wieder und wieder um und ermöglicht ein ahnendes Verständnis des menschlichen Wesens und Schicksals, mit einem Wort, es wandelt und verwandelt uns. Wer ein Werk der großen Kunst bloß konsumiert, ohne sich in Denken, Fühlen und Wollen verändern zu lassen, der hat sich selbst um dessen fruchtbarste Wirkung betrogen. Das Kunstwerk kann uns wandeln, wie uns die Begegnung mit einem Menschen wandeln kann.

Shakespeare enthüllt uns in seinen Dichtungen sein ideales Bild vom Menschen, und wir mögen, von seinem "König Lear" ergriffen, das gleiche befreiende Gefühl völliger Desillusionierung wie sein Autor erfahren; oder wir erleben die düstere Melancholie Hamlets nach, der einen Blick in die Abgründigkeit der Wirklichkeit getan hat, der ihn auf ewig daran verzweifeln lassen muß, er könne diese durch irgendeine Tat zudecken; was ihn aber keineswegs hindert, mutig und ehrlich seinen Mann in einer Welt ohne Gott zu stehen, deren Reichtum und Glanz trotz allem und allem ein letztes Ja verdient. Darin vollendet sich Shakespeares Rühmung der nobility, seine Verklärung des Menschen, die einen Marc Anton in "Julius Caesar" von seinem Gegner Brutus nach dessen edlem Selbstmord sagen läßt: "This was the noblest Roman of them all .../ His life was gentle, and the elements / So mix'd in him that Nature might stand up / And say to all the world, 'This was a man'" (Akt V, Szene 5)!

Oder die griechische Tragödie läßt uns genauso fühlen, daß Größe der Seele das unüberbietbar Höchste ist, daß Mut und Aufrichtigkeit unsere ungeteilte Bewunderung verdienen und sogar Scheitern und Untergang keine Widerlegung bedeuten müssen, sondern wie bei Antigone und Ödipus eine Selbstaufopferung bezeugen können, die sich über alles Allzumenschliche und unerträgliches Leiden triumphierend zu einer letzten Bestätigung seines höheren Selbst erhebt und mit dem Ja zur eigenen Existenz ein Vorbild der Selbsterlösung für jeden geschaffen hat.

Es gibt Menschen, und zurecht nennt man sie die großen Menschen, die unsere Vorstellung von dem, was es heißt oder heißen könnte, ein Mensch zu sein, unendlich bereichert haben, und sie selbst haben diese Ideen des Menschen in ihrem Dasein verwirklicht wie Buddha oder Alexander oder Sokrates oder Goethe oder Freud, und gegebenenfalls haben sie ihr Leben zusätzlich, im Kunstwerk, gestaltet und so zum Symbol ihrer geistigen Existenz erhoben. Ein solch paradigmatischer Mensch enthüllt uns phantasievoll Möglichkeiten, die uns sonst nie in den Sinn gekommen wären; er vermag nachhaltig Geschmack und Gesinnung und überhaupt unser Lebensziel zu beeinflussen.

Der Mensch ist das Tier mit Vernunft. Nur die Vernunft kann ihm ein Bild, eine Vision von sich entwerfen. Sie erschafft seinem Leben Sinn und Bestimmung. In jeder ihrer Ideen transzendiert sie die empirische Wirklichkeit, in der es keine identischen Fälle, keine gerade Linie, keine unendlich gleichförmige Bewegung, aber auch keine Tapferkeit, keine Gerechtigkeit, keinen wahren Menschen gibt. Alle allgemeinen Begriffe sind Maßstäbe und Normen, an denen das Konkret-Wirkliche gemessen und mittels derer es kritisiert werden, sozusagen der Abstand zur Idee abgeschätzt werden kann. Mutig war das nicht, was ich da getan habe, sondern erbärmlich feige, aber ich will mich bessern; und Gleichheit mag noch etwas anderes sein, als was wir in unserer Gesellschaft antreffen, also lassen wir sie verändern: so zu sprechen, ermöglicht dem Menschen allein sein Vermögen der Ideen, die Vernunft.

Der Geist ist also mitnichten der Widersacher des Lebens, sondern er kann sich mit dessen höchster Leidenschaft verbinden, über sich hinaus zu kommen, schöpferisch zu werden. Mit seinen Begriffen schafft er die Möglichkeit, alles Gegebene und besonders das Menschlich-Allzumenschliche zu überwinden. Er bildet den Begriff "Mut" und schneidet damit in das Fleisch unserer Feigheit; er sagt "Liebe" und fordert uns dadurch auf, unsere Geschlechtlichkeit zu heiligen; er verdammt mit "Unwahrhaftigkeit" jedwede Selbsttäuschung in Grund und Boden.

Aber wem anders als dem großen Künstler, dem Meister der Einbildungskraft, sollte es glücken, solchen Ideen Fleisch und Blut, einen Leib zu verleihen, der Leben zeugen kann? Sollte irgendein Zweifel daran aufkommen können, daß jedem, der Ohren zu hören und ein Herz zu fühlen hat, Sophokles' Antigone — Hegel nannte sie "die himmlische Antigone, die herrlichste Gestalt, die je auf Erden erschienen" — unübertreffbar lehren kann, was "Mut" und was "Liebe" bedeutet, die tapfer in den Tod geht, obwohl ihr das Leben wert und teuer ist, die in der Liebe zu ihrem toten Bruder unbeugsam verharrt und sich keinerlei Belohnung im Jenseits für ihre Handlungsweise erwarten oder erhoffen kann? Oder was könnte an Deutlichkeit und Eindrücklichkeit Ödipus' furchtbar-unerbittliche Aufrichtigkeit übertreffen, mit der er jede Selbsttäuschung verächtlich, als etwas für Schwächlinge, von sich weist? Wo ließe sich leichter, unvergeßlicher lernen, was eine morgenfrisch-unschuldige Liebe ist als in Shakespeares "Romeo und Julia", wo eine lichtere Ahnung vom Geheimnis der Großen Mutter gewinnen als durch Leonardos "Anna Selbdritt", oder vom Titanischen des Menschen als durch Michelangelos gesteigerte Gestalten, vom höchsten Pathos der Freiheit und unbändiger Schöpferkraft als durch Beethoven, vom Glanz einer anmutigen, erosdurchglühten Menschenwelt als durch Mozart, vom sterblichen Leben in durchsichtig-heiterem Licht, das aus allem bunten Erdendasein leuchtet und Griechen wie ihre Gegner gleich freigebig und tolerant, human trotz aller Schrecknisse des Kriegs verklärt als durch Homer?

Mit Recht also, meine ich, verehren wir unsere größten Künstler als die wahren Menschen und verleihen ihnen höchsten Rang und Unsterblichkeit, einem Homer, Sophokles, Shakespeare, Michelangelo, Leonardo, Goethe, Mozart, Beethoven, weil sie die wahrhaft schöpferischen Menschen sind und unsere heimlichste eigene Sehnsucht am vollkommensten erfüllen.

Daher zögere ich nicht und habe es auch in dieser Skizze von neuem versucht,[8] die eminent anthropologische Bedeutung der Kunst für das Bild des Menschen und dessen Verwirklichung in der Bildung anzuerkennen. Sollte die Kunst, besonders die Dichtung, nicht sogar berufen sein, in Zukunft viel selbstsicherer als bisher gerade auch ihre pädagogischen Wirkungsmöglichkeiten wahrzunehmen, da doch erkannt ist, daß die Religion nichts weiter als autoritäre, dogmatisch gewordene, verbindlich gemachte Dichtung ist, und dem Denken, auf neuzeitliche Wissenschaft reduziert, allenfalls die freilich unerläßliche kritische Funktion, das intellektuelle Gewissen, anzuvertrauen wäre? Sollten daher nicht endlich die Kunst und eine Form des Denkens, die ihr nahe verwandt bleibt, traditionell das philosophische Denken, den ihnen gebührenden Anteil an der Bildungsaufgabe durch die Nutzung von Vorbildern, Modellen des Menschseins, übernehmen können, die aus den Biographien der Dichter und Denker, amalgamiert zu Symbolen ihrer geistigen Existenz, gewonnen werden könnten? Und sollte es daher nicht in der Tat die Kunst und nichts als die Kunst sein — selbstverständlich im umfassendsten Begriff alles wesentlichen, schöpferischen Denkens verstanden —, die im Sinne Schillers dem Menschen die Freiheit, d.h. sein Wesen, die Selbstbestimmung, durch ihre eigene Freiheit schenken könnte, nämlich dadurch, daß sie als Statthalterin der Schönheit auf Erden, der "Freiheit in der Erscheinung" (23. Brief), zur Schaffung des wahrhaft menschlichen Menschen in der Einheit von Leben und Geist ihren unerläßlichen Beitrag leistete?

Eine befreiende Antwort auf all diese schwierigen Fragen böte, meine ich, Shakespeares schlichtes Vermächtnis aus dem "König Lear": "Ripeness is all" (Akt V, Szene 2). Doch muß, dies einfache Wort im Sinne des hier vertretenen anthropologischen Begriffs der Bildung zu erläutern, einer eigenen größeren Arbeit überlassen bleiben.⁹

Anmerkungen:

1 Diese Formulierungen finden sich in Hegels "Philosophischer Propädeutik", § 41. – Zu einer weiteren Begründung und Erläuterung seiner Bildungsidee vergleiche vom Verfasser: Hugo von Hofmannsthal als Erzieher. Zum Problem von Dichtung und Pädagogik oder Das Vorbild in Bildung und Erziehung, dargestellt am Beispiel von Hofmannsthals Märchen "Die Frau ohne Schatten" und dem Lustspiel "Der Schwierige" in tiefenpsychologisch-pädagogischer Deutung; Kap.: Bildungstheorie und konservative Funktion der Erziehung, S. 532-561, Fellbach-Oeffingen 1981.

2 Wie soll man auch nur betonen?
Am *farbigen* Abglanz haben wir das Leben.
Am farbigen *Abglanz* haben wir das Leben.
Am farbigen Abglanz *haben* wir das Leben.
Am farbigen Abglanz haben *wir* das Leben.
Am farbigen Abglanz haben wir *das Leben*.

3 An der psychologischen Abstrusität dieses Grundsatzes seiner Ethik hält Kant rigoros fest und versichert ausdrücklich dessen absolute Geltung selbst angesichts des Eingeständnisses, daß ihm in der Wirklichkeit nie jemals eine empirische Handlung entsprechen mag. Das kennzeichnet den Hinterweltler (Vergleiche: Grundlegung zur Metaphysik der Sitten; 2).

4 Vergleiche besonders das großartige Gedicht "Die Götter Griechenlands", das beweist, das Schiller dem Antichristen Goethe alle heidnische Sympathie des Griechentumgläubigen von sich aus längst entgegenbrachte.

5 Vergleiche besonders das Gedicht "Das Glück" oder auch Schillers Briefworte vom 2. Juli 1796 an Goethe, unter dem frischen Eindruck von "Wilhelm Meister": "Wie lebhaft habe ich bei dieser Gelegenheit erfahren, daß das Vortreffliche eine Macht ist, daß es auf selbstsüchtige Gemüter auch nur als eine Macht wirken kann, daß es dem Vortrefflichen gegenüber keine Freiheit gibt als die Liebe"; vergleiche auch noch Goethes: "Gegen große Vorzüge eines andern gibt es kein Rettungsmittel als die Liebe" (Maximen und Reflexionen, Nr. 1271).

6 Die Auffasung Nietzsches wie die Deutungsperspektive im ganzen ist besonders dem Nietzsche-Buch Walter Kaufmanns verpflichtet: Nietzsche. Philosoph-Psychologe-Antichrist, Darmstadt 1982.

7 Vergleiche Goethes "Erläuterung zu dem aphoristischen Aufsatz 'Die Natur'" vom 24. Mai 1828 über "die Anschauung der zwei großen Triebräder aller Natur: der Begriff von Polarität und von Steigerung, jene der Materie, insofern wir sie materiell, diese ihr dagegen, insofern wir sie geistig denken, angehörig; jene ist in immerwährendem Anziehen und Abstoßen, diese in immerstrebendem Aufsteigen. Weil aber die Materie nie ohne Geist, der Geist nie ohne Materie existiert und wirksam sein kann, so ver-

mag auch die Materie sich zu steigern, so wie sich's der Geist nicht nehmen läßt, anzuziehen und abzustoßen".

8 An bisherigen Büchern des Verfassers, in denen dieser Ansatz einer "Pädagogik des Vorbilds" entwickelt worden ist, vergleiche besonders: Hugo von Hofmannsthal als Erzieher, Fellbach 1981; Michael Ende: Die unendliche Geschichte – Ein Bildungsmärchen, Essen 1984; Die Zauberflöte. Märchen und Mysterium, Essen 1985; Frau Holle – Ein Bildungsmärchen, Essen 1986; Merlin. Mythos und Gegenwart, Essen 1988.

9 Vergleiche hierzu den vom Verfasser geplanten Fortsetzungsband von "Merlin. Mythos und Gegenwart" unter dem Titel: "Nachfolge Merlins. Neuzeitliches Heidentum (Shakespeare, Goethe, Nietzsche, Klages)".

FRANZ WIEDMANN

Der Mensch als Leser

I.

Zunächst meldet sich mit dem Thema ein gewisses Unbehagen, wie bei allen Formulierungen von "der Mensch als". Als was kann der Mensch nicht betrachtet werden: als Mann, als Frau, als Kind, als Rentner, als Kranker oder Gesunder, als Steuerzahler, als Schüler, als Deutscher, als ...; der Aufzählungen, um nicht zu sagen, der Aufspaltungen, wird sobald kein Ende sein. Doch gerade das läuft der philosophischen Sicht und Denkweise zuwider. Nicht in irgendeinem (noch so wichtigen) Teilaspekt, nicht in einer Rolle, einer Funktion, vielmehr unter dem einen, ganzheitlichen Gesichtspunkt "der Mensch als Mensch", den Menschen zu sehen, ist die charakteristische und spezifische philosophische Haltung. Solche Bedenken sind, obgleich erwähnenswert, nicht schwerwiegender Art. Es steht ja nichts im Wege, auch bei näherer Untersuchung einer einzelnen Funktion das Ganze im Auge zu behalten. Wissenschaftliche Forschung ist nicht möglich ohne Aufteilung, ohne Konzentration auf einen bestimmten Teil des Ganzen. So wird kein Historiker die Geschichte Europas von den Anfängen bis heute als intensives Arbeitsgebiet wählen können; er untersucht einen überschaubaren Zeitraum, etwa die erste Hälfte des 19. Jahrhunderts oder besser noch weniger. Nur wird er nie vergessen, daß "sein" Jahrhundert oder Jahrzehnt im Zusammenhang mit der großen Geschichte der Politik, des Denkens, der Künste steht. Wie sollte ein Philosoph beim Thema "Der Mensch als Leser" übersehen, daß die Betonung zwar auf dem "Leser" liegt, die Aussagen jedoch über den "Menschen" gemacht werden.[1] Doch gleich drängen andere Fragen nach: ist das Lesen wirklich eine eminent menschliche Angelegenheit? Ich meine nicht, daß es außer dem Menschen andere Lebewesen gäbe, die lesen könnten, ich stelle nur in Frage, ob Lesen so elementar mit der menschlichen Natur verbunden ist wie beispielsweise Sprechen, Denken, Verantwortung übernehmen. Es ist eine Tatsache, daß nicht alle Menschen lesen (und schreiben) konnten; das gilt selbst für die Gegenwart. Auch war Schreiben/Lesen nicht immer ein Ausweis von Bildung. In der Antike hielten sich diejenigen, die es sich leisten konnten, Sklaven als Schreiber und Vorleser. Durch das Mittelalter hindurch schrieben und lasen fast ausschließlich Mönche; auch zu dieser Zeit eine Minderheit der Bevölkerung. Das gedruckte Buch, und die dadurch mögliche Ausweitung des Leserkreises, gibt es — menschheitsgeschichtlich gesehen — erst seit kurzem. Über einige tausend Jahre lebten jedoch Menschen, und es ist kein Zweifel angebracht, ob sie die essentiellen menschlichen Qualitäten hatten. Vor allem konnten sie sprechen, d.h. miteinander sprechen. Rede, Unterredung, Gespräch wurden weit mehr gepflegt, als die meisten sich vorstellen können. Heutzutage, wo alle lesen (mit der vorher gemachten Einschränkung: es gibt in vielen Ländern noch Analphabeten), scheint es überdies gar nicht so sehr darauf anzukommen, daß die Leute lesen, sondern auf das, was sie lesen. Damit ist aber die Aufmerksamkeit vom lesenden Subjekt weg auf das Objekt, das Buch, die Zeitung, den Brief gerichtet. Die jedoch sind nicht "von sich aus" da; ohne einen Schreiber wären sie nicht entstanden. Die interessantere Person scheint, so besehen, der Autor, der Schriftsteller, der Verfasser zu sein, nicht der Leser. Die Einwände sind so rasch nicht von der Hand zu weisen. Besagen sie aber etwas gegen das Lesen? War nicht vielmehr unser Begriff vom "Lesen" zu eng, zu sehr auf die Buchstaben, das Gedruckte zugeschnitten? Lesen wir denn nicht auch im "Buch der Natur", lesen wir nicht im Gesicht eines Menschen, oder — wer es kann — aus der Hand eines Menschen "wie aus einem Buch"? Was von den frühen Kulturen gesagt wurde, nämlich daß weniger gelesen, dafür mehr gesprochen würde, gilt nur eingeschränkt. Wir dürfen uns auch hier nicht an die Buchstaben klammern; es gibt vielerlei Arten von Schriften, Zeichensymbolen, Bilderschriften, Keilschriften, Hieroglyphen. Der Reichtum der chinesischen Schrift ist in Jahrtausenden entstanden, niemand kennt die Anfänge. Was wüßten wir von untergegangenen Kulturen, wenn wir nicht die Reste, die auf uns gekommen sind, "zusammenlesen", um uns über ihre Sitten und Gewohnheiten einen Reim zu machen? Die sogenannten Armenbibeln im Mittelalter waren aneinandergereihte Bilder aus den Evangelien und der Apostelgeschichte. Die nicht (Wörter) lesen konnten, lasen doch die eindrucksvoll sprechenden Ereignisse. Andere Beispiele sind die Fresken Giottos in Assisi oder noch früher der 213 Fuß lange Wandteppich von Bayeux, der anschaulich die Vorgeschichte und die Schlacht von Hastings (1066) zeigt. Allerdings wird das Verhalten des Eroberers Wilhelm und des Besiegten Harold diesseits und jenseits des Kanals verschieden interpretiert. Man kann diese "Bilder-Bücher" nicht nur lesen, sondern auch alles Mögliche aus ihnen herauslesen; denn so "beredt" sie sind: die auf ihnen dargestellten Personen schweigen.

II.

Was sagt die Philosophie zum Thema? Nun, "die Philosophie" sagt gar nichts, höchstens einzelne Philosophen äußerten sich dazu, die Mehrzahl von ihnen kritisch (das versteht sich von selbst), aber auch geringschätzend, und das ist merkwürdig. Ich nenne hier nur zwei aus verschiedenen

Zeitaltern: Platon und J.G. Fichte, nicht um Autoritäten gegen die eigene Sache anzuführen, vielmehr um Mißverständnisse auszuräumen, indem aus den bekannten negativen Äußerungen die positive Absicht herausgestellt wird. Daß diese vorhanden ist, darf vorweg angenommen werden, denn bei den Genannten handelt es sich um äußerst fruchtbare Schriftsteller, und niemand sollte sie für so verrückt halten, das, was sie ein Leben lang mühsam erarbeitet haben, in die Luft geschrieben zu haben. Platons Mißtrauen gegen das Geschriebene hängt einmal mit der Hierarchie seiner Wissenschaftstheorie zusammen, in der die nicht sichtbaren Ideen "oben", die sinnlich wahrnehmbaren Dinge "unten" rangieren. Nun ist das gesprochene Wort, seiner sinnlichen (Laut-) Qualität wegen, schon geringer anzusetzen als der gedachte Begriff, das Geschriebene entbehrt dagegen jeder Lebendigkeit; es ist eine (schlechte) Kopie einer (etwas besseren) Kopie des Originals. Daran sei nebenbei erinnert. Der gewichtigere Einwand Platons betrifft den Leser, der, hat er die Schrift erst einmal zur Hand, einzelne Sätze herausgreifen und für seine Zwecke verwenden kann. Der Autor, durch Ort oder Zeit vom Leser getrennt, hat keine Möglichkeit, zu berichtigen und die authentische Version vorzutragen. Deshalb also, weil Geschriebenes in die falschen Hände fallen kann, sollte man ihm das Innerste, Wertvollste, Persönliche nicht anvertrauen. Schreiben und Lesen sei, so läßt er Sokrates sagen, bestenfalls eine Hilfe für das Gedächtnis und überhaupt eine Beschäftigung für den Feierabend, wenn man von der anstrengenden Tagesarbeit, der Teilnahme an Gesprächen, zurückgekehrt ist. Wie gut jedoch für uns, daß Platon "nach Feierabend" (was niemand glaubt) die Dialoge aufgeschrieben hat. Das bloß gesprochene Wort ist, so hoch es auch bewertet sein mag, mit dem Wind verweht und für Spätere verloren. Im siebten Brief steht das oft zitierte Bekenntnis Platons, er habe über das Wichtigste seiner Philosophie keine Schrift verfaßt und denke auch nicht daran, solches zu tun, denn "es läßt sich doch in keiner Weise, wie andere Kenntnisse, in Worte fassen" (341 c). Man sollte diese Stelle jedoch nicht isoliert analysieren, vielmehr im Kontext lesen. Zuvor wird nämlich von denen gesprochen, die dem "Wohlleben ergeben und zur geistigen Anstrengung unfähig" sind, dabei aber wähnen, Einsicht und Weisheit stelle sich von alleine ein. Für solche zu beschreiben, wie Einsicht vor sich gehe und einer "wie vom zündenden Funken der Liebe zur Weisheit ergriffen" werde, sei ein Ding der Unmöglichkeit, und zwar deshalb, weil es der langen Beschäftigung und des Sichhineinlebens bedarf, damit "das plötzlich entzündete Licht durch sich selbst Nahrung erhält" (341 d). Anschließend steht der Satz, der nur unzulänglich verstanden wird, wenn der Ton des understatements, der feinen Ironie, nicht herausgehört wird, den Platon seinem Lehrer Sokrates abgelauscht hat (oder als Autor seiner literarischen Person in den Mund legte): "Ergäbe es sich aber, daß es sich in einer den Meisten verständlichen Weise niederschreiben und aussprechen ließe, was könnte uns dann im Leben Schöneres geschehen...?" (ebd.). Es gibt Gründe, anzunehmen,

Platon zweifle keinen Augenblick daran, daß es ihm als einzigem gelungen sei, in einer, vielen — wenn auch nicht allen — verständlichen Weise das zu beschreiben, was bei der Erkenntnis vor sich geht und wie einer, durch die Einsicht ergriffen, sein Leben ändert. Diese Stelle kann auch anders interpretiert werden, aber das ist hier nicht zu diskutieren. Was bei aller Auslegung fraglos übrigbleibt, ist wert, festgehalten zu werden. Angenommen, der Schriftsteller verfügte über die Gabe, verständlich zu schreiben und den Leser als Partner anzusprechen, dann kommt es bei diesem auf die eigene Anstrengung an, damit der Funke überspringen und selbst Licht erzeugen kann. Um es mehr begrifflich als bildlich zu sagen: Beim Lesen muß sich, oder sollte sich, Einsicht in die vom Verfasser dargestellte Sache zeigen, vielleicht mühsam, auf langem Wege, aber dann doch im Sinne eines Evidenzerlebnisses. Das Bild stimmt wieder, denn Evidenz kann so umschrieben werden: "Plötzlich ging ein Licht auf". Jede bloße Beschäftigung mit einem Text als Text, wie es positivistische Analytiker empfehlen, verfehlt die mögliche Ausgangssituation der Gesprächshaltung zwischen dem Schreiber und dem Leser. Worte wie "Sichhineinleben", vom "Überspringen des Funkens", vom "Ergriffensein" u.a. haben dann freilich keinen Sinn und werden der Lächerlichkeit preisgegeben.[2] In der 6. Vorlesung über "Die Grundzüge des gegenwärtigen Zeitalters" sieht J.G. Fichte das Verhältnis von Autor und Leser in sonderbarer Weise wie zwei "Stände im Heerlager formaler Wissenschaft". Die einen sondern sich durch die Kraft der Druckerpresse ab vom Haufen derer, die nicht drucken lassen. Die Schriftsteller sind der tätige, das "Corps der Leser" der empfangende Teil; jene "schreiben ohne Rast und Anhalt", diese lesen, was immer sie aus der Flut der Literatur herausfischen können. Dabei ist Lesen so etwas wie Tabakrauchen oder eine andere Art, narkotische Mittel zu sich zu nehmen. Wer einmal die Süßigkeit dieses Zustandes geschmeckt hat, will nichts anderes mehr als immerfort genießen. Der von Fichte karikierte Leser liest ohne Beziehung zum Inhalt, "lediglich, damit er lese und lesend lebe, und stellt in seiner Person dar den reinen Leser". Früher habe das Geschriebene lediglich die mündliche Mitteilung denen ersetzt, die den Vortrag nicht hören konnten, seit Erfindung der Buchdruckkunst jedoch begehrte das Gedruckte selbständig zu werden bis zu dem Punkte, an dem "Schriftstellerei und Leserei" ihr Ende erreicht haben, das wissenschaftliche Streben des Zeitalters sich selbst vernichtet, alles Schreiben vergeblich geworden sei. Gefördert wurde dieser Vorgang, meint Fichte, besonders durch die Reformation und deren wichtigstes Werkzeug, die Buchdruckerkunst. Nachdem die mündliche Tradition verworfen worden war, blieb die Bibel die einzige Quelle der Offenbarung, und durch die Bibel erhielt "der Buchstabe den hohen und allgemeinen Wert": er wurde "das fast unentbehrliche Mittel zur Seligkeit, und ohne lesen zu können, konnte man nicht länger füglich ein Christ seyn, noch in einem christlich-protestantischen Staate geduldet werden" (Zitate 7. Vorlesung). Daß später der eigentliche Zweck, das

Christentum, vergessen und das, was erst nur Mittel war, selbst Zweck wurde und Schreiben und Lesen herrschender Begriff der Volkserziehung geworden ist, sei, so meint Fichte, das allgemeine Schicksal aller menschlichen Einrichtungen. Fichte kämpft gegen die Herrschaft des Buchstabens, der den Geist tötet. Nicht das Lesen der Bibel ist verkehrt und vernichtet den "Geist des Christentums" — sonst müßte der Vorwurf zuerst an die Autoren der Bibel gehen —, vielmehr ist die Ansicht grundfalsch, der bloße Umgang mit dem gedruckten Wort wirke ex opere operato das Heil, oder anders gesagt, das Gnadenangebot Gottes sei an einen gewissen Bildungsgrad gebunden. Natürlich widerspräche eine solche Auffassung den Aussagen der Evangelien; den Theologen ist sie daher auch peinlich, was der Verbreitung jener Auffassung gleichwohl nicht hinderlich ist. Für den Leser gibt Fichte detaillierte Anweisungen, je nachdem, ob es sich um die Aneignung eines wissenschaftlichen Werkes oder um die ästhetische Hingabe an ein "Produkt der schönen Redekünste" handelt. Das erste lese man zu dem Zweck, es zu verstehen und den "eigentlichen wahren Sinn des Verfassers historisch zu erkennen" (6. Vorlesung). Dazu dürfe man sich nicht dem Autor hingeben, sondern ihm fordernd begegnen: er muß sich den gestellten Fragen des Lesers unterwerfen. Das zweite Werk, das der Belletristik, kann erst dann genossen werden, nachdem die "Absicht des Meisters" und aus allen Teilen der "Geist des Ganzen" erfaßt und vollkommen begriffen worden ist. Dann ist die Rede von der "organischen Einheit des Kunstwerks" (6. Vorlesung) als vorgängiger Bedingung für die ästhetische Aneignung, von der "Höhe der Klarheit", der "ästhetischen Durchsichtigkeit, der Ungetrübtheit" (7. Vorlesung) als Maßstab der Wertung und zugleich als Kriterium für den aus dem Buchstaben abzuziehenden Geist, der unter Umständen dem Autor selbst verborgen geblieben ist, vom Leser jedoch aufgedeckt werden kann.

III.

Spätestens jetzt fragt man sich, ob hierbei der Leser nicht überfordert ist. Wie könnte er den wahren Sinn des Verfassers historisch erkennen? — es sei denn, er wüßte Bescheid über die persönlichen Lebensumstände des Autors, den politischen Lebensraum, den zufälligen Anlaß der Abfassung der Schrift, die offene oder versteckte Absicht, die Angewohnheit, klar und direkt oder zwischen den Zeilen zu schreiben. Die Analyse und Synthese vollends, die Zergliederung und der Wiederaufbau des Werkes nach Entdeckung seiner Strukturen ist die Kunst des Philologen. Der Leser will zwar verstehen, was der Schriftsteller zu sagen hat, er kann diesen jedoch nur in einem sehr übertragenen Sinne dazu herausfordern, Rede und Antwort zu stehen. Und wenn sogar von ihm verlangt wird, er solle den Autor nicht nur so verstehen, wie der sich verstanden hat, sondern noch besser, dann muß der solchermaßen Strapazierte den Mut verlieren, überhaupt noch hinter die verborgenen Gedanken eines doch zur Kommunikation angelegten Textes zu kommen. Leo Strauß, der eine Schrift darüber verfaßte, wie man den Theologisch-politischen Traktat Spinozas zu lesen habe, trieb diese hermeneutische Forderung auf die Spitze. Indem Spinoza Anweisungen erteile, wie das Alte Testament zu interpretieren sei, gebe er zu verstehen, wie man sein eigenes Buch zu lesen habe. Diesen "hermeneutischen Wink" muß man wohl oder übel auch auf das Verhältnis Strauß/Spinoza anwenden, und da es schon Literatur über den Aufsatz von Strauß gibt, folgerichtig auf diese wieder, und so fort. Kein Wunder, daß bald Inhalte, Tendenzen, Meinungen zum Vorschein gelangen, von denen der Urheber keine Ahnung haben konnte, jetzt aber noch besser verstanden werden soll, als er sich selbst verstehen konnte. Ob wir Hegel besser verstehen können, nur weil wir mit dem zeitlichen Abstand auch den Vorteil eines Wissens um das haben, was für ihn dunkel in der Zukunft lag? Muß der Interpret erst Marx, die "Rechte" und die "Linke" gelesen, die Tatsache des Marxismus als Weltanschauung des Sozialismus zur Kenntnis genommen haben, um zu verstehen, was Hegel wollte, um noch besser als Hegel zu verstehen, welche Rolle die Dialektik spielen kann, wenn sie erst einmal in Bereichen angewandt wird, die Hegel nicht intendierte? Wer meint, daß 2000 Jahre vergehen müßten, damit der wahre Sinn von Platons Politeia zutage käme, der lese kritisch Karl R. Poppers Buch vom "Zauber Platons", in dem Platon als einer der Hauptfeinde der "offenen Gesellschaft" entlarvt wird (Bern 2. Aufl. 1970, Dalp Nr. 84), um dann vielleicht den Anspruch fallen zu lassen, den Autor sogar dort zu verstehen, wo er sich selbst nicht verstand. Wenn ich dies in wenigen Worten zu bedenken gebe, beanspruche ich nicht, in eine Auseinandersetzung mit den Thesen von Fichte, Strauß oder Popper einzutreten. Nicht mehr und nicht weniger will ich, als auf das Verhältnis der Beziehung von Verfasser und Leser hinzuarbeiten, zunächst einmal durch ein paar historische Verweise, wobei nicht der geschichtliche Ort interessiert, auch nicht die Person, sondern nur, ob sich dort Probleme stellen, Fragestellungen, Formulierungen finden, die uns weiterhelfen könnten. In der Tat scheinen sich einige Konturen abgezeichnet zu haben, die nun zu benennen sind. Da ist einmal das unersetzliche Erlebnis der Evidenz, die eintreten soll, damit der gemeinsame Grund vorhanden ist, auf dem sich ein weiteres Verständnis aufbauen kann. Solche Einsicht geschieht, so fanden wir, meist plötzlich, schlaglichtartig, erhellend. Aber diese Charakterisierung darf nicht dazu verleiten, anzunehmen, es handle sich ausschließlich um Intuition, um Eingebung oder gnadenhaftes Empfangen. Es geht nüchtern um den Gebrauch der Vernunft, die vernimmt, was an Sinn oder Unsinn in einer Rede ist, sodann um den Gebrauch der Urteilskraft, das heißt um Einordnung eines konkreten Falles unter eine Regel. Kant nennt sie "das Vermögen der Subsumtion des Besonderen unter das Allgemeine" (Kritik der Urteilskraft, Einleitung, 1. Fassung II). Das

Licht stammt also vorwiegend von der "Luzidität des Logos", von der Durchsichtigkeit des Gedankengangs und vom stringenten, knappen, klaren Argumentieren. Jede andere Beweisführung bedingt schon die vorhergehende Anerkennung der Beweisform (z.B. des Syllogismus und die Annahme der Konklusion als Notwendigkeit). Einsicht dagegen kommt auf einfacherem Wege zustande, sie erzwingt sich nicht unsere Zustimmung, wir geben sie spontan, persönlich; damit meine ich: nicht nur mit dem Verstand, wie zum Ergebnis einer mathematischen Aufgabe, vielmehr unter Umständen bis zum Eintreten für die Sache. Durch Evidenz ist eine gemeinsame Basis gefunden, die Kommunikation ermöglicht. Was soll das heißen? Es ist Ausdruck der Zuversicht, daß sich das mir in der Einsicht Gezeigte allen so zeigt, die methodisch (oder einfach geduldig) die Übung der Reflexion mitgemacht haben. Was ich eingesehen habe, ist und bleibt zwar immer meine eigene subjektive Evidenz, da ich sie erstrebt, zustandegebracht und meiner Erfahrung zugefügt habe. Sie ist jedoch als Evidenz anderen genau so möglich, und so bleibt das, was sich in der Einsicht als einsichtig darstellt, übersubjektiv, weil objektiv, sachlich richtig oder besser gesagt: wahr. Das ist übrigens Descartes' Prinzip, wie es sich als Grundsatz (wörtlich zu verstehen, als erster und oberster Satz) zu Anfang des Discours de la Méthode findet: "Le bon sens est la chose du monde la mieux partagée". Wenn das stimmt, dann bedarf es keiner historischen Reminiszenzen oder Autoritätsverweise, vielmehr einfacher Ausgangspunkte: Thesen, interkommunikative Verständigung über die verwendeten Begriffe, logisches Argumentieren, schrittweise Absicherung des Gewonnenen und Zusammenfassung der Erkenntnis. Und man kann unbesorgt sein darüber, ob das, was gefunden wurde, nun auch wirklich der Sache entspricht, d.h. wahr ist in allgemeiner Geltung. Für die Situation des Gesprächs übernommen bedeutet das folgendes: Zwei Partner verständigen sich über ein Drittes, die Sache. Das Gespräch verläuft um so "sachlicher", je mehr sich beide Teilnehmer an die oben genannten Bedingungen halten. Von ihnen selbst wird außerdem rechte Gesprächshaltung erwartet; sie besteht darin, daß alle davon überzeugt sind, daß gemeinsames Bemühen Klarheit in die Sache bringt, nicht jedoch einseitiges Belehren bzw. Belehrtwerden. Einsicht wird nicht nur in der klassischen Konstellation der Gesprächsrunde erzielt, sie kann auch im stummen Dialog eines Betrachters mit einem Kunstwerk zustandekommen. Das Gegenüber, der Partner, ist in diesem Falle zugleich die Sache, das Objekt, um das es geht. Zwar steht hinter ihm der Künstler, der durch sein Werk spricht, jedoch nicht wie der Schauspieler im antiken Theater durch die kunstvolle Maske, sondern im Werk selbst spricht der Meister sich aus, oder besser, das Werk spricht für ihn, freilich mit der Einschränkung: falls beide etwas zu sagen haben. Der Leser kann nun auch ein Hörer oder ein Betrachter sein, grundsätzlich ändert sich dadurch nichts, die Bedingungen für Evidenz sind gleich, und entsprechend sind die Ansprüche aus dieser Einsicht. Ein sehr anschauliches Bild dafür gibt

R.M. Rilke angesichts einer Skulptur von Rodin:³ mit einem Mal war ihm bewußt, daß er sein Leben ändern müsse. Für solche Erkenntnis, die schon die Kraft der Verwirklichung, des Handelns, aufgrund ihrer Überzeugungsmächtigkeit in sich trägt, hatten die Griechen ein besonderes Wort: phronesis, unterschieden von der reinen noesis. Wenn die Unterscheidung mitvollzogen wird, ist allerdings das "interesselose Wohlgefallen", der bloß ästhetische Genuß nicht zureichend. Er nimmt, was süß schmeckt und vergißt das Bezahlen, oder zutreffender und auf Literatur präzisiert: dieser Leser nimmt nicht wahr, was der Autor schon von sich selbst gefordert hat und an den Leser als Forderung − Herausforderung, sagt man heute − weitergibt. Wenn man von der orakelnden Kunst des den Finger in die Seiten legenden Befragens eines Textes absieht, gibt Augustin ein beredtes Beispiel, wenn er in seinen Bekenntnissen (Conf. VIII, 12, 29) die Befreiung aus seiner amarissima contritione cordis im bekannten Ruf: tolle, lege; tolle, lege findet. Auch hier ist bezeichnenderweise von lux und securitas die Rede, von Licht und Gewißheit ("objektiver" Gewißheit, im Unterschied zu certitudo, d.i. "subjektive" Gewißheit) samt den aus dem Erlebnis gezogenen Konsequenzen. Ich weiß, Verweise dieser Art scheinen weniger zeitlos als zeitfremd zu sein angesichts des von Fichte schon beschworenen Literaturmarktes, der uns mit einer Sturzflut von Büchern überschwemmt, in die den Finger zu legen erst gar nicht lohnt.

IV.

Es ist nun zu sprechen vom unbestreitbaren Vorzug des geschriebenen und lesbaren Wortes gegenüber dem immer schon ein bißchen überschätzten gesprochenen und hörbaren Wort. Um es vorweg in zwei Begriffen zu sagen: durch die schriftliche Fixierung kommt dem Gesprochenen eine objektive und eine historische Qualität zu. Was ist darunter zu verstehen? Bleiben wir bei der einfachen Gesprächssituation, bei der sich zwei Menschen in wechselseitiger Rede etwas mitteilen. Ab dem Moment, wo ein Dritter, z.B. ein Protokollant oder ein Stenotypist, diesen Dialog schriftlich festhält, merkt man, daß die beiden gar nicht miteinander, sondern nacheinander gesprochen haben, was den Gesprächspartnern vermutlich nicht bewußt war. Der Dritte jedoch, und das ist der Leser, findet sich in der Position desjenigen, der den Vorgang des Miteinander und der Gleichzeitigkeit in ein sachlich ablösbares Nacheinander bringt. Damit ist neben der sachlichen auch die zeitliche Dimension eingeführt. Karl Löwith nennt es "die Verabsolutierung" des Besprochenen in der schriftlichen Rede, ein für mein Empfinden zu starker Ausdruck; was er jedoch vom Wechsel des Hörers zum Leser sagt, ist so treffend, daß es wörtlich zitiert werden soll: "Gleichzeitig ist das Miteinandersprechen nicht nur zufolge der gleichzeitigen Anwesenheit des einen und andern, sondern es ist als je aktuelles Gespräch grundsätzlich unhistorisch, im Unterschied zum Schreiben für künftige Leser und Lesen des ehemals Geschriebenen. Während daran geschrieben wird, ist die schriftliche Rede gerade nicht für einen andern lesbar. Das Geschriebene kann wesentlich bewahren und überliefern und verlangt keine unmittelbare Beantwortung wie das gesprochene Wort, dessen Zeit die pure Präsenz ist. Im Gespräch hat man auch keine Zeit zur eigenständigen Ausbildung der Rede, und was einmal gesagt ist, läßt sich nicht ausstreichen; das einmal ausgesprochene Wort ist, nach einem russischen Sprichwort 'Wie ein Spatz: Läßt du ihn aus der Hand, so fängst du ihn nie mehr ein'. Das geschriebene Wort läßt sich wesentlich 'wiederholen'." (Das Individuum in der Rolle des Mitmenschen, Darmstadt 1969, S. 120, Anm. 1, und: "Sämtliche Schriften" I, Stuttgart 1981, S. 136. Daß es sich auch bei der Kor-respondenz, dem Briefwechsel, streng genommen, nicht mehr um ein Miteinander handelt, sieht Löwith darin angezeigt, daß die Briefpartner an-einander schreiben müssen. Zweifellos hat er recht, doch ist jede An-schrift auch ein An-spruch, auf den eine Ant-wort folgen sollte, woraus eine gemeinsame Ver-ant-wortung erwachsen kann, was freilich nur dann der Fall sein dürfte, wenn es um einen personalen Anspruch geht: ein Ich fordert ein Du.[4] Der Leser des Briefes ist nicht nur angesprochen, vielmehr aufgefordert, sich zu verhalten, zu antworten, den Initiator selbst zum Leser des Antwortbriefes zu machen und damit erstmals die "Korrespondenz" herzustellen. So zeigt der Briefwechsel immer noch die Züge des Wortwechsels, allerdings schon in einer relativen Selbständigkeit als fixierbares, aufhebbares "Ding". Zum Ausdruck kommt das am besten durch die Herausgabe einer Korrespondenz; eine heikle Aufgabe, wie jeder weiß, der solches schon zu tun hatte. Dabei stellt sich noch etwas ein, das die merkwürdige Zwischenrolle (einerseits subjektiv-privat, andererseits objektiv-öffentlich) eines Briefwechsels bestätigt: wenn einer oder mehrere Briefe fehlen und der Herausgeber rein persönliche Bemerkungen tilgen muß, weil sie nicht mehr verstanden werden, oder in Anmerkungen versuchen muß, die Verbindung durch Vermutungen zu rekonstruieren. Der Leser eines Buches, auch eines veröffentlichten Briefwechsels, befindet sich in einer völlig anderen Ausgangslage. Nur noch in metaphorischem Sinne kann man sagen, der Autor habe an den Leser geschrieben, er wolle mit ihm sprechen, erwarte eine Antwort. Die Verselbständigung (auch in der Vereinzelung des Autors, der für sich schreibt und des Lesers, der für sich liest) des Gedruckten in sachlicher und zeitlicher Dimension birgt, wie wir seit Platon wissen, eben jene von ihm beschworenen Gefahren des Mißbrauchs. Sie hat aber, und das wiegt mehr, den kaum zu überschätzenden Vorteil einer, wenn auch scheinbar einseitigen, Kommunikation über enorme räumliche und zeitliche Spannen. Wenn Generationen von Menschen ins Grab der Geschichte gesunken sind, bleibt die Verbindung mit einigen von ihnen erhalten durch das leicht verletzbare, jederzeit zerstörbare und doch so feste Band der schriftlichen Äußerung.

Der Mythos, die Sagen, Legenden mögen älter sein und länger leben als ein Stück beschriebenes Papier, doch sind sie unpersönlich, nicht präzise, ohne Aufforderung. Ein Brief, vielleicht nur ein Satz eines antiken Schriftstellers dagegen, stellt die Verwandtschaft unter Menschen über Jahrhunderte her und zwar in personaler Konstellation. Karl Jaspers setzte die von ihm so genannte "Achsenzeit" der Menschheit auf etwa 5000 Jahre an. Die Anfänge liegen dort, wo wir die ersten schriftlichen Äußerungen von Menschen haben, die uns diese als solche Menschen schildern, wie sie von uns nicht wesentlich verschieden sind. Alle dunklen Jahrtausende vorher sind das Feld der vorgeschichtlichen Forschung, eben weil Geschichte nur Geschichte des Menschen ist ("Erdgeschichte", "Naturgeschichte" sind irreführende Begriffe), beginnt sie, wo wir etwas von diesen Menschen zu lesen bekommen; allerdings nicht irgend etwas, weder Zeichen im Sand noch Zahlen oder geometrische Figuren, sondern "menschliche" Dokumente, und sei es nur der Hilferuf eines Gefangenen, in die Wand seines Kerkers gekritzelt. Wenn man es jetzt richtig überlegt, wären wir ohne Schrift zwar nicht sprachlos, doch wie Eintagsfliegen ohne Geschichte, herkunftslos, in das nächste Zeitloch tappend, ohne Wissen des Woher noch des Wohin. Nur nützen alle schriftlichen Zeugnisse in musealen Bibliotheken nichts, wenn es den Leser nicht gibt, der sie zum Leben erweckt. Das ist nicht länger ein pietätvoller Akt gegenüber Vergessenem, Lesen ist vielmehr aktives Herstellen eines geschichtlichen Zusammenhangs, einer sinnvollen Verbindung, die schon besteht, von mir, dem Leser, jedoch ins Bewußtsein gebracht und bejaht werden muß. Zugleich wird dann einsichtig, wie sehr der Leser sich selbst etwas unerhört Gutes beschert hat, nicht indem er "ein Buch las", ein bißchen mehr erfahren, gebildet wurde; er hat eine wesentlich menschliche Möglichkeit realisiert. Das hat Voltaire in seinen "Kritischen und satirischen Schriften" schon viel besser gesagt: "Durch das Lesen werden wir zu Zeitgenossen aller Menschen, und zu Bürgern der ganzen Welt". Person und Leser bedingen sich gegenseitig. Irgendein Mensch kann Tonnen von bedrucktem Papier verschlingen, doch nur eine Verantwortung tragende Person ist imstande, ein guter Leser zu sein, ein Partner des Gesprächs mit dem Autor, ein Mitträger der Sache, ein verstehender Mitmensch. Nun wird der Mensch als Vollmensch ganz idealistisch mit dem Leser gleichgesetzt, wie in der guten alten Zeit des letzten Jahrhunderts der "eigentliche Mensch" der Künstler war und das Genie den Heiligen ersetzte. Eine schlimme Sache? Willkürliche intellektualistische Überspannung oder Unausweichlichkeit? Sind Menschen, die nicht lesen (können) solche minderen Ranges? Wie stand es damit in den Epochen vor der Erfindung des Buchdruckes? Gilt der Satz vom "Mensch als Leser" mit dem oben gegebenen Inhalt erst ab dem 15./16. Jahrhundert, zur Zeit Voltaires oder heute? Die Fragen dürfen noch einmal gestellt werden, ähnliche könnten sich anschließen, doch ist die Antwort im Grunde schon gegeben. Der Ausspruch Voltaires ist selbstverständlich nicht nur zu dessen

Lebzeiten "wahr"; er galt schon, bevor es Gedrucktes in weiter Verbreitung gab und die Parole einer Weltbürgerschaft kaum Anhänger gefunden hätte. Er gilt heute ebensoviel, aber ebensowenig darf er automatisch verstanden werden, so, als ob der Leser schon durch das Lesen sich und der Welt all die Wohltaten verschaffe. Und noch etwas ist hinzuzufügen. Vielleicht gab es Zeiten, die nicht so auf Kommunikation angewiesen waren wie die unsrige, wo man es sich leisten konnte, von ganzen Erdteilen nichts zu wissen, die Kriege anderer Völker nur vom Hörensagen zu erleben, die Psyche der Nachbarn, falls überhaupt, als Kuriosität anzusehen. Wir können uns solche Haltung nicht leisten, unsere Überlebenschance als Menschheit hängt vom gegenseitigen Verstehen ab. So besehen ist die Frage, ob der Mensch ohne Lesen, Information, Wissen und Gespräch nicht doch auch Mensch sein könne, einfach aufzulösen; sie braucht nicht beantwortet zu werden.

Anmerkungen:

1 Über die Durchdringung erfahrungswissenschaftlicher Forschung mit ganzheitlichen Vorstellungen der Philosophie am Beispiel Mensch/Leser, siehe die Diss. von H. A. Müller: Die Psychologie des Lesens, Basel 1956 (Druck Lörrach 1958), p. 187.

2 Von Besonderheiten und Schwierigkeiten beim Lesen philosophischer Werke unter dem Aspekt des Begriffsverständnisses handelt H.A. Müller op. cit., pp 128-135.

3 Nach anderer Version vor dem archaischen Torso Apollos: "Denn da ist keine Stelle, die dich nicht sieht. Du mußt dein Leben ändern" (Neue Gedichte, 1930, S. 117).

4 Die Person-Forderung stellt viel ausführlicher und eindringlicher als ich es kann, jedoch mit der gleichen Intention und mit Bezugnahme auf die von mir auch zitierten Autoren Jaspers und Klages, H.A. Müller dar im Kapitel "Ermöglichungsgründe des Lesens": die subjektiven Ermöglichungsgründe in der Einheit der Person, op. cit., pp. 94-102.

Literaturverzeichnis:

Descartes, R. (1960). *Discours de la Méthode*, herausgegeben und übersetzt von L. Gäbe. Hamburg: Meiner.
Fichte, J.G. (1971). *Die Grundzüge des gegenwärtigen Zeitalters*, 6. und 7. Vorl., Sämtliche Werke (Nachdruck von 1845/46). Berlin: de Gruyter
Löwith, K. (1969). *Das Individuum in der Rolle des Mitmenschen*, Darmstadt: Wiss. Buchgesellschaft; Wiederabdruck in: K. Löwith (1981). Sämtliche Schriften, I (S. 9-197), herausgegeben von K. Stichweh. Stuttgart: Metzler.
Müller, H.A. (1958). *Die Psychologie des Lesens*, Lörrach: Südwestdruck.
Popper, K.R. (1970). *Die offene Gesellschaft und ihre Feinde*, Bd. I: Der Zauber Platons (2. Auflage). Bern/München: Franke.
Spinoza, B. (1955). *Theologisch-politischer Traktat*, herausgegeben und übersetzt von C. Gebhardt (5.Auflage). Hamburg: Meiner.
Strauß, L. (1956). *Naturrecht und Geschichte*. Stuttgart: Koehler.

DIETER WYSS

Das Traumbewußtsein [1+2]
Bemerkungen zum Problem des Unbewußten

Seit Freuds epochaler "Traumdeutung" und C.G. Jungs "Symbole der Wandlung" ist unser Jahrhundert in das Zeitalter einer sich wissenschaftlich verstehenden Auseinandersetzung mit dem Traumleben und seiner Deutung getreten. Dem Traumleben wurde zwar immer und zu allen Zeiten seit Menschengedenken Bedeutung geschenkt. Früheren Bemühungen um Aufschlüsselung des Traumgeschehens fehlte jedoch weitgehend eben jene spezifische rationale Erklärung, die als wissenschaftliche insbesondere das genannte Werk Freuds ausgezeichnet. Nichtsdestoweniger sind uns noch zahlreiche Erscheinungen des Traumes rätselhaft. Wird der Traum erst einmal als schlichtes Phänomen wahrgenommen, ohne ihn sogleich auf unbewußte Wünsche, Abwehrmechanismen und anderes mehr zu reduzieren, ist es nicht ausgeschlossen, einige Überraschungen zu erleben. In diesem Zusammenhang möchte ich an die diesbezüglichen Untersuchungen von M. Boss (1975) und G. Condrau (1963) erinnern, den Traum als reines "Phänomen" zu nehmen.

Nur auf zwei Erscheinungen des Traumes möchte ich verweisen, die uns im Prinzip ausschließlich beschäftigen werden: die Phänomene der Wahrnehmung und der Bewegung im Traum. Obwohl wir schlafen, unsere Augen geschlossen sind, nehmen wir nicht nur Gestalten, Farben, Landschaften, ja die Welt bis in kleinste Einzelheiten wahr, sondern wir träumen auch perspektivisch: Höhe, Tiefe, Weite, Nähe, der gesamte Wahrnehmungsraum unseres bewußten Wachens ist im Traum anwesend. Wie ist das möglich? Der Rekurs auf fortlaufende Erregung der optischen Zentren auch im Schlaf löst das Rätsel gewiß nicht, es würde nur den neurophysiologischen Solipsismus – die Wahrnehmung als zentralnervöse Eigenerregung – vertiefen. Weder bei Freud noch bei Jung ist dieses Phänomen zum Anliegen der Forschung geworden. Wie ist Wahrnehmung von Welt im Traum in so vollkommener Weise möglich, obwohl wir faktisch nicht wahrnehmen? Das gleiche trifft für das Phänomen der Bewegung zu. Wir bewegen uns alltagsgemäß, gehen, laufen, wir schwimmen oder fliegen sogar, und wir sehen unsere Umwelt im Traum stets als eine

---
1 Leicht überarbeitete Fassung eines gleichnamigen Aufsatzes aus: Daseinsanalyse 1988, 5, 1-10. Abgedruckt mit freundlicher Genehmigung des Karger-Verlags, Basel.
2 Siehe das Buch des Verf.: "Traumbewußtsein?" Grundzüge einer Ontologie des Traumes. (1988). Vandenhoeck & Ruprecht, Göttingen.

sich bewegende oder ruhende. Wie ist es möglich, im Traum zu fliegen, zu springen, zu schwimmen und doch gleichzeitig im Bett unbewegt zu liegen?

Eine erste Antwort auf diese Frage möchte ich durch den Begriff der Funktion vermitteln. Die Funktionen unseres Organismus, unseres Leibes setzen ja im Schlaf, wenn auch zum Teil unter anderer, der sogenannten circadianen Rhythmik, ihre Tätigkeit fort, d.h. die Tätigkeit unserer Organe erlischt nicht im Schlaf, sondern erst im Tod. An anderer Stelle (1986) habe ich auf die vor allem klinische und pathophysiologische Bedeutung des von Bergmannschen Funktionsbegriffes verwiesen, der auch für das Verständnis der sogenannten psychosomatischen Erkrankungen von erheblicher Bedeutung ist. Funktion vernetzt nicht nur die verschiedensten Organsysteme miteinander – man denke beispielsweise an die ganz heterogenen Funktionen von Niere und Herz in der Stabilisierung des Wasserhaushaltes –, sondern Funktion, und das ist das Entscheidende, ist dem Organ, der morphologischen Struktur über- und vorgeordnet. Die Funktion geht der Entwicklung der Organe in der Embryogenese voraus, wir sprechen von omni- oder pluripotenten Zellen, aus denen sich z.B. allmählich das Neuralrohr herausschält, das als Funktionseinheit bereits die gesamte spätere Gestaltung des Zentralnervensystems impliziert. Funktionen können auch diesen ursprünglich nicht zugeordnete oder gar fehlende Strukturen übernehmen und ersetzen – nicht nur bei kortikalen Läsionen, sondern schon bei ganz einfachen Traumen des Bewegungsapparates. Die Funktionen des Sehens, des Hörens, nicht weniger wie die aller Sinnesorgane, dürften im Schlaf sich ebenso fortsetzen: wir schmecken, riechen und tasten im Traum wie im Wachen, jedoch ist den Funktionen der entscheidende Welt- oder Umweltbezug genommen. Der Schläfer ist mit sich absolut allein oder wie Heraklit (1963) schon sagt:

> "Für die Wachenden gibt er nur eine einzige und gemeinsame Welt: im Schlafe aber wendet sich jeder seiner besonderen Welt zu."

Was aber nimmt denn der Schläfer wahr, wenn er im Schlaf nicht mehr in der uns allen gemeinsamen Welt weilt? Wo ist denn der Schläfer, der zwar hier im Bett mit unterschiedlicher Lautstärke atmet, dort jedoch im Traum, bei Eskimos oder Afrikanern sich aufhält? Oder wie schon Novalis sagt:

> "Wir träumen von Reisen durch das Weltall: Ist denn das Weltall nicht in uns? Die Tiefen unseres Geistes kennen wir nicht. Nach innen geht der geheimnisvolle Weg. In uns oder nirgends ist die Ewigkeit mit ihren Welten, die Vergangenheit und Zukunft."

Wie ist das möglich? Ich will die Frage präzisieren: Was nimmt der Schläfer wahr, wie und in welchem Raum bewegt er sich? Zurecht postulierte Freud für das "Unbewußte" die Zeitlosigkeit seiner Vorgänge, eine Annahme von höchster Bedeutung für das Zeitproblem, die jedoch auch gewissermaßen nur am Rande der psychoanalytischen Forschung verblieb. Jung formulierte analog für das "Kollektive Unbewußte". Es ist nicht möglich, das komplexe Problem der Zeit in unseren Darlegungen auszuklammern, wir müssen es zur Beantwortung unserer beiden Fragen anvisieren. Die spezifisch menschliche Zeiterfahrung, die in dieser Weise selbst dem höheren Vertebraten wohl nicht zuzusprechen ist, die Zeiterfahrung von Gegenwart, Vergangenheit und Zukunft, ferner die metrische, gemessene Zeit, ist, wie wir seit Kant, dann jedoch spezifisch seit Husserl aber auch seit Heidegger wissen, Folge einer aprioristischen Struktur unseres bewußten Ich, die sich allerdings schrittweise im Verlaufe von Kindheit und Jugend entwickelt. Wir "zeitigen" die Zeit, d.h. wir gliedern unsere Erfahrungen der alltäglichen Welt in Gegenwart, Vergangenheit und Zukunft. Dieses Vermögen zur Gliederung eines bloßen Stromes von sich pausenlos verändernden Sinneseindrücken oder Erinnerungsbruchstücken zu zeitigen, ist maßgeblich für unsere Erfahrung überhaupt von wacher Wirklichkeit. Das Vermögen zu zeitigen erlischt im Schlaf. Im Traum bewegen wir uns — von Ausnahmen selbstverständlich abgesehen, wie etwa das Erleben, zu spät oder zu früh "gekommen" zu sein, auf die Uhr zu blicken, sich im Traum an andere Träume zu erinnern — in einem Bewußtsein, das sich durch folgende drei Faktoren auszeichnet: 1. Es ist das Bewußtsein reiner Gegenwart, in der uns z.B. Verstorbene ebenso gegenwärtig erscheinen wie in der Präsenz der Wirklichkeit; 2. es ist ein Erleben ständiger Veränderung von Traumbild zu Traumbild und 3. zeichnet es sich damit letztlich durch einen Raum der Dauer, des Gegenwarterlebens und der Veränderung ohne spezifische Markierung von Vergangenheit oder Zukunft aus. Das Traumbewußtsein ist somit — im Unterschied zum wachen Bewußtsein — spezifisch gekennzeichnet durch den weitgehenden Verlust des "Zeitigens". Aus diesem ergibt sich das Erleben permanenter, aber sich verändernder Gegenwart, ohne daß diese Veränderung von dem Träumer spezifisch mit der Vergangenheit oder der Zukunft in Verbindung gebracht wird. *Das Wesensmerkmal des Traumerlebens ist die Permanenz von gegenwärtiger Dauer*, in der jede Veränderung, jede Verwandlung als gegenwärtige erlebt wird.

Was aber nehmen wir in diesem entzeitigten Raum der Dauer wahr und was läßt uns sich in diesem bewegen? Nun, da wir ja im Traum mit uns — endlich einmal! — ganz alleine sind, sind wir ja bei uns selbst. Was sollten wir anderes wahrnehmen als uns selbst? Wir nehmen uns z.B. als ein wünschendes Selbst wahr, ein triebhaftes, wie Freud nicht ohne Einseitigkeiten aufgezeigt hat. Aber der Wunsch ist nur ein minimaler Anteil all der Entwürfe, die sich im Traum — analog zum Tag und zum wachen Bewußtein — darstellen. Da ist Hoffnung neben Verzweiflung, Angst neben Mut, Bewältigung neben Scheitern, Mißtrauen neben Vertrauen, Zärtlichkeit neben Leidenschaft, Essen nicht weniger wie Trinken — Autofahren, Schwimmen, Hinrichtungen oder Schießereien sind Vorkommnisse aller Träume. Der Fülle der weltlichen Bezüge unserer Existenz begegnen wir im Traum — unter anderem auch dem Wunsch und der Sexualität. Diese

Entwürfe bestimmen unser Selbst als ein kontinuierlich auf die Welt und den anderen bezogenes, und dieses Selbst nehmen wir im Traum, im Raum der Dauer, als ein dauerndes, gegenwärtiges wahr. Es erscheint uns stets als Bild, denn Wahrnehmen und Bild sind unauflösbar miteinander verschränkt. Ferner bewegen wir uns in diesem Raum der Dauer. Wir sehen nicht nur unser Hoffen oder Verzweifeln als Bild, sondern wir stellen sie durch die Traumhandlung oder die Vielfältigkeit miteinander verwobener Traumhandlungen dar. Der Traumhandlung liegt als "Urthema" oder Grundmotiv die Bewegung, die Möglichkeit überhaupt zur Bewegung, zum Sich-Bewegen und damit zur Handlung zugrunde. Jede Bewegung, sehen wir von den athetotischen Bewegungstrümmern schwerer Psychosen ab, impliziert Handlungsentwurf. Während aber im wachen Bewußtsein Handlung, Thema oder Motiv derselben häufig – zumindest der Umwelt (und oft auch uns selbst) gegenüber – verborgen sind, manifestieren sich Thema und Motiv im Traum eben nicht verborgen, sondern als Bildablauf, als bildhafte Verwandlung, ständige Metamorphose von Bild zu Bild. Für diese Konzeption entfällt allerdings die Konstruktion von latentem und manifestem Trauminhalt, jedoch komme ich auf diese Hypothesen im Zusammenhang der Traumdeutung noch zu sprechen.

Wir halten fest: Auf die Frage, was nimmt der Schläfer im Traum wahr, antworten wir: sich selbst. Dieses "Selbst" jedoch – und das ist das eigentlich Wunderbare im ganzen Traumgeschehen, das die rationale Interpretation desselben fast verschüttet hat – ist die Welt. Es ist die Welt, weil es auf die Welt bezogen, weil aber auch die Welt auf dieses Selbst hin orientiert ist. Es verweist auf Eskimos und Elefanten, Paschas oder Bettler, auf den Teufel persönlich oder die seligen Engel, die Eltern, die Toten, die Geschwister, kurz, alle bekannten oder unbekannten Menschen unseres Daseins. Diese Welt können wir erzeugen, entstehen und vergehen lassen. Das indische Tat tvam asi – die Welt bist Du – trifft für den vollendeten, die Welt erzeugenden und sie wieder vergehen lassenden Solipsismus des Träumers zu. Ein Solipsismus – und das ist das erstaunlichste Phänomen des Traumes –, in dem wir den anderen in allen Einzelheiten, Rollen, Ereignissen, vor allem auch in seinen auffallenden Charaktermerkmalen erzeugen, konstituieren, so daß wir sagen können: der andere bin ich, er ist mein Selbst, das mein Ich als auch anderes im Traumbewußtsein erschaut. Das andere ist mein Selbst, mein Selbst ist der andere, das Entzeitigen hat die Differenz aufgehoben. Was ist aber dieses Selbst, das wir im Traum als ständig Wechselndes wahrnehmen, denn anderes als der Niederschlag, die Sedimentierung unseres in der Zeit sich zeitigenden Lebensweges? Dessen Milliarden Eindrücke und Erlebnisse nicht in Nichts, in Rauch und Dunst sich auflösen, sondern entzeitigt und im Traumbewußtsein Dauer werden, wie durch ein Sieb von dem Selbst aufgenommen und aufbewahrt, gestaltet, durchdrungen sind? Unsere höchst persönlichen Erfahrungen begegnen uns im Traum als unser Selbst wieder, persönlichste Erfahrungen, wie sie von Weizsäcker mit seinem Begriff des "ungelebten Lebens" auch gekennzeichnet hat. Den ungelebten Möglichkeiten unseres Selbst entsprechen nicht nur die ungelebten Möglichkeiten frustrierter oder sogenannter verdrängter sexueller und aggressiver Wünsche, sondern es ist das "ungelebte Leben" möglicher Entwürfe unserer Existenz überhaupt.

Das Selbst, so läßt sich zusammenfassen, das wir im Traum erschauen, würde folgende Gliederung aufweisen: 1. Ein primordiales oder Ur-Selbst, Voraussetzung und Bedingung überhaupt für die raumzeitlichen und logischen Synthesen unserer Person, unseres Geistes, unseres Bewußtseins; 2. das Selbst ferner als permanenter Entwurf unserer Bedürfnisse, Wünsche, Strebungen, Stimmungen, Emotionen, das Selbst in diesem Zusammenhang als das der auch ungelebten Möglichkeiten; 3. das Selbst endlich als Selektiertes, Selektierendes als Lebensgestalt im Leben Entstandenes, das sich der Zeitstrom, durch den wir, diesen selber zeitigend, gehen, niederschlägt. Es ist die Sedimentierung unserer Zeiterfahrung, unseres persönlichen Zeiterlebens.

Wahrnehmen setzt stets ein wahrnehmendes Ich und ein wahrgenommenes Gegenüber voraus. Im wachen Bewußtsein verschränkt sich zum Akt der Wahrnehmung unser Ich mit dem Wahrgenommenen zur untrennbaren Einheit. Durch den veränderten Bewußtseinszustand des Schlafes wechselt unser Ich seine Blickrichtung, es blickt nach Innen und nimmt sich selbst oder sein Selbst im Raum der Dauer als entzeitetes wahr. In diesem Sinne sind auch die Worte von Novalis zu verstehen: "Der Weg geht nach innen." Der Verlust der gliedernden Zeit, die auch für das logische Denken von entscheidender Bedeutung ist — denken wir etwa an die zeitliche Folge von Prämissen und Schluß-, ist darüber hinaus auch eine wesentliche Bedingung dafür, daß wir in der Traumwahrnehmung eben nicht mehr das Wirkliche, die Wirklichkeit mitbegründende Notwendigkeit — etwa die Naturgesetze, kausalen Abläufe — erfahren, sondern das Mögliche. Im Traum ist alles möglich: die grüne Primzahl nicht weniger wie die Quadratur des Kreises, ein viereckiges Gebäude gleichzeitig auch rund. Der Traum ist die Domäne des Möglichen.

Endlich bedingt der Verlust des Zeitigens die auch örtliche Perspektivelosigkeit oder Aperspektivität des Traumgeschehens, das eben ständigen Standortwechsel aufweist: Wandlung, Verwandlung von Weite in Nähe, von Wald in Stadt, von greifbaren zu ungreifbaren Personen, von Auftauchen und Verschwinden derselben. Das Traumbewußtsein als Wahrnehmen unseres in ununterbrochenen Bildern sich entwerfenden, darstellenden Selbst, ist zusammengefaßt: 1. entzeitete Gegenwart, d.h. Dauer; 2. der Repräsentant des Möglichen, 3. aperspektivisch und permanent im Wandel begriffen, absolut irrational. Irrational, von den Träumen abgesehen, die sich noch ganz an der Peripherie sich wiederholender Alltagsbegebenheiten bewegen. Diese Alogizität oder Irrationalität koindiziert mit den zahlreichen Mythen und Sagen. Das gesehen zu haben, ist zweifellos das Verdienst Jungs. Sie wirft aber im Prinzip die Frage auf, wieweit der

Mensch letztlich überhaupt irrational und nicht rational bestimmt ist, eine Frage, die z.B. Freud zu verschiedenen Zeiten verschieden beantwortet hat (immerhin hat er sinngemäß von den Trieben als von den mythischen Mächten gesprochen).

Gibt es aber aus dieser Perspektive ein Unbewußtes oder ein Unbewußt-sein, das den Traum bestimmt, beherrscht, ihn ausmacht, zu dem die Traumdeutung für Freud den "königlichen Weg" darstellte? Das Sein ist in der abendländischen Philosophie von Parmenides und Heraklit bis zu Hegel oder Husserl stets mit dem Denken, dem Bewußtsein und der von beiden nicht zu trennenden Logik identisch gesehen worden. Das Unbewußte, gleichgültig ob romantischer, freudianischer oder jungianischer Provenienz, ist nichts als die Tautologie auf eine zweite Intelligenz, ein zweites Sein, ein Bewußt-Sein, das zwar nicht wie das Denken bewußt sein soll, aber nichtsdestoweniger wie das Denken arbeitet, indem einfach diesem "Sein" die Silbe "Un-" vorgesetzt wird. Alle von Freud so ingeniös der Traumarbeit, der Zensur, der Verdichtung, dem Vorbewußten usw. zugesprochenen Funktionen sind ja nach der Erfahrung seines bewußten Denkens entworfen, bevor sie "unbewußt" wurden. Bevor sie "unbewußt" wurden, waren sie dem Erfinder der Konzeption dieser Hypothese höchst bewußt. Dann wird diesen Annahmen die Silbe "Un-" vorgesetzt, und jetzt ist die große Dunkelkammer da, in der alle Photographien getreu nach dem Bild des logischen Denkens entwickelt werden. Die relativ wenigen Deutungsraster des Traumes werden — soweit wie möglich — an jedem Traum immer wieder bestätigt, da sie schon als Teil der bewußt entworfenen Theorie im Vorhinein bestimmt und entsprechend bewußt gewesen sind. Für Freud ist ferner der Traum ein psychopathologisches Phänomen, wie das neurotische Symptom, in dem sich Verdrängung und Wunscherfüllung zum Kompromiß gefunden haben.

Für die hier vertretene Konzeption bedarf es dieser komplizierten "unbewußten Mechanismen" nicht. Denn nicht die Verdrängung liefert den Schlüssel zum Traum — der zweifellos eben kein psychopathologisches sondern ein allgemein anthropologisches Phänomen ist —, den Schlüssel zum Traumgeschehen liefert vielmehr die durch den Schlafzustand veränderte Verfassung des Bewußtseins, insbesondere des Zeitbewußtseins. Nicht zerstückelte, neu zusammengefügte, wieder auseinandergenommene Wunsch- oder Triebresiduen sind Inhalte des Traumbewußtseins, sondern unter anderem das "ungelebte Leben", das wahrgenommene Selbst, wie es vorhin dargelegt wurde. Die ungelebten Möglichkeiten beschränken sich jedoch nicht auf frühkindliche Inzestwünsche — obwohl das Vorkommen solcher Tendenzen des "Ungelebten" durchaus zu akzeptieren ist. Zweifellos gibt es Inzestträume und zwar häufig ganz und gar "regelwidrig" unzensierte. Daß ferner das im Traum wahrgenommene Selbst, das als Gegenwart und Dauer erfahren wird, in seinem Bilderreichtum auf mythische Beziehungen verweist — wer wird das bestreiten? Aber daraus eine Theorie des kollektiven Unbewußten, der Archetypen zu konstruieren, ist ebenso tautologisch ingeniös einem Un-Sein oder Unbewußt-Sein unterstellt, wie der zwischen Vor- und Unbewußtem seßhafte Zensor. Traumbewußtsein als entzeitigte und entwirklichte Selbstwahrnehmung — Folge des Schlafzustandes — ja, aber ein Unbewußt- Sein als Spiegel der Bewußtseinsvorgänge desjenigen, der es postuliert, zu fordern: dieser Hypothese sich anzuschließen, erscheint mir mehr als dubios.

Was aber sagt uns der Traum? Wie ist das Verhältnis des Traumbewußtseins zur Wahrheit der Ratio, des Denkens, zur Wahrheit unserer Existenz? Wie gehen wir mit dem Traum um, ohne auf die herkömmlichen Deutungsraster der verschiedenen tiefenpsychologischen Schulen zurückzugreifen? Freud glaubte, in den Träumen seiner Patienten — und auch in den eigenen — alle die Kindheitsschrecken wieder vorzufinden, die ihn zur Aufstellung der psychoanalytischen Entwicklungstheorie, insbesondere der Sexualität, veranlaßt hatten. Die Kindheit ist ja in der Konzeption Freuds kaum ein Paradies, sondern ein von Versagung zu Versagung sich abwickelnder Alptraum, der mit dem Kastrationskomplex bei den Jungen endet, bei den Mädchen mit dem Penisneid. Der dieser Thematik sich noch nicht erinnernde, ihrer noch nicht bewußte Patient wurde durch die Traumdeutung zu seinem Erstaunen oder auch Entsetzen mit ihr konfrontiert. Der Traum sagte in verschlüsselten Bildern etwas über die "wahren" Absichten des Träumers aus, die ihm eben nicht "bewußt" waren. Bei allen von mir bereits herausgestellten Einseitigkeiten der Konzeption Freuds liegt ihr zweifellos das Moment der Wahrheitsfindung zugrunde. Es wurde dem Menschen die Möglichkeit vermittelt, durch den Traum Entscheidendes über sich selbst, über seine Existenz mehr zu erfahren, als ihm durch sonstige Selbsterkenntnis zuteil wurde. Er sah sich plötzlich als latenten, möglichen Vater- oder Vorgesetztenmörder, als Liebhaber der Mutter, als homosexuell tendierend. Auch wir sehen im Traumbewußtsein und -erleben eine entscheidende Erweiterung, introspektiv etwas über uns selbst und damit stets auch über unser Verhältnis zur Welt und den anderen zu erfahren, die das wache Bewußtsein übersteigt. Erkunden, den Traum in seiner Bedeutung für die eigene Existenz zu entdecken, sich mit ihm als dem Repräsentanten der irrationalen Seite unseres Daseins auseinanderzusetzen, ist ein Grundanliegen der von uns vertretenen Konzeption. Sie beschränkt sich allerdings keineswegs auf sogenannte Neurotiker oder Kranke. Sie ist vielmehr ein allgemein menschliches Anliegen der Selbsterkenntnis. Es geht in der Auseinandersetzung mit dem Traum um die Dimension des Alogischen, des Irrationalen, um eine um diese entscheidende Dimension vertiefte Selbsterkenntnis. Das schließt jedoch nicht aus, daß zweifellos ein großer Teil Träume, die wir selbst träumen oder von den anderen erfahren, in ihrem "Sinn" für uns nicht erschließbar oder aufschlüsselbar sind.

Damit ist das Stichwort "Sinn" gefallen. Den Sinn des Traumes zu erfassen, heißt, annähernd seine Thematik, seine Haupt- und Nebenthemen wahrzunehmen. Hier, im Begriff des Sinnes oder des Themas begegnen sich rationale, logisch erfaßbare Wahrheit und die Bildhaftigkeit des Alogisch-Irrationalen. Vermittelt wird dieser Sinn durch den Dialog, die Sprache, das Gespräch mit dem, dem wir den Traum erzählen. Dabei lassen wir uns im Traumbericht und in der "klassischen" Frage "Was fällt Ihnen dazu ein?" von all dem umgarnen und umfangen, das der Träumer im Zusammenhang des Traumerlebens berichtet. Aber das impliziert nicht die Illusion, daß mit den sogenannten Einfällen des Träumers oder seinem ebenso wichtigen emotionalen Ausphantasieren, Fortsetzen des Traumes in einem Tagtraum z.B. – dem katathymen Bilderleben verwandt – das "eigentliche Sagen" des Traumes sich erschöpft. In dieser Weise, sich Einfällen hingebend, berichtend, phantasierend, findet zweifellos eine Bewußtseinserweiterung des Träumers statt. Er nähert sein rationales, waches Bewußtsein dem irrationalen des Traumes, er erfährt seine Möglichkeiten – wie ich vor vielen Jahren schon die Psychotherapie als den Gang des Menschen durch die eigenen Möglichkeiten definiert habe. In der Existenzbewältigung schlechthin, Voraussetzung für die Verarbeitung von Konflikten, von Leiden und Krankheit, stellt sich als zweifellos entscheidendes Moment der psychotherapeutischen Behandlung die Auseinandersetzung mit dem Traum dar. Die Illusion jedoch ist gefährlich, daß wir glauben, mit irgendwelchen Methoden den Sinn des Traumes zu erschöpfen, den Traumsinn, der sich im Dialog ebenso fluktuierend ergibt, wie er auch wieder aufgehoben zu werden vermag. Der Traumsinn verweist immer wieder auf ein uns schlechthin Verborgenes, das keine rationale Erklärung zutage fördert.

Ich möchte meine Ausführungen mit einem Bild beschließen: Der Mensch schöpft aus einem tiefen Brunnen Wasser, Nacht für Nacht, um damit am Tage seinen Garten, das Feld seiner Arbeit und Tätigkeit, zu bewässern und zu befruchten. Das Schöpfen des Wassers ist der Traumzustand, das Traumbewußtsein oder Traum-Erleben. Das Bewässern entspricht dem rationalen Tagesbewußtsein. Über das Wasser, die Quellen, seinen Ursprung, etwas zu wissen, ist uns nicht gegeben. Alle Versuche über diesen Ursprung, diesen Grund unserer Nacht für Nacht sich erneuernden Existenz und Kreativität eine Aussage zu finden, beruhen in der Übertragung der Erfahrung unserer Tageswelt, unserer Ratio auf jenen Urgrund, um nur das wiederzufinden, was wir eh und je schon wußten, das uns aber den Zugang zu dem Quell unseres Daseins nicht eröffnet, sondern verschließt. Oder wie der Dichter Byron (1977) formuliert:

> Zwiefach ist unser Leben hier: Der Schlaf
> Hat seine eigne Welt – ein Grenzland zwischen
> Den Dingen, welche Tod und Sein mißnannt.
> Der Schlaf hat seine eigne Welt – ein Reich.
> Ein weites, wilder Wirklichkeit – und Träume,
> Die lebensvoll in ihrer Offenbarung,
> Mit Qual und Tränen und dem Hauch der Freude,
> Sie laden eine Wucht auf unsres Wachens

Gedanken, sie nehmen eine Wucht
Von unseres Wachens Mühen, und sie scheiden
Das Sein; sie werden unsrer selbst ein Teil,
Wie unsrer Zeit, und zeigen sich wie Boten
Der Ewigkeit: sie ziehn vorbei wie Geister
Unsrer Vergangenheit und reden wie
Sibyllen unsrer Zukunft – haben Macht,
Tyrannenmacht, der Freude und des Schmerzes.
Sie machen uns zu dem, was wir nicht sind,
Erschüttern uns mit den Gesichtern dessen,
Was war, dem Grauen längst entschwundner Schatten.
Sind's Schatten nur? Ist die Vergangenheit
Ganz Schatten nicht? Sind's Schöpfungen des Geistes?
Der Geist kann Wirkliches erschaffen und
Der eignen Schöpfung Sterne reich bevölkern
Mit Wesen, lichter als sie je gewesen,
Und Leben leihn Gestalten, die das Fleisch
Lang überleben.

Literaturverzeichnis:

Boss, M. (1975): *Es träumte mir vergangene Nacht...* Berlin: Huber.
Condrau, G. (1963): *Daseinsanalytische Psychotherapie*. Bern: Huber.
Wyss, D. (1986): *Neue Wege in der psychosomatischen Medizin*, vol.2. Göttingen: Vandenhoeck & Ruprecht.
Capelle, W. (Hrsg.)(1963): *Die Vorsokratiker*. Stuttgart: Kröner.
Novalis: *Sämtliche Werke*. Bibliographisches Institut Leipzig.
Byron, G.G. (1977): *Sämtliche Werke*, vol. II. München: Winkler.

Epilog

Haikus

Süß singt der Vogel.
Aber du bist nicht gemeint.
Wüßtest du Antwort?

                    Der Freund besucht dich.
                    Jeder Besuch geht wieder.
                    Du bist doch allein.

Grau ist der Himmel.
Vor dem Winde beugt sich tief
erfrorenes Gras.

                    Am Fenster der Sturm.
                    Er rüttelt dich wach und ruft.
                    Meldest du dich nicht?

Die Felder verschneit.
Die Mäuse schlafen im Nest.
Wie warm hast du es?

                    Ein ersehnter Brief:
                    An diesem Vorfrühlingstag
                    wie ein kleines Fest.

Strohhut und Schürze
am blühenden Wiesenrand.
Wo ist das Mädchen?

                    So still der Weg,
                    den wir so oft gegangen.
                    Blumen wie damals.

Begegnung im Herbst.
Worte der Gleichgesinnten
klingen lange nach.

                    Für Heinz Alfred Müller von Hans Kasdorff

Veröffentlichungen von Heinz Alfred Müller

Bücher:
- (1958) *Die Psychologie des Lesens.* Dissertation Basel. 200 Seiten. Lörrach.
- (1967) *Spontaneität und Gesetzlichkeit.* 415 Seiten. Bonn: Bouvier.
- (1971) *Psychologie und Anthropologie des Denkens.* 109 Seiten. Bonn: Bouvier.
- (1981) *Das Selbstbewußtsein des Lehrers.* 269 Seiten. Bonn: Bouvier.

Aufsätze:
- (1961) Die Verwendung der Interaktionskategorien von Bales beim Gruppenfertigungsversuch. *Psychologische Rundschau, 12,* 251-263.
- (1961) Grundprobleme einer Psychologie der Selbstentfaltung. *Archiv für die gesamte Psychologie, 113,* 289-310.
- (1962) Die Dynamik des Arbeitsverhaltens und ihre Wirkung auf die Gruppenleistung. *Psychologie und Praxis, 6,* 21-28.
- (1962) Ergebnisse eines gruppenpsychologischen Arbeitsversuches. *Schwalbacher Blätter, 13,* 674-680. Wiederabdruck (1965) *Neue Auswahl aus den Schwalbacher Blättern — Beiträge zur Gruppenpädagogik.* S. 156-163. Wiesbaden: Haus Schwalbach.
- (1963) Methodische Probleme der diagnostischen Verwendung gruppenpsychologischer Versuchsanordnungen. *Bericht über den 23. Kongreß der Deutschen Gesellschaft für Psychologie* (S.188-190). Göttingen: Hogrefe.
- (1963) Probleme gruppenpsychologischer Versuchsanordnungen in der Personalauslese. *Arbeitswissenschaft, 2,* 63-67.
- (1965) Psychologische Aspekte der Einordnung und Organisation der betrieblichen Personalverwaltung. *Psychologie und Praxis, 9,* 58-67.
- (1966) Die experimentelle Gruppenforschung und ihre Stellung in der Sozialpsychologie. *Psychologische Rundschau, 17,* 26-33.
- (1966) Die technisch-ökonomische Rationalisierung und die Eigenart des Psychischen. *Arbeit und Leistung, 20,* 3-9.

(1966) Ergebnisse der sozialpsychologischen Gruppenforschung in ihrer Bedeutung für die politische Erziehung. *Politische Psychologie*, Band 4: Politische Erziehung als psychologisches Problem (S. 45-64). Frankfurt/Main: Europäische Verlagsanstalt.

(1966) Das Verhältnis von Psychologie und Philosophie in der Gegenwart. *Archiv für die gesamte Psychologie, 118*, 34-46.

(1967) Aggressionen im Betrieb und ihre Bewältigung. *Zeitschrift für experimentelle und angewandte Psychologie, 14*, 276-289.

(1968) Die Sprache von Klages und die Fachsprache der gegenwärtigen Psychologie. *Zeitschrift für Menschenkunde, 32*, 276-284. Auch in (1971) *Hestia* 1967/69, S. 34-43. Bonn: Bouvier.

(1969) Sozialpsychologie. In G. Heese & H. Wegener, *Enzyklopädisches Handbuch der Sonderpädagogik* (3. Auflage, Sp. 3275-3280.) Berlin: Marhold.

(1969) Das Verhältnis kaufmännischer Berufsschüler zur Muttersprache und zum muttersprachlichen Unterricht. *Bericht über den 26. Kongreß der Deutschen Gesellschaft für Psychologie* (S. 548-552). Göttingen: Hogrefe.

(1969) Problematik und Bedeutung des psychologischen Ich-Begriffs. *Jahrbuch für Psychologie, Psychotherapie und Medizinische Anthropologie, 17*, 117-129.

(1971) Die Aggressivität und das Problem ihrer Beeinflussung und Lenkung. *Zeitschrift für Menschenkunde, 35*, 36-51.

(1972) Das Verhältnis von Ich und Welt in der abendländischen Geistesgeschichte. *Hestia* 1970/71, S. 22-37. Bonn: Bouvier.

(1972) Der Psychologe und die Verselbständigung der Funktionalität im Wirtschaftsleben. *Psychologie und Praxis, 16*, 145-157.

(1972) Die Beiträge zur Allgemeinen Psychologie im Werk von Ludwig Klages. *Zeitschrift für Menschenkunde, 36*, 415-425. Auch in
(1974) *Hestia* 1972/73, S. 134-145. Bonn: Bouvier. Japanisch in (1972) *Riso, 475*, 77-87.

(1972 8. Dezember) Die Fragwürdigkeit des Geistes. Ludwig Klages zum 100. Geburtstag. *Die Zeit,* S. 25.

(1974) Rationalität und Irrationalität. *Zeitschrift für Klinische Psychologie und Psychotherapie, 22*, 100-107.

(1975) Die Erfassung des Geistes als Problem der Psychologie. *Hestia* 1974/75, S. 9-22. Bonn: Bouvier.

(1976) Das Lesen und die Wirklichkeit. *Kultur und Leben, 14*, 13-16.

(1976) Die Selbstverteidigung. *Zeitschrift für Individualpsychologie, 1*, 89-100. Auch in (1977) *Hestia* 1976/77, S. 70-89. Bonn: Bouvier.

(1976) Einleitung zur Abteilung "Charakterkunde" der "Sämtlichen Werke" von Ludwig Klages. In L. Klages, *Sämtliche Werke*, Band 4. S.IX-LVII. Bonn: Bouvier.

(1977) Der Grenzgänger. Theodor Scharmann zum 70. Geburtstag. *Psychologie und Praxis, 21*, 137-141.

(1977) (Zusammen mit F.Ch. Sauter). Untersuchungen über Beeinträchtigungen des Selbstwertgefühls durch Unterrichtsituationen bei Lehrern und Lehrerstudenten. *Arbeiten aus dem Institut für Psychologie der Universität Würzburg / Lehrstuhl für Psychologie IV* (Report Nr. 1). Auch in (1978) *Zeitschrift für Individualpsychologie, 3*, 100-107.

(1979) Ichhaftigkeit und Sachlichkeit als Organisationsbedingungen. *Zeitschrift für Individualpsychologie, 4*, 15-25.

(1980) Das Verhältnis von Psychologie und Philosophischer Anthropologie und seine Bedeutung für die Pädagogische Psychologie. *Pädagogische Welt, 34*, 339-341.

(1980) "Egozentrisch", "Eigenwertstreben", "Klages" und "Spontaneität". In W. Arnold, H.J. Eysenck & R. Meili (Hrsg.), *Lexikon der Psychologie*, (Neuausgabe. Sp. 412, 428, 1069/1070, 2151). Freiburg: Herder.

(1981) Eigenschaft und Situation. In H.E. Schröder (Hrsg.), *Vom dienenden Geist. Festschrift zum 65. Geburtstag von Herbert Hönel* (S. 33-40). Wien: Braumüller.

(1982) Sozialpsychologie und Schriftpsychologie. *Zeitschrift für Menschenkunde, 46*, 367-374.

(1983) Das Verhältnis von Ichpsychologie und Selbstkonzeptforschung. In G. Bittner (Hrsg.), *Personale Psychologie. Festschrift für Ludwig Pongratz* (S. 152-164). Göttingen: Hogrefe.

(1983) (Zusammen mit F. Ch. Sauter und H.-P. Trolldenier). Beschreibungen des eigenen Verhaltens in selbstwertbeeinträchtigenden Unterrichtssituationen durch Lehrer und Lehrerstudenten und der Zusammenhang dieser Beschreibungen mit der Empfindlichkeit des Selbstwertgefühls. *Arbeiten aus dem Institut für Psychologie der Universität Würzburg/ Lehrstuhl für Psychologie IV* (Report Nr. 4).

(1987) Nachruf auf Theodor Scharmann (1907-1986). *Psychologische Rundschau, 38*, 109-110.

(1987) Klages, Prinzhorn und die Persönlichkeitspsychologie der Gegenwart. *Hestia* 1986/87, S. 22-38. Bonn: Bouvier.

Herausgebertätigkeit:

(1966) (Zusammen mit E. Roth). *Theodor Scharmann: Persönlichkeit und Gesellschaft. Ausgewählte Aufsätze.* Göttingen: Hogrefe.

(1967) Festschrift für Theodor Scharmann [Themenheft]. *Zeitschrift für experimentelle und angewandte Psychologie, 14,* (2).

Buchbesprechungen:

(1962) Fischer, H. (1962). Gruppenstruktur und Gruppenleistung. Bern: Huber. In *Soziale Welt, 13,* 374-375.

(1964) Ell, E. (1963). Die Jugendlichen in der seelischen Pubertät. Freiburg: Lambertus. In *Soziale Welt, 15,* 164.

(1967) Wellek, A. (1966). Die Polarität im Aufbau des Charakters (3. Auflage). Bern: Francke. In *Archiv für die gesamte Psychologie, 119,* 171-175.

(1968) Revers, W.J., Taeuber, K. (1968). Der thematische Apperzeptionstest (TAT) (2. Auflage). Bern: Huber. In *Jahrbuch für Psychologie, Psychotherapie und medizinische Anthropologie, 16,* 363-364.

(1970) Kasdorff, H. (1969). Ludwig Klages – Werk und Wirkung. Bonn: Bouvier. In *Archiv für die gesamte Psychologie, 122,* 122-123.

(1974) Wyss, D. (1973). Beziehung und Gestalt. Göttingen: Vandenhoeck & Ruprecht. In *Zeitschrift für Menschenkunde, 38,* 333-334.

(1978) Scharmann, Th. (1976). Der Industriebürger. Bern: Huber. In *Psychologie und Praxis, 22,* 141-142.

(1979, 1980) Kasdorff, H. (1978). Ludwig Klages im Widerstreit der Meinungen. Bonn: Bouvier. In 1) *Zeitschrift für klinische Psychologie und Psychotherapie, 27,* 173-174. 2) *Die Zeit, 31,* S. 35.

(1981) Kuckartz, W. (1978). Ludwig Klages als Erzieher. Bonn: Bouvier. In *Psychologie in Erziehung und Unterricht, 28,* 254.

(1984) Kasdorff, H. & H. (Hrsg.) (1982). Ludwig Klages. Sämtliche Werke. Register zu Band 1 bis 8. Bonn: Bouvier. In *Zeitschrift für Klinische Psychologie, Psychopathologie und Psychotherapie, 32,* 77-78.

(1985) Kasdorff, H. (1984). Ludwig Klages. Gesammelte Aufsätze und Vorträge zu seinem Werk. Bonn: Bouvier. In *Zeitschrift für Klinische Psychologie, Psychopathologie und Psychotherapie, 33,* 279-280.

Autorenverzeichnis

Elisabeth Baumgartner, Dr. phil., Dipl.-Psych., 1. Lehramtsprüfung, Universität Würzburg, Institut für Psychologie, Lehrstuhl für Psychologie IV, akad. Rätin a.Z. Arbeitsschwerpunkte: Pädagogische Psychologie, Geschichte der Psychologie, Gerontopsychologie.

Rudolph Berlinger, Dr. phil., e.o. Prof., Institut für Philosophie der Universität Würzburg, Lehrstuhl II. Arbeitsschwerpunkte: Systematik und Problemgeschichte der Philosophie verschiedener Epochen der europäischen Denkgeschichte und ihre Aktualisierung für Fragen der Gegenwart im Verein mit einem Kreis von Schülern und Kollegen.

Peter Braun, Dr. phil., Dipl.-Psych., Privatdozent der Psychologie an der Philosophischen Fakultät III der Universität Würzburg, freiberuflicher Leiter einer Forschungsgruppe. Arbeitsschwerpunkte: Arbeits- und Organisationspsychologie, Personalpsychologie, empirische Sozialforschung und Klinische Psychologie.

Albin Dannhäuser, Dipl. Päd., 1. und 2. Lehramtsprüfung, Präsident des Bayerischen Lehrer- und Lehrerinnenverbandes, stv. Bundesvorsitzender des Verbandes Bildung und Erziehung. Arbeitsschwerpunkte: Schul- und Lehrerpolitik.

Hans-Eduard Hengstenberg, Dr. phil., e.o. Prof., Universität Würzburg. Arbeitsschwerpunkte: Philosophie, insbesondere Ontologie, Anthropologie, Ethik und Naturphilosophie.

Hans Kasdorff, Dr. phil., Studiendirektor i. R., Arbeitsschwerpunkte: Das Werk Thomas Manns; Klages-Bibliographie und Urteile über Klages; Würdigung und Bibliographie des pommerschen Malers Gustav Wimmer; das japanische Haiku.

Wilfried Kuckartz, Dr. phil., o. Prof., Universität zu Köln, Heilpädagogische Fakultät; Seminar für Allgemeine Heilpädagogik. Arbeitsschwerpunkte: Pädagogische Anthropologie, Sozialisationstheorie, Bildungsphilosophie, Ästhetische Erziehung, Pädagogik des Vorbilds.

Hans-Peter Langfeldt, Dr. paed., Dipl.-Psych., apl. Prof., Psychologisches Institut, Philosophische Fakultät, Universität Bonn. 1987 bis 1990 als Lehrstuhlvertreter und Professor unmittelbarer Nachfolger von H.A. Müller in Würzburg. Arbeitsschwerpunkte: Pädagogische und Sonderpädagogische Psychologie.

Walter Neubauer, Dr., Dipl.-Psych., o. Prof., Seminar für Psychologie, Pädagogische Fakultät der Universität Bonn. Arbeitsschwerpunkte: Organisationspsychologie, Lehrer-Schüler-Beziehung, Selbstkonzeptforschung.

Wolf D. Oswald, Dr. rer.pol., Dipl.-Psych., o. Prof., Institut für Pychologie II -Schwerpunkt Gerontopsychologie-, Lehrstuhl Psychologie IV, Universität Erlangen-Nürnberg. Arbeitsschwerpunkte: Gerontopsychologie (Grundlagenforschung, Methodenentwicklung), Psychogerontologie (Demenzforschung, Präventionsforschung), Intelligenzforschung (Basale Voraussetzungen intelligenten Verhaltens).

Ludwig J. Pongratz, e.o. Prof., Dr. phil., Dipl. Psych., Institut für Psychologie der Universität Würzburg. Arbeitsschwerpunkte: Geschichte der Psychologie, Klinische Psychologie.

Erwin Roth, o. Univ.-Prof., Dr., Universität Salzburg, Institut für Psychologie. Arbeitsschwerpunkte: Persönlichkeits-, Sozial-und Organisationspsychologie.

Friedrich Christian Sauter, Dr. phil., Dipl.-Psych, 1. und 2. Lehramtsprüfung, Institut für Psychologie der Universität Würzburg, Lehrstuhl für Psychologie IV. Arbeitsschwerpunkte: Pädagogische Psychologie, Diagnostik der optischen Wahrnehmung, Lehrertraining, pädagogisch-psychologische Intervention (client-centered approach).

Ernst Siegrist, Dr. phil., Leitender Universitätsdozent i.R., Universität Basel, Institut für Spezielle Pädagogik und Psychologie. Arbeitsschwerpunkte: Pädagogische Anthropologie, Entwicklungspsychologie und pädagogisch-psychologische Diagnostik.

Franz Tenigl, Dr. jur., Präsident der Klages-Gesellschaft. Arbeitsschwerpunkte: Erkenntnistheorie, Persönlichkeitspsychologie, Rechtsphilosophie.

Hans-Peter Trolldenier, Dr. phil., Dipl.-Psych., 1. und 2. Lehramtsprüfung; Lehrkraft für besondere Aufgaben am Institut für Psychologie der Universität Würzburg, Lehrstuhl für Psychologie IV. Arbeitsschwerpunkte: Sozialpsychologie der Erziehung, pädagogisch-psychologische Diagnostik und Intervention, Längsschnittstudien.

Franz Wiedmann, Dr. phil., o. Prof. für Philosophie an der Universität Würzburg, Mitvorstand des Instituts für Philosophie. Zusammen mit Priv.-Doz. Dr. W. Baumgartner Leiter der Franz Brentano Forschung. Arbeitsschwerpunkte: Epistemologie, Geschichte der Philosophie, Philosophie der Geschichte, Religion und Philosophie.

Joachim Wittkowski, Dr. phil., Dipl.-Psych., Privatdozent der Psychologie an der Philosophischen Fakultät III der Universität Würzburg. Arbeitsschwerpunkte: Psychologische Diagnostik, Persönlichkeitspsychologie, Entwicklungspsychologie, Gerontopsychologie und Thanatopsychologie.

Dieter Wyss, Dr. med., e.o. Prof., Prof. h.c. mult., ehem. Vorstand des Instituts für Psychotherapie und medizinische Psychologie der Universität Würzburg. Arbeitsschwerpunkte: Neurosenlehre, psychosomatische Medizin, Kommunikationstheorie, anthropologisch-integrative Psychotherapie.